Wortarten bestimmen

Einzelne Wörter kann man nach ihrer Wortart bestimmen, z. B.:

- Nomen, Adjektiv, Präposition ▶ S. 210, 310, 312
- Adverb ▶ S. 211, 316
- Pronomen ▶ S. 212–214, 311
- Verb ▶ S. 216–228, 313–316
  - – Tempora (Zeitformen des Verbs) ▶ S. 216–220, 313–314
  - – Aktiv und Passiv des Verbs ▶ S. 221–227, 315–316

Satzglieder erkennen

Satzglieder sind Bausteine in einem Satz, z. B.:

- Subjekt, Prädikat, Objekt ▶ S. 232, 319–321
- adverbiale Bestimmungen (Adverbiale) ▶ S. 233–234, 321
- Attribut (Teil eines Satzglieds) ▶ S. 235–236, 321

Satzreihe und Satzgefüge

- Satzreihe: Hauptsatz + Hauptsatz ▶ S. 237, 322
- Satzgefüge: Hauptsatz + Nebensatz ▶ S. 238, 322

Nebensätze unterscheiden

Je nach Funktion im Satz unterscheidet man unterschiedliche Arten von Nebensätzen:

- Relativsatz (Attributsatz) ▶ S. 236, 323
- Adverbialsätze ▶ S. 241–246, 323–324
- Subjekt- und Objektsätze ▶ S. 247–249, 324

Zeichensetzung

- Das Komma zwischen Sätzen ▶ S. 237–238, 265–267, 325
- Das Komma in Aufzählungen ▶ S. 268, 326
- Das Komma bei Appositionen und nachgestellten Erläuterungen ▶ S. 269, 326
- Zeichensetzung bei der wörtlichen Rede ▶ S. 270–271, 326

Groß- oder Kleinschreibung?

- Nomen und nominalisierte Wörter ▶ S. 254–255, 329–330
- Tageszeiten und Wochentage ▶ S. 256–257, 330

Getrennt- oder Zusammenschreibung?

- Nomen + Verb ▶ S. 259, 331
- Verb + Verb ▶ S. 260, 331
- Adjektiv + Verb ▶ S. 261, 331
- Adverb + Verb; Präposition + Verb ▶ S. 262, 331

Gymnasium Baden-Württemberg

Deutschbuch

Sprach- und Lesebuch

3

Herausgegeben von
Claudia Mutter und Andrea Wagener

Erarbeitet von
Michael Dengler (Stuttgart), Georg Eger (Singen am Hohentwiel),
Christoph Fischer (Ludwigsburg), Cornelia Gerstung-Mitsch (Ulm),
Peter Imhof (Stuttgart), Marion König (Remseck am Neckar),
Anja Loew (Staufen), Dirk Milchraum (Tübingen),
Claudia Mutter (Rottweil), Christina Peter-Brutscher (Weinheim),
Birgit Ruppert (Stuttgart), Monika Schittenhelm (Esslingen),
Greda Sieber (Ludwigsburg), Jens Sippel (Tübingen),
Manuela Wölfel (Remseck am Neckar)

Cornelsen

Euer Deutschbuch auf einen Blick

Das Buch ist in **vier Kompetenzbereiche** aufgeteilt.
Ihr erkennt sie an den Farben:

- Sprechen – Zuhören – Schreiben
- Lesen – Umgang mit Texten und Medien
- Sprachgebrauch und Sprachreflexion
- Arbeitstechniken und Methoden

Jedes **Kapitel** besteht aus **drei Teilen:**

1 Üben der Hauptkompetenz
Hier wird die Fähigkeit trainiert, um die es in dem Kapitel hauptsächlich geht, z. B. in Kapitel 6 „Anekdoten und Kalendergeschichten untersuchen".

6.1 Anekdoten und Kalendergeschichten untersuchen

2 Verknüpfung mit einem zweiten Kompetenzbereich
Die Hauptkompetenz wird mit einem anderen Kompetenzbereich verbunden und vertiefend geübt, z. B.:

6.2 Eine Inhaltsangabe schreiben

3 Fit in ... oder Projekt
Hier überprüft ihr das Gelernte anhand einer Übungsklassenarbeit und einer Checkliste oder ihr erhaltet Anregungen für ein Projekt, z. B.:

6.3 Fit in ... – Eine Inhaltsangabe schreiben

Das **Merkwissen** findet ihr in den blauen Kästen mit der Bezeichnung **Information** oder **Methode**.

Auf den blauen Seiten am Ende des Buches (► S. 297–341) könnt ihr das Merkwissen aus allen Kapiteln noch einmal nachschlagen.

Folgende **Kennzeichnungen** werdet ihr im Buch entdecken:

- ●○○ Fordern und fördern: einfaches Differenzierungsniveau
- ●●○ Fordern und fördern: mittleres Differenzierungsniveau
- ●●● Fordern und fördern: oberes Differenzierungsniveau
- 4 Zusatzaufgabe
- Partnerarbeit
- Gruppenarbeit
- ► S. 322 Auf der angegebenen Seite könnt ihr weitere Informationen nachschlagen.

Inhaltsverzeichnis

Sprechen – Zuhören – Schreiben

Kompetenzschwerpunkt

1 Wer bin ich, wer will ich sein? – Sich mitteilen 13

1.1 Ich bin ich – Sich in Texten spiegeln **14**
So bin ich – Vielfalt beschreiben 14
Hans Manz: Ich 14
Annett Louisan: Wer bin ich wirklich? 15
„So wie ihr mich wollt" – Eine Rolle spielen 16
Ernst Jandl: my own song 16
So zeige ich mich – Ein Netzwerk-Profil erstellen 18

1.2 Spiel oder Provokation? – Jugendsprache **21**
So spreche ich – Jugendsprache untersuchen 21
„CUL8R" – Sprache in SMS und Chats untersuchen 23
○○○ Fordern und fördern – Jugendsprache 24

1.3 Projekt: Ein Bild von mir **25**

Prozessbezogene Kompetenzen
Schreiben
kreativ und produktiv gestalten: nach literarischen Vorlagen Texte neu, um- oder weiterschreiben

Inhaltsbezogene Kompetenzen
Literarische Texte
sprachliche Gestaltungsmittel beschreiben und auf ihre Funktion hin untersuchen

Sprachgebrauch und Sprachreflexion
Funktion und Merkmale von Jugendsprache untersuchen, auch in ihrer Wechselwirkung mit medialen Kommunikationssituationen

Zentrale Schreibformen
interpretierend (gestaltend)

Sprechen – Zuhören – Schreiben

Kompetenzschwerpunkt

2 Fairness und Respekt – Strittige Themen diskutieren 27

2.1 Wozu Regeln? – Argumentieren und überzeugen **28**
Fairness Fehlanzeige? – Meinungen begründen 28
Hanna Gerster: Unsozial – uns egal? 28
Benimmkurs als Schulfach? – Pro-und-Kontra-Diskussion 30
Ausnahmen von der Regel? – In einem Leserbrief Stellung nehmen 32
Robert Schallock: Schwänzen kostet: Nerven und Geld 32
Teste dich! – Argumentieren und Stellung nehmen 36

2.2 Du meinst also ... – Fair miteinander sprechen **37**
Aktiv zuhören, aufeinander eingehen 37
Fair Kritik üben 39
○○○ Fordern und fördern – Fair kritisieren 40

2.3 Fit in ... – Begründet Stellung nehmen **41**

Prozessbezogene Kompetenzen
Sprechen und Zuhören
verschiedene Gesprächsformen praktizieren (Diskussion);
in Gesprächssituationen konstruktiv agieren und auf Gegenpositionen sachlich und argumentierend eingehen

Schreiben
Argumente formulieren, entfalten, durch Beispiele stützen und in eine Gesamtargumentation einbeziehen

Inhaltsbezogene Kompetenzen
Sach- und Gebrauchstexte
aus Texten entnommene Informationen in übergeordnete Zusammenhänge einordnen;
die Struktur einfacher Argumente analysieren

Zentrale Schreibformen
argumentierend (z. B. begründete Stellungnahme, lineare Erörterung)

Sprechen – Zuhören – Schreiben

Kompetenzschwerpunkt

3 Was ist passiert? – Berichten 43

3.1 Rund um den Sport – Von Ereignissen berichten **44**
Erzählen und Berichten unterscheiden 44
Halbmarathon durchgehalten! 44
Schülerstaffel aus Lahr belegt ersten Platz 45
Talente auf der Bühne – Einen Bericht verfassen 46
Genau informieren – Einen Bericht überarbeiten
Sport schweißt Jugendliche zusammen 48
Teste dich! – Sachlich und genau berichten 51

3.2 Hunde im Einsatz – Berichte und Reportagen **52**
Dagmar Blesel: Richtiges Schnüffeln will gelernt sein 52
Hund rettet Familie vor Rauchvergiftung 54
○○○ Fordern und fördern – Einen Bericht schreiben 55
Spürnase im Schnee 55

3.3 Fit in ... – Berichten **57**

Prozessbezogene Kompetenzen
Sprechen und Zuhören
monologisch sprechen: berichten

Schreiben
informieren: von Ereignissen berichten; in sachlichem Stil klar und verständlich formulieren; Texte überarbeiten

Inhaltsbezogene Kompetenzen
Sach- und Gebrauchstexte
Texte erschließen und analysieren; Sachtexte aufgrund ihrer Funktion bestimmen und unterscheiden (Bericht, Reportage); Texte inhaltlich und formal vergleichen, auch solche unterschiedlicher Textsorten

Zentrale Schreibformen
berichtend (z. B. Zeitungsbericht)

Sprechen – Zuhören – Schreiben

Kompetenzschwerpunkt

4 Auf Zeitreise – Beschreiben 59

4.1 Vor 500 Jahren ... – Personen, Bilder, Wege, Vorgänge beschreiben **60**
Zu Gast bei Dürer – Personen beschreiben 60
Auf Dürers Spuren – Wege beschreiben 62
Ein Fenster in die Welt um 1500 – Bilder beschreiben 64
Mittelalterliche Kochkunst – Vorgänge beschreiben 66
Teste dich! – Beschreiben 68

Prozessbezogene Kompetenzen
Schreiben
informieren: Vorgänge, Wege, Bilder und Personen beschreiben; in sachlichem Stil klar und verständlich formulieren; Texte überarbeiten

Lesen
Texte verstehen

Inhaltsbezogene Kompetenzen
Literarische Texte
Texte erschließen und analysieren; sprachliche Gestaltungsmittel beschreiben und auf ihre Funktion hin untersuchen

Medien
den ersten Gesamteindruck eines Bildes beschreiben

Kompetenzschwerpunkt

4.2 **Sport und Mode vor 500 Jahren – Beschreibende Texte erschließen und verfassen** **69**
Franz Sales Sklenitzka: Hampstead gegen Woodstock – Vor dem Spiel 69
Franz Sales Sklenitzka: Das Spiel 70
Sigrid Heuck: Meister Joachims Geheimnis – Mode um 1500 72
○○○ Fordern und fördern – Eine Person beschreiben 74

4.3 **Fit in ... – Ein Bild beschreiben** **76**

Zentrale Schreibformen
beschreibend (z. B. Vorgangs-, Weg-, Bild- und Personenbeschreibung)

5

Lesen – Umgang mit Texten und Medien

Kompetenzschwerpunkt

„Nennt mich nicht Ismael!“ – Einen Jugendroman lesen und verstehen 79

5.1 **Ismael, Scobie, Barry – Figuren und Handlungsabläufe untersuchen** **80**
Heilung ausgeschlossen – Den Erzähler kennen lernen 80
Michael Gerard Bauer: Nennt mich nicht Ismael! (1) 80
Ismael Leseur – Die Hauptfigur charakterisieren 82
Nennt mich nicht Ismael! (2) 82
Scobie und Barry – Den zentralen Konflikt erschließen 86
Nennt mich nicht Ismael! (3) 86
Teste dich! – Eine Figur charakterisieren 90
Nennt mich nicht Ismael! (4) 90

5.2 **In die Figuren schlüpfen – Zu literarischen Texten gestaltend schreiben** **91**
Nennt mich nicht Ismael! (5) 91
Nennt mich nicht Ismael! (6) 93
○○○ Fordern und fördern – Die Sicht einer Figur einnehmen 95

5.3 **Fit in ... – Gestaltend schreiben** **97**
Nennt mich nicht Ismael! (7) 97

Prozessbezogene Kompetenzen
Lesen
Texte verstehen

Schreiben
kreativ und produktiv gestalten: nach literarischen Vorlagen Texte neu, um- oder weiterschreiben; gestaltend interpretieren

Inhaltsbezogene Kompetenzen
Literarische Texte
Texte analysieren und interpretieren (Textgrundlage: Jugendroman);
wesentliche Elemente eines Textes bestimmen und analysieren (Handlungs- und Konfliktverlauf, Figuren und Figurenkonstellation);
Fachbegriffe zur formalen Beschreibung von Texten verwenden: Autor, Erzähler, Erzählperspektive, Erzählform;
literarische Figuren charakterisieren;
Figurenkonstellationen beschreiben

Zentrale Schreibformen
interpretierend (z. B. Charakterisierung literarischer Figuren, gestaltend)

Lesen – Umgang mit Texten und Medien

Kompetenzschwerpunkt

6 Clevere Typen – Alte und neue Erzählungen erschließen 99

6.1 Unterhalten und belehren – Anekdoten und Kalendergeschichten untersuchen 100

Auf den Punkt gebracht – Anekdoten 100

Hermann Schreiber: Der alte Mantel 100

Erika Mann: Mein Vater Thomas Mann 101

Anekdote über Mozart 101

Herbert Ihering: Die schlechte Zensur 102

Kluges im Kleinformat – Kalendergeschichten 103

Johann Peter Hebel: Der kluge Richter 103

Johann Peter Hebel: Dankbarkeit 104

Bertolt Brecht: Der hilflose Knabe 105

Teste dich! – Eine Kalendergeschichte untersuchen 106

Giufa lässt die Kleider speisen 106

6.2 Schlitzohren und Schlaumeier – Eine Inhaltsangabe schreiben 107

Federica de Cesco: Spaghetti für zwei 107

Giovanni Boccaccio: Der Koch und der Kranich 113

Fordern und fördern – Eine Inhaltsangabe schreiben 115

6.3 Fit in ... – Eine Inhaltsangabe schreiben 117

Prozessbezogene Kompetenzen
Lesen
Texte verstehen

Schreiben
kreativ und produktiv gestalten: nach literarischen Vorlagen Texte neu, um- oder weiterschreiben

Inhaltsbezogene Kompetenzen
Literarische Texte
Texte analysieren, interpretieren und kontextualisieren (Textgrundlage: Anekdoten, Kalendergeschichten, Erzählungen);
Inhalte von Texten herausarbeiten und zusammenfassen;
mit produktionsorientierten Verfahren ein plausibles Textverständnis herausarbeiten;
Texte inhaltlich und formal vergleichen

Sprachgebrauch und Sprachreflexion
Modi (Indikativ, Konjunktiv I und II) unterscheiden und ihre wesentlichen Funktionen erläutern (z. B. indirekte Rede)

Zentrale Schreibformen
informierend (z. B. Inhaltsangabe)

Lesen – Umgang mit Texten und Medien

Kompetenzschwerpunkt

7 Dramatische Ereignisse – Balladen verstehen und gestalten 121

7.1 Von Mut und Übermut – Balladen untersuchen und vortragen 122

Theodor Fontane: John Maynard 122

Johann Wolfgang Goethe: Der Zauberlehrling 125

Friedrich Schiller: Der Handschuh 129

Teste dich! – Balladen untersuchen 132

Ludwig Uhland: Die Rache 132

7.2 Stoff für eine Reportage – Eine Ballade umgestalten 133

Wolf Biermann: Die Ballade vom Briefträger William L. Moore aus Baltimore 133

Fordern und fördern – Eine Reportage schreiben 135

Prozessbezogene Kompetenzen
Lesen
Texte verstehen

Sprechen
Texte gestaltend vortragen;
Texte szenisch gestalten und damit erschließen

Schreiben
informieren:
von Ereignissen berichten;
kreativ und produktiv gestalten: nach literarischen Vorlagen Texte neu, um- oder weiterschreiben

Inhaltsbezogene Kompetenzen
Literarische Texte
Texte analysieren, interpretieren und kontextualisieren (Textgrundlage: Balladen)

Kompetenzschwerpunkt

7.3 **Projekt: Eine Ballade szenisch gestalten** **137**
Emanuel Geibel: Die Goldgräber 137
„Die Goldgräber“ szenisch gestalten 139
„Die Goldgräber“ als Hörspiel 140

Zentrale Schreibformen
interpretierend (z. B. gestaltend)

8

Lesen – Umgang mit Texten und Medien

Kompetenzschwerpunkt

„Träum weiter!“ – Theaterträume 141

8.1 **„Rosinen im Kopf“ – Figuren und ihre Konflikte untersuchen** **142**
Thomas Ahrens / Volker Ludwig:
Rosinen im Kopf, Szene 1 142
Rosinen im Kopf, Szene 2 146
Teste dich! – Rund ums Theater 149

8.2 **Nicos Traumwelt – Szenen schreiben und spielen** **150**
Thomas Ahrens / Volker Ludwig:
Rosinen im Kopf, Szene 3 150
Fordern und fördern – Theaterszenen schreiben 152

8.3 **Projekt: Das Stück inszenieren** **154**
Effekte erzielen: Chorisches Sprechen 154
Das Theaterstück aufführen 155

Prozessbezogene Kompetenzen
Lesen
Texte verstehen

Sprechen und Zuhören
Texte gestaltend vorlesen und frei vortragen;
Situationen szenisch gestalten

Schreiben
kreativ und produktiv gestalten: nach literarischen Vorlagen Texte neu, um- oder weiterschreiben

Inhaltsbezogene Kompetenzen
Literarische Texte
Texte analysieren, interpretieren, kontextualisieren und werten (Textgrundlage: Dramen)

Zentrale Schreibformen
interpretierend (z. B. Charakterisierung literarischer Figuren, gestaltend)

9

Lesen – Umgang mit Texten und Medien

Kompetenzschwerpunkt

Ausgefallene Sportarten – Sachtexte untersuchen 157

9.1 **Höher, schneller, verrückter – Informationen entnehmen und vergleichen** ... **158**
Sachtexte lesen und verstehen 158
Christian Haas: Kuriose Events – After-Grunz-Partys und Zwergenweitwurf 158
Informationen zusammenfassen 161
Mara Schneider:
Matschfußball: Wer stehen bleibt, versackt 161
Grafiken und Diagramme auswerten 164
Sina Löschke: Die Reifeprüfung – Mit dem Hundeschlitten durch Alaska 164
Teste dich! – Sachtexte lesen und verstehen 167

Prozessbezogene Kompetenzen
Lesen
Lesetechniken und Lesestrategien anwenden;
Texte verstehen

Schreiben
informieren:
den Inhalt auch längerer Texte zusammenfassen;
Informationen aus komplexen linearen und nichtlinearen Texten wiedergeben

Sprechen und Zuhören
monologisch sprechen:
Sachinhalte verständlich referieren;
unterschiedliche Sprechsituationen gestalten (z. B. Vortrag)

Kompetenzschwerpunkt

9.2 Die Olympischen Spiele – Informationen recherchieren und präsentieren **168**
Holger Sonnabend:
Der Anfang der Olympischen Spiele 168
○○○ Fordern und fördern – Informationen vergleichen 170
Informationen recherchieren 172
Einen Kurzvortrag gliedern und halten 173

Inhaltsbezogene Kompetenzen
Sach- und Gebrauchstexte
Texte erschließen, analysieren, verstehen und kontextualisieren (Textgrundlage: Sachbuchtexte, Grafiken);
unterschiedliche Lesetechniken und Methoden der Texterschließung anwenden

Medien
Informationen aus Print- und digitalen Medien gewinnen und bewerten

9.3 Fit in ... – Einen Kurzvortrag halten **174**
Körper, Stimme, Publikum –
Vorübungen für einen Kurzvortrag 174
Jetzt rede ich – Informationen in einem Kurzvortrag präsentieren 175

10

Lesen – Umgang mit Texten und Medien

Kompetenzschwerpunkt

Bildschirmwelten – Über Mediennutzung nachdenken 177

10.1 Das Leben spielen – Über Computerspiele nachdenken **178**
Mein zweites, digitales Ich –
Figuren in Computerspielen 178
„Baue eine Stadt" –
Handlungen in Computerspielen 180
Computerspiele: Faszination und Gefahren 182
Spiele, die uns nicht loslassen 182

Prozessbezogene Kompetenzen
Lesen
Texte verstehen

Inhaltsbezogene Kompetenzen
Sach- und Gebrauchstexte
Texte erschließen, analysieren und kontextualisieren (Textgrundlage: Sachbuchtexte, Grafiken)

Medien
Medien hinsichtlich ihrer Darbietungsform und Kommunikationsfunktion beschreiben;
ihre Lebenswirklichkeit von Realitätsdarstellungen und der Darstellung fiktionaler Welten in Medien unterscheiden;
die Handlungsstruktur von Filmen mit Hilfe filmischer und erzähltechnischer Fachbegriffe erläutern;
das eigene Medienverhalten beschreiben und den eigenen Mediengebrauch reflektieren;
sich mit Gefahren der Mediennutzung auseinandersetzen

10.2 Noch eine Folge ... – Gestaltungsmittel von Fernsehserien untersuchen **184**
„Glee" –
Figuren in TV-Serien und ihre Konflikte 184
Die Serie „Glee" und ihre Figuren 184
Konflikte – Das Salz in der Suppe 186
Wie geht es weiter? –
Die Dramaturgie von TV-Serien 187
GZSZ & Co. –
Lieblingsserien untersuchen und vorstellen 189
Teste dich! – Fernsehserien untersuchen 190

10.3 Projekt: Eine Fernsehserie entwerfen **191**

11

Sprachgebrauch und Sprachreflexion

Kompetenzschwerpunkt

Wörter, die es in sich haben – Wortbedeutungen und Sprachgeschichte 193

11.1 Verstehen und missverstehen – Wortbedeutungen untersuchen 194
Wortspiele – Homonyme 194
Wörter mit ähnlicher Bedeutung – Synonyme 195
Mit „wie" und „als ob" – Vergleiche 196
Übertragene Bedeutungen – Metaphern 197
Ordnen nach Ober- und Unterbegriffen 198
○○○ Fordern und fördern – Wortbedeutungen 199
Teste dich! – Homonyme, Ober- und Unterbegriffe, Metaphern 200

11.2 „Haus, Villa, Bungalow" – Sprachgeschichte 201
Erbwörter 201
Lehnwörter 202
Fremdwörter 203
○○○ Fordern und fördern – Fremdwörter 205
Teste dich! – Fremdwörter 206

11.3 Projekt: Anglizismen auf der Spur 207

Prozessbezogene Kompetenzen
Lesen
Texte verstehen

Schreiben
einen differenzierten Wortschatz und einen angemessenen, variablen Stil verwenden

Inhaltsbezogene Kompetenzen
Sprachgebrauch und Sprachreflexion
Bedeutung von Wörtern: durch Abgrenzung und Vergleich die Bedeutung einzelner Wörter erschließen; Synonyme und Antonyme unterscheiden; Formen bildlicher Ausdrucksweise (Metapher, Vergleich) benennen und erläutern; Erb-, Lehn- und Fremdwörter unterscheiden; die Bedeutung und Herkunft von Fremd- und Lehnwörtern klären
Funktion von Äußerungen: sprachgeschichtliche Zusammenhänge erkennen und mit Hilfe von Begriffen des Sprachwandels (z. B. fremdsprachliche Einflüsse) beschreiben

12

Sprachgebrauch und Sprachreflexion

Kompetenzschwerpunkt

Grammatiktraining – Wortarten, Aktiv und Passiv 209

12.1 K(l)eine Zauberei – Wortarten wiederholen 210
Zauberer und Magier – Nomen, Adjektiv, Präposition 210
Mit Adverbien genauere Angaben machen 211
Mit Pronomen Bezüge herstellen 212
Personal- und Possessivpronomen 212
Demonstrativpronomen 213
Relativpronomen 214
Konjunktionen 215
Zeitformen der Verben 216
Präsens und Futur I 216
Perfekt 217
Präteritum und Plusquamperfekt 218
○○○ Fordern und fördern – Die Zeitformen des Verbs 219
Teste dich! – Die Zeitformen des Verbs 220

Prozessbezogene Kompetenzen
Sprechen und Zuhören
funktional und situationsangemessen sprechen

Schreiben
Texte formulieren und überarbeiten

Inhaltsbezogene Kompetenzen
Sprachgebrauch und Sprachreflexion
Struktur von Wörtern: Wortarten unterscheiden und bestimmen; Formen der Konjugation bestimmen und verwenden; verschiedene Funktionen der Tempora sowie Formen starker Konjugation in ihrer Besonderheit erläutern

12.2 Zaubertricks – Aktiv und Passiv **221**
Aktiv und Passiv im Vergleich 221
Täter nennen oder verschweigen? 222
Vorgangs- und Zustandspassiv 224
Aktiv und Passiv in verschiedenen Zeitformen ... 225
Ersatzformen für das Passiv 226
○○○ Fordern und fördern – Passiv 227
Teste dich! – Verbformen im Aktiv und im Passiv 228

12.3 Fit in ... – Einen Text überarbeiten **229**

Kompetenzschwerpunkt

Aktiv und Passiv (auch Zustands- und Vorgangspassiv) unterscheiden, bilden und syntaktisch beschreiben; Aktiv und Passiv in ihrer Aussagefunktion beschreiben

13

Sprachgebrauch und Sprachreflexion

Grammatiktraining – Sätze und Satzglieder 231

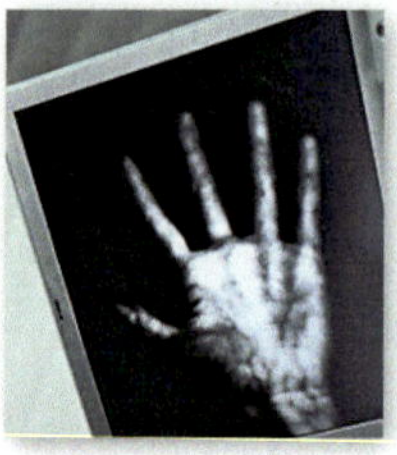

13.1 Spektakuläre Erfindungen – Satzglieder, Satzreihen und Satzgefüge wiederholen **232**
Satzglieder wiederholen 232
Subjekt, Prädikat und Objekt 232
Adverbiale Bestimmungen 233
Attribute als Teil eines Satzglieds 235
Relativsätze – Attribute in Form eines Nebensatzes 236
Satzreihen und Satzgefüge wiederholen 237
Die Satzreihe – Hauptsätze verknüpfen 237
Das Satzgefüge – Haupt- und Nebensätze verknüpfen 238
○○○ Fordern und fördern – Satzbaupläne zeichnen 239
Teste dich! – Satzglieder und Sätze 240

13.2 Experimente mit Luft – Gliedsätze unterscheiden **241**
Mit Adverbialsätzen Zusammenhänge darstellen 241
○○○ Fordern und fördern – Adverbialsätze ... 246
Subjekt- und Objektsätze unterscheiden 247
○○○ Fordern und fördern – Subjekt- und Objektsätze 249
Teste dich! – Gliedsätze: Adverbialsätze, Subjekt- und Objektsätze 250

13.3 Fit in ... – Einen Text überarbeiten **251**

Kompetenzschwerpunkt

Prozessbezogene Kompetenzen
Sprechen und Zuhören
funktional und situationsangemessen sprechen

Schreiben
Texte formulieren und überarbeiten

Inhaltsbezogene Kompetenzen
Sprachgebrauch und Sprachreflexion
Struktur von Sätzen:
die zentrale Bedeutung des Prädikats für den Satz erläutern;
Art und Anzahl der vom Prädikat abhängigen Satzglieder sowie den Kasus der Objekte untersuchen;
adverbiale Bestimmungen in ihrer semantischen Funktion erläutern;
Attribute als Teil eines Satzgliedes erkennen und bestimmen;
die Struktur von Sätzen im Feldermodell analysieren;
Nebensätze als Satzglieder oder Satzgliedteile bestimmen (Adverbialsätze, Subjekt- und Objektsätze) und verwenden;
Gleich- und Unterordnung von Sätzen unterscheiden;
Rechtschreibung und Zeichensetzung:
die Zeichensetzung korrekt verwenden

Kompetenzschwerpunkt

14 Rechtschreibtraining – Übung macht den Meister 253

14.1 Menschenskinder! – Richtig schreiben **254**
Kinder lernen überall –
Groß- und Kleinschreibung 254
Nomen und Nominalisierungen 254
Groß- und Kleinschreibung bei Zeitangaben ... 256
Verena Linde: Harte Schule 256
○○○ Fordern und fördern –
Groß- und Kleinschreibung 258
Jugendliche probieren etwas Besonderes –
Getrennt- und Zusammenschreibung 259
○○○ Fordern und fördern –
Getrennt oder zusammen? 263
Teste dich! – Rechtschreibung 264

14.2 Wenn Kinder reisen – Zeichen setzen **265**
Das Komma in Satzgefügen 265
Das Komma bei Aufzählungen 268
Victoria Krabbe: Urlaub vor der Haustür 268
Das Komma bei Appositionen und
nachgestellten Erläuterungen 269
Zeichensetzung bei der wörtlichen Rede 270
Hajo Schumacher:
Urlaubspläne am Familientisch 270
○○○ Fordern und fördern –
Zeichensetzung 272
Teste dich! – Zeichensetzung 273
Victoria Krabbe: Hamburg liegt in Frankreich ... 273

14.3 Fit in ... – Richtig schreiben **274**
Die eigenen Fehlerschwerpunkte finden 275
Training an Stationen 277
Station 1: Kommasetzung im Satzgefüge 277
Station 2: Kommasetzung bei Aufzählungen ... 278
Station 3: Kommasetzung bei Appositionen
und nachgestellten Erläuterungen 279
Station 4: Groß- und Kleinschreibung
bei Tageszeiten und Wochentagen 280
Station 5: Getrennt- und
Zusammenschreibung 281
Simone Müller: Der CO_2-Fußabdruck 282

Prozessbezogene Kompetenzen
Schreiben
elementare formale Anforderungen des Schreibens erfüllen (Rechtschreibung, Zeichensetzung);
Strategien zur Überprüfung der Rechtschreibung anwenden

Inhaltsbezogene Kompetenzen
Sprachgebrauch und Sprachreflexion
Groß- und Kleinschreibung sicher unterscheiden;
Großschreibung in allen Fällen nominaler Verwendung sowie in festen Fügungen normgerecht verwenden;
Getrennt- und Zusammenschreibung normgerecht verwenden;
die Zeichensetzung korrekt verwenden und syntaktisch begründen: bei Redewiedergabe, Nebensätzen, Appositionen;
Rechtschreibstrategien und grundlegende Rechtschreibregeln beim Schreiben und Überarbeiten von Texten anwenden;
individuelle Fehlerschwerpunkte benennen und korrigierend bearbeiten

15

Ein starkes Team! – Gemeinsam arbeiten 283

15.1 Umweltschutz – Zu einem Thema recherchieren **284**
Die Teamarbeit planen und organisieren 284
Ein Thema festlegen 285
Ein Team bilden, die Aufgaben verteilen 286
Informationen recherchieren und auswerten 288
Den Kurzvortrag ausarbeiten 290

15.2 Einen Kurzvortrag anschaulich präsentieren **291**
Folien für eine Präsentation gestalten 291
Eine Bildschirmpräsentation erstellen 292
Ein Handout verfassen 293
Die Ergebnisse präsentieren 294

15.3 Schreibkonferenz – Einen Aufruf verfassen und überarbeiten **295**

Prozessbezogene Kompetenzen
Sprechen und Zuhören
Sprechsituationen gestalten (z. B. Vortrag)

Schreiben
Informationsquellen gezielt nutzen (Bibliotheken, Nachschlagewerke, Internet); Texte formulieren und überarbeiten

Inhaltsbezogene Kompetenzen
Sach- und Gebrauchstexte
aus Texten entnommene Informationen zusammenhängend wiedergeben und in übergeordnete Zusammenhänge einordnen

Medien
Informationen aus Printmedien und digitalen Medien gewinnen und bewerten; lineare und nichtlineare Texte mit Hilfe geeigneter Medien oder Programme (z. B. Präsentationssoftware) gestalten

Orientierungswissen 297

Sprechen und Zuhören 297
Schreiben 298
Lesen – Umgang mit Texten und Medien 303
Sprachgebrauch und Sprachreflexion 310
Arbeitstechniken und Methoden 332

Lösungen zu einzelnen Aufgaben 342
Textartenverzeichnis 346
Autoren- und Quellenverzeichnis 347
Bildquellenverzeichnis 348
Sachregister 349
Impressum 352

1 Wer bin ich, wer will ich sein? – Sich mitteilen

1 Stellt gemeinsam Vermutungen an: Warum hat jemand diese Frage an die Wand geschrieben?

2 **a** Stellt diese Frage eurem Tischnachbarn und bittet um eine kurze Antwort: *„Du bist …“*
b Besprecht zu zweit, ob ihr euch in der Antwort wiedererkennt.

In diesem Kapitel …

- beschäftigt ihr euch mit Texten zum Thema „Wer bin ich?“,
- denkt ihr über soziale Rollen und die Selbstdarstellung in sozialen Netzwerken nach,
- untersucht ihr Jugendsprache.

1.1 Ich bin ich – Sich in Texten spiegeln

So bin ich – Vielfalt beschreiben

Hans Manz

Ich

Ich: Träumerisch, träge,
schlafmützig, faul.

Und ich: Ruhelos, neugierig,
hellwach, betriebsam.

Und ich: Kleingläubig, feige,
zweiflerisch, hasenherzig.

Und ich: Unverblümt, frech,
tapfer, gar mutig.

Und ich: Mitfühlend, zärtlich,
hilfsbereit, beschützend.

Und ich: Launisch, gleichgültig,
einsilbig, eigenbrötlerisch. –

Erst wir alle zusammen sind ich.

Pablo Picasso: Frauenkopf mit zwei Profilen (1929)

1
a Lest das Gedicht aufmerksam durch. Besprecht in der Klasse, wie es auf euch wirkt.
b „Erst wir alle zusammen sind ich." – Erläutert diesen letzten Vers des Gedichts.
c Passt das Gemälde von Pablo Picasso zu dem Gedicht? Diskutiert in der Klasse.

2 Bereitet einen Vortrag des Gedichts vor:
a Untersucht, wie das Gedicht aufgebaut ist (Strophen, Verse, Satzbau usw.) und welche Wortarten vorkommen.
b Besprecht, wie ihr im Vortrag die Vielfalt des Ichs deutlich machen könnt. Arbeitet zu zweit oder in Kleingruppen.
c Tragt das Gedicht vor der Klasse vor.

3
a Verfasst nach dem Muster des Textes von Hans Manz ein Gedicht über euch selbst. Ihr könnt dabei die Ergebnisse aus Aufgabe 2 a nutzen.
b Denkt euch zu einer Strophe eures Gedichts eine konkrete Situation aus. Verfasst dazu einen Tagebucheintrag.

Annett Louisan

Wer bin ich wirklich?

Erste Strophe:
Ich weiß nicht genau, was ich will,
Das Leben gibt so viel her.
Wo fang ich an?
Das Rad in mir steht niemals still,
Ich treibe durchs Häusermeer.
Ich such mich, um weiter zu komm' – mmmh,
Ich such mich und lauf mir davon.

Refrain:
Wer bin ich wirklich,
Und wer bist du?
Mein Herz kennt den Weg nicht,
Es kommt nicht zur Ruh'.
Wenn ich mich zweifelnd verrenn',
Mich selber nicht kenn',
Sag, wofür liebst du mich dann?
Wer bin ich wirklich – für dich?
[...]

Isabell Kamp: Die Maske (2005)

1 a Schreibt einen Vers aus dem Liedtext heraus, der euch besonders anspricht. Notiert eure Gedanken, Fragen, Kommentare dazu.
b Vergleicht und erläutert eure Ergebnisse.
c Sammelt Adjektive, die die Gefühle des lyrischen Ichs benennen.
d Überlegt mögliche Gründe, warum das Ich sich in dieser Stimmung befindet.

2 a Beschreibt das Gemälde genau.
b Überlegt, was das Mädchen auf dem Bild denken und fühlen könnte. Verfasst einen kurzen inneren Monolog. Ihr könnt dazu Bausteine aus dem folgenden Wortspeicher verwenden.

Innerer Monolog
Ein innerer Monolog bringt Gedanken einer Figur in der Ich-Form im Präsens oder Perfekt zur Sprache, z. B.: *Ich würde gerne ... Warum habe ich nicht ...? Hoffentlich kann ich ...!*

sich zu erkennen geben • nicht ins Raster passen • sein wahres Gesicht zeigen • befreit werden • sich von einem Muster lösen • sich entpuppen

c Passt das Bild zu dem Liedtext? Begründet eure Meinung. Belegt sie mit Versen aus dem Text.

„So wie ihr mich wollt" – Eine Rolle spielen

Ernst Jandl

my own song

ich will nicht sein
so wie ihr mich wollt
ich will nicht ihr sein
so wie ihr mich wollt
ich will nicht sein wie ihr
so wie ihr mich wollt
ich will nicht sein wie ihr seid
so wie ihr mich wollt
ich will nicht sein wie ihr sein wollt
so wie ihr mich wollt

nicht wie ihr mich wollt
wie ich sein will will ich sein
nicht wie ihr mich wollt
wie ich bin will ich sein
nicht wie ihr mich wollt
wie *ich* will ich sein
nicht wie ihr mich wollt
ich will *ich* sein
nicht wie ihr mich wollt will ich sein
ich will *sein*

1 Lest das Gedicht zunächst leise. Tauscht eure ersten Eindrücke und Beobachtungen aus.

2 Untersucht, wie das Gedicht aufgebaut ist.
- Was wird jeweils wiederholt, was verändert?
- Worin unterscheiden sich die beiden Strophen?

3 Versucht, folgende Fragen zu beantworten:
- Wer spricht in dem Text: Kind, Mädchen/Junge, erwachsene Person, alter Mensch ...?
- An wen wendet sich das sprechende Ich: an eine einzelne Person, eine Gruppe, bekannte Menschen, Fremde, Familie ...?
- Um was für eine Art Text handelt es sich: modernes Gedicht, Lied, Protestsong, Unsinnstext ...?

4 **a** Versetzt euch in das Ich und konkretisiert den Vers „so wie ihr mich wollt", z. B.:
ich will nicht sein / so brav wie ihr mich wollt ...

b Stellt Situationen zusammen, in denen das Ich aus Jandls Gedicht sprechen könnte, z. B.:
- *im Klassenzimmer: Schülerin wehrt Ermahnungen der Lehrerin ab,*
- *auf dem Schulhof mit Mitschülern: ...,*
- ...

c Stellt euch eine der Situationen aus Aufgabe b vor. Bereitet dazu in Gruppen einen wirkungsvollen Gedichtvortrag vor. Ihr könnt den Text auf verschiedene Sprecher verteilen. Besprecht eure Vorträge.

	Sprechweise
ich will nicht sein	*entschieden*
so wie ihr mich wollt	*nachäffend*
ich will nicht ihr sein	*aggressiv*

5 Betrachtet die Abbildung und gebt ihr einen Titel.

6 Vergleicht die Situation der Figur in der Zeichnung oben mit der des Ichs in Jandls Gedicht „my own song".

7 a Übertragt das Bild vereinfacht auf ein leeres Blatt Papier, sodass um die Zeichnung herum noch breite weiße Ränder bleiben.
Schlüpft in die Rolle der Figur in der Mitte und zeichnet über die Ränder hinaus weiter, sodass sichtbar wird, zu wem die Hände jeweils gehören. Ihr könnt auch weitere Hände dazuzeichnen.

b Besprecht: Zu wem gehören die Hände? Was wollen sie bewirken?

c Lest den Merkkasten unten. Schreibt auf, inwiefern ihr euch von manchen „Händen" lösen möchtet und inwiefern nicht.

Information **Rollen und Rollenerwartungen**

- **Rollen im Theater:** Der Begriff der „Rolle" stammt aus dem Theater. Er bezeichnet die von einem Schauspieler zu verkörpernde Gestalt und geht darauf zurück, dass Probentexte ursprünglich auf Schriftrollen aufgezeichnet wurden.
- **Soziale Rollen:** Auch im Alltagsleben übernehmen Menschen im Laufe ihres Lebens zahlreiche Rollen. Typische Rollen von Jugendlichen sind z. B.: **Kind** bzw. **Bruder/Schwester** im Elternhaus, **Schüler/Schülerin** in der Schule, **Freund/Freundin** im Kreis von Gleichaltrigen usw. Jede Rolle ist mit bestimmten Erwartungen verbunden, die sich z. B. auf Verhalten, Sprache und Kleidung beziehen. Die Kenntnis der gegenseitigen **Rollenerwartungen** erleichtert den Umgang der Menschen miteinander, denn sie macht das Verhalten des anderen vorhersagbar. Rollenerwartungen können aber auch als einengend und hinderlich empfunden werden.

So zeige ich mich – Ein Netzwerk-Profil erstellen

1 a Lest zunächst nur den Titel und die ersten fünf Zeilen des folgenden Zeitungsartikels. Habt oder hattet ihr selbst ein Poesiealbum oder Freundebuch? Erzählt davon.
b Beschreibt, was ein Poesiealbum und was ein Freundebuch ist.
c Stellt Vermutungen an, warum viele Menschen seit Jahrhunderten solche Bücher haben.

Omas Facebook

Freunde zu sammeln, ist keine Erfindung des Internets. Schon Stammbücher und Poesiealben sollten zeigen, wie viele tolle Menschen ihr Besitzer kannte. Was ist aus den Büchlein, die früher jedes Kind hatte, eigentlich geworden?

Von Lisa Welzhofer

Ob sich Maja (6) wohl in 20 Jahren noch an ihren Kindergartenfreund Max mit der eckigen Brille, den spitzen Eckzähnen und den braunen Haaren erinnern kann? Oder an die gutmütige Sophie mit den blonden Locken? Falls nicht, kann sie in ihrem Freundebuch nachschlagen und neben deren Fotos nachlesen, dass Max' Sternzeichen Löwe ist, gern Kasperletheater spielt und Multivitaminsaft-Schorle trinkt. Und dass Sophie Maultaschen isst und sich als Schmetterlingsfee verkleidet.
Freundebücher, die heute schon im Kindergarten von fleißigen Mamas und Papas stellvertretend für ihre Kleinen ausgefüllt werden, haben in den vergangenen Jahren mehr und mehr das klassische Poesiealbum ersetzt. Im Gegensatz zu dessen blanken Seiten bieten Freundebücher einen vorgedruckten Fragebogen an, der Augen- und Haarfarbe, Lieblingsessen, -bücher und -tiere oder Berufswünsche und Vorbilder abfragt.
Die Freundebücher überbrücken damit scheinbar die Zeit, bis der Nachwuchs alt genug ist, um im Internet in sozialen Netzwerken wie Facebook gleich Hunderte mehr oder weniger gute Freunde zu sammeln, die dann auf ihren Profilen meist noch viel mehr verraten als nur ihr Lieblingsessen oder Sternzeichen.

(aus: Sonntag Aktuell, 26. August 2012)

2 a Die Autorin bringt Poesiealbum und Freundebuch mit sozialen Internet-Netzwerken in Verbindung. Erläutert diesen Zusammenhang.
b Arbeitet heraus, wie die Autorin zu Freundebüchern und sozialen Internet-Netzwerken steht.

3 Diskutiert über die Frage, ob eine „Freundesammlung" im Internet das Poesiealbum ersetzen kann.

Mein Profil im Netz – Über sich informieren

mybook 1 2 6 | Suche

Lisa Schmidt

Geht hier zur Schule: Friedrich-Schiller-Gymnasium
Wohnt in: Reutlingen   Geburtstag: 1. Mai 200X

Kontaktinformationen:

Lange Straße 77, 72764 Reutlingen, Germany
Mail: lisaschmidt@xy.de Handy: 0123-8988776

Schule

Ich bin: Lehrerschreck
Lieblingsfach: Schule *gähn*
Hassfach: Erdkunde
Nebenjob: Arbeiten? Ist doch voll doof!
Was ich mache: schlafen, fernsehen, abhängen und so

Persönliches

Auf der Suche nach: coolen Leuten, Freunden, Partys, was sich so ergibt ...
Politische Richtung: unpolitisch
Hobbys: Fernsehen, Computerspiele, Schlafen, Shoppen
Lieblingsmusik: Lady Gaga, Justin Bieber, Hip-Hop
Lieblingsfilme: Fluch der Karibik, Twilight
Was ich mag: Partys, Ferien, meine Freundinnen, süße Jungs
Was ich nicht mag: Schule, Hausaufgaben
Über mich selbst: Ich bin nicht kompliziert, ich bin eine Herausforderung!

Gruppen

Abschreiben? Wir nennen das Teamwork
Partyteufel
Mathe Nixblicker *kp*

Freunde (596)

 **Than-Cong Vui**

 **Patricia Morau**

 **Julia Müller**

 **Sven Bender**

 **Michael Süß**

 **Francesca Pisu**

1 a Schaut euch das Profil von Lisa Schmidt genau an und erklärt, wie es aufgebaut ist.
b Beschreibt mit Hilfe des Wortspeichers, welchen Eindruck ihr von Lisa habt. Begründet eure Einschätzung anhand der Angaben in Lisas Profil.

bescheiden • faul • interessant • ernst • kontaktfreudig • schüchtern • fleißig • selbstbewusst • klug • engagiert • langweilig • dumm • unkritisch • leichtsinnig • sportlich • unsportlich

2 a Überlegt, welches Bild ein Außenstehender, z. B. ein Lehrer, von Lisa bekommt, wenn er ihr Netzwerk-Profil sieht.

b „Einmal gepostet – sichtbar für alle Zeiten." Diskutiert über diese Aussage.

c Nennt Dinge, die Lisa in ihrem Profil ändern sollte. Begründet, warum.

3 Was gebt ihr in einem sozialen Netzwerk von euch preis?

a Notiert in einer Tabelle in eurem Heft, welche Angaben ihr in euer Profil aufnehmen möchtet und wer welche Informationen sehen darf.

Sichtbar für ...	niemanden	Freunde	jeden
Meine Adresse	*X*		
Meine Handynummer			
Mein Profilbild			
Welche Musik ich gerne höre			
...			

b Tragt in einem Steckbrief zusammen, welche Angaben ihr in eurem Profil machen würdet. Überlegt dabei auch, wie diese Eintragungen auf andere wirken, z. B.:

- *Hobbys: Klettern, Fußball spielen, Freunde treffen → wirkt sportlich und unternehmungslustig*
- *Lieblingsfilme: ...*

c Stellt euch eure Ergebnisse vor und diskutiert eure Einschätzungen.

4 Tauscht euch in der Klasse aus:

- Wie geht ihr mit Freundschaftsanfragen, z. B. von unbekannten Personen, um? Welche Empfehlungen könnt ihr geben?
- Wie könnt ihr euer Profil schützen, sodass eure Angaben nur für eure Freunde oder gar nicht sichtbar sind?
- Welche Regeln für einen respektvollen und fairen Umgang im Netzwerk kennt ihr?

Methode **Ein Profil in einem sozialen Netzwerk erstellen**

- Gebt in eurem Profil auf keinen Fall **private Daten** wie eure Adresse, eure Telefonnummer und eure Passwörter an.
- Legt nach der Anmeldung in den **persönlichen Einstellungen** fest, welche Informationen unsichtbar sein sollen und welche Angaben nur Freunde sehen sollen.
  Tipp: Mit der Profilvorschau könnt ihr jederzeit einsehen, wie euer Profil mit den persönlichen Einstellungen für andere aussieht.
- Bedenkt genau, welche Wirkung Informationen, Statusmeldungen, Kommentare oder Fotos auf andere haben. Wenn auf den **Fotos** außer euch noch andere Personen zu sehen sind, müsst ihr sie vorher um Erlaubnis fragen.
- Wenn ihr **Freundschaftsanfragen** bestätigt oder Einladungen versendet, solltet ihr bedenken, dass die Empfänger alles sehen können, was ihr in eurem Profil veröffentlicht.
  Bestätigt auf jeden Fall **nur Freundschaftsanfragen von Personen, die ihr wirklich kennt,** und trefft euch nicht mit fremden Personen.

1.2 Spiel oder Provokation? – Jugendsprache

So spreche ich – Jugendsprache untersuchen

1 a Beschreibt die Situation, in der das Gespräch oben stattfindet.
b Gebt die Position der Beteiligten mit eigenen Worten wieder.
c Erläutert, wie die Position der Beteiligten mit Rollenerwartungen (▸ S. 17) zusammenhängt.

2 a Beschreibt, wie die beiden Jugendlichen sprechen. Achtet auf Wortwahl und Satzbau.
b Besprecht, wie der Dialog auf euch wirkt: glaubwürdig, realitätsnah, künstlich ...? Begründet.
c Welche Ausdrucksweisen in dem Dialog sind eurer Meinung nach typisch für die Sprechweise Jugendlicher? Schreibt sie heraus und ergänzt sie mit eigenen Beispielen.
d Nennt Gründe dafür, warum Jugendliche oft anders sprechen als ihre Eltern.

3 Setzt den Dialog fort und entwickelt daraus eine kleine Szene. Übt das Rollenspiel ein und führt es in der Klasse vor.

4 a Übertragt die nebenstehenden Beispielwörter aus der Jugendsprache in euer Heft und übersetzt jedes Wort in die Standardsprache, z. B.: *checken = prüfen, kontrollieren.*

checken • supertoll • geflasht sein • Fake • Popelstopper • abservieren • übelst gut • ultrakrass • hammerst • Perso • yo man • Alter • pogen • Knete • mega • Hunni • Matte

b Untersucht, welche Merkmale die Beispielwörter haben. Übertragt hierzu die Tabelle in euer Heft und ordnet die Wörter ein.

Anglizismen	*checken, …*
Metaphern / bildhafte Ausdrücke	…
Wortneubildungen (Neologismen)	…
Abkürzungen	…
Wortverstärker/Übertreibungen	…
…	…

c Ergänzt die Tabelle um eigene Beispielwörter.

5 Sprecht ihr selbst in dieser oder einer ähnlichen Form? Erklärt, in welchen Situationen ihr Jugendsprache benutzt und wann ihr die Standardsprache wählt.

6 „Eine einheitliche Jugendsprache gibt es nicht. Es gibt nur Sprachen einzelner Szenen wie zum Beispiel die der Hip-Hopper, der Skater, der Computerfreaks usw.“
Diskutiert diese Ansicht.

Information **Jugendsprache**

Die **Jugendsprache** unterscheidet sich durch bestimmte Wörter, Wendungen oder den Satzbau von der **Standardsprache,** z. B.: *fett* (Jugendsprache) = *gut* (Standardsprache).
Je nach Gruppierung finden sich ganz verschiedene Äußerungsformen, z. B. die Sprache der Computerfreaks, der Skater usw.
Jugendsprache ist durch **Schnelllebigkeit** und spielerische **Kreativität** im Umgang mit Sprache gekennzeichnet. Sie kann eine **Gruppenidentität** schaffen und dadurch **Abgrenzung** von anderen ermöglichen.

Die Jugendsprache ist häufig durch bestimmte **sprachliche Merkmale** geprägt, z. B.:
- Anglizismen (Übernahmen aus dem Englischen), z. B.: *chillen, Connections,*
- Metaphern / bildhafte Ausdrücke, z. B.: *ätzend, null Bock haben,*
- Neologismen (Wortneubildungen), z. B.: *Achselmoped (Deoroller),*
- Abkürzungen, z. B.: *Spezi* (für *Spezialist*),
- Wortverstärker/Übertreibungen, z. B.: *krass, fett.*

„CUL8R" – Sprache in SMS und Chats untersuchen

1 a Lest den folgenden Text bis Z. 2. Entschlüsselt die kursiv gedruckte Nachricht in Z. 1–2.
b Sammelt weitere typische Wendungen und Abkürzungen aus der SMS-und Chatsprache.

Deutsch 2.0? HDGDL!

Kürzer, schneller und vor allem viel mehr: Was die Sprache der neuen digitalen Medien kennzeichnet

*Hallo, BIDENOWA? Fahr morgn HH. Kommste mit *ganzliebschau*? Ruf an ASAP. CUL8R :–** Sieht so das Deutsch der Zukunft aus? Wird die Generation @ statt durchkomponierter Texte mit komplexen Nebensätzen nur noch „Fetzenliteratur" schreiben und reden, wie der Vorsitzende des Rates für deutsche Rechtschreibung kürzlich warnte? Keine Sorge, sagt Peter Schlobinski, Experte für Medienlinguistik[1] in Hannover. Zwar bringen E-Mails, Chats, Tweets und SMS neue Kommunikationsformen hervor – mit Platz sparenden Kürzeln, entspannter Rechtschreibung und unkonventionellen Wendungen wie *lach, stöhn, schulterzuck* oder *fahr morgen Urlaub, Essen steht Kühlschrank.* Doch selbst solche Konstruktionen – Linguisten sprechen von Inflektiven[2] und Strukturellipsen[3] – folgen brav den deutschen Grammatikregeln. Dank dem Internet lesen und schreiben Jugendliche sogar mehr als früher. Und in Blogs und Online-Tagebüchern beweisen viele, dass sie nach wie vor auch lange, sprachlich differenzierte Texte verfassen können.

Unbestritten ist, dass Internet-User zu kürzeren Sätzen neigen. Was aber nicht nur am Medium liegt: Die Zahl der Wörter pro Satz, so legen Studien nahe, geht im Deutschen bereits seit 1850 kontinuierlich zurück.

(aus: GEO Sprachwandel – Was reden wir denn da? November 2012)

1 Linguist: Sprachwissenschaftler

2 Inflektiv: verkürzte, nicht konjugierte Verbform, z. B. *lach, stöhn*

3 Strukturellipse: Auslassung von Wörtern, die sich aus dem Zusammenhang erschließen lassen, z. B.: *fahr morgen Urlaub*

2 a Lest den gesamten Text und klärt schwierige Begriffe oder Textstellen.
b Erläutert die These, die „Generation @" werde nur noch „Fetzenliteratur" schreiben und reden.
c Der Text führt verschiedene Argumente gegen diese These an. Gebt die Argumente wieder.

3 Diskutiert in der Klasse folgende Thesen:
– SMS- und Chatsprache zeigen eine große Kreativität im Umgang mit Sprache.
– SMS- und Chatsprache zerstören das Bewusstsein für korrekte Grammatik und Rechtschreibung.

Information **Sprache in SMS und Chats**

In der Sprache von SMS und Chats findet man oft **Abweichungen von der Standardsprache** (Hochsprache, Schriftsprache). Dies betrifft verschiedene Bereiche:

- **Rechtschreibung und Zeichensetzung:** oft nur Kleinschreibung, Weglassen von einzelnen Buchstaben und von Satzzeichen, Häufung von *!!!* und *???* oder *?!?* usw.
- **Satzbau, Wortschatz:** Auslassungen, Umgangssprache, Jugendsprache, Abkürzungen, Anglizismen, Emoticons. Beispiel: *gehe kino. haste Bock CUL8R (–:*

Fordern und fördern – Jugendsprache

Ihr alle kennt wahrscheinlich „Psychotests“ in Zeitschriften oder im Internet. Drei Auswertungen aus drei verschiedenen Tests findet ihr hier:

A

Test: Wie ehrlich bist du zu deiner Freundin?

83–105 Punkte:

Bei dir weiß jede Freundin, wo sie dran ist! Wer dich zu seinen Freundinnen zählt, der weiß, dass Ehrlichkeit großgeschrieben wird und die Freundschaft durch und durch fair ist und nicht aus Lästereien besteht. Das wünscht sich doch jede Freundin. Du weißt zur richtigen Zeit mit guten Argumenten deinen Standpunkt zu vertreten und hasst nichts mehr als Ungerechtigkeiten und falsche, hinterlistige Spiele! Hervorragend, doch ab und zu solltest du über eine Situation nachdenken, bevor du sie ansprichst.

B

Test: Bist du ein Supergirl?

27–39 Punkte:

Mal Fun-Girl, mal Zicke, mal Tussi – du zeigst viel von dir. In der Clique oder wenn deine BF dabei ist, gehst du voll ab und bist echt oberlässig. Allein bist du total uncool und hast ab und zu einen Hänger. Zur Info: Zu einem echten Supergirl fehlt dir noch ein bisschen dein eigenes Standing. Das solltest du noch hinkriegen.

C

Test: Wie wirkst du auf andere? Mach den Test!

34–48 Punkte:

Du wirkst fröhlich und unkompliziert. An deiner Seite ist das Leben easy und soft und diese positive Sicht der Welt strahlt auch auf andere ab. Ob Fremde oder Kumpel: Du hast für jeden ein Lächeln, jokst gerne herum und rockst jede Party. Vor allem in schwierigen Situationen bist du tough, laberst nicht lange rum und machst eigentlich immer klare Ansagen. Das kommt supergut an.

●●● **1** Bringt die drei Texte (A, B, C) in eine Reihenfolge, die die Nähe zur Jugendsprache ausdrückt. Notiert die entsprechende Buchstabenfolge in eurem Heft.
▷ Wenn ihr eine Hilfestellung benötigt, schaut weiter unten nach: Hilfe zu Aufgabe 1.

●●● **2** Untersucht die Texte: Welche Wörter und Wendungen aus der Jugendsprache enthalten sie? Findet Beispiele für Anglizismen (6 x), Wortverstärker (3 x), Metaphern (2 x). Schreibt sie ins Heft. Übersetzt die jugendsprachlichen Ausdrücke jeweils in Standardsprache.
▷ Ihr benötigt eine Hilfe zu dieser Aufgabe? Schaut unten auf dieser Seite nach.

●●○ **Hilfe zu Aufgabe 1:**
Merkmale von Jugendsprache findet ihr im Informationskasten auf S. 22.

●●○ **Hilfe zu Aufgabe 2**
Anglizismus: Wortübernahme aus dem Englischen, z. B.: *checken*
Wortverstärker: Steigerung einer Wortbedeutung durch einen Zusatz, z. B.: *voll gut*
Metapher: bildhafter Ausdruck, z. B.: *Spaßbremse*

1.3 Projekt: Ein Bild von mir

1 Die abgebildeten Fotos wurden von Jugendlichen zwischen 12 und 15 Jahren für ein Projekt zum Thema „Wer bin ich?“ angefertigt.

a Welche Bildidee spricht euch am meisten an? Begründet eure Meinung.

b Überlegt euch passende Titel zu den Bildern.

2 Schreibt zu einer der Abbildungen einen Text. Wählt eine der folgenden Möglichkeiten:

– Beschreibt das Foto bzw. die Fotos und erläutert die Bildidee, z. B.:
Das Foto zeigt ein Mädchen, das ... Ich denke, sie will darauf aufmerksam machen, dass ...

– Verfasst einen inneren Monolog (▶ S. 304) der Person auf dem Foto, z. B.:
Bin ich das? Ich würde mich lieber ... sehen ... Wie sehen mich die anderen, z. B. ...?

– Schreibt ein Gedicht zu einem der Bilder, z. B.:

Spiegelbild
Das Gesicht im Spiegel
kommt mir ... vor,
...

3 a Betrachtet die Grafik rechts und tauscht euch über eure ersten Eindrücke aus.
b Untersucht, wie der Text gestaltet wurde, um die beabsichtigte Wirkung zu erzielen.
c Überlegt, was für ein Foto zu der Grafik passen würde.
Sammelt Ideen.

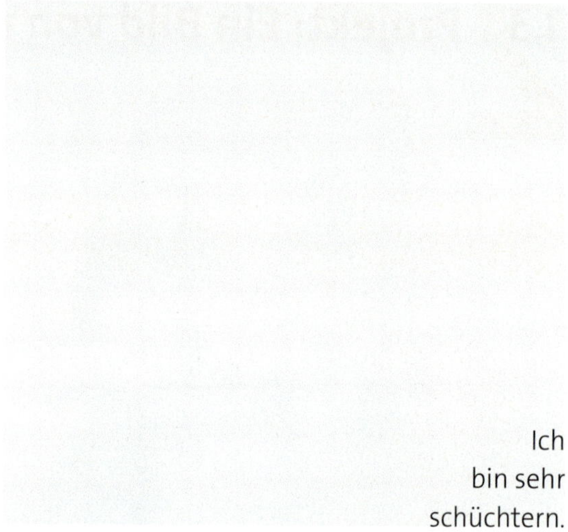

4 a Gestaltet die folgenden Texte am Computer so, dass sie zur jeweiligen Aussage passen (► Textgestaltung am PC, S. 338).

Ich bin sehr selbstbewusst. • Oft zweifle ich an mir selbst. • Ich liebe das Leben.

b Denkt euch Sätze für euch selbst aus und gestaltet sie in ähnlicher Form.

5 Stellt euch selbst in einer Kombination aus Text und Bild dar. Ihr könnt dafür am Computer arbeiten oder eine Collage anfertigen.
– Überlegt, was euer Bild oder eure Collage über euch aussagen soll: eine Idee, die euch wichtig ist, eine Frage, die euch bewegt, eine persönliche Eigenschaft, eine Vorliebe usw.
– Fertigt ein Foto an, das zu eurer Aussageabsicht passt. Helft euch gegenseitig.
– Gestaltet einen passenden Text und kombiniert ihn mit dem Foto.

6 Präsentiert eure Ergebnisse in Form einer kleinen Ausstellung, als Wandplakat im Klassenzimmer oder als Fotobuch „Das sind wir".

2 Fairness und Respekt – Strittige Themen diskutieren

1 Kennt ihr ähnliche Auseinandersetzungen?
Erzählt, in welchen Situationen ihr z. B. mit euren Eltern oder mit Gleichaltrigen über Fairness und Respekt sprecht.

2 Versetzt euch in eine der beiden Personen: Welche Argumente fallen euch ein, um die Position des Vaters oder des Sohnes zu stützen?

3 Formuliert Tipps, wie man seine Meinung überzeugend begründen kann.

In diesem Kapitel ...

- übt ihr, eure Meinungen mit Argumenten und Beispielen zu begründen,
- trainiert ihr, in Diskussionen eure Position zu vertreten und dabei fair mit anderen umzugehen,
- lernt ihr, in einem Leserbrief euren Standpunkt überzeugend zu formulieren.

2.1 Wozu Regeln? – Argumentieren und überzeugen

Fairness Fehlanzeige? – Meinungen begründen

Unsozial – uns egal?

von Hanna Gerster

Im Alltag hat man zunehmend den Eindruck, dass die Deutschen nur noch nach einer Devise handeln, nämlich nach dem Motto: „Jeder denkt an sich, nur ich denk' an mich."

„Üb immer Treu und Redlichkeit", „Was du nicht willst, das man dir tu, das füg auch keinem andern zu" – mit derlei am Gemeinwohl orientierten Leitsprüchen sind unsere Großeltern aufgewachsen. Wir, ihre Kinder und Enkel, kennen solche Sprüche kaum noch. Heute scheinen die Begriffe „Ehrlichkeit" und „Rücksichtnahme" völlig aus der Mode gekommen zu sein. In den Medien dominieren Slogans, die die Interessen des Einzelnen in den Vordergrund stellen, wie etwa „Unterm Strich zähl' ich" und „Geiz ist geil" oder „Weil du es dir wert bist". Es bleibt aber nicht bei ichbezogenen Worten, sondern im Alltag sind zunehmend die entsprechenden rücksichtslosen Taten zu beobachten. Nicht nur Sozialforscher vertreten daher die These, dass das Gefühl der Verantwortung für die Gemeinschaft in Deutschland allmählich verloren geht, denn vielen Menschen verschiedenen Alters und aus unterschiedlichen sozialen Schichten ist es offensichtlich gleichgültig, welche Folgen ihr Handeln für andere und die Gesellschaft insgesamt hat. Vordrängeln in einer Schlange, Parken auf dem Fahrradweg, Betrügen bei der Steuererklärung – all das ist fast schon zur Normalität geworden in Deutschland. Auch in Schulen oder auf dem Sportplatz gilt häufig: Fairness? Fehlanzeige! So berichtet die Berliner Kulturmanagerin Miriam Hanke von einer Schule aus dem vornehmen Stadtteil Zehlendorf, in der stärkere Schüler die schwächeren als Diener einsetzten: „Die wurden losgeschickt, damit sie mit ihrem eigenen Geld Brötchen für die anderen kaufen. Auch dort fehlt den Schülern jedes Verständnis dafür, dass sie Teil einer Gemeinschaft sind." Bodo Brandt-Chollé, Vorsitzender des Schiedsrichterausschusses beim Berliner Fußballverband, äußert sich ähnlich: „Die Hemmschwelle ist niedriger geworden, die Brutalität gewachsen." Etliche jugendliche Spieler neigen zum gefährlichen Körpereinsatz und werden von ihren Eltern darin noch bestärkt: „Hau die Flasche um!"

Auf der anderen Seite scheint den Deutschen die allgemeine Entwicklung zum egoistischen Rowdytum nicht ganz geheuer zu sein. Denn zum einen haben laut einer 2011 durchgeführten Umfrage der Arbeiterwohlfahrt 84 Prozent den Eindruck, Deutschland werde zu einem Land der Egomanen[1], was auf ein gewisses Problembewusstsein hinweist. Zum anderen sind sie – wenngleich vielleicht noch nicht mit letzter

1 Egomane: krankhaft auf sich selbst bezogener Mensch

Konsequenz – durchaus bereit, bei sich selbst oder in ihrem Umfeld etwas zu ändern. Dies zeigt zum Beispiel die zunehmende Zahl an Benimmkursen und Projekten gegen Mobbing – auch und gerade im Internet. Außerdem stehen traditionelle Werte grundsätzlich noch immer hoch im Kurs. So wünschen sich die Menschen in Deutschland vor allem Gerechtigkeit (74 Prozent), Freundschaft (66 Prozent) und Hilfsbereitschaft (64 Prozent).

1 Äußert euch spontan: Stimmen die Aussagen der Autorin mit euren Erfahrungen überein?

2 **a** Die Autorin des Textes stellt folgende These auf: „Das Gefühl der Verantwortung für die Gemeinschaft [geht] in Deutschland allmählich verloren.“ (▶ Z. 21 f.)
Sucht im Text drei Argumente, die die These stützen, und Beispiele, die die Argumente veranschaulichen.

b Notiert Argumente und Beispiele in Stichworten in eurem Heft. Unterstreicht die Argumente grün und die Beispiele blau.

Gefühl der Verantwortung für Gemeinschaft geht in Deutschland allmählich verloren, denn
- *Begriffe „Ehrlichkeit“, „Rücksichtnahme“ aus der Mode (Z. 10 ff.),*
  Leitsprüche wie z. B. „Üb immer Treu und Redlichkeit“ heute unbekannt (Z. 5–10).

c Sucht aus dem Text eine These heraus, die im Widerspruch zu der Hauptthese steht. Schreibt sie auf und notiert in Stichworten die darauf bezogenen Argumente und Beispiele.

d Sucht weitere Argumente und Beispiele, die die These aus Aufgabe c stützen.

3 Wie sollten sich Menschen in unterschiedlichen Lebensbereichen benehmen, um ihren Idealen „Hilfsbereitschaft“ und „Freundschaft“ näherzukommen? Ergänzt die Mind-Map auf einem Plakat.

4 **a** Braucht man Vorschriften, um gutes Benehmen zu lernen?
Begründet euren Standpunkt mit einem Argument und einem anschaulichen Beispiel.
- *der Meinung/Ansicht sein • für richtig/falsch halten • für/gegen … sein*
- *…, weil … • …, da … • …, denn …*
- *Aus eigener Erfahrung kann ich sagen, dass …*

b Prüft, ob die Argumentation überzeugt und ob die Sätze sinnvoll miteinander verknüpft sind.

Information **Argumentieren: These, Argument, Beispiel**

Beim Argumentieren versucht man, seine Meinung überzeugend zu begründen. Man stellt eine Behauptung auf, die man durch Argumente stützt und durch Beispiele veranschaulicht:
- **These:** *Ich finde, dass Vorschriften das Erlernen von gutem Benehmen erleichtern,*
- **Argument:** *…, weil sie uns erst klarmachen, was richtig und was falsch ist.*
- **Beispiel:** *Wenn im Theater Handys verboten sind, weiß ich, dass sie stören, und schalte meins aus.*

Tipp: Argumente könnt ihr mit den folgenden Konjunktionen einleiten: *weil, da, denn.*

Benimmkurs als Schulfach? – Pro-und-Kontra-Diskussion

Die Schüler und Schülerinnen fit zu machen für das Leben, ist unsere Aufgabe. Dazu gehören auch ein höflicher Umgangston und angemessene Umgangsformen. Höfliches Auftreten, nicht zu verwechseln mit „Schleimen", eröffnet die Chance, positiv von anderen wahrgenommen zu werden. Auch das Kennenlernen nützlicher Verhaltensregeln, die man z. B. im Ausland beachten sollte, kann im Leben hilfreich sein.
(Herr Meyer, Lehrer)

Wenn es einen Benimmkurs an unserer Schule gibt, müssen wir bestimmt noch für ein weiteres Fach lernen. Außerdem bleibt mir jetzt schon am Nachmittag wenig Zeit für meine Freundinnen und Hobbys. Deshalb bin ich gegen einen Benimmkurs als Unterrichtsfach.
(Katharina, 13 Jahre)

Am Carl-Benz-Gymnasium, wo ich vorher war, gibt es einen solchen Benimmkurs für alle sechsten Klassen. Ich finde, dass sich der Kurs positiv auf das Schulklima ausgewirkt hat.
(Tim, 14 Jahre)

Ich halte nichts davon, einen Benimmkurs in der Schule einzuführen, weil es die Aufgabe der Eltern ist, ihre Kinder zu erziehen. Was würde ein Benimmkurs außerdem bewirken, wenn die Schüler keine Lust auf diesen zusätzlichen Nachmittagsunterricht haben?
(Doris Schmitt, Mitglied des Elternbeirats)

1
- **a** Lest die oben stehenden Aussagen zum Thema „Benimmkurs".
- **b** Welcher Argumentation könnt ihr euch anschließen? Begründet eure Entscheidung.

2
- **a** Nehmt Stellung zu folgender Frage: „Soll an unserer Schule ein Benimmkurs für alle 7. Klassen eingeführt werden?" Markiert dazu eine Positionslinie im Klassenzimmer, z. B. durch Klebeband oder ein langes Seil. Stellt euch eurem Standpunkt entsprechend eher rechts (pro), links (kontra) oder mittig auf diese Linie.
- **b** Haltet fest, wie die Meinungen in der Klasse verteilt sind.

3 Bereitet in Gruppen eine Pro-und-Kontra-Diskussion zu folgender Frage vor:
Soll es an unserer Schule für alle 7. Klassen einen Benimmkurs am Nachmittag geben?

a Bildet mit etwa vier bis fünf Schülern, die eure Position vertreten, eine Gruppe.

b Bereitet die Diskussion vor, indem ihr Argumente für eure Position sammelt.
Tipp: Nutzt auch den Text von Seite 28 und die Aussagen von Seite 30.

c Bestimmt in eurer Gruppe einen Sprecher, der eure Position mit einer knappen Begründung in einem kurzen Eingangsvortrag (Statement) zusammenfasst:
– Formuliert gemeinsam das Statement und haltet es fest, z. B. auf einer Karteikarte.
– Notiert den stärksten Einwand gegen eure Position und entkräftet ihn.

Eingangsvortrag (Statement)

1. Position:
Wir sind der Auffassung, dass ...

2. Überleitung:
Für unsere Position gibt es mehrere Argumente:
...

3. Argumente und Beispiele:
- Ein besonders wichtiges Argument ist ...
- Außerdem ...
- Ein weiterer Gesichtspunkt ist, dass ...

4. Zusammenfassender Schlusssatz:
Die genannten Argumente zeigen, dass ...

Einwände entkräften
Wenn ihr einen möglichen Einwand selbst nennt und entkräftet, nehmt ihr euren „Gegnern“ sozusagen den Wind aus den Segeln, z. B.:
- *Es stimmt schon, dass ..., aber ...*
- *Wir können verstehen, ... Dennoch ...*

4 a Führt nun eine Pro-und-Kontra-Diskussion durch. Besetzt die Rollen der Diskussionsleitung, der Pro- und Kontra-Redner und der Beobachter. Die Informationen im Merkkasten unten helfen euch.
b Führt mehrere Diskussionsrunden durch. Wertet aus, wie eure Diskussion verlaufen ist.

5 a Nehmt nach eurer Diskussion erneut einen Standpunkt auf der Positionslinie (▶ S. 30, Aufg. 2) ein.
b Prüft, ob sich das Meinungsbild in eurer Klasse verändert hat.

Information **Eine Pro-und-Kontra-Diskussion führen**

Diskussionsleitung: eröffnet die Diskussion und nennt das Thema, leitet und beendet die Diskussion.
Die Sprecher der **Pro-** und der **Kontra-Gruppe** halten nacheinander ihren kurzen Eingangsvortrag (Statement). Danach beteiligen sich alle an der Diskussion.
Beobachter: notieren während der Diskussion: Die Diskutierenden
- begründen ihre Meinung gut/schlecht,
- bleiben bei der Sache / weichen von der Sache ab,
- gehen aufeinander ein / reden aneinander vorbei,
- verhalten sich fair/unfair.

Ausnahmen von der Regel? – In einem Leserbrief Stellung nehmen

Schwänzen kostet: Nerven und Geld

von Robert Schallock

Das eigenmächtige Verlängern der Ferienzeiten kann Eltern in Deutschland teuer zu stehen kommen.

Weg vom Schreibtisch, raus aus der Schule, rein in die Ferien und dann nur noch relaxen – so stellen sich Eltern und Schüler ihren wohlverdienten Urlaub vor. Dass es auch anders kommen kann, zeigt der Fall eines Autohändlers aus der Nähe von Reutlingen. Giovanni M. *(Namen geändert),* beruflich stark eingespannt, hatte kurz vor den Sommerferien seine Tochter Maria in der Grundschule für den letzten Schultag entschuldigt: Ihr Flug zu den italienischen Verwandten sei umgebucht worden. Deshalb fliege sie nun mit der älteren Schwester voraus. Doch M. hatte die Rechnung ohne den Schulleiter gemacht. Der brachte nämlich in Erfahrung, dass der Flug regulär stattfand, und beharrte auf der Schulpflicht auch am letzten Schultag.

Kaum hatte M. seine beiden Kinder zum Flughafen gebracht, erhielt er einen Anruf der älteren Tochter, sie würden von der Polizei kontrolliert und ausgefragt, Maria sei völlig verängstigt. Dies wiederum regte Herrn M. so auf, dass er sich beim Schulamt in Tübingen über den Rektor beschwerte. Dennoch wird er wohl nicht um ein saftiges Bußgeld herumkommen.

Doch muss eine geringfügige Ferienverlängerung wirklich harte Strafmaßnahmen nach sich ziehen? Für die Vertreter der Schulbehörden ist die Sache klar: In Deutschland gilt die Schulpflicht. Das ist im Grundgesetz so festgehalten. So werden z.B. hartnäckige Schulverweigerer schon einmal von der Polizei zum Unterricht gebracht. Alle Kinder haben das Recht auf Bildung, aber auch die Pflicht dazu – und zwar bis zum letzten Schultag. Wenn die Eltern ihr Kind nicht zum Unterricht schicken, begehen sie eine Ordnungswidrigkeit. Schlimmer noch, sie verweigern dem Staat die Unterstützung bei der Erfüllung seines Bildungsauftrages, wie ein Schulpolitiker betont. Ein Kind, das von seinen Eltern zum Schwänzen angehalten werde, erhalte keine Bildung. Es lerne höchstens, dass man Regeln ungestraft brechen dürfe, und gehe dann das nächste Mal auch bei Rot über die Straße. Außerdem sei die Schulpflicht „ein hohes Gut unserer Gesellschaft“. Sie sichere zum Beispiel Kindern aus allen Schichten die für einen guten Beruf notwendige Bildung.

Aber gilt dies auch für die letzten Tage vor den Ferien? Nach Meinung vieler Eltern kann spätestens nach der Notenabgabe von ernsthaftem Unterricht nicht mehr die Rede sein. Vielmehr schlügen Lehrer und Schüler die Zeit mit beliebigen Gruppenarbeiten und Filmvorführungen tot. Warum also nicht früher in den Urlaub starten, wenn damit handfeste Vorteile verbunden sind? Flüge kosten dann z. B. oft nur die Hälfte. Verwandte und Freunde in anderen (Bundes-)Ländern haben längst Ferien.

Nach deutschem Schulrecht sind günstige Flüge oder berufliche Verpflichtungen jedoch keine akzeptablen Gründe, um Kinder früher in den Urlaub zu schicken, wie M. dies tat. Unterrichtsbefreiungen werden nur aus wichtigem Anlass, etwa für den Tag nach der Konfirmation oder einen Sprachkurs, erteilt.

Dennoch bringen viele Eltern Verständnis für den Autohändler auf. Man solle nicht nur die Vorschriften, sondern auch die Menschlichkeit im Blick haben, findet eine Mutter. Schließlich müssten die Schulbehörden doch Verständnis für gestresste Eltern haben, die ihre Kinder in guter Obhut wissen wollen, ergänzt eine andere. Ein Vater bezeichnet das Verhalten des Rektors als „unsäglich". Die Kinder seien doch keine Schwerverbrecher. Man dürfe mit ihnen nicht wie mit Drogenschmugglern umgehen.

Schulleiter halten dagegen, dass es nötig sei, klare Kante zu zeigen, weil man sonst an der Nase herumgeführt werde. Wenn immer wieder kurz vor oder nach den Ferien schwerkranke Verwandte auftauchten, sei schon einmal ein Attest fällig. Das sei „auch eine Frage der Fairness allen anderen Eltern gegenüber, die sich an die Regeln halten", sagte ein Rektor einer Tageszeitung.

Solange es in Baden-Württemberg also noch keine Jokertage gibt, wie in einigen Kantonen der Schweiz, an denen Schüler ohne Begründung fehlen dürfen, werden Eltern und Schüler also die Regeln respektieren müssen – oder sie werden zur Kasse gebeten.

(aus: Themenheft: „Wozu Regeln?" Presse-AG des Schiller-Gymnasiums Führheim)

1 a Lest den Artikel und erklärt in eigenen Worten, um welche Diskussionsfrage es geht.
b Wie steht ihr zu dieser Frage? Nehmt Stellung.

2 a Klärt Wörter oder Textstellen aus dem Artikel, die für euch schwer zu verstehen sind.
b Der Artikel enthält Meinungsäußerungen verschiedener Personen oder Personengruppen. Stellt zusammen, wessen Meinung wiedergegeben wird.
c Überlegt, warum die Auffassungen dieser Personen im Text zur Sprache kommen.

3 Wertet die Positionen (pro und kontra) aus, indem ihr die folgenden Fragen beantwortet. Notiert euch Stichworte mit Zeilenangaben.
– Welche Auffassung wird jeweils vertreten?
– Welche Argumente und stützenden Beispiele werden genannt?

Position der Schulvertreter
Sie vertreten die Auffassung, dass …

Argumente	*Beispiele*
– Schulpflicht in Deutschland (Z. …)	… …
…	

Standpunkt der Eltern
Sie sind der Meinung, dass …

Argumente	*Beispiele*
– kein richtiger Unterricht kurz vor Ferien (Z. …)	… …
…	

Artikel in Zeitungen und Zeitschriften rufen bei den Leserinnen und Lesern oft Zustimmung oder Ablehnung hervor. In einem Leserbrief können sie der Redaktion und den anderen Lesern ihre Meinung mitteilen. Verfasst einen Leserbrief zu dem Artikel „Schwänzen kostet: Nerven und Geld“, in dem ihr euren Standpunkt darlegt und begründet. Geht so vor:

4 Bereitet euren Leserbrief vor.

a Macht euch klar, wie ihr zu folgender Forderung steht: Schule schwänzen zur Verlängerung der Ferien muss hart bestraft werden.

- *Jch bin der Meinung, dass ...*
- *Jch vertrete den Standpunkt/die Auffassung, dass ...*

b Sammelt Argumente und Beispiele, die für eure Position sprechen. Ihr könnt hierzu auch den Zeitschriftenartikel (▶ S. 32–33) bzw. eure Ergebnisse aus Aufgabe 3 zu Hilfe nehmen.

5 Bildet Teams: Zwei Schüler/Schülerinnen, die die gleiche Meinung vertreten, arbeiten zusammen an folgenden Aufgaben:

a Tauscht eure Argumente aus Aufgabe 4 b aus und ergänzt sie.

b Untersucht eure Argumente: Welche sind überzeugend, welche weniger? Wählt die drei überzeugendsten Argumente aus.

c Versucht, euch in die Gegenposition einzudenken, und formuliert einen möglichen Einwand gegen eure Meinung. Entkräftet ihn mit einem Argument. Formulierungshilfen findet ihr im Kasten unten.

Information **Formulierungshilfen für die Argumentation**

Einleitungen und Überleitungen

- *Ein Argument/Beispiel für ... ist ...*
- *Hinzu kommt, dass ...*
- *Ein weiterer Grund für/gegen ... ist ...*
- *Zudem/außerdem/darüber hinaus/daher/deshalb/weil/da/denn/folglich ...*
- *Für/Gegen ... spricht außerdem die Tatsache, dass ...*
- *Es darf nicht übersehen werden, dass ...*
- *Außerdem sollte man bedenken, dass ...*
- *Noch wichtiger/entscheidender ist, dass ...*

Einwände entkräften

- *Sicherlich kann man einwenden, dass ... Dennoch habe ich die Erfahrung gemacht, dass ...*
- *Obwohl ... denken, dass ..., muss man berücksichtigen, dass ...*
- *Es ist schon richtig, dass ... Es darf aber nicht übersehen werden, dass ...*

6 Verfasst nun euren Leserbrief.
Die folgende Vorlage und die Formulierungshilfen auf Seite 34 helfen euch dabei.

Betreffzeile	– Artikel „Schwänzen kostet: Nerven und Geld", Themenheft „Wozu Regeln?" der Presse-AG Schiller-Gymnasium Führheim
Anrede	– Sehr geehrte Damen und Herren,
Einleitung Anlass des Leserbriefs Bezug auf Thema des Artikels (Überleitung zum Hauptteil)	– ich habe mit Interesse Ihren Artikel über ... gelesen, in dem ... **Tipp:** Beachtet die Regeln für die indirekte Rede (▶ S. 316), wenn ihr euch auf den Inhalt des Artikels bezieht. – Weil ich selbst ..., möchte ich Ihnen meine Sichtweise ...
Hauptteil Meinung, Argumente (vom schwächsten zum stärksten) und Beispiele (Einwand entkräften)	– Ich bin der Ansicht, dass ... – Dafür spricht ... – Hinzu kommt, dass ... – Entscheidend ist jedoch das Argument, dass ... – Zwar ..., aber ...
Schluss Zusammenfassung, Vorschlag	– Aus diesen Gründen bin ich der Meinung, dass ... – Ich fände es gut, wenn ...
Grußformel Unterschrift	– Viele Grüße / Mit freundlichen Grüßen ...

7 Überarbeitet eure Leserbriefe in Gruppen. Beachtet die folgenden Fragen:
– Ist die Meinung klar formuliert? Überzeugen die Argumente und Beispiele?
– Sind die Teile der Argumentation sprachlich gut verknüpft? (▶ Formulierungshilfen, S. 34)

Information **Stellung nehmen in einem Leserbrief**

In einem Leserbrief nehmt ihr persönlich Stellung zu einem Thema oder zu einem Artikel aus einer Zeitung oder Zeitschrift.
Einleitung: Hier stellt ihr knapp den Anlass des Leserbriefs dar. Dann leitet ihr zum Hauptteil über. Ihr könnt auch schon kurz eure Meinung formulieren (hier ohne Begründung).
Hauptteil: Im Hauptteil legt ihr eure Meinung zum Thema dar und nennt Argumente und Beispiele, die diese Meinung stützen. Achtet darauf, eure Argumente und Beispiele mit passenden Formulierungen einzuleiten und miteinander zu verknüpfen (▶ S. 34).
- Eure Argumentation wird noch überzeugender, wenn ihr die Argumente steigernd anordnet: vom schwächsten zum stärksten.
- Mögliche Einwände (Gegenargumente) könnt ihr erwähnen, um sie zu entkräften.

Schluss: Fasst zum Schluss noch einmal euren Standpunkt zusammen oder formuliert einen Vorschlag oder einen Wunsch für die Zukunft.

Tipp: Der Leserbrief ist übersichtlicher, wenn ihr zwischen Einleitung, Hauptteil und Schluss Absätze einfügt. Wie Geschäftsbriefe enthält er meist eine Betreffzeile (Bezug zum Artikel), eine Anrede und am Ende eine Grußformel und eure Unterschrift.

Teste dich!

Argumentieren und Stellung nehmen

1 a In der Paul-Klee-Schule wird darüber diskutiert, ob ein Schulvertrag geschlossen werden soll. Bestimmt bei jeder der folgenden Aussagen, ob sie eine Meinungsäußerung, ein Argument oder ein Beispiel ist. Schreibt die Ziffern der Aussagen in euer Heft und notiert daneben: **M** für Meinungsäußerung, **A** für Argument und **B** für Beispiel.

A **1** Ein Schulvertrag würde nämlich für ein besseres Lernklima sorgen und die Gemeinschaft stärken.

M **2** Ich finde, dass wir einen „Schulvertrag“ einführen sollten, in dem wir festhalten, wie wir miteinander umgehen wollen.

B **3** Ich habe selbst schon die Erfahrung gemacht, dass ich mehr Spaß und bessere Lernerfolge in der Schule habe, wenn wir freundlich miteinander umgehen und uns gegenseitig helfen.

B **4** Schaut euch das Carl-Benz-Gymnasium an. Dort wurde vor zwei Jahren ein Schulvertrag eingeführt. Seitdem hat es dort keinen Mobbingfall und keine Prügeleien mehr gegeben.

A **5** Wenn sich alle an den Vertrag halten, gibt es auch weniger unfaire Auseinandersetzungen.

b Verknüpft Meinungsäußerungen, Argumente und Beispiele zu einer Argumentationskette. Verwendet hierfür geeignete Verknüpfungswörter und unterschiedliche Überleitungen.

Meinung — *1. Argument mit Beispiel* — *2. Argument mit Beispiel*

c Überprüft und korrigiert eure Ergebnisse aus den Aufgaben 1a und b in Partnerarbeit.

2 In einem Beitrag für die Schülerzeitung wirbt die Schulsprecherin Lisa M. für die Einführung eines Schulvertrags. Yannick schreibt dazu einen Leserbrief an die Redaktion. Er beginnt so:

VORSICHT FEHLER!

Hi, ich bin der Yannick!

Euren Artikel über den Schulvertrag fand ich echt krass. Jst man dann echt vertraglich verpflichtet, sich zu benehmen?
Also die Jdee ist auf alle Fälle cool, weil Team-geist ist echt wichtig, so für später.

a Überarbeitet den Anfang von Yannicks Leserbrief so, dass die Redaktion ihn auch abdrucken wird.

b Vergleicht und prüft eure Überarbeitung in Partnerarbeit.

2.2 Du meinst also ... – Fair miteinander sprechen

Aktiv zuhören, aufeinander eingehen

A: Mensch, das gibt echt Ärger mit meinen Eltern. Wenn die meine Franz-Noten sehen, erlauben sie mir nie, dass ich in den Tanzkurs gehe.

B: Ich hab mir schon ein neues Kleid gekauft, schwarz und mit Pailletten, total cool.

A: Ja, das sieht bestimmt toll aus. Aber was soll ich bloß machen? Die ganze Klasse geht hin, nur ich nicht?!

B: Du, der Maxi kommt auch – und der steht auf Schwarz, glaub ich.

A: Das kann schon sein, aber was nützt mir das? Hast du nicht irgendeinen Tipp, wie ich meine Eltern doch rumkriegen ...?

B: Vielleicht macht er sogar den Abschlussball mit mir, das wäre echt das Größte!

A: Weißt du was, du gehst mir total auf die Nerven! Träum doch weiter von deinem Maxi! *(Steht auf und geht zur Tür.)*

B *irritiert:* Hey, was ist denn jetzt los?

1 a Lest das Gespräch zwischen Alex und ihrer Freundin Bea.
b Erklärt, weshalb es am Ende zum Streit kommt.
c Untersucht den Gesprächsverlauf genau und findet heraus, an welchen Stellen es Störungen in der Kommunikation gibt. Wer ist eurer Meinung nach vor allem dafür verantwortlich? Begründet eure Auffassung.
d Wie könnte Alex erreichen, dass Bea auf ihre Probleme eingeht, ohne unhöflich zu sein?

2 a Überarbeitet den Dialog so, dass am Schluss sowohl Alex als auch Bea mit dem Verlauf zufrieden sind. Berücksichtigt dabei das jeweilige Anliegen beider Gesprächspartner und eure Ergebnisse aus Aufgabe 1. Ihr könnt den Merkkasten unten zu Hilfe nehmen.
b Bildet Kleingruppen und stellt euch eure Dialoge gegenseitig vor. Besprecht, inwieweit in den Gesprächen die Regeln eingehalten und die Anliegen der Dialogpartner berücksichtigt wurden.

Information **Gesprächsregeln**

- Seht euren Gesprächspartner an und hört ihm aufmerksam zu.
- Lasst den anderen ausreden.
- Geht auf den Redebeitrag des anderen ein.
- Klärt Unstimmigkeiten bzw. offene Fragen.
- Bleibt beim Thema.
- Formuliert klar und verständlich.

3 Alex möchte ihre Eltern dazu bewegen, dass sie trotz schlechter Französischnoten am Tanzkurs teilnehmen darf. Spielt mit einem Partner oder einer Partnerin das Streitgespräch zwischen Alex und ihrem Vater oder ihrer Mutter. Berücksichtigt dabei die Regeln für Sprechen und Zuhören in einer fairen Diskussion (▶ Merkkästen S. 37 und S. 38).

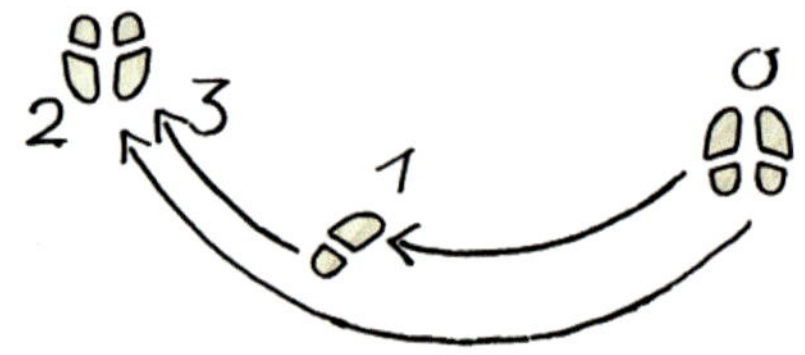

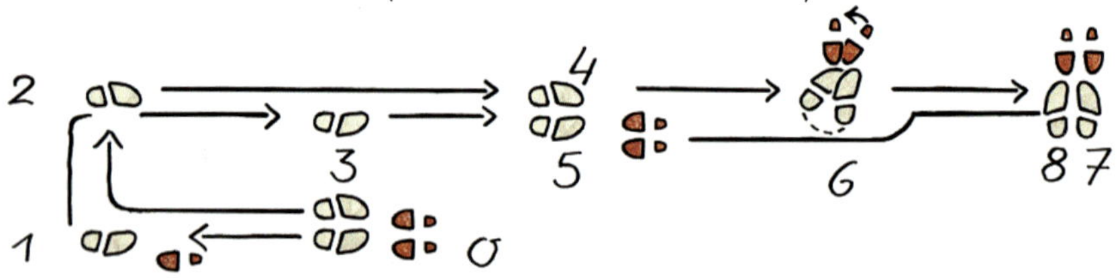

a Lost aus, wer welche Rolle übernimmt, und überlegt euch jeweils drei bis vier Argumente sowie passende Beispiele.

b Überlegt auch, wie ihr auf mögliche Einwände der Gegenseite reagieren könnt, und denkt euch einen Kompromiss oder Lösungsvorschlag aus.

c Führt nun die Diskussion. Haltet euch dabei genau an die Gesprächsregeln (▶ S. 37) und wendet konsequent die Methode des aktiven Zuhörens an (▶ Tipp „Formulierungshilfen ..." und Merkkasten unten).

d Besprecht den Verlauf der Diskussion mit Hilfe der Checkliste rechts.
- Wo wurden die Vorgaben eingehalten, wo nicht?
- Welche Folgen hatte dies für das Gespräch?

e Nehmt jetzt die jeweils andere Rolle ein und diskutiert nochmals mit einem Partner aus einem anderen Team. Wertet auch dieses Streitgespräch mit Hilfe der Checkliste aus.
Tipp: Ihr könnt auch Dialoge vor der Klasse präsentieren und gemeinsam besprechen.

Formulierungshilfen für das aktive Zuhören
- *Du findest, dass ... Ich bin auch/nicht der Ansicht, dass ...*
- *Wenn ich dich richtig verstanden habe, ... Meiner Meinung nach ...*
- *Für dich ist es (nicht) wichtig/selbstverständlich, dass ... Aber aus meiner Sicht ...*
- *Was meinst du mit ...? / Habe ich richtig verstanden, dass ...? Das erscheint mir ...*

Checkliste: faires Streitgespräch

Partner
- hören aufmerksam zu
- lassen ausreden
- signalisieren Verstehen
- fragen bei Unklarheiten nach
- formulieren klar und deutlich
- gehen ausdrücklich auf den anderen ein
- bleiben beim Thema
- sprechen Probleme im Gespräch an
- bemühen sich um eine Lösung

Methode **Aktives Zuhören als Basis einer fairen Diskussion**

Damit Diskussionen gelingen, müssen alle Gesprächsteilnehmer ernsthaft aufeinander eingehen. Die Beachtung von Gesprächsregeln und das aktive Zuhören tragen dazu bei. Aktives Zuhören bedeutet: Wer zuhört, **zeigt durch Worte, Mimik oder Gestik, ob** er **das Gesagte verstanden** hat. Wenn etwas unklar ist, fragt der Zuhörer nach. So lassen sich Missverständnisse vermeiden und die Gesprächspartner fühlen sich mit ihren Anliegen ernst genommen.

Fair Kritik üben

Voll süß! •
Insgesamt gut gemacht, aber ihr hättet auch was zu den Lehrern sagen sollen. •
Was'n Scheiß! Warum habt ihr nicht auch noch das Klo gezeigt? •
Da gibt's ja coole Typen in eurer Klasse! •
Das rockt! •
Der Schulrundgang war zu lang. •
Grausam! Der Sprecher sieht ja aus wie ein Affe! •
Der Schnitt ist richtig professionell. •
Bei dem Musical kann man den Text gar nicht verstehen. •
Guter Einblick in Schule und Schulleben.

1 Diese Kommentare findet die Klasse 7 b im Internet zu einem Video, in dem sie ihre Schule und die Musical-AG vorstellt.

a Tauscht euch in der Klasse über die Art der Kommentare aus. Worin unterscheiden sie sich?

b Übertragt das folgende Schema in euer Heft und ordnet die Beiträge ein.

	Positiv	**Negativ**
sachlich	– *Der Schnitt ist richtig professionell.*	…
unsachlich/emotional	…	…

2 a Klärt, wodurch genau sich die sachlichen Kommentare von den unsachlichen unterscheiden.

b Besprecht, welche Kritik wohl am meisten verletzt und warum dies so ist.

c Diskutiert darüber, welche negative Kritik am besten ausgedrückt ist.

d Formuliert die sachliche negative Kritik so um, dass sie nicht das Problem betont, sondern eine Anregung zur Lösung enthält.

3 Welche Erfahrungen habt ihr selbst mit Kommentaren im Internet gemacht? Formuliert ihr dort anders als im direkten Gespräch? Wenn ja, warum? Tauscht euch über diese Fragen aus.

Information **Kritik fair und angemessen formulieren**

- Faire Kritik **zielt auf die Sache** und nicht auf die Person.
- Kritik sollte **begründet** werden.
- Negative Kritik wird eher akzeptiert, wenn sie **mit einem positiven Kommentar verbunden** ist.
- Wenn möglich, sollte man eine **Lösung anregen** oder eine **Alternative aufzeigen.**

Fordern und fördern – Fair kritisieren

Die 7b möchte mit einigen Szenen aus einem Musical, das sie einstudiert hat, einen bunten Nachmittag in einem Seniorenheim gestalten.
Tobi soll die Moderation übernehmen.
Seinen Auftritt übt er in der Schule.

VORSICHT FEHLER!

„Hallo Leute! Wir, die Klasse 7b, freuen uns total, dass wir bei euch Ausschnitte aus unserem Musical zeigen können. Das ist echt geil. Wir haben in der Schule ein paar Szenen vorbereitet und die wollen wir jetzt vorspielen. Am besten kommt ihr ganz nah an die Bühne ran, denn ihr hört und seht ja nicht mehr so gut. Bei den Liedern könnt ihr ruhig mitsingen. Das schadet nix. Viel Spaß bei unserem Programm!"

Die Klasse findet manches an Tobis Auftritt gelungen, einige Dinge könnte er aber besser machen.

●●● **1** Versetzt euch an die Stelle eines Mitschülers von Tobi. Schreibt aus der Sicht des Mitschülers auf, wie er gegenüber Tobi fair und begründet Kritik an dessen Äußerem üben könnte. Macht auch konkrete Verbesserungsvorschläge.

▷ Wenn ihr eine Hilfe zu dieser Aufgabe benötigt, schaut unten nach: Hilfe zu Aufgabe 1.

●●● **2** **a** Notiert, was an Tobis Text bereits gelungen ist.
b Schreibt eine verbesserte Fassung des Textes in euer Heft, indem ihr Stellen und Formulierungen ändert, die euch unpassend erscheinen.

▷ Ihr benötigt eine Hilfe zu dieser Aufgabe? Seht unten nach: Hilfe zu Aufgabe 2.

●●○ **Hilfe zu Aufgabe 1**
- Formuliert zunächst etwas Positives über Tobis Auftreten insgesamt, z. B.: *Mir hat gut gefallen, …*
- Geht darauf ein, was die Senioren vermutlich als unpassend empfinden und warum dies so ist. Berücksichtigt Tobis Körpersprache, seine Kleidung und die Art der Veranstaltung.
- Formuliert Verbesserungsvorschläge, die sowohl zu Tobi als auch zu Ort und Art der Veranstaltung passen. Orientiert euch bei eurer Kritik an den Hinweisen im Infokasten auf Seite 39.

●●○ **Hilfe zu Aufgabe 2**
a Denkt euch in die Bewohnerinnen und Bewohner des Seniorenheims hinein: Welche von Tobis Aussagen kommen bei ihnen vermutlich gut an? Warum? Notiert diese Aussagen stichpunktartig.
b Verbessert die unpassenden Formulierungen der Begrüßungsrede:
- Achtet auf eine angemessene Anrede.
- Ersetzt Ausdrücke aus der Umgangs- und Jugendsprache durch standardsprachliche Formulierungen.
- Drückt die Aufforderung, näher an die Bühne heranzukommen, und die Begründung dafür positiv aus.

2.3 Fit in ... – Begründet Stellung nehmen

Die Aufgabenstellung richtig verstehen

Stellt euch vor, ihr bekommt in der nächsten Klassenarbeit folgende Aufgabe:

Die Hausordnung eurer Schule soll um sechs Regeln zum respektvollen Umgang miteinander ergänzt werden. Der unten stehende Entwurf wurde in der Schülerzeitung abgedruckt. Schreibe einen Leserbrief an die Schülerzeitung, in dem du Stellung zu drei der neuen Regeln nimmst. In deiner Argumentation kannst du den einzelnen Regeln zustimmen, sie ablehnen oder einen Kompromiss vorschlagen.

Neue Regeln für die Hausordnung

Um unser Schulklima angenehmer und freundlicher zu gestalten, wollen wir neue Regeln in unsere Hausordnung aufnehmen.

A. Für jeden sind Höflichkeit und gute Umgangsformen selbstverständlich:

1. Alle Schüler/-innen sind verpflichtet, Lehrer/-innen bei der ersten Begegnung am Tag freundlich zu grüßen, und zwar mit den Worten „Guten Tag, Frau .../Herr ...".
2. Auch die Schüler/-innen sollen sich grüßen. Jüngere Schüler/-innen müssen ältere Schüler/-innen zuerst grüßen.
3. Schüler/-innen machen Erwachsenen bei Begegnungen im Schulgebäude immer unaufgefordert den Weg frei. Sie halten Taschen tragenden Lehrkräften die Türen auf.

B. Jeder verhält sich anderen gegenüber respektvoll, friedlich, tolerant und rücksichtsvoll:

4. Wir behandeln uns mit Respekt. Keiner darf herabsetzende oder beleidigende Bemerkungen über das Aussehen, die Kleidung oder das Verhalten anderer machen.
5. Meinungsverschiedenheiten sollen sachlich und fair gelöst werden. Jede Form von Gewalt soll vermieden werden.
6. Jede Art von unnötigem Lärm ist zu vermeiden. Lautes Kreischen und Lachen sind nicht gestattet.

1 Lest die Aufgabenstellung genau. Erklärt euch gegenseitig, was ihr bei eurem Leserbrief beachten müsst. Beantwortet hierzu die folgenden Fragen:
- Zu welchem Thema sollt ihr eure Meinung darlegen?
- Zu wie vielen Einzelregeln sollt ihr Stellung nehmen?
- Was ist beim Aufbau eines Leserbriefs zu beachten?
- Wie formuliert ihr eure Meinung zu einer Regel, die ihr ablehnt bzw. befürwortet? Wie formuliert ihr einen Kompromiss?

Ideen sammeln

2 a Lest die sechs neuen Regeln, die in die Hausordnung aufgenommen werden sollen.
b Entscheidet, welchen Regeln ihr völlig zustimmen könnt, welchen nicht und was geändert werden müsste. Notiert spontane Gedanken zu den Regeln stichwortartig in Klammern.

Regeln, die mich überzeugen	Regeln, die mich nicht überzeugen	Änderungsvorschläge
– *Keine herabsetzenden oder …* *(…)*	– *Jüngere Schüler müssen …* *(Wieso? Schüler ist Schüler.)*	– *Schüler sollen sich gegenseitig grüßen, ungeachtet ihres Alters.*

3 a Entscheidet euch für drei Regeln, zu denen ihr Stellung nehmen wollt. Markiert sie in eurer Tabelle.
b Formuliert zu jeder der drei Regeln eure Meinung und begründet sie mit einem Argument und einem Beispiel. Die folgenden Gesichtspunkte und Formulierungen helfen euch.

Gesichtspunkte	Formulierungen
– Schüler – Erwachsener	– *Ich finde es richtig/falsch, dass/wenn …*
– Fairness, Höflichkeit	– *Ich kann verstehen/nachvollziehen, dass …*
– Spaß in der Schule	– *Für mich ist es (nicht) wichtig, wer/dass …*
– Sicherheit in der Schule	– *Besser wäre es, wenn …*
– Schulklima	– *Meiner Meinung nach sollte … / umgekehrt sollte auch …*
– Zwang – Persönlichkeit	– *Andererseits ist/hat manchmal …*
– Wortwahl	– *Deshalb/daher sollte …*

Den Leserbrief formulieren und überarbeiten

4 Schreibt nun einen Leserbrief an die Redaktion der Schülerzeitung, in dem ihr Stellung zu den drei ausgewählten Regeln nehmt.

5 Überarbeitet eure Leserbriefe in Partnerarbeit. Nutzt dabei die folgende Checkliste.

Liebes Schülerzeitungsteam,
in unsere Hausordnung neue Regeln aufzunehmen, die für ein besseres Schulklima sorgen, finde ich grundsätzlich gut. Unter den vorgeschlagenen Regeln gibt es einige, die …

Checkliste

In einem Leserbrief Stellung nehmen

- **Einleitung:** Habt ihr einleitend den Anlass genannt, der euch zum Schreiben bewegt?
- **Hauptteil:** Habt ihr eure **Meinung** klar formuliert? Führt ihr **Argumente** für eure Position an und stützt ihr sie durch **Beispiele?** Sind eure Argumente sprachlich miteinander verknüpft?
- **Schluss:** Habt ihr am Ende eure Position zusammengefasst oder einen Vorschlag oder Wunsch geäußert?

3 Was ist passiert? – Berichten

1 a Tragt zusammen, was ihr über Marathonläufe wisst.
b Habt ihr schon einmal selbst an einer größeren Sportveranstaltung teilgenommen oder live zugeschaut? Berichtet davon.

2 Stellt euch vor, ihr könntet eine der Personen auf dem Foto befragen. Was würdet ihr gerne wissen?

3 Überlegt: Wo findet man Texte, die über sportliche Ereignisse berichten? Wer liest solche Texte und aus welchem Grund?

In diesem Kapitel ...

- lernt ihr, wie sich Erzählen und Berichten unterscheiden,
- berichtet ihr sachlich und genau über Ereignisse und Veranstaltungen,
- lest und schreibt ihr Berichte und Reportagen über Hunde, die Menschen helfen,
- überarbeitet ihr eigene Texte in einer Schreibkonferenz.

3.1 Rund um den Sport – Von Ereignissen berichten

Erzählen und Berichten unterscheiden

Halbmarathon durchgehalten!

Habt ihr auch einen Traum? Mein größter Traum war es, einmal an einem Halbmarathon teilzunehmen. Als meine Schule sich dazu entschloss, eine Schülerstaffel beim Halbmarathon in Freiburg anzumelden, schlug mein Herz höher. Ich wusste, dass ich dabei sein musste.

Zwei Monate hartes Training lagen hinter mir, als ich mit unserer Staffel zum Halbmarathon aufbrach. Die endgültige Aufstellung legte fest, dass ich die Startstrecke laufen sollte. Dann war es endlich so weit, der Startschuss fiel. Zusammen mit fast 400 anderen Jugendlichen sprintete ich los. „Du schaffst das schon!", rief mir Julian noch nach, während ich blitzschnell einen Fuß vor den anderen setzte. Neben mir hörte ich das Keuchen der anderen. Die Luft pochte bereits in meinen Lungen, so schnell war ich gestartet. Nur keinen Fehler machen!, schoss es mir kurz durch den Kopf. Fest umklammerte ich den Staffelstab und beschleunigte meine Schritte. Ob die Übergabe an Katja problemlos funktionieren würde? Am Streckenrand sah ich die Menschen, die Plakate in die Luft hielten und uns anfeuerten. Noch einmal nahm ich meine ganzen Kräfte zusammen und merkte, wie ich immer mehr an Vorsprung gewann. Sekunden später sah ich Katja, die schon ungeduldig auf mich wartete. Nur noch 20 Meter, dann zehn, dann legte ich den Staffelstab in die Hand Katjas, die sich sofort mit schnellem Schritt auf die zweite Etappe begab. Die Stimmung unter den begeisterten Zuschauern war bereits auf dem Höhepunkt, als Julian die Schlussetappe lief. Unter dem Jubel der Sportfans lief er mit sieben Minuten Vorsprung ins Ziel. Wir hatten tatsächlich den ersten Platz belegt, ein irres Gefühl!

Nach der Siegerehrung feierten wir noch unseren Erfolg. In unserer Staffel sind wir uns einig: Nächstes Jahr gehen wir wieder an den Start.

Schülerstaffel aus Lahr belegt ersten Platz

FREIBURG IM BREISGAU, 21.06.2014 – Beim Halbmarathon in Freiburg belegte die Schülerstaffel des Scheffel-Gymnasiums aus Lahr den ersten Platz.

Zum elften Mal fand am Sonntag bei sonnigem Wetter der Halbmarathon mit über 9000 Teilnehmerinnen und Teilnehmern statt. Insgesamt 98 Schülerstaffeln nahmen am Staffelwettbewerb teil. Pünktlich um 14:30 Uhr wurde der Startschuss über die 21,1 km lange Strecke gegeben. Die Mixed-Staffel des Scheffel-Gymnasiums mit den Teilnehmern Anna Wehrle, Eva Lutz, Paul Heid und Carlo Santangelo aus der Jahrgangsstufe 7 teilten sich die Strecke im Rhythmus 4 km – 6 km – 5 km – 6,1 km. Mit einer Laufzeit von 1:28 h war das Team nicht zu schlagen und erreichte als erstes das Ziel. Klatschend standen Tausende Sportfans am Streckenrand und feuerten die Läuferinnen und Läufer an. An den Versorgungsstationen konnten sich die Teilnehmer mit Getränken, Bananen und Energieriegeln verpflegen.

Das nächste große Ereignis für die Schülerinnen und Schüler ist nun der Hegau-Marathon am 29. September in Singen am Hohentwiel.

1 Lest die zwei Texte. Welches Thema haben sie beide?

2 Untersucht die Texte zum Halbmarathon genauer: Wie wird das Ereignis jeweils dargestellt? Ermittelt die Unterschiede beider Texte und haltet sie in einer Tabelle fest. Berücksichtigt hierbei:
- Informationsgehalt (Beantwortung der W-Fragen)
- Ausführlichkeit
- Spannung
- Gedanken und Gefühle
- wörtliche Rede
- Sprache

Erzählung: Halbmarathon durchgehalten	Bericht: Schülerstaffel aus Lahr ...
Sprache: ...	*Sprache: sachlich, nüchtern*
...	...

3 Überlegt, für welchen Zweck die Texte jeweils geschrieben wurden. Begründet eure Meinung.

4 Welche Überschrift passt zu welchem Text? Ordnet die folgenden Überschriften den beiden Texten zu. Begründet eure Wahl.

Die Überschrift eines Berichts soll knapp, sachlich und informativ sein.

Ein irres Gefühl • Lauf, lauf, lauf! • Beste Schulstaffel beim Halbmarathon • Startschuss zum elften Halbmarathon

5 Ein Bericht gibt Antworten auf die wichtigsten W-Fragen zu einem Ereignis.

a Notiert, welche W-Fragen der Bericht oben beantwortet.

b Beantwortet die W-Fragen mit Hilfe des Textes, z. B.:

Wo fand der Halbmarathon statt? → ... Der Halbmarathon fand in Freiburg im Breisgau statt.
Wann ...?

Talente auf der Bühne – Einen Bericht verfassen

- Begrüßung durch Schulleiter (Hinweis: Eintritt frei, gerne Spenden für Afrika-Projekt)
- Drei Pierrots (Klassen 5, 9 und 12) sagen Nummern an; tragen tolle Kostüme und sind voll krass geschminkt; begeistern durch total irre Versprecher; großes Gelächter beim Publikum
- Pausenhalle in Schwarz dekoriert: schwarze Zeltplanen mit goldenen Sternen, schwarze Kerzen; etwa 250 Gäste: Eltern, Schüler und Lehrer – oft die ganze Familie!
- 18 Uhr: Chor mit Gospelsongs; tolle Stimmen, nur Elena verpasst Einsatz bei *Oh happy day*
- Nach dem Chor: Schattentheater mit Musik zu Goethes Ballade „Erlkönig" (Klasse 7d) – absolut klasse; ganz viel Applaus vom Publikum!
- Weiteres Highlight: Show der Schornsteinfeger (Zirkus-AG); sausen mit Einrädern durch die Pausenhalle, jonglieren mit Kehrbesen und schwarzen Kugeln; Song *Chim Chimney* aus dem Musical Mary Poppins dröhnt aus den Boxen.
- Pause: äthiopische Kaffeezeremonie, Büfett mit schwarzen Spezialitäten: Pumpernickel, Olivenpaste, schwarze Linsen, Schwarzwurst, Schokokuchen, Lakritz, Dörrpflaumen
- Nach der Pause: Zaubernummer mit Krabat und den 11 Zauberlehrlingen aus dem Jugendbuch von Otfried Preußler; tolle Kulisse: Scherenschnitt des Mühlrads und des Meisters
- Danach: Haka-Tanz-Vorführung durch Gymnastikgruppe; Haka ist ein Tanz der Maori, mit dem sich das neuseeländische Rugby-Team, die „All Blacks", vor dem Spiel motiviert.
- Letzte Nummer: coole Modenschau „Black is beautiful" – jeder darf mitmachen!
- Minutenlanger Schlussapplaus, Publikum total hin und weg!
- Nächstes Kultur-Café im Dezember; Motto? Wird noch gesucht! – Soll ich mitmachen?

1 Daniel hat sich während der Veranstaltung einige Notizen gemacht, denn er will für die Jugendseite der Lokalzeitung über den Abend berichten.

a Lest die Einladung und Daniels Stichworte aufmerksam.

b Sucht aus Daniels Notizen alle Informationen heraus, die ihr für den Bericht benötigt. Beantwortet dazu die W-Fragen, indem ihr die folgende Tabelle im Heft ergänzt.

W-Fragen	Informationen
Was?	*Aufführung der Zirkus-AG*
Wer?	*Schülerinnen und Schüler aus der 5. bis ...*
...	...

2 Einige Ausdrücke in Daniels Notizen passen nicht in einen sachlichen Bericht. Sucht sie heraus und formuliert sie sachlich. Verwendet dabei das Präteritum, z. B.:

Die Pierrots waren ~~voll krass~~ geschminkt und begeisterten das Publikum durch ~~total irre~~ Versprecher.	→	*Die Pierrots waren kunstvoll geschminkt und begeisterten das Publikum durch ...*

3 **a** Schreibt nun für die Jugendseite der Lokalzeitung einen Bericht über das Kultur-Café Noir in eure Hefte. Nutzt dazu die Informationen aus dem Merkkasten unten. Ihr könnt so beginnen:

> *Am Dienstag, dem 6. Juli, fand in der Pausenhalle des Salzach-Gymnasiums wieder einmal ein Kultur-Café statt. Schülerinnen und Schüler aus allen Jahrgangsstufen präsentierten dieses Mal unter dem Motto „Café Noir" ...*

b Gebt eurem Bericht eine informative Überschrift, die das Ereignis genau benennt.

c Lest euch eure Texte vor und besprecht: Was ist gelungen, was sollte verbessert werden?

d Überarbeitet eure Berichte.

Information **Einen Bericht verfassen**

Ein Bericht **informiert** meist **klar, knapp und genau über ein Ereignis,** z. B. eine Veranstaltung. Er beschränkt sich auf die wesentlichen Informationen und beantwortet die W-Fragen.

Aufbau

- Die **Überschrift** benennt das Ereignis.
- In der **Einleitung** informiert ihr knapp, worum es geht:
  Was ist geschehen? Wann geschah es? Wo geschah es? Wer war beteiligt?
- Im **Hauptteil** stellt ihr den Ablauf des Ereignisses in der zeitlich richtigen Reihenfolge dar:
  Wie lief das Ereignis ab? Eventuell auch: Warum lief es so ab?
- Im **Schlussteil** nennt ihr die Folgen des Ereignisses oder gebt einen Ausblick.

Sprache

- Schreibt **sachlich und informativ.** Vermeidet erzählende Ausschmückungen und Wertungen.
- Schreibt in der **Zeitform Präteritum,** z. B.: *eröffnete, begrüßte.*
  Verwendet das Plusquamperfekt, wenn etwas vorher passiert ist, z. B.:
  Nachdem der Schulleiter Herr Becker die Gäste begrüßt hatte, eröffneten drei Pierrots das Programm.
- Macht die **Reihenfolge der Ereignisse** durch passende Satzanfänge deutlich, z. B.:
  Zuerst ... Anschließend ... Später ... Zum Schluss ...
- Verdeutlicht logische Zusammenhänge, indem ihr die Sätze durch **treffende Verknüpfungswörter** (Konjunktionen und Adverbien) verbindet, z. B.:
  Weil der Abend ein großer Erfolg war, soll noch vor Weihnachten ein weiteres Kultur-Café stattfinden.

Genau informieren – Einen Bericht überarbeiten

VORSICHT FEHLER!

Sport schweißt Jugendliche zusammen

In unserer Stadt gibt es vier Schulen (das Schiller-Gymnasium, die Realschule, die Gemeinschaftsschule sowie die Sonnenlandschule). Zwischen den Schülerinnen und Schülern dieser Schulen gab es häufiger Streit, z. B. an der Bushaltestelle. Die Sportlehrerinnen und Sportlehrer der vier Schulen wollten etwas Schulübergreifendes machen. Es sollte eine Sportveranstaltung geplant werden. Die Wahl fiel auf ein gemeinsames Fußballturnier. Über 180 Mädchen und Jungen aus den verschiedenen Schulen waren an den Vorbereitungen beteiligt. Sie haben mit Hilfe der Sportlehrkräfte ein Fußballturnier auf die Beine gestellt. Sie haben vor dem Spiel Einladungen verteilt, Spielpläne erstellt, Essen und Getränke organisiert, Pokale beschafft und auf gutes Wetter gehofft. Am 22. April war es dann so weit. Das Turnier fand auf dem Sportplatz im Osterholz statt. Zuerst begrüßten die Schülervertreter alle Spielerinnen und Spieler und die Zuschauer. Dann sang zur Eröffnung der Schulchor der Gemeinschaftsschule einen Fußballsong. Um 10 Uhr wurde dann das erste Spiel angepfiffen. Insgesamt traten zwölf Mädchen- und Jungenmannschaften aus den Jahrgangsstufen 5, 6 und 7 in sechs Spielen gegeneinander an. Es wurden schulübergreifende Mannschaften gebildet. So kam es, dass nicht eine Schule gegen die andere spielte und es dann darum ging, welche besser ist. Wir mussten uns den Ball im wahrsten Sinne des Wortes zuspielen. Gegen Ende des Turniers fing es an zu regnen. Das Turnier hat trotzdem großen Spaß gemacht. Insgesamt 800 Zuschauer waren da und feuerten uns an: Schülerinnen, Schüler, Lehrkräfte und natürlich auch einige Eltern. Schiedsrichter ist ein Sportlehrer der Realschule, Herr Ludwig, gewesen. Er hat echt gut gepfiffen. Alle haben fair gekämpft. Gewinner waren eigentlich wir alle. Um 17 Uhr gingen wir nach der Siegerehrung gut gelaunt auseinander. Alle Beteiligten finden: Das werden wir im nächsten Jahr wiederholen. Seitdem gibt es weniger Stress. Sport schweißt wirklich zusammen.

1 Lest den Text und benennt in ein oder zwei Sätzen, worum es geht.

2 a Kontrolliert, ob in dem Bericht die Hinweise zum Schreiben eines Berichts (▶ S. 47) beachtet wurden. Notiert in Partnerarbeit, welche Fehler der Bericht enthält, z. B.:
- *Zeitform des Präteritums nicht durchgängig berücksichtigt.*
- …

b Vergleicht eure Ergebnisse.

3 Ein Bericht beschränkt sich auf die wesentlichen Informationen. Trennt die wichtigen von den unwichtigen Informationen. Schreibt aus dem Text nur die Informationen heraus, die auf die W-Fragen antworten. Legt dazu in eurem Heft eine Tabelle an:

W-Fragen	Informationen
Was?	*schulübergreifendes Fußballturnier*
Wann?	…
…	…

4 Verbindet die folgenden Sätze durch treffende Konjunktionen, sodass der Zusammenhang deutlich wird.
Dabei hilft euch der nebenstehende Wortspeicher.
– Achtet auf die Kommasetzung.
  Manche Sätze müsst ihr umformulieren.
– Verwendet das Präteritum, bei Vorzeitigkeit das Plusquamperfekt.
  Nachdem die Schülervertreter … begrüßt hatten, sang …

Konjunktionen
weil • und • nachdem • obwohl • sodass • da • aber • jedoch • denn • deshalb

– Zwischen den Schülerinnen und Schülern dieser Schulen gab es häufiger Streit. Die Sportlehrerinnen und Sportlehrer der vier Schulen wollten etwas Schulübergreifendes machen.
– Es sollte eine Sportveranstaltung geplant werden. Die Wahl fiel auf ein gemeinsames Fußballturnier.
– Über 180 Mädchen und Jungen aus den vier Schulen waren an den Vorbereitungen beteiligt. Sie haben mit Hilfe der Sportlehrkräfte ein Fußballturnier auf die Beine gestellt.
– Zuerst begrüßten die Schülervertreter alle Spielerinnen und Spieler und die Zuschauer. Dann sang zur Eröffnung der Schulchor der Gemeinschaftsschule einen Fußballsong.
– Es wurden schulübergreifende Mannschaften gebildet. So kam es, dass nicht eine Schule gegen die andere spielte.
– Gegen Ende des Turniers fing es an zu regnen. Das Turnier hat trotzdem großen Spaß gemacht.

5 Überarbeitet den Bericht von Seite 48 und schreibt eine erste verbesserte Fassung in euer Heft.

6 Überprüft eure Berichte in einer Schreibkonferenz (▶ Kasten unten). Geht so vor:

a Erstellt gemeinsam eine Checkliste mit den wichtigsten Merkmalen eines gelungenen Berichts. Beachtet hierbei den Informationskasten auf Seite 47.

Checkliste Berichten	ja	zum Teil	kaum	gar nicht
Der Bericht beantwortet die W-Fragen.				
…				
…				
…				
…				
…				
…				

b Schätzt eure Berichte mit Hilfe eurer Checkliste zunächst selbst ein.

c Besprecht sie anschließend in einer Schreibkonferenz und überarbeitet sie.

7 Sucht nach interessanten Ereignissen aus dem Schul- oder Vereinsleben.

a Schreibt dazu einen Bericht für die Schüler- bzw. die Vereinszeitung.

b Überprüft eure Berichte anhand eurer Checkliste und überarbeitet sie, z. B. in einer Schreibkonferenz.

Methode **Texte überarbeiten: Eine Schreibkonferenz durchführen**

In einer Schreibkonferenz tauscht ihr eure Texte aus, korrigiert Fehler und gebt euch gegenseitig Tipps für die Überarbeitung.

1. Setzt euch in kleinen Gruppen zusammen.
2. Einer von euch liest seinen Text vor, die anderen hören aufmerksam zu.
3. Anschließend gebt ihr dem Verfasser oder der Verfasserin eine Rückmeldung, was euch besonders gut gefallen hat.
4. Dann wird der Text in der Gruppe Satz für Satz besprochen und die Verbesserungsvorschläge werden schriftlich festgehalten. Korrigiert auch die Rechtschreibung und die Zeichensetzung.
5. Zum Schluss überarbeitet der Verfasser oder die Verfasserin den eigenen Text.

Legt gemeinsam fest, wie ihr die Texte korrigieren wollt, z. B.:

- Anmerkungen mit Bleistift lesbar an den Rand schreiben.
- Folgende Korrekturzeichen verwenden:
  R = Rechtschreibfehler (Wort in der richtigen Schreibweise am Rand notieren)
  Z = Zeichenfehler (Satzzeichen einfügen bzw. streichen)
  T = Tempusfehler (richtiges Tempus notieren)
  ? = hier ist etwas unklar (= Bitte um Rücksprache)
  + = hier ist etwas besonders gut gelungen
  – = hier ist etwas nicht gut formuliert (Formulierungsvorschlag notieren)

Teste dich!

Sachlich und genau berichten

1 Welche Aussagen zum Berichten treffen zu, welche nicht?

a Schreibe die Sätze mit den zutreffenden Aussagen in dein Heft.

Berichte ...
- werden überwiegend in der Zeitform Präsens/Präteritum verfasst.
- geben Antworten auf W-Fragen/die Gedanken und Gefühle der Beteiligten wieder.
- informieren knapp, sachlich und nüchtern/anschaulich, lebendig und spannend über ein Ereignis.
- sind manchmal/fast immer in Einleitung, Hauptteil und Schluss gegliedert.
- geben den Ablauf eines Geschehens/die Meinungen von Zeugen in einer zeitlich richtigen Reihenfolge wieder.
- sind in einer sachlichen Sprache/in Umgangssprache verfasst.
- haben eine knappe und informative/spannende und fesselnde Überschrift.
- werden häufig in Jugendbüchern/in Zeitungen veröffentlicht.
- sollen die Leser informieren/unterhalten und belustigen.

b Überprüfe deine Ergebnisse mit einem Lernpartner. Nehmt den Merkkasten von Seite 47 zu Hilfe.

2 Im folgenden Text erzählt Tom von einem Erlebnis.

a Schreibe Toms Erzählung in einen sachlichen und genauen Bericht für die Schulwebsite um.

b Besprecht eure Berichte in einer Schreibkonferenz (► S. 50).

Alle 7. Klassen freuten sich schon lange auf den 13. August, den Tag, an dem unser Klassenbasketballturnier stattfinden sollte. Am Freitagmorgen ging es dann endlich los. Es war ein superheißer Tag. Das erste Spiel verloren wir mit 31:34. Es war erst 10 Uhr, aber trotzdem schon 30 °C heiß. Unsere Mannschaft machte Pause auf den Bänken unter den Bäumen. Auf einmal wurde es so windig, dass die Bäume sich unheimlich bogen. Wir wollten nicht dort sitzen bleiben und liefen zurück auf das Spielfeld. Es donnerte inzwischen richtig laut. Im selben Moment begann der Regen niederzuprasseln. Unsere Lehrerin, Frau Schröder, rief: „Los, stellt euch bei den Fahrradständern unter!“ Wir rannten, so schnell wir nur konnten. Es goss und blitzte fürchterlich. Als sich alle untergestellt hatten, beruhigte Frau Schröder uns: „Die Feuerwehr kommt gleich, um uns abzuholen.“ Da fiel mir auf, dass ich mein Handy auf der Bank vergessen hatte. Ich sagte es Kerim. Der sah mich nur kurz an und rannte dann einfach los. Noch bevor Frau Schröder reagieren konnte, war Kerim schon wieder zurück und hielt stolz mein Handy hoch. Im selben Augenblick hörten wir ein schrecklich lautes Krachen. Ein Baum war auf die Bank gestürzt, auf der mein Handy gelegen hatte. Kerim wurde kreidebleich und gab mir stumm mein Handy. Frau Schröder war stinksauer und zugleich erleichtert. Als wir endlich alle in den Feuerwehrautos saßen, konnte auch Kerim schon wieder lachen. Weil das Basketballturnier abgebrochen werden musste, hat Frau Schröder der ganzen 7c eine Überraschung versprochen. Wir sind gespannt, was uns da erwartet.

3.2 Hunde im Einsatz – Berichte und Reportagen

Richtiges Schnüffeln will gelernt sein

Polizeioberkommissar Lutz Engel will seinen Spike zum Sprengstoffhund ausbilden.

von Dagmar Blesel

Mannheim. Spike spitzt die Ohren und bellt Assi und Easy an. Respekt vor den älteren „Kollegen", die auf der Wiese des Voglerhofs in Mannheim-Straßenheim Gehorsam trainieren, hat er keineswegs. Schon eher vor dem Gitterrost am Treppenende. Spike soll erst noch Polizeihund werden. Mit seinen fünfeinhalb Monaten muss der Deutsche Schäferhund zunächst einmal lernen, auf seinen Namen zu hören. „Ab und an kommt er schon mal", schmunzelt sein „Herrchen", Oberkommissar Lutz Engel.

Als Spike acht Wochen alt war, hat Engel ihn von einem Züchter in Stuttgart nach Mannheim geholt. Als Zweithund, denn der schwarz-braune Schäferhund soll Nachfolger von Luke werden. Der achteinhalb Jahre alte Schäferhund mit dem etwas zu großen Kopf wird Ende nächsten Jahres in Rente gehen. Altersbedingt. Noch ist er fit, seine Spürnase nach wie vor gut, doch die Kondition lässt nach. „Ich muss die Zeit des Suchens verkürzen, die Pausen werden länger", sagt Engel, „sonst fängt er an zu hyperventilieren[1]."

Luke hatte noch am Dienstag einen Einsatz. Engel wurde nach einem Raub in Frankenthal alarmiert: Der Vierbeiner sollte die Suche nach einer Pistole unterstützen. Gefunden wurde die Schusswaffe allerdings nicht.

Bis Spike für eine solche Aufgabe gerufen wird, vergehen noch eineinhalb bis zwei Jahre. So lange dauert die Ausbildung. Diensthundeführer und Tier trainieren zusammen in der Fortbildungsstelle Karlsruhe-Durlach. Einmal jährlich müssen sie ihre Teamfähigkeit in einer Prüfung unter Beweis stellen.

Hauptaufgabe der Hunde ist später die Suche nach gefährlichen Gegenständen, vermissten Personen oder Menschen, die sich vor der Polizei verstecken oder flüchten. Zudem werden die Tiere als Schutzhund im Streifendienst oder bei gewalttätigen Ausschreitungen eingesetzt.

Ob sich ein Hund für den Polizeidienst eignet, hängt vor allem von seiner Nase und seinem Spieltrieb ab. Aus einem Hund einen Sprengstoffspürhund zu machen, ist nicht einfach. Im Gegensatz zum „Kollegen Rauschgift", der an einer Fundstelle kratzen, bellen oder beißen soll, muss der Sprengstoffhund passiv bleiben. Damit kein Zünder ausgelöst wird, darf ein Fund nur durch Hinsetzen oder -legen angezeigt werden.

Zurzeit sind bei der Mannheimer Staffel zwanzig Mitarbeiter und achtzehn Hunde im Einsatz. Zwei Beamte sollen hinzukommen – natürlich mit Vierbeinern. Und die leben in der Regel beim Herrchen zu Hause, auch wenn die Hunde aus dem Dienst ausscheiden.

In seinen künftigen Job hat Spike jetzt schon mal hineinschnuppern dürfen, als Sprengstoff-

1 hyperventilieren: übermäßig schnell und flach atmen

spürhunde das Maritim-Hotel untersuchten. „Er soll bei einer solchen Aktion mal dabei sein“, sagt Engel. Ungewohnt für den Junghund: das Fahren mit dem gläsernen Aufzug und das Gehen über den glänzenden Marmorboden.

Luke und Spike verstehen sich gut, sagt Engel. Eifersüchtig auf den Neuling sei der Ältere nicht. Eher umgekehrt. Luke sei familienfreundlich, nur manchmal etwas zerstreut. „Halt so wie sein Herrchen“, witzeln die Kollegen.

1 Lest den Text und fasst knapp zusammen, worum es geht.

2 Erklärt, was die folgenden Wörter und Wortgruppen im Text bedeuten.
Lest dazu noch einmal genau nach.

Fortbildungsstelle (▸ Z. 35–36) • Teamfähigkeit (▸ Z. 37) • Schutzhund im Streifendienst (▸ Z. 43) • Sprengstoffspürhund (▸ Z. 47–48) • im Gegensatz zum „Kollegen Rauschgift“ (▸ Z. 48–49) • passiv bleiben (▸ Z. 51) • Mannheimer Staffel (▸ Z. 55)

3 a Beantwortet die folgenden W-Fragen mit Hilfe des Textes:
- Wie lange dauert die Ausbildung eines Polizeihundes?
- Welche Aufgaben haben Polizeihunde?
- Welche Voraussetzungen muss ein Polizeihund mitbringen?
- Wie muss sich ein Drogenhund an der Fundstelle verhalten, wie ein Sprengstoffhund?
- Wo leben die Polizeihunde?

b Formuliert in Partnerarbeit zwei weitere W-Fragen, die der Text beantwortet.

4 a Setzt die ersten beiden Sätze des Textes (▸ S. 52, Z. 4–8) ins Präteritum. Wie wirkt der Text jetzt?
b Vergleicht den Anfang der Reportage (▸ S. 52, Z. 4–14) mit der Einleitung eines Berichts. Welche Unterschiede fallen euch auf?

5 a Eine Reportage ist ein Erlebnisbericht. Lest die Informationen im Merkkasten unten.
b Nennt Stellen im Text auf den Seiten 52 bis 53, die über das bloße Berichten hinausgehen.

Information **Reportage**

Eine Reportage informiert in besonders anschaulicher und lebendiger Weise über ein Ereignis. Sie ist ein **Erlebnisbericht,** denn bei einer Reportage schreibt eine Reporterin / ein Reporter über ein Geschehen, das sie/er selbst als Augenzeuge miterlebt hat.

- Eine Reportage enthält **sachliche Informationen** (Beantwortung der W-Fragen), gibt aber auch die Eindrücke und **die persönliche Sichtweise** des Verfassers wieder.
- Die Reportage will den Lesern das Gefühl geben, dass sie live bei dem Geschehen dabei sind. Zitate von Personen, ausdrucksstarke Verben und Adjektive sowie Vergleiche sorgen für **Anschaulichkeit.**
- Die Zeitform der Reportage ist häufig das **Präsens.** Auch dies vermittelt den Lesern den Eindruck, direkt vor Ort am Geschehen teilzunehmen.

Hund rettet Familie vor Rauchvergiftung

Lannesdorf. Gestern herrschte große Aufregung in Lannesdorf. Am frühen Morgen war im Wohnzimmer eines Einfamilienhauses ein Sofa in Brand geraten.

Nach Aussagen der Feuerwehr war vermutlich eine eingeschaltete, aber defekte Heizdecke die Brandursache. Die vierköpfige Familie hatte Glück im Unglück. Nach dem Ausbruch des Feuers verhinderte die wachsame Setterhündin der Familie, Connie, eine Katastrophe. Nach ersten Erkenntnissen bemerkte die Hündin das Feuer und schlug Alarm. Sie weckte durch anhaltendes Gebell das noch schlafende Ehepaar und seine beiden ebenfalls schlafenden Kinder. Alle vier konnten samt Hündin unbeschadet ins Freie gelangen. Inzwischen waren auch Nachbarn wach geworden und hatten die Feuerwehr benachrichtigt. Sie konnte durch das unmittelbare Eingreifen Schlimmeres verhindern.

Das Haus kann weiterhin bewohnt werden.

1 Lest den Zeitungsbericht. Tragt zusammen, welche W-Fragen der Text beantwortet.

2 Erklärt, warum in den Zeilen 2–4 und 16–18 das Plusquamperfekt verwendet wird.

3 Gestaltet den Zeitungsbericht zu einer Reportage aus. Geht so vor:

a Schlüpft in die Rolle einer Reporterin oder eines Reporters, der bei diesem Brand vor Ort war.

– Notiert eure Eindrücke vor Ort. Was seht, hört, riecht ihr? Zum Beispiel:
beißender Brandgeruch, rabenschwarze Rauchwolken ...

– Beschreibt die Hündin Connie, die die Familie gerettet hat, z. B.:
ein mutiger Hund.

– Erfindet Zitate von Personen, die am Ort des Geschehens sind.
Was könnten z. B. die Familie, die Feuerwehrleute, die Nachbarn sagen? Beispiele:
- ***Vater:*** *Connie ist ein echter Familienhund. Man kann sich wirklich auf sie verlassen ...*
- ***Tochter:*** *Connie gab mir Mut ...*
- ***Feuerwehrmann:*** *Wir wurden gegen 5:30 Uhr von Nachbarn alarmiert. Als wir eintrafen, ...*
- ***Nachbarin:*** *Jch bin gleich aufgestanden, als ich das Hundegebell hörte ...*

b Ordnet die Informationen für eure Reportage. Dazu gehören die sachlichen Informationen (Beantwortung der W-Fragen) und eure Eindrücke und Zitate, die ihr „vor Ort“ gesammelt habt.

Einleitung:	Neugier wecken durch die Beschreibung der Situation vor Ort, z. B.: *Noch immer steigen einzelne Rauchschwaden ...* *Die Luft riecht nach ...*
Hauptteil:	Darstellung des Geschehens aus eurer Sicht (Informationen zum Verlauf des Brandes, persönliche Eindrücke, Beschreibungen, Zitate der Betroffenen)
Schluss:	Darstellung der eigenen Meinung, z. B.: *Nicht jeder hat einen so schlauen Hund ...*

c Schreibt eure Reportage. Schreibt anschaulich und lasst den Leser „live“ am Geschehen teilhaben. Verwendet als Zeitform das Präsens.

Fordern und fördern – Einen Bericht schreiben

Spürnase im Schnee

Afra hört nicht auf zu graben. Mit ihren Vorderpfoten wirft die Schäferhündin Berge von Schnee hinter sich. Das Loch wird tiefer und tiefer. Die Männer der Bergrettung von St. Johann wundern sich. Längst ist der Lawinenverschüttete geborgen. Und er lebt. Aber Afra gräbt weiter, steckt den Kopf tief ins Schneeloch, bellt laut.

Thomas Jüngerich, ihr Hundeführer, beugt sich hinunter. Tief vergraben im Schnee ist der Griff eines Skistocks erkennbar. Der Stock gehört dem Mann, den sie gerade gerettet haben. Erst als auch dieser Stock aus dem Schnee geborgen ist und Thomas Jüngerich den Hund lobt, setzt sich Afra hechelnd in den Schnee. „Ganz wichtig ist es dann, den Hund zu loben“, sagt Jüngerich. „Er wartet auf diese Belohnung. Sonst könnte er die Lust verlieren.“

„Ein Verschütteter bei einem Lawinenabgang“, lautet die Durchsage, als der Notarzthubschrauber „C1“ mit dem Hundeführer Thomas Jüngerich am Mittwochmittag zum Rückflug nach St. Johann aufbricht. „Wir waren schon in der Luft, als der Alarm bei uns einging. Daher waren wir natürlich in kürzester Zeit am Unfallort“, erklärt Jüngerich.

Die etwa 50 Meter breite und 150 Meter lange Schneelawine war unterhalb des Gipfels des Großglockners abgegangen und begrub den Mann. Nun war die Lawinenhündin Afra gefragt: „Sie hat sofort angeschlagen und wie wild zu graben begonnen. Ich habe an der betreffenden Stelle die Sonde eingesetzt und bin sofort auf den Mann gestoßen. Er war schon blau im Gesicht, aber ansprechbar“, schildert Thomas Jüngerich. „Zehn Minuten später hätte es schlimm ausgeschaut“, sagt er leise.

„Der 43-jährige Bergsteiger aus Salzburg hat beim Abstieg vom Großglockner eine gefährliche Abkürzung genommen“, glaubt der Hundeführer, der das Lawinenopfer drei Tage später zusammen mit Afra besucht. „Es geht ihm gut. Er hatte viel Glück.“

1 a Erklärt, worum es in diesem Text geht.
b Findet Gründe, warum der Hund weitergräbt, obwohl das Lawinenopfer schon geborgen ist.

2 Tragt zusammen, an welchen Merkmalen ihr erkennt, dass es sich bei dem Text „Spürnase im Schnee“ um eine Reportage handelt (▸ Merkmale einer Reportage auf Seite 53).

3 Begründet, warum die Aussage von Herrn Jüngerich in den Zeilen 38–43 in einen Bericht für die Polizei aufgenommen werden sollte.

●●● 4 Formt die Reportage „Spürnase im Schnee“ in einen sachlichen Bericht für die Zeitung um. Die wichtige Aussage von Herrn Jüngerich in den Zeilen 38–43 (wörtliche Rede) gebt ihr in indirekter Rede wieder. Der Merkkasten auf Seite 56 hilft euch dabei.
▹ Hilfen zu dieser Aufgabe findet ihr auf Seite 56.

●●○ Aufgabe 4 mit Hilfen

Formt die Reportage „Spürnase im Schnee" in einen sachlichen Bericht um. Geht so vor:

a Schreibt aus dem Text nur die Informationen heraus, die auf die W-Fragen antworten. Legt dazu in eurem Heft eine Tabelle mit W-Fragen an.

W-Fragen	Informationen
Was ist passiert?	*Hündin rettet Lawinenopfer*
Wann?	*am Mittwochmittag*
Wo?	*am Großglockner*
Wer?	– ...
Wie und warum?	– *beim Abstieg vom Großglockner nahm Bergsteiger gefährliche Abkürzung* – *Schneelawine unterhalb des Gipfels löste sich, begrub den Mann unter sich* – *Notarzthubschrauber „C1" war auf dem Rückflug, als Notruf einging* – *Retter waren schnell zur Stelle*
Welche Folgen?	– ...

b Berichte enthalten keine wörtliche Rede. Gebt deshalb die Aussage von Herrn Jüngerich (Z. 38–43) in indirekter Rede (▶ Merkkasten unten) wieder oder umschreibt sie, z. B.:
Der Hundeführer geht davon aus, dass der ... genommen habe.

c Schreibt euren Bericht. Verwendet das Präteritum. Ihr könnt so beginnen:
Am Mittwochmittag wurde ein Lawinenopfer am Großglockner von einer Hündin gerettet.
Der Bergsteiger hatte beim Abstieg vom ...

d Findet eine knappe, informative Überschrift für euren Bericht.

Information — Der Konjunktiv in der indirekten Rede

Mit der indirekten Rede kann man wiedergeben, was andere gesagt haben. Man verdeutlicht so, dass es sich nicht um eigene Aussagen handelt. Deshalb setzt man das Verb in den Konjunktiv I, z. B.:

- *Anja sagt: „Ich muss mit meinem Hund täglich trainieren." (wörtliche Rede im Indikativ)*
- *Anja sagt, sie müsse mit ihrem Hund täglich trainieren. (indirekte Rede im Konjunktiv I)*

Bildung des Konjunktivs

Der Konjunktiv wird durch den Stamm des Verbs (Infinitiv ohne *-en*) und die entsprechende Personalendung gebildet, z. B.:

Indikativ Präsens	Konjunktiv I
ich komm-e	*ich komm-e*
du komm-st	*du komm-est*
er/sie/es komm-t	*er/sie/es komm-e*
wir komm-en	*wir komm-en*
ihr komm-t	*ihr komm-et*
sie komm-en	*sie komm-en*

3.3 Fit in ... – Berichten

Die Aufgabenstellung richtig verstehen

Stellt euch vor, ihr bekommt in der nächsten Klassenarbeit folgende Aufgabe:

Als Reporter der Schülerzeitung hast du den Projekttag „Neue Sporterfahrung“ besucht. Schreibe darüber einen Bericht.
Notiere zuerst mit Hilfe der folgenden Bilder und der Aussagen in den Sprechblasen alle Informationen, die für einen Bericht wichtig sind. Gib deinem Bericht eine treffende Überschrift.

Projekttag „Neue Sporterfahrung“ am Friedrich-Wöhler-Gymnasium Singen
12. Juni 201X, Münchried-Sporthalle, 8:00–13:00 Uhr, Klassen 7a/b und 8c/d

Die Erfahrungen sollen jungen Menschen ein Gefühl für die Lebenswelt behinderter Menschen geben und Fairness und Respekt fördern. *(Projektsprecher)*

Am Anfang waren die meisten von uns orientierungslos. Aber bald konnte man die Klingelgeräusche besser orten. Es hat echt Spaß gemacht! *(Timo, Klasse 7a)*

Goalball ist ein Handballspiel für sehbehinderte Menschen. Der Ball ist mit einer Klingelkugel versehen und muss über Gehör und Tastsinn ins gegnerische Tor gebracht werden. *(Sportlehrer Herr Trapp)*

Ich musste mich ganz schön anstrengen, um den Rollstuhl zu lenken und den Ball zu kriegen. Am Schluss war ich ziemlich k. o. und morgen habe ich bestimmt einen irren Muskelkater. *(Milena, Klasse 8d)*

Zunächst gab es eine kurze Einführung in die jeweilige Sportart. Dann wurden die Rollstuhlbasketball-Techniken bzw. die Orientierung bei Blindheit geübt, bevor ein richtiges Turnier gespielt wurde. *(Trainer aus dem Projektteam)*

Wir wollen das Projekt auf jeden Fall ausbauen. *(Herr Scheu, Schulleiter)*

1 Lest euch die Aufgabenstellung auf Seite 57 sorgfältig durch. Macht euch klar, was von euch verlangt wird. Schreibt die zutreffenden Aussagen in euer Heft.

- **A** Ich soll meine Meinung zum Projekttag „Neue Sporterfahrung“ begründen.
- **B** Ich soll knapp und genau über den Projekttag informieren.
- **C** Ich soll den Projekttag so anschaulich wie möglich beschreiben.
- **D** Ich soll die W-Fragen beantworten.
- **E** Ich soll sachlich und nüchtern schreiben.

Informationen sammeln und einen Schreibplan erstellen

2 Haltet die wichtigsten Informationen zum Projekttag in einem Schreibplan fest.

Überschrift: ...

1) Einleitung (Wer? Wo? Was? Wann?):
- ...

2) Hauptteil (Wie lief die Veranstaltung ab? Warum wurde sie durchgeführt?):
- ...

3) Schluss (Welche Folgen?): ...

Den Bericht schreiben und überarbeiten

3 Schreibt nun für die Schülerzeitung einen Bericht.

a Formuliert einen Einleitungssatz, der die wichtigsten Informationen enthält.

b Stellt im Hauptteil das Geschehen in der richtigen zeitlichen Reihenfolge dar.
- Macht die Reihenfolge der Ereignisse deutlich, z. B.: *Zuerst ... Anschließend ... Ab ... Uhr ...*
- Verdeutlicht Zusammenhänge durch Konjunktionen, z. B.: *Als ... Weil ...*

c Schreibt einen Schlusssatz, der über Folgen und Auswirkungen der Veranstaltung informiert.

d Findet eine knappe, treffende Überschrift für den Bericht.

4 Überarbeitet euren Bericht mit Hilfe der folgenden Checkliste:

Checkliste

Einen Bericht schreiben
- Beantwortet der Bericht alle W-Fragen?
- Ist das Geschehen in der zeitlich richtigen Reihenfolge wiedergegeben?
- Beinhaltet der Bericht nur das Wesentliche? Ist er ohne Nachfrage verständlich?
- Ist der Bericht in einer sachlichen Sprache verfasst?
- Wird in der richtigen Zeitform berichtet: Präteritum bei Vergangenem, Plusquamperfekt bei zeitlich vorausgehenden Ereignissen?
- Sind Rechtschreibung und Zeichensetzung korrekt?

4 Auf Zeitreise – Beschreiben

1 Stellt euch vor, ihr habt eine Zeitreise gemacht und findet euch auf dem abgebildeten Marktplatz wieder. Stellt begründete Vermutungen an: Wann und wo seid ihr angekommen?

2 Beschreibt, was ihr um euch herum alles seht.

3 Beschreibt auch, was ihr hören, riechen und fühlen könntet.

4 Was macht eine gute Beschreibung aus? Tragt zusammen, was ihr schon wisst.

In diesem Kapitel ...

- beschreibt ihr Personen und Bilder aus der Zeit vor 500 Jahren sowie Wege und Vorgänge,
- lest und untersucht ihr beschreibende Texte.

4.1 Vor 500 Jahren … – Personen, Bilder, Wege, Vorgänge beschreiben

Zu Gast bei Dürer – Personen beschreiben

1 Albrecht Dürer (1471–1528) lebte in Nürnberg und ist einer der berühmtesten deutschen Maler. Als 27-Jähriger malte er ein Selbstporträt.
Betrachtet es und sammelt eure ersten Eindrücke: Wie wirkt Dürer auf euch?

2 Nehmt an, ihr macht eine Zeitreise ins Jahr 1498 und besucht Dürer in seinem Atelier, als er gerade sein berühmtes Porträt malt. Nach eurer Rückkehr in die Gegenwart wollt ihr sein Äußeres euren Freunden beschreiben.
Nennt Merkmale, die wichtig sind, damit sich eure Freunde ihn genau vorstellen können.

3 Sammelt in Stichworten Informationen, die ihr braucht, um Albrecht Dürer genau zu beschreiben. Orientiert euch an der folgenden Materialsammlung und nehmt den Wortschatzkasten auf S. 61 zu Hilfe.

Albrecht Dürer: Selbstbildnis mit Landschaft (1498)

Materialsammlung für eine Personenbeschreibung

1. Gesamteindruck
- *Geschlecht:* …
- *Alter:* …
- *Figur:* …
- *Körperhaltung:* …
- …

2. Gesicht und Haare
- *Gesichtsform und -farbe:* …
- *Gesichtsausdruck:* …
- *Stirn und Augenbrauen:* …
- *Augen:* …
- …

3. Kleidung
- *Kleidungsstücke:* …
- *Kleidungsstil:* …

4. Besondere Kennzeichen
- …

blass • breit • buschig • dunkelblond • fein • gebräunt • lockig • gerade • gerötet • geschwungen • gewellt • glatt • groß • Hakennase • hellbraun • kantig • klein • knollenförmig • länglich • mandelförmig • Oberlippenbart • oval • rund • schmal • wulstig • spitz • Stupsnase • gestutzt • tiefschwarz • voll • Vollbart • wuchtig • zierlich • cremefarben • beige • ockerfarben

4 Erklärt, was an der folgenden Personenbeschreibung noch nicht gelungen ist. Ihr könnt den Merkkasten unten auf der Seite zu Hilfe nehmen.

VORSICHT FEHLER!

Dürer sieht ziemlich cool und noch ziemlich jung aus. Er hat lange blonde Haare und einen Bart. Er hat ein längliches, schmales Gesicht. Er hat kleine, dunkle Augen. Die Augenbrauen sind normal. Er hat eine lange, gerade Nase und schöne Lippen. Seine Klamotten sind total altmodisch. Er trägt ein weites Hemd und darüber komisches Zeugs in Schwarz und Weiß. Er wirkt durch die merkwürdigen Klamotten und seinen besonderen Blick ziemlich geheimnisvoll.

5 Verfasst eine eigene Beschreibung Dürers. Greift dabei auf eure Notizen aus Aufgabe 3 zurück. Orientiert euch am Merkkasten unten auf der Seite.

Abwechslungsreiche Verben
tragen, aussehen, aufweisen, besitzen, auffallen, wirken, erscheinen

6 a Recherchiert im Internet nach Porträts berühmter Personen, die ebenfalls um das Jahr 1500 gelebt haben, z. B. Martin Luther, Christoph Columbus, Vasco da Gama, Heinrich VIII. und seine Frauen ...
Druckt die Porträts in DIN-A4-Größe aus und hängt sie in der Klasse auf.

b Wählt eine der Personen aus und verfasst eine Personenbeschreibung.

Information **Eine Person beschreiben**

Einleitung: Macht in der Einleitung allgemeine Angaben zur Person (z. B. Name, Alter, Geschlecht, Nationalität).
Hauptteil: Beschreibt im Hauptteil das Aussehen der Person in einer geordneten Reihenfolge, z. B. von oben nach unten, also vom Kopf bis zur Kleidung. Weist auch auf Besonderheiten wie etwa Gesichtsausdruck oder Schmuck hin.
Schluss: Hier könnt ihr beschreiben, wie die Person auf euch wirkt.

Sucht **aussagekräftige Adjektive,** um die Person genau zu beschreiben, z. B.: *zierlich, struppig, tiefschwarz.*
Verwendet **abwechslungsreiche Verben,** z. B. an Stelle von „sein" und „haben" auch: *tragen, aufweisen, wirken, aussehen.*
Vermeidet persönliche Wertungen wie z. B.: *schön, abstoßend, geschmackvoll.*
Schreibt im **Präsens.**

Auf Dürers Spuren – Wege beschreiben

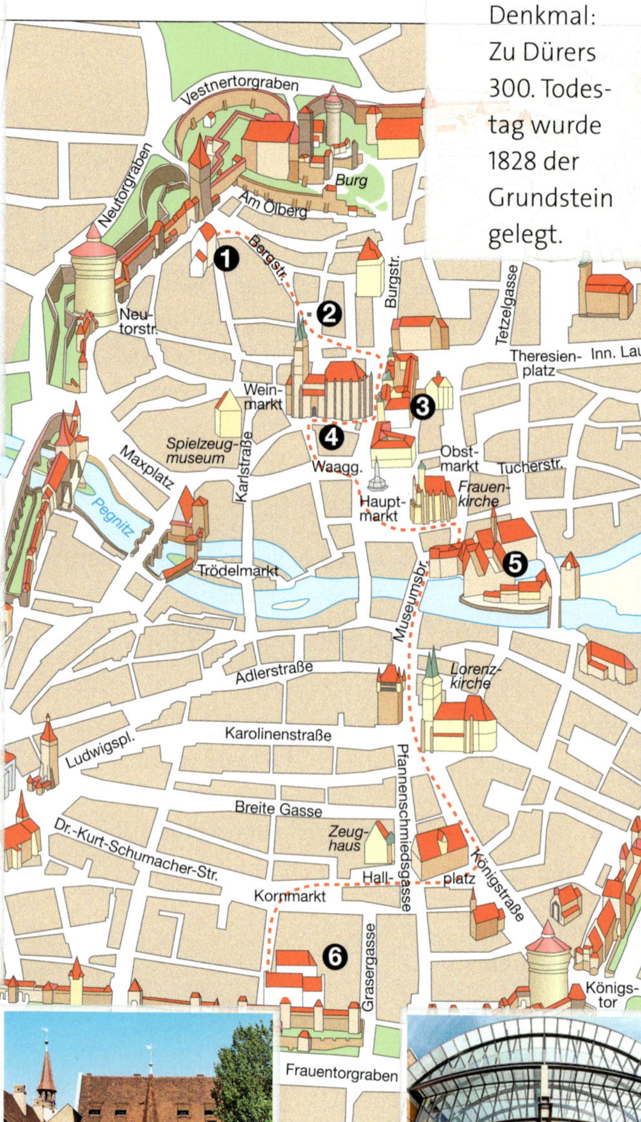

1 Albrecht-Dürer-Haus: Hier lebte und arbeitete der Künstler von 1509 bis 1528.

2 Dürer-Denkmal: Zu Dürers 300. Todestag wurde 1828 der Grundstein gelegt.

3 Altes Rathaus: Dürer gestaltete die Wandmalereien im Rathaussaal.

4 Sankt Sebald: Dürer besuchte diese Kirche oft.

5 Das Heilig-Geist-Spital ist ein berühmtes Bauwerk aus der Dürerzeit, das originalgetreu wiederaufgebaut wurde.

6 Germanisches National-museum: Hier werden viele Meisterwerke Dürers ausgestellt.

1 Noch heute gibt es in Albrecht Dürers Heimatstadt Nürnberg viele Orte, die an sein Leben und Werk erinnern. Für einen von der Stadtverwaltung geplanten Albrecht-Dürer-Weg (siehe Stadtplan) wurden bereits wichtige Stationen ausgewählt. Ein Audio-Guide soll Besuchern den Weg beschreiben und helfen, alle Stationen zu finden.

a Beschreibt euch gegenseitig Wege zwischen den sechs Stationen. Arbeitet zu zweit und geht so vor:
- Sucht eine Ausgangsstation A und eine Zielstation Z aus.
- Nennt eurem Partner die Ausgangsstation. Die Zielstation dürft ihr nicht verraten.
- Beschreibt den Weg von A nach Z. Ihr könnt auch auf Umwegen zu Z hinführen.
- Überprüft, ob euer Partner am Ziel ankommt.

b Wertet das Experiment aus, indem ihr eure Erfahrungen besprecht:
- Wie gut konntet ihr der Wegbeschreibung eures Partners folgen?
- Was hat Probleme verursacht?
- Was hat euch geholfen, den beschriebenen Weg sicher zu verfolgen?

c Schreibt eure Erkenntnisse aus Aufgabe b auf:

Tipps und Tricks zur Wegbeschreibung von ... und ... (ergänzt eure Namen):

- *Man sollte ...*
- *Es ist hilfreich, ...*
- *Achte darauf, dass ...*
- *Auf keinen Fall ...*

d Beschreibt nun für den geplanten Audio-Guide, wie Besucher gehen müssen, um alle Stationen des Weges zu finden. Setzt dazu die folgende Wegbeschreibung fort:

Sie beginnen Ihren Rundgang am Albrecht-Dürer-Haus in der Albrecht-Dürer-Straße 39. In diesem Haus hat Dürer viele Jahre gelebt, heute beherbergt es ein Museum. Beim Verlassen des Hauses wenden Sie sich nach links und gehen die kurze Strecke bis zum Ende der Straße. Nun halten Sie sich rechts und biegen nach einigen Metern in die Bergstraße ein.

2 Stellt euch vor: In 500 Jahren beschließt eure Heimatstadt, einen Weg entlang wichtigen Orten eurer Jugend anzulegen. Versetzt euch in die Lage des Mitarbeiters, der den Erinnerungsweg in einer Broschüre beschreiben will.

a Wählt Orte aus und macht euch Notizen. Jonas hat z. B. so begonnen:
Haus von Noras Familie – Lise-Meitner-Gymnasium – Fußballplatz Hochberg – Haus von Bastis Familie – Stadtbahn Endhaltestelle – ...

b Beschreibt den Weg ausführlich in einem Text.

c Gebt euch in Partnerarbeit Rückmeldung: War die Beschreibung eindeutig und genau?

Information **Wege beschreiben**

Eine gute Wegbeschreibung muss so **eindeutig** sein, dass jemand, der den Weg nicht kennt, ihn anhand der Beschreibung sicher finden kann. Die Beschreibung sollte **so knapp wie möglich** und **so ausführlich wie nötig** sein.
Man teilt den Weg in **Abschnitte** ein und nennt **unverwechselbare Merkmale,** z. B. Straßennamen, große Kreuzungen oder auffällige Gebäude. Hilfreich sind auch **Entfernungsangaben.**
Beispiel: *Folgen Sie etwa 100 Meter der Friedrich-Wilhelm-Straße und biegen Sie dann beim Wasserturm rechts ab.*

Ein Fenster in die Welt um 1500 – Bilder beschreiben

Pieter Brueghel der Ältere: Heimkehr der Jäger (1565), Öl auf Leinwand

1 a Schaut euch das Bild eine Weile in Ruhe an.
b Tauscht euch darüber aus, wie das Bild auf euch wirkt.
c Beschreibt, welche Szene das Bild festhält.

2 Untersucht den Bildaufbau genau. Beschreibt, was im Vordergrund, im Mittelgrund und im Hintergrund zu sehen ist.

- *Im Vordergrund sieht man ...*
- *Im Mittelgrund ...*
- *Im Hintergrund sind ... zu erkennen.*

3 Rechts findet ihr einige Notizen zum Bild. Ergänzt die lückenhafte Beschreibung in eurem Heft und ordnet die Notizen so, dass das Bild in einer logischen Reihenfolge beschrieben wird (von vorne über die Mitte nach hinten).

Bildinhalt
Winterlandschaft mit ...

Einzelheiten des Bildes
- *tief verschneite Landschaft,*
- *Baumreihe,*
- *zwei zugefrorene Fischweiher mit ...,*
- *Dorf mit Kirche ...,*

4 a Erstellt selbst Farbpaletten, indem ihr Farbbezeichnungen für verschiedene Rot-, Braun- und Grüntöne findet, z. B.: ***Rot:*** *Feuerrot, Weinrot, Orangerot ...*

b Beschreibt die Farben des Bildes auf Seite 64 mit Hilfe der Farbbezeichnungen, die ihr in Aufgabe a gesammelt habt.

c Führt die folgenden Sätze fort:

> *Die Farben ? herrschen in verschiedenen Abstufungen vor. Jäger und Hunde links im Bildvordergrund werden durch die Farbgebung zu einer Einheit verschmolzen: ...*

5 Verfasst eine Beschreibung des Bildes „Heimkehr der Jäger“. Geht so vor:

a Beginnt mit der Einleitung, indem ihr die folgenden Sätze in eurem Heft ergänzt.

> *Das querformatige Bild des Künstlers ? mit dem Titel ? stammt aus dem Jahr ?. Es ist mit ? auf ? gemalt. Abgebildet ist eine Landschaft, in der ? und ? ...*

b Beschreibt das Bild in einer geordneten Reihenfolge. Macht auch Angaben zur Farbgestaltung. Eure Vorarbeiten aus den Aufgaben 3 und 4 und die folgenden Formulierungen helfen euch dabei:

> mit Speeren bewaffnete Jäger mit Hundemeute •
> Dorfbewohner, die sich beim Wintersport auf den Fischweihern tummeln •
> Baumreihe verläuft diagonal vom linken Vordergrund auf den Bildmittelgrund zu •
> erhebt sich eine felsige Gebirgslandschaft

c Beendet eure Bildbeschreibung mit Angaben zu Wirkung und Stimmung des Bildes.

d Überarbeitet eure Bildbeschreibung in Partnerarbeit. Nutzt dabei die Informationen im folgenden Merkkasten.

Information **Bilder beschreiben**

- **Einleitung:** Macht Angaben zum Titel, zur Künstlerin oder zum Künstler, zum Entstehungsjahr, zur Technik (z. B. Aquarell, Öl auf Leinwand), zum Format des Bildes (Hochformat oder Querformat) sowie allgemeine Angaben zum Bildinhalt.
- **Hauptteil:** Geht vom **Gesamteindruck** des Bildes oder von dem **Hauptmotiv** aus (Was ist abgebildet?). Dann erwähnt ihr die **Einzelheiten.** Geht dabei geordnet vor, ohne zu springen: von der linken zur rechten Bildhälfte, von oben nach unten oder von vorne (Vordergrund) über die Mitte (Mittelgrund) nach hinten (Hintergrund).
  Macht auch genaue Angaben zu der **Farbgestaltung** (Überwiegen helle oder dunkle Farbtöne? Welche Farben herrschen vor und wie sind sie verteilt?) und eventuell zu den Formen (z. B. rund, eckig, weich).
- **Schluss:** Hier könnt ihr beschreiben, wie das Bild insgesamt auf euch wirkt.

Die Bildbeschreibung wird im **Präsens** und in einer **sachlichen Sprache** verfasst.

Mittelalterliche Kochkunst – Vorgänge beschreiben

Brot galt im Mittelalter als das Hauptnahrungsmittel. Zu besonderen Festlichkeiten wurden als Abwechslung zu den sonst üblichen Sauerteigbroten Gewürzbrote gereicht.

Rezept Gewürzbrot

Teig für 4 kleine Brote

100 g Butter
2 Eier
100 g Honig
400 g Mehl

je 1 Prise Zimt, Nelken, Kardamom und Anis
100 g klein geschnittene getrocknete Äpfel
nach Bedarf etwas Wasser

Backen: 1 Std. bei 200 °C.
Vorheizen nicht vergessen!

1 Die Bilder zeigen, wie man Gewürzbrot zubereitet. Beschreibt euch abwechselnd gegenseitig mündlich die einzelnen Arbeitsschritte in vollständigen Sätzen. Wechselt hierbei ab zwischen Formulierungen im Aktiv und im Passiv.

1. ...
2. Butter und Eier werden schaumig gerührt.
...

Aktiv und Passiv
Aktiv: *Man knetet den Teig.*
Passiv: *Der Teig wird geknetet.*
(► mehr zu Aktiv und Passiv: S. 315 f.)

2 Beschreibt in einem zusammenhängenden Text, wie mittelalterliches Gewürzbrot zubereitet wird.
Geht so vor:

a Formuliert eine treffende Überschrift.

b Schreibt einen Einleitungssatz, in dem ihr die nötigen Zutaten nennt, z. B.:
Für die Zubereitung des Gewürzbrotes braucht man ...

c Beschreibt im Hauptteil, wie man bei der Herstellung vorgehen muss. Macht die Abfolge der Arbeitsschritte deutlich und wechselt zwischen Aktiv- und Passivformulierungen, z. B.:
Man heizt den Ofen auf 200 °C vor. Anschließend werden Butter und Eier schaumig gerührt. Als Nächstes ...

d Gebt zum Schluss einen weiterführenden Hinweis, z. B.:
Dieses Brot galt im Mittelalter als willkommene Abwechslung auf dem Speiseplan, da sonst...

Macht die Abfolge deutlich:
bevor, dann, danach, als Nächstes, anschließend, zum Schluss, während, nachdem

3 a Welche Gerichte werden bei euren Festen zubereitet? Beschreibt die Gerichte.

b Beschreibt auch die Zubereitung der Gerichte, soweit ihr sie kennt.

4 Überprüft eure Vorgangsbeschreibung anhand des Merkkastens unten.

5 Im Mittelalter waren die Tischsitten roher als heute.
Die Menschen benutzten ein Messer meist nur zum Schneiden und aßen mit den Fingern.

a Wie würdet ihr einer Person aus der damaligen Zeit erklären, wie wir heute mit Messer und Gabel essen? Stellt euch vor, ihr wollt ein Schnitzel mit Pommes frites sowie ein Glas Apfelsaft zu euch nehmen.
Verfasst hierzu eine möglichst genaue Vorgangsbeschreibung.

b Lest euch eure Texte gegenseitig vor.
Vollzieht die Beschreibung mit Messer und Gabel oder notfalls mit Stiften nach.
Überprüft so, ob sie gelungen ist.

Methode **Einen Vorgang beschreiben**

- **Einleitung:** Nennt die notwendigen **Materialien** und/oder **Vorbereitungen,** z. B.:
Man braucht 100 Gramm Butter, 3 Eier, 80 Gramm ...
- **Hauptteil:** Beschreibt **Schritt für Schritt den Ablauf des Vorgangs,** z. B.:
Zuerst werden Butter und Eier schaumig gerührt. Als Nächstes ...
- **Schluss:** Hier könnt ihr einen weiterführenden Hinweis geben, z. B.:
Dieses Brot galt als willkommene Abwechslung auf dem Speiseplan ...
- Verwendet nur **eine Form der Ansprache:**
Man rührt ... oder *Du rührst ...*
- **Wechselt zwischen** Formulierungen im **Aktiv** und im **Passiv,** dann wird eure Beschreibung abwechslungsreicher, z. B.:
Man fügt etwas Wasser hinzu. Danach wird der Teig geknetet.
- Wählt passende Wörter, die die **Reihenfolge** der einzelnen Schritte **deutlich machen,** z. B.:
zuerst, danach, dann, als Nächstes, zum Schluss ...
- Schreibt im **Präsens.**

Teste dich!

Beschreiben

VORSICHT FEHLER!

In einer Personenbeschreibung ...

R beschreibt man die Person in einer geordneten Reihenfolge (z. B. von oben nach unten).
M muss man das Aussehen der Person zum Schluss persönlich bewerten.
I verwendet man möglichst wenig Adjektive, weil sie den Text zu lang machen.
E verwendet man das Präsens.
R sollte man genaue Angaben machen.
O kann man verschiedene Zeitformen verwenden, je nachdem, ob die Person noch lebt oder nicht.
A verwendet man möglichst oft die Verben „haben“ und „sein“.
Ü macht man auch allgemeine Angaben zur Person (z. B. Alter, Geschlecht).
D nennt man auch die besonderen Merkmale einer Person, z. B. eine Tätowierung, eine auffällige Narbe.

1 Nicht alle Aussagen in der Checkliste zur Personenbeschreibung treffen zu. Schreibt die Buchstaben der richtigen Aussagen in euer Heft. Richtig zusammengesetzt ergeben sie ein Lösungswort.

2 Die folgende Beschreibung des Mannes ist noch nicht gelungen.
a Überarbeitet die Personenbeschreibung und schreibt eine verbesserte Fassung in euer Heft.
b Besprecht und korrigiert eure Texte in Partnerarbeit.

VORSICHT FEHLER!

Der Mann hat helle Haut und trägt um die Hüften einen schwarzen Gürtel, an dem eine Tasche hängt. Der Mann hat mittelalterliche Kleidung an. Seine Haare sehen ziemlich gewöhnungsbedürftig aus. Seine mittelbraunen, glatten Haare reichen bis über die Schulter. Die linke Hand des Mannes ruht auf seiner Tasche. Er hat eine hellblaue Jacke mit Puffärmeln und komisch aussehenden Verschlüssen an, außerdem eine rotbraune, eng anliegende Hose, ein weißes Hemd mit langen Ärmeln und hellbraune, bis über die Knöchel reichende Lederschuhe mit dünnen Sohlen. Der Kopf ist leicht zu seiner rechten Schulter hin geneigt. Der Mann steht aufrecht, das rechte Bein ist etwas nach vorne gestellt. Der Mann hat ein längliches Gesicht mit einem relativ schmalen Mund. Er hat eine spitze Nase, normal große Ohren und relativ blaue Augen. Auf dem Kopf trägt der Mann einen grauen Filzhut. Der Mann ist nicht ganz schlank und sieht meiner Meinung nach ziemlich albern aus. Er hat einen Oberlippenbart und einen Backen- und Kinnbart.

4.2 Sport und Mode vor 500 Jahren – Beschreibende Texte erschließen und verfassen

Franz Sales Sklenitzka

Hampstead gegen Woodstock – Vor dem Spiel

„Wir sind hier an der Grenze zwischen den Dörfern Woodstock und Hampstead", sagte Edward mit lauter Stimme, um den Sturm zu übertönen. Die Regeln mussten vor jedem Spiel wiederholt werden, so war es Brauch. „Anerkennt ihr die Grenze?" „Wird wohl seine Richtigkeit haben", nickte Roderick, der Spielführer von Hampstead. „Gilt die alte Regel?" „Die alte Regel gilt", sagte Roderick feierlich. „Nur mit den Füßen darf der Ball gestoßen werden." „Es ist verboten, ihn auf einen Heuwagen zu laden und ihn ins Dorf des Gegners zu fahren", setzte sein Zwillingsbruder Eric mit todernster Miene hinzu. Die Leute ringsum lachten hellauf. Edward musterte Eric mit finsterem Blick. Laut verkündete er: „Sieger ist, wer die Mitte des anderen Dorfes mit dem Ball erreicht." „Wie viele Leute seid ihr?", wollte Edward wissen. „Wir haben sie nicht gezählt. An die fünfzig werden es wohl sein, denke ich." „Wohnen denn so viele Männer in Hampstead?" Jetzt war es an Edward, den Gegner zu verhöhnen. „Oder habt ihr die Säuglinge und die alten Weiber auch mitgerechnet?" „Kann sein", lachte Eric. „Aber was seh ich da drüben? Diese zwei Dutzend Schafe zählen wohl auch zu eurer Mannschaft." Roderick wurden die spöttischen Scherze zu dumm. „Schluss jetzt!", fuhr er dazwischen. „Was gilt die Wette?" „Ein Lamm, zwei Hühner, ein Fass Bier und ein Wolltuch für die Frau eures Dorfvorstehers. Was setzt ihr dagegen?" „Die Keule einer Kuh, zwei Scheffel Weizen und gegerbtes Leder für einen Mantel." „Die Wette gilt!", verkündete Edward.

1 **a** Dies ist der Anfang einer Erzählung, die im mittelalterlichen England spielt. Sammelt mögliche Namen für die Sportart, um die es hier geht.
b Beschreibt, wie das Spiel abläuft. Achtet auf eine logische Reihenfolge.

Franz Sales Sklenitzka

Hampstead gegen Woodstock – Das Spiel

„Es gilt!“, sagte Edward. „Es gilt!“, sagte auch Roderick. Dann pfiff der schiefe George gellend auf zwei Fingern und zwei mal fünfzig Leute stürmten auf den Ball los. Einer aus Hampstead erreichte ihn zuerst, um einen Wimpernschlag früher als ein Kämpfer aus Woodstock. Mit einem gewaltigen Fußtritt stieß er das runde Leder Richtung Woodstock. Aber sein Ehrgeiz hatte böse Folgen: Der Gegner aus Woodstock, der ebenfalls nach dem Ball getreten hatte, erwischte den Mann aus Hampstead am Schienbein. Mit lautem Stöhnen stürzte der Getroffene zu Boden und rieb sich, mitten auf der Wiese sitzend, das schmerzende Bein. Der Ball war inzwischen einem Mann aus Woodstock auf die Stirn geklatscht und hatte ihm den Hut vom Kopf gerissen. Von dort sprang das Leder einem anderen vor den Stiefel, der es mit einem wuchtigen Schlag bis an den Rand der Wiese beförderte – mitten hinein unter ein paar Kühe, die hier friedlich grasten. Die Rinder stoben entsetzt auseinander, als hätte ein Meteor eingeschlagen. Brüllend suchten sie das Weite. Doch um die Kühe konnte sich in diesem Augenblick niemand kümmern. Jetzt zählte nur noch das Spiel! Ein Übereifriger, der unbedingt an den Ball kommen wollte, rutschte in einem Kuhfladen aus. Mit Schwung schlitterte er im feuchten Gras den halben Abhang hinunter. Geschrei und johlendes Gelächter begleiteten seine Talfahrt.

Einige Stunden später hat Harold, der jüngste Spieler von Hampstead, alle Verfolger abgeschüttelt und nähert sich Woodstock:

Schon rollte der Ball über die schmutzige Dorfstraße. Eine Viertelmeile vielleicht noch und dann war die Mitte von Woodstock erreicht. Der Schmerz im Knöchel war schlimmer geworden. Ein paar Hühner nahmen flatternd Reißaus, als der Junge daherhinkte. Aber Eile war jetzt nicht mehr nötig. Harold war allein auf weiter Flur. Nur einem großen schwarzen Schwein musste er ausweichen, das im Schlamm der Dorfstraße nach Essbarem wühlte. Kein einziger Verfolger war in Sicht, als Harold das Häuschen des Abdeckers[1] erreichte.

Bei Nacht oder in der Dämmerung wäre Harold hier nicht so ohne Weiteres vorbeigelaufen. Die Abdeckerei war ein unheimlicher Ort und der Abdecker jemand, dem man besser aus dem Weg ging. Nicht zufällig wohnte er am Rande des Dorfes. Harold hatte ihn ein einziges Mal gesehen, als er mit Granny nach Woodstock gekommen war. Der Bursche war gewiss nicht kleiner als Edward, der Schmiedegeselle. Vom Gesicht des Abdeckers war nie viel zu sehen, es war beinahe zugewachsen, so dicht und struppig war der Bart. Er war plump und ungeschickt in seinen Bewegungen, langsam im Denken, und er tat sich schwer beim Reden. Niemand wusste, ob die schaurigen Geschichten stimmten, die man sich über ihn erzählte. Dass er Ratten aß und Mäuse, Katzen und Hunde. Alle nannten ihn nur „den Knacker“ und er machte seinem Namen alle Ehre. So wie er aussah, konnte er die dicksten Knochen brechen. Seine Arme glichen Schraubstöcken, seine Hände waren wie die Tatzen eines Bären. Wenn die kleinen Kinder im Dorf ihren Müttern nicht folgen wollten, dann drohte man ihnen mit dem Knacker. Niemand wusste, wie er wirklich hieß oder wie alt er war. Er wurde verachtet und gemieden. Nur wenn ein Rind oder ein Schaf verendet war, dann schickte man nach ihm, damit er den Kadaver verscharrte, möglichst weit weg vom Dorf. Der Knacker gehörte zu Woodstock – und gehörte doch nicht dazu.

Nun war nicht finstere Nacht noch war es dämmrig. Es war heller Vormittag und trotz-

1 Abdecker: Zum Beruf des Abdeckers gehörte die Verwertung und Beseitigung toter Nutztiere.

dem – Harolds Herz machte einen Satz. Genau in dem Moment, als er den Ball am Häuschen des Abdeckers vorbeitrieb, flog die Tür auf. Ein Monster mit wirrem Haar und struppigem Bart stürzte heraus, als hätte es schon den ganzen Vormittag dem Jungen aufgelauert. Es war Knacker, der Abdecker von Woodstock. Harold musste sich eingestehen, dass er gegen den riesigen Mann keine Chance hatte. Er war völlig ausgepumpt und der Knöchel schmerzte stärker denn je.

Doch da war noch jemand. Hinter dem bärtigen Riesen tauchte ein rotblonder Schopf auf – und ein Gesicht voller Sommersprossen: Maggie, Edwards Schwester! Als der Knacker mit einem Riesensatz auf Harold losspringen wollte, stellte ihm Maggie ein Bein. Der Bärtige schlug der Länge nach hin, dass der Schlamm nur so spritzte. Mit einem hässlichen Fluch wandte er sich nach dem Mädchen um, doch Maggie war leichtfüßig davongerannt. Und während Harold am linken Rand der Dorfstraße dahinhumpelte und die schlaffe Lederkugel vor sich hertrieb, lief Maggie das letzte Stück auf der rechten Seite neben ihm her und feuerte ihn an: „Lauf, Harold! Lauf!“

Da war er, der Platz in der Mitte des Dorfes! Der Ball hatte sein Ziel erreicht. Geschafft! Harold ließ sich erschöpft in den Straßenstaub fallen und streckte alle viere von sich. So blieb er eine Zeit lang liegen. Es war geschafft!

1 a Beschreibt, wie der Text und das darin wiedergegebene Spiel auf euch wirken.
b Was unterscheidet den mittelalterlichen „Folk Football“ vom heutigen Fußball?

2 a Wie gelingt es dem Autor, den Abdecker von Woodstock eindrücklich zu beschreiben? Untersucht die Zeilen 54 bis 89 und notiert die sprachlichen Mittel, die euch auffallen.
b Erklärt, welche Rolle es spielt, dass der Abdecker aus der Sicht von Harold beschrieben wird.
c Verfasst zu dem Abdecker von Woodstock eine Personenbeschreibung, die anschaulich und sachlich ist.

3 Versucht, einem mittelalterlichen Fußballspieler wie Harold zu erklären, was man für ein modernes Fußballspiel braucht und wie das Spiel abläuft.

a Bringt dazu die Informationen auf den Zetteln in eine schlüssige Reihenfolge und ergänzt sie in eurem Heft um weitere Stichworte.

b Formuliert eure Stichworte zu einer zusammenhängenden Beschreibung aus.

Spieldauer:
2 Halbzeiten, je 45 Minuten ...
Pause: ...
...

Spieler:
2 Teams mit jeweils ...

Ausrüstung:
...

Spielfeld:
Länge: 90–120 m
Breite: 45–90 m
Tore: 7,32 m breit und 2,44 m hoch

Spielgerät:
Gewicht: 410–450 g
Umfang: 68–70 cm

Erzielen eines Tores:
Ball überquert in vollem Umfang ...

Strafen:

Verwarnung, z. B. bei ...

Feldverweis, z. B. bei ...

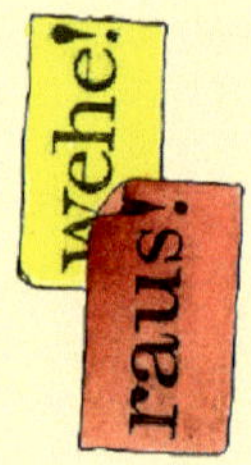

Schiedsrichter und Assistenten:
Schiedsrichter: Spielleitung,
endgültige Entscheidungen,
2 Schiedsrichter-Assistenten

Sigrid Heuck

Meister Joachims Geheimnis – Mode um 1500

Der Junge, der die folgende Geschichte erzählt, lebt in der heutigen Zeit und interessiert sich für Geschichte. Nach einer Reihe von Versuchen findet er heraus, wie er eine Zeitreise in die Vergangenheit machen kann, und erlebt Abenteuer im Antwerpen des Jahres 1522.

Auf einmal begannen die Glocken der Kathedrale zu läuten und die Menschen daran zu erinnern, dass es Zeit war, zur Messe zu gehen. Bald strömten sie in ihren schönsten Festtagskleidern über den Platz. Sie mussten sich beeilen, wenn sie nicht zu spät kommen wollten.

Ich sah an mir herunter. Die Kleider des Segelmachers waren nicht die neuesten und die schönsten waren sie auch nicht, aber ich hatte keine anderen. Ich strich sie einfach nur glatt, warf dann stolz meinen Kopf in den Nacken und folgte den Leuten auf dem Weg in die Kirche. Ich war froh, dass ich meine Haare halblang trug, wie es hier gerade Mode war. So fiel ich nicht weiter auf, mischte mich einfach nur unter die Kirchgänger und ließ mich treiben, wobei ich ihren Putz und ihre Aufmachung sehr bestaunte. Die Bürgersfrauen trugen Kleider, deren Schleppen oft auf dem Boden schleiften, wenn sie sie nicht mit einer

Hand hochhielten oder über den linken Arm geschlagen hatten. Die Ärmel waren mal eng und an der Schulter gepufft und dann wieder weit und mehrere Male abgebunden. Oft waren sie aufgeschlitzt, sodass man das Unterkleid sehen konnte. Fast alle waren mehr oder minder tief ausgeschnitten und viele von ihnen aus kostbaren Stoffen genäht, die den Reichtum ihrer Familien zur Schau stellten. Das Merkwürdigste aber waren die großen Hauben, die sie auf dem Kopf trugen, und es war, als versuchten sich die vornehmen Damen durch die wunderlichsten Formen ihrer Kopfbedeckungen gegenseitig zu übertrumpfen. Manche türmten sich über den Schläfen wie Hörner, andere wieder umrahmten die Stirn mit einem Wulst.

Wenn sie aber, ähnlich einer einfachen Kappe, auf den Haaren festgesteckt waren, dann schienen sie aus Samt oder Brokat zu sein, mit goldenen Fäden und kostbaren Edelsteinen bestickt.

Auch in den Farben ihrer Gewänder legten sich die Frauen keinerlei Beschränkung auf. Leuchtendes Rot sah ich ebenso oft wie Königsblau, eisiges Grün und Orange, Violett und Türkis, manchmal zwei oder drei verschiedene Farben in einem Gewand, gesäumt mit einer schmalen Borte aus Pelz und das Untergewand aus Spitzen.

Nur die einfachen Frauen, die mit ihren Männern vom Land hierhergekommen waren, um die Sonntagsmesse zu besuchen, trugen aus grobem Tuch genähte Kleider. Ein weiter Rock mit einer sauberen Schürze, ein Mieder, darüber das Brusttuch und die weiße gestärkte Haube über den Haaren genügten ihnen.

1 a Der Erzähler beschreibt die Kleidung der reichen Bürgersfrauen. Versucht aus dem Gedächtnis, ohne nochmals in den Text zu schauen, sieben Merkmale dieser Kleidung zu nennen.

b Welche sprachlichen Mittel verwendet der Erzähler, um einprägsam und anschaulich zu beschreiben? Untersucht den Abschnitt von Z. 19 bis 51.

> *Z. 19 ff.: Die Bürgersfrauen trugen Kleider, deren Schleppen oft auf dem Boden schleiften, wenn …*
> *→ Relativsatz dient der genaueren Beschreibung*
> *Z. 27 f.: Fast alle waren mehr oder minder tief ausgeschnitten … → …*
> *…*

2 Beschreibt der Erzähler neutral oder wertet er auch? Belegt eure Meinung am Text und versucht zu erklären, warum das so ist.

3 Stellt euch folgende Situation vor: Ein Jugendlicher aus dem Antwerpen von 1522 gelangt auf einer Zeitreise in unsere Gegenwart. Er besucht mit euch zusammen eine festliche Veranstaltung: eine Familienfeier, einen Tanzschulball, eine Silvesterparty … Versetzt euch in den Antwerpener und beschreibt aus seiner Sicht, wie die Gäste gekleidet sind.

Fordern und fördern – Eine Person beschreiben

Geht von folgender Annahme aus: Nach der Messe wartet der Junge aus der Geschichte (▸ S. 72–73) vor der Kathedrale auf seinen Freund Jan. Dabei fällt ihm eine bildhübsche, vornehm gekleidete Bürgerstochter auf. Er beobachtet sie eine Weile, um sie im nächsten Kapitel seiner Erzählung ganz genau beschreiben zu können.

Versetzt euch in den Jungen und schreibt aus seiner Sicht das nächste Kapitel.
Geht so vor:

●●● 1 Legt eine Stoffsammlung an, in der ihr Besonderheiten der Kleidung von reichen Bürgerinnen in Antwerpen um 1522 zusammentragt.
▷ Hilfen zu dieser Aufgabe: S. 75

●●● 2 Verfasst das Kapitel mit der Personenbeschreibung der Bürgerstochter und nutzt dazu eure Stoffsammlung (▸ Aufgabe 1). Gesicht und Gestalt der Bürgerstochter könnt ihr euch ausdenken.
▷ Hilfen zu dieser Aufgabe: S. 75

Kleider
- *Schleppe: ...*
- *Ärmel: ... oder ...*
- *Ausschnitt: ...*
- *Stoff: ...*
- *Farbe(n): ...*
- *Verzierungen: ...*
- *Unterkleid: ...*

Hauben
- *Form: ... oder ...*
- *Material: ...*
- *Verzierungen: ...*

Als ich nach der Messe durch das hohe Portal wieder ins Freie hinaustrat, blendete mich das Sonnenlicht und ich blinzelte kurz. Der Platz war schon mit vielen Menschen gefüllt, die in Grüppchen beieinanderstanden und noch ein Schwätzchen hielten. Ich stellte mich etwas abseits, um nach Jan Ausschau zu halten, als mir ein Mädchen auffiel, das sich ganz in meiner Nähe aufhielt. Sie ...

Hilfe zu Aufgabe 1

Legt eine Stoffsammlung an, in der ihr Besonderheiten der Kleidung von reichen Bürgerinnen in Antwerpen um 1522 zusammentragt.

Kleid
- **Schleppe:** *bodenlang, entweder mit einer Hand hochgehalten oder über den linken Arm geschlagen*
- **Ärmel:** *eng, an der Schulter gepufft oder weit, mehrere Male abgebunden, oft aufgeschlitzt*
- **Material:** *kostbare Stoffe*
- **Ausschnitt:** …
- **Farbe(n):** …
- **Verzierungen:** …
- **Unterkleid:** …

Haube
- **Form:** *groß, wie Hörner, mit Wulst oder einfache Kappe*
- **Stoff:** …
- **Verzierungen:** …

Hilfe zu Aufgabe 2

Verfasst das Kapitel mit der Personenbeschreibung der Bürgerstochter und nutzt dazu eure Stoffsammlung (► Aufgabe 1). Gesicht und Gestalt der Bürgerstochter könnt ihr euch ausdenken. Wenn es euch schwerfällt, euch das Gesicht des Mädchens auszudenken und allein nach eurer Fantasie zu beschreiben, könnt ihr das Foto rechts zu Hilfe nehmen. Notiert Stichworte für die Beschreibung:

- *Gesichtsform: oval*
- *Stirn:* …
- *Augen:* …
- *Nase:* …
- *Mund:* …
- *Kinn:* …
- *Haare:* …
- …

Möglicher Anfang des Kapitels:

Als ich nach der Messe durch das hohe Portal wieder ins Freie hinaustrat, blendete mich das Sonnenlicht und ich blinzelte kurz. Der Platz war schon mit vielen Menschen gefüllt, die in Grüppchen beieinanderstanden und noch ein Schwätzchen hielten. Jch stellte mich etwas abseits, um nach Jan Ausschau zu halten, als mir ein Mädchen auffiel, das sich ganz in meiner Nähe aufhielt. Sie war … und … und ihr Gesicht … Jhre Augen leuchteten … und … Unter ihrer Kappe aus … Samt schauten ein paar Strähnen ihres … Haars hervor … Jhr bodenlanges Kleid strahlte in … und … und wirkte elegant und kostbar …

4.3 Fit in ... – Ein Bild beschreiben

Die Aufgabenstellung verstehen

In der nächsten Klassenarbeit könnte folgende Aufgabe gestellt werden:

Für eine Kunstausstellung mit Bildern aus der Zeit um 1500 soll deine Klasse den Ausstellungskatalog gestalten. Verfasse zum Gemälde „Der Taschenspieler“ von Hieronymus Bosch eine Bildbeschreibung für den Katalog. Orientiere dich dabei an folgendem Aufbauschema:
- Einleitung: Angaben zum Titel, zum Künstler, zur Entstehungszeit, zur Maltechnik, zum Format (Hochformat oder Querformat) und zum Motiv,
- Hauptteil: genaue Beschreibung des Bildes in einer geordneten Reihenfolge und Angaben zur Farbgestaltung,
- Schluss: Beschreibung der Gesamtwirkung.

Hieronymus Bosch: Der Taschenspieler (1475–1480), Öl auf Holz

1 a Lest euch die Aufgabenstellung oben aufmerksam durch.
b Besprecht, was ihr tun sollt und worauf ihr bei der Beschreibung des Bildes achten müsst.

Eine Stoffsammlung anlegen

2 a Schaut euch das Bild in Ruhe an und lasst es einige Minuten auf euch wirken.

b Notiert das Thema des Bildes: Welche Szene ist dargestellt? Ihr könnt so beginnen:
Das Bild zeigt eine Jahrmarktszene, in der ein Taschenspieler ...

c Verschafft euch einen raschen Überblick über die Einzelheiten, die auf dem Bild dargestellt sind:
- Welches sind die Hauptfiguren und was tun sie?
- Wie sehen die Figuren aus, wo stehen sie?
- Welche besonderen Gegenstände sind abgebildet?
- Welche Farben herrschen vor?

3 Untersucht das Bild ganz genau.

a Betrachtet den Bildaufbau: linke Bildhälfte, rechte Bildhälfte, Bildmitte. Was ist jeweils zu sehen? Übertragt die folgenden Notizen in euer Heft und ergänzt sie mit eigenen Beobachtungen. Greift die drei bis vier wichtigsten Figuren heraus.

Linke Bildhälfte
- *zehn Figuren auf einem Jahrmarkt,*
- *ein Zuschauer vorgebeugt, überraschter Gesichtsausdruck, Mund weit geöffnet, um Taille ... gebunden ...,*
- *Mann hinter dem Vorgebeugten greift nach ..., blickt dabei ...,*
- *Kind: schaut ..., hält in der linken Hand ...,*
- *Dame ... vornehm gekleidet ...,*
- *...*

Zentrum
- *Experimentiertisch aus hellem Holz, darauf drei Becher, Zauberstab ...,*
- *...*

Rechte Bildhälfte
- *Taschenspieler: spitze, lange Nase, fliehendes Kinn, kleine Augen, schwarzer Zylinder, in rechter Hand ..., am Gürtel ...,*
- *Hund sitzt ...*

b Haltet fest, welche Farben verwendet werden. Welche überwiegen? Gibt es Farbakzente?

Vorherrschende Farben sind ... Die Farben ... und ... werden in verschiedenen Abstufungen verwendet. Es gibt einige wenige Farbakzente: ... Farblich hebt sich ... ab.

c Beschreibt in ein oder zwei Sätzen, wie das Bild insgesamt auf euch wirkt.

Das Bild wirkt auf mich fröhlich / traurig / düster / harmonisch / friedlich / bedrohlich / beunruhigend, weil ...

Die Bildbeschreibung verfassen und überarbeiten

4 Beschreibt das Bild „Der Taschenspieler" in einem zusammenhängenden Text. Geht so vor:

a Einleitung: Stellt das Bild vor, indem ihr die folgenden Sätze in euer Heft übernehmt und ergänzt.
Das querformatige Bild des Künstlers ... mit dem Titel ... stammt aus dem Jahr ...
Es ist mit ... auf ... gemalt. Abgebildet ist eine ...

b Hauptteil: Beschreibt das Bild in einer geordneten Reihenfolge. Berücksichtigt dabei auch die Farbgestaltung. Ihr könnt eure Vorarbeiten aus Aufgabe 3 sowie die folgenden Satzanfänge und die Verben im Kasten zu Hilfe nehmen.

In der linken Bildhälfte sieht man mehrere Figuren, die ... •
... ein Taschenspieler, neun erwachsene Zuschauer, ein Kind ... •
Der Taschenspieler in der rechten Bildhälfte ist mit einem orangeroten Gewand ... •
An seinem Gürtel ist ein geflochtenes Körbchen mit ... befestigt. •
Der vordere Zuschauer steht vornübergebeugt ... •
Das Kind umfasst mit seiner linken Hand ein Windrad ... •
Der Mann, der hinter dem vorgebeugten Zuschauer steht, trägt einen Zwicker ... •
Im Zentrum des Bildes erblickt man einen Tisch, auf dem ... •
Den Hintergrund des Gemäldes bildet eine mittelbraune Steinmauer, darüber sieht man ... •
Die vorherrschenden Farben im Bild sind ...

abwechslungsreiche Verben
abgebildet ist/sind • gezeigt wird/werden • zu erkennen ist/sind • man sieht • darstellen • tragen • aussehen • besitzen • verlaufen • aufweisen • wirken • umgeben

c Beschreibt, wie das Bild auf euch wirkt, und begründet dies.

5 Überarbeitet eure Texte in Partnerarbeit.
Ihr könnt auch die „Textlupe" (▸ S. 336) verwenden oder eine Schreibkonferenz (▸ S. 336) durchführen.
Die folgende Checkliste hilft euch dabei.

Checkliste

Ein Bild beschreiben

- Enthält die **Einleitung Angaben** zum **Titel, Künstler,** zum **Entstehungsjahr,** zur **Maltechnik** und zum **Format?**
- Habt ihr im **Hauptteil** das **Hauptmotiv** und die **Einzelheiten** des Bildes beschrieben? Seid ihr auch auf die **Farbgestaltung** eingegangen?
- Wurde das Bild in einer **geordneten Reihenfolge** beschrieben, z. B. von vorne (Vordergrund) über die Mitte (Mittelgrund) nach hinten (Hintergrund)?
- Habt ihr **treffende Verben** und **anschauliche Adjektive** verwendet?
- Wird zum **Schluss** die **Gesamtwirkung** des Bildes beschrieben?
- Habt ihr durchgehend das **Präsens** verwendet?
- Ist die **Sprache** der Beschreibung **sachlich?**
- Sind **Rechtschreibung** und **Zeichensetzung** korrekt?

5 „Nennt mich nicht Ismael!" – Einen Jugendroman lesen und verstehen

1 Das Bild stammt aus dem Jugendroman „Nennt mich nicht Ismael!".
a Tauscht eure Ideen aus: Worum könnte es in diesem Jugendbuch gehen?
b Notiert eure ersten Gedanken zu den Figuren aus dem Buch.

2 Überlegt: Wozu ist es sinnvoll, die Figuren einer Geschichte genauer zu untersuchen?

3 Erklärt, was ihr von einem guten Jugendbuch erwartet. Welches Jugendbuch könnt ihr empfehlen?

In diesem Kapitel ...

- lernt ihr einen modernen Jugendroman kennen,
- untersucht ihr die Figuren und die Handlungsabläufe in diesem Roman,
- charakterisiert ihr die Hauptfiguren,
- gestaltet ihr eigene Texte zu Romanauszügen.

5.1 Ismael, Scobie, Barry – Figuren und Handlungsabläufe untersuchen

Heilung ausgeschlossen – Den Erzähler kennen lernen

Michael Gerard Bauer

Nennt mich nicht Ismael! (1)

Der australische Schriftsteller Michael Gerard Bauer (geb. 1955 in Brisbane) erzählt in seinem Jugendroman „Nennt mich nicht Ismael!" von einem 14-jährigen Jungen, der wegen seines exotischen Vornamens in der Schule gemobbt wird und durch verschiedene Erlebnisse zu neuem Selbstbewusstsein findet.

Ich weiß nicht, wie ich es sagen soll, deshalb sage ich es einfach geradeheraus – es wird Zeit, sich der Wahrheit zu stellen: Ich bin vierzehn Jahre alt und leide am Ismael-Leseur-Syndrom.
Heilung ausgeschlossen.
Soweit ich weiß, bin ich weltweit der einzige schriftlich belegte Fall von Ismael-Leseur-Syndrom. Wahrscheinlich hat der Berufsstand der Ärzte bislang nicht einmal vom Ismael-Leseur-Syndrom gehört. Aber es existiert, glaubt mir. Doch genau da liegt das Problem: Wer glaubt mir schon?
Eine Weile habe ich es einfach ignoriert, aber in diesem Schuljahr waren die Symptome so schrecklich schmerzhaft, dass ich sie zur Kenntnis nehmen musste. Und ich übertreibe nicht, nicht im Geringsten: Das Ismael-Leseur-Syndrom macht aus einer völlig normalen Person eine wandelnde Katastrophe, die auf der nach oben offenen Idioten-Skala mindestens den Wert neun Komma neun erreicht.
Deshalb habe ich beschlossen, alles aufzuschreiben, jetzt werden endlich alle die Wahrheit begreifen. Statt mich zum Bürgermeister von Versagerhausen zu wählen, werden sie einfach nachsichtig lächeln und nicken: „Okay, alles klar. Der arme Junge leidet am Ismael-Leseur-Syndrom. Er kann nichts dafür."
Aber ich greife vor, statt am Anfang zu beginnen und die Dinge gründlich zu durchleuchten. Vermutlich muss ich die Sache wissenschaftlich angehen, wenn ich euch davon überzeugen will, dass dies alles wahr ist. Also der Reihe nach: Ich heiße Ismael Leseur. Stopp, ich weiß, was ihr sagen wollt: Ich habe denselben Namen wie meine Krankheit. Wahrscheinlich meint ihr, ich hätte die Krankheit nur erfunden, damit ich eine Entschuldigung habe, wenn ich mich mal wieder komplett zum Narren mache.

Aber da seid ihr schiefgewickelt. So einfach ist das nicht. Ihr müsst euch klarmachen, dass mein Name die Krankheit ist, zum Teil jedenfalls. Wie das im Einzelnen funktioniert, weiß ich nicht genau. Schließlich bin ich kein Wissenschaftler, sondern das Opfer der Krankheit, aber ich habe so meine Theorien.

THEORIE EINS: Das Ismael-Leseur-Syndrom wird von einem tödlichen Virus ausgelöst, das aus der Verbindung von „Ismael“ und „Leseur“ entsteht.

Über diese Theorie habe ich sehr viel nachgedacht, deshalb möchte ich euch gern meine Schlussfolgerungen darlegen. Die einzelnen Buchstaben sind meiner Ansicht nach für sich selbst genommen völlig harmlos. Auch die Bildung der Worte „Ismael“ und „Leseur“ aus diesen Buchstaben scheint noch einigermaßen unverfänglich zu sein. Zum Beweis verweise ich auf meine engsten Verwandten: und zwar meinen Vater Ron Leseur, Versicherungsvertreter und Mitbegründer der 80er-Jahre-Rockband „Dugongs“, meine Mutter Carol Leseur, Stadträtin und Hauptorganisatorin der Familie, und meine 13-jährige Schwester Prue Leseur.

Wie ihr seht, tragen alle den Namen Leseur, aber ich versichere euch, dass keiner auch nur an einem einzigen der schrecklichen Symptome leidet, die ich euch gleich näher beschreiben werde. Ich muss sogar sagen, dass meine Mutter und mein Vater fast immer einen außerordentlich glücklichen und zufriedenen Eindruck machen. Meine Schwester ist, was die Sache noch schlimmer macht, nach Ansicht jedes Freundes, Verwandten und Fremden, der sie jemals zu Gesicht bekommen hat, einfach „hinreißend“. Außerdem hat sie einen IQ, der sich im Bereich „Genie“ bewegt. Wenn Gehirne Autos wären, dann wäre Prue ein Rolls-Royce, ich dagegen ein aufgebocktes Goggomobil, dem der halbe Motor fehlt. Und wie fühle ich mich wohl dabei? Ich will es euch sagen: wie der einzige Mensch, der den Job des Dorftrottels nicht bekommen hat, weil er hoffnungslos überqualifiziert ist.

1 a Lest den Anfang des Romans „Nennt mich nicht Ismael!“ und beschreibt anschließend euren ersten Eindruck.
b Begründet: Findet ihr diesen Romananfang lustig, spannend ...? Reizt er euch zum Weiterlesen?

2 a Sammelt, was ihr über die Hauptfigur Ismael und seine Situation erfahrt.
b Stellt Vermutungen an, was das „Ismael-Leseur-Syndrom“ sein könnte.

3 a Schaut euch den Erzähler der Geschichte genau an. Aus wessen Sicht wird erzählt? Wie nennt man einen solchen Erzähler?
b Lest die Zeilen 32–44 laut vor. An wen richtet sich der Erzähler? Wie wirkt dies? Nennt andere Textstellen, die ähnlich gestaltet sind.
c Findet heraus, ob der Erzähler am Geschehen beteiligt ist oder die Geschichte von einem höheren Standpunkt aus darstellt. Nennt Beispiele aus dem Text.

Information **Ich-Erzähler oder Er-/Sie-Erzähler**

- Der **Ich-Erzähler** (oder die Ich-Erzählerin) ist selbst als handelnde Figur in das Geschehen verwickelt. Er/sie schildert die Ereignisse aus seiner/ihrer persönlichen Sicht, z. B.: *Aus der Ferne sah ich ein kleines Boot.*
- Der **Er-/Sie-Erzähler** ist nicht am Geschehen beteiligt und erzählt von allen Figuren in der Er-Form bzw. in der Sie-Form, z. B.: *Aus der Ferne sah sie das kleine Boot.*

Ismael Leseur – Die Hauptfigur charakterisieren

Michael Gerard Bauer

Nennt mich nicht Ismael! (2)

Ich möchte nicht, dass ihr einen falschen Eindruck bekommt. Ich habe nicht mein Leben lang am ILS[1] gelitten. Keineswegs. Die ersten zwölf Jahre meines Lebens zeigte ich gar keine Symptome. Aber dann kam ich auf die weiterführende Schule, und zwar auf das St Daniel's Boys College[2].

Davor hatte ich an der Moorfield Primary sieben ereignislose Jahre mit Klassenkameraden verbracht, die sich nicht darum geschert hätten, wenn mein Name Slobo Bugslag gewesen wäre (zufällig hieß der beliebteste Junge der Schule so). Doch in Klassenstufe acht wurde alles anders. Nach der Grundschule verteilte sich unsere Klasse auf die verschiedenen weiterführenden Schulen in unserer Stadt und nur eine Hand voll landete im St Daniel's.

Dort veränderte sich meine Welt dramatisch. In der Moorfield Primary waren wir zu zwölft in der Klasse. Am ersten Tag im St Daniel's wartete ich im Foyer mit über hundert anderen Achtklässlern darauf, dass wir auf vier Klassen verteilt wurden. Als ich dann in der Klassenliste nachschaute, stellte ich fest, dass ich von den einzigen beiden Jungen, die ich aus der Grundschule kannte, getrennt worden war. In der Klassenlehrerstunde ging unser Lehrer Mr Brownhill die Liste durch und überprüfte, ob wir alle da waren. Auf der Hälfte sagte er: „Ismael Leseur." Ich antwortete: „Ja, hier", wie alle anderen vor mir.

„Ismael?", wiederholte er und hielt zum ersten Mal während der Anwesenheitsüberprüfung inne. „Interessanter Name."

Fünfundzwanzig Augenpaare richteten sich auf mich. Keines von ihnen schien mich auch nur im Geringsten interessant zu finden. Eines der Augenpaare gehörte Barry Bagsley.

THEORIE ZWEI: Der am Ismael-Leseur-Syn-

1 ILS: Gemeint ist das „Ismael-Leseur-Syndrom".

2 Der Roman spielt in Australien, wo nach der 7. Klasse auf eine weiterführende Schule gewechselt wird.

drom erkrankte Patient kann beunruhigendes Verhalten in anderen auslösen.

Nun, Barry Bagsley war in dieser Hinsicht ein sehr extremer Fall. Den ersten zarten Hinweis darauf erhielt ich durch seine einleitenden Worte, die er an diesem ersten Tag im Pausenhof an mich richtete:

„Ismael? Was ist denn das für ein scheißblöder Name?"

Was sollte ich darauf sagen? Bis zu diesem Moment hatte ich nicht einmal geahnt, dass es ein scheißblöder Name war. Niemand hatte mich warnend darauf hingewiesen, dass ich einen scheißblöden Namen trug. Warum sollten meine Eltern mir überhaupt einen scheißblöden Namen gegeben haben? War Herman Melville[3] sich im Klaren darüber, dass dies ein scheißblöder Name war? Ich konnte nur dastehen und blöd lächeln, während Barry Bagsley und seine Freunde lachten und mich im Vorbeigehen anstießen, als wäre ich eine Drehtür. Ich stand da wie ein Vollidiot.

Und ich fühlte mich beschissen.

Am Abend betrachtete ich mich im Badezimmerspiegel. Irgendwie sah ich anders aus. Wie damals, als ein Freund mir gesagt hatte, mein linkes Ohr stehe weiter ab als mein rechtes. Zu Hause maß ich den Abstand nach und stellte fest, dass beide genau gleich weit von meinem Kopf abstanden. Trotzdem musste ich jedes Mal, wenn ich mein Spiegelbild sah, unwillkürlich daran denken, dass eines meiner Ohren wie ein Winker ein Zeichen zum Linksabbiegen gab. Ich fühlte mich wie damals. Mein Spiegelbild kam mir irgendwie anders vor. Ich sah anders aus. Aber warum? Und dann wurde es mir schlagartig klar.

Ich *sah* aus wie ein Junge mit einem scheißblöden Namen. Und nicht nur das, ich schwöre, dass mein linkes Ohr abstand wie eine offene Autotür.

Als ich am nächsten Tag in die Klasse kam, wartete Barry Bagsley schon auf mich.

„Was stinkt hier? Ach ja! Piss-mael!"

Wie ich bereits sagte, irgendetwas in meinem Namen brachte das Schlechteste in Barry Bagsley zum Vorschein. Wie ein bösartiger Hund einen Schuh zerfetzt, riss und zerrte er an meinem Namen, bis er so verstümmelt und verdreht war, dass es selbst mir schwerfiel, mich daran zu erinnern, wer ich in Wirklichkeit war. Ismael wurde zu Piss-mael verdreht. Piss-mael zu Küss-mal verballhornt und Küss-mal zu Fischmehl zermatscht. Nicht einmal mein Nachname war vor Verschandelung sicher. Aus Leseur (das eigentlich Le-sör ausgesprochen wird) wurde Schiss-eur, Piss-oir, Le Sau, Le Bauer, Le Tölpel und zuletzt Stinkstiefel, abgekürzt auch Stinki.

Am Ende meines ersten Schuljahres in der Highschool hatte Barry Bagsley meinen Namen auf wundersame Weise von Ismael Leseur in Fischmehl Stinkstiefel verwandelt.

Und das fasste in etwa zusammen, wie ich mich fühlte.

Bald war allen Achtklässlern klar, dass es nur zwei Verhaltensweisen gab, wenn man seinen Aufenthalt im St Daniel's Boys College halbwegs unbeschadet überstehen wollte: Entweder man ging Barry Bagsley unter allen Umständen aus dem Weg, wofür sich die Mehrheit entschied, oder man riskierte die seltener gewählte Variante und suchte die trügerische Sicherheit von Barry Bagsleys innerem Kreis von „Freunden".

Für mich war Aus-dem-Weg-Gehen die einzige Option. Ich begriff sehr schnell, dass alles in Ordnung war, solange ich größtmöglichen Abstand von Barry Bagsley hielt und nichts Dummes tat – etwa im Unterricht eine Frage stellen oder beantworten; ungewöhnliche Laute von mir geben, wie Rufen, Lachen oder Sprechen; mich freiwillig für etwas melden; meinen Namen auf eine Liste setzen; eine Sportart ausprobieren; einen Gegenstand an einem Ort lassen, wo er bewegt, beschrieben oder als

3 Herman Melville (1819–1891): berühmter amerikanischer Schriftsteller, in dessen Roman „Moby Dick" der Erzähler Ismael heißt. Nach diesem Erzähler benannten Ismaels Eltern ihren Sohn.

Wurfgeschoss verwendet werden könnte; den Blick in die Nähe von Barry Bagsley oder seinen Freunden richten oder sonst etwas tun, das darauf hindeuten könnte, dass ich tatsächlich existierte.

Im Grunde war die wichtigste Lektion, die ich letztes Jahr lernte, ein möglichst kleines Ziel abzugeben. Ich entwickelte mich zum wahren Meister darin. Für Barry Bagsley und seine Kumpel wurde ich praktisch unsichtbar. Manchmal konnte ich mich selbst kaum mehr erkennen. Mein erstes Jahr an der weiterführenden Schule verbrachte ich also mehr oder weniger in Deckung.

1 Haben sich eure Vermutungen über das Ismael-Leseur-Syndrom bestätigt (▸ Aufgabe 2 b, S. 81)? Was hattet ihr erwartet, was hat euch überrascht?

2 a Der Erzähler beschreibt, dass er am „Ismael-Leseur-Syndrom“ leidet. Notiert in Partnerarbeit, was ihr über diese „Krankheit“ erfahrt. Lest dazu noch einmal genau im Text nach.

b Stellt eure Ergebnisse vor. Erklärt auch, wie ihr den folgenden Vergleich versteht:

> „Wie ein bösartiger Hund einen Schuh zerfetzt, riss und zerrte er an meinem Namen, bis er so verstümmelt und verdreht war, dass es selbst mir schwerfiel, mich daran zu erinnern, wer ich in Wirklichkeit war.“ (▸ S. 83, Z. 86–90)

3 „Bald war allen Achtklässlern klar, dass es nur zwei Verhaltensweisen gab, wenn man seinen Aufenthalt im St Daniel’s Boys College halbwegs unbeschadet überstehen wollte“ (▸ S. 83, Z. 105–108). Erläutert, welche zwei Verhaltensweisen gemeint sind, für welche sich Ismael entscheidet und was dies für sein Leben am College bedeutet.

4 Macht euch ein genaues Bild von Ismael, der Hauptfigur des Romans. Übertragt die Übersicht in euer Heft und haltet alle Informationen über ihn in Stichpunkten fest. Nehmt die beiden Textauszüge (▸ S. 80–81; S. 82–84) zu Hilfe.

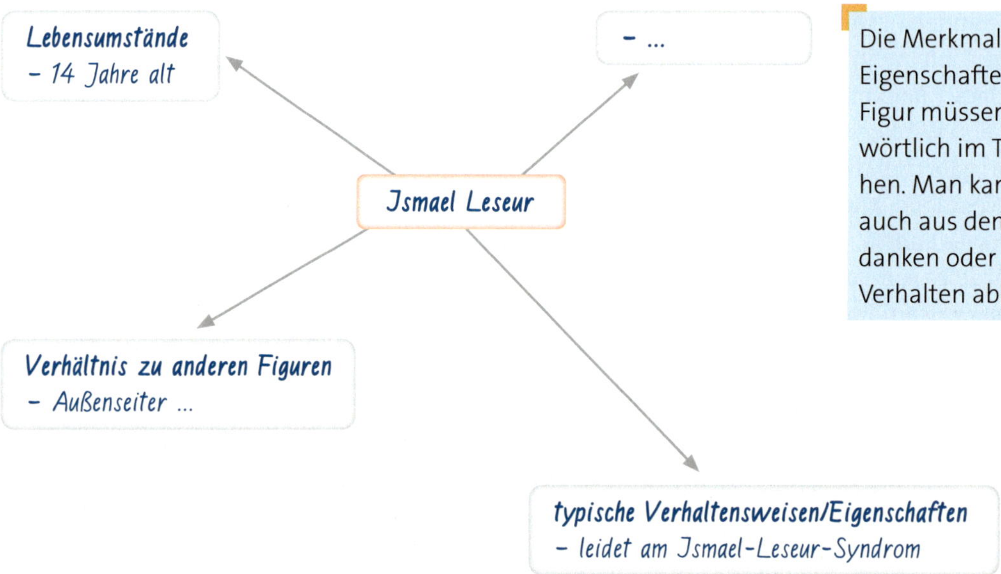

Die Merkmale und Eigenschaften einer Figur müssen nicht wörtlich im Text stehen. Man kann sie auch aus den Gedanken oder dem Verhalten ableiten.

5 Charakterisiert Ismael genau und anschaulich. Nehmt eure Notizen aus Aufgabe 4 und die unten stehenden Wortschatzkästen zu Hilfe. Ihr könnt so beginnen:

Ismael Leseur ist 14 Jahre alt und besucht das St Daniel's Boys College.
Er fühlt sich nach eigenen Aussagen wie ein Dorftrottel.
Das liegt zum einen daran, dass seine 13-jährige Schwester Prue …
Zum anderen leidet er am …
In der neuen Schule wird er …
Um …, verändert er seine Verhaltensweise. Beispielsweise …
Nach dem ersten Jahr an der neuen Schule …

Ismael wirkt … / Ismael ist … und macht sich viele Gedanken über …
Zusammenfassend kann man sagen, dass …

Formulierungshilfen
wirken • auffällig (ist) • besitzen • verfügen (über) • macht einen … Eindruck • wird als … dargestellt • auftreten • aussehen • (sich) bezeichnen • bewerten • sich fühlen • sich Gedanken machen über

Eigenschaften

nachdenklich	↔	gedankenlos
ernst/traurig	↔	fröhlich/heiter
selbstbewusst	↔	unsicher/schüchtern
sensibel	↔	gefühllos
unverschämt/frech	↔	fair/gerecht
beliebt	↔	unbeliebt

6 Stellt euch vor, ihr seid ein Mitschüler und bekommt Barrys Verhalten gegenüber Ismael mit. Schreibt einen Tagebucheintrag, in dem ihr auf das Verhalten von Barry und Ismael eingeht.

Information **Eine literarische Figur charakterisieren**

In literarischen Texten werden die Figuren durch eine Reihe von Merkmalen und Eigenschaften beschrieben. Wenn ihr eine Figur charakterisieren wollt, geht ihr so vor:

1. Schritt: Die Charakterisierung vorbereiten
Sammelt Informationen über die Figur, z. B. über ihr Aussehen, ihre Lebensumstände, ihre Verhaltensweisen, Eigenschaften, Gefühle und ihr Verhältnis zu den anderen Figuren.
Tipp: Man kann die Merkmale und Eigenschaften einer Figur auch aus den Gedanken oder dem Verhalten ableiten, z. B.:
„Wer glaubt mir schon?“ (▶ S. 80, Z. 13) → *Ismael denkt, dass ihn keiner ernst nimmt.*

2. Schritt: Die Charakterisierung schreiben
- **Einleitung:** Nennt allgemeine Informationen zur Figur, z. B.: Name, Alter, Beruf.
- **Hauptteil:** Beschreibt die Figur anschaulich und genau, z. B.: ihr Aussehen, ihre Verhaltensweisen, ihre Eigenschaften und ihr Verhältnis zu den anderen Figuren.
- **Schluss:** Hier könnt ihr angeben, wie die Figur auf euch wirkt (persönliche Einschätzung).

Verwendet als Tempus das **Präsens.** Formuliert sachlich und anschaulich.

Scobie und Barry – Den zentralen Konflikt erschließen

Michael Gerard Bauer

Nennt mich nicht Ismael! (3)

Zu Beginn des zweiten Schuljahrs am St Daniel's Boys College kommt ein neuer Schüler namens James Scobie in die Klasse. Der Junge scheint die ideale Zielscheibe für Barry und seine Clique zu sein. Er ist klein, altmodisch gekleidet und schneidet mit seinem Gesicht seltsame Grimassen. Zu Ismaels Entsetzen soll Scobie neben ihm sitzen. Barry nimmt Scobie schnell ins Visier seiner Beleidigungen, doch Scobie wehrt sich.

„Du bist verrückt, Spatzenhirn. Warum verschwindest du nicht einfach, bevor du dir auch noch in die Hosen pisst?"
Zum Glück gab es, zumindest für Barry Bagsley, keine Situation, auf die eine Beleidigung nicht eine akzeptable Reaktion gewesen wäre. James Scobie dachte gebührend lang über Barrys Bemerkung nach, bevor er antwortete: „Natürlich weiß man selbst am wenigsten, wie es um die eigene geistige Gesundheit bestellt ist, nur ein Psychiater[1] kann das richtig beurteilen. Ich glaube jedoch nicht, dass ich verrückt bin. Und eines weiß ich sicher: Egal, ob ich verrückt bin oder nicht, ich weiß, dass ich keine Angst vor dir habe."
Barry Bagsley lächelte höhnisch, schüttelte den Kopf und beugte sich nach vorn über den Tisch. Obwohl er immer noch saß, kamen seine Augen auf eine Höhe mit Scobies Augen, und sein grobknochiges Gesicht hing bedrohlich wie ein Todesstern vor Scobies Gesicht.
„Und du bist ganz sicher, dass du keine Angst vor mir hast?"
„Ich bin ganz sicher."
„Und warum *genau* hast du keine Angst?"
James Scobie kniff die Augen zusammen, spitzte seinen Mund zu einer Schnute und beschrieb damit einen vollen Kreis, dann nahm er die Brille von der Nase und blinzelte dreimal mit weit aufgerissenen Augen, bevor er sie wieder aufsetzte. Er wartete, bis sein Gesicht zur Ruhe kam wie das Meer, wenn die Welle vorbei ist.

1 der Psychiater: Facharzt für seelische Erkrankungen

Dann sagte er einfach: „Weil ich vor gar nichts Angst habe.“

Vor gar nichts Angst! Diese Aussage wurde von Barry Bagsleys Anhängern mit Gejohle quittiert, während der Rest der Klasse eine ungläubige Miene aufsetzte. Ich fand, dass James Scobie den Bogen jetzt wirklich überspannt hatte.

„Woooooooo“, sagte Barry Bagsley mit hervorquellenden Augen und erhobenen Händen, als müsse er ein Monster abwehren. „Ich glaube, du willst uns da einen dicken, fetten Bären aufbinden, du kleine Scobie-Ratte.“

Scobie blinzelte zweimal und runzelte die Stirn. „Sehe ich so aus, als hätte ich Angst?“

Und genau das war der Punkt: Er sah wirklich nicht so aus.

Barry Bagsley schaute Scobie unterdessen an wie etwas, das er einfach von seiner Schuhsohle wegwischte. „Und was ist dein Geheimnis, Superman? Du bist aus Stahl, was? Oder hast du irgendwelche Superkräfte? Warte, ich hab's, du bist ein Junge aus der Zauberwelt, ja, mit Zaubersprüchen. Du schwingst deinen Zauberstab und verwandelst mich in eine Kröte.“

„Dazu braucht es nicht viel Zauberei“, bemerkte James Scobie lächelnd.

Gedämpftes Lachen breitete sich in der Klasse aus. Danny Wallace lachte am lautesten, verstummte jedoch rasch unter Barry Bagsleys durchdringendem Blick und schaute James Scobie finster an, als wäre er selbst das Ziel der Beleidigung gewesen.

Vor unseren Augen fand ein Kampf statt, aber es war nicht der Showdown[2] aus dem Western, wie ich zunächst vermutet hatte, sondern viel eher ein Boxkampf. In der schwarzen Ecke stand Barry „Rambo“ Bagsley und präsentierte seine Schwinger, mit denen er alle vorangegangenen Kontrahenten so blau und blutig geschlagen hatte, dass sie nur noch Deckung suchten. In der weißen Ecke stand James „Ohne Angst“ Scobie, der die Haken an seinem Gesicht vorbeizischen ließ und erst dann zum Gegenschlag ausholte. Natürlich glaubte ich nicht eine Sekunde lang, dass James Scobie Barry Bagsley tatsächlich k. o. schlagen könnte, aber er landete ein paar Treffer, die ihm Punkte einbrachten, und ein Klassenzimmer voller erfahrener Kampfrichter notierte sie alle.

An diesem Punkt war Barry Bagsleys Geduldsfaden (falls er so etwas wie Geduld überhaupt besaß) so dünn geworden wie die Haare auf dem Kopf meines Großonkels Darryl. Barry Bagsley lehnte sich wieder nach vorn, bohrte den Zeigefinger in James Scobies mickrige Brust und unterstrich dann seine Worte, indem er seinen Finger in einem unheilvollen Rhythmus immer wieder in Scobies Brust stieß.

„Mann, wenn ich wollte, könnte ich dich *in der Mitte durchbrechen* wie eine *Brezel. Wenn* du also, wie du sagst, tatsächlich *keine Angst* hast, würde ich dir dringend empfehlen, langsam Angst zu *bekommen*.“

Zack! Wieder segelte ein Bagsley-Schwinger an James Scobies Nase vorbei.

„Pass auf“, sagte James Scobie mit dem ihm eigenen, leicht ungeduldigen Unterton. „Ich bin sicher, dass du sehr stark und tapfer bist, immerhin musst du dich jeden Tag im Spiegel anschauen ...“

Kurze Gerade!

„... und vielleicht *sollte* ich ja Angst vor dir haben, denn wenn es stimmt, wie man sagt, dass der Halbgebildete schlimmer ist als der Unwissende, dann bist du wahrscheinlich absolut tödlich ...“

Kurze Gerade!

Im ganzen Klassenzimmer hoben sich Augenbrauen, Kiefer klappten nach unten und auf Wertungstabellen wurden Punkte addiert. Barry Bagsley starrte James Scobie an wie jemand, der weiß, dass er beleidigt worden ist, aber nicht genau einschätzen kann, wie und in welchem Ausmaß.

2 der Showdown: dramatischer Machtkampf bzw. Entscheidungskampf. Als klassische Showdowns gelten die mit Revolvern ausgetragenen Duelle in Westernfilmen.

„... aber es tut mir leid." Scobie sprach ungerührt weiter. „Ich habe keine Angst. Das hat nichts mit dir zu tun. Sondern damit."

Mit diesen Worten schob er die Haare über seiner linken Schläfe weg. Über seinem Ohr wurde eine lange, ovale Narbe sichtbar. Scobie drehte sich, damit alle sie sehen konnten.

„Und was ist das? Haben sie dir da das Gehirn entfernt?"

Zack!

„Nein, wenn man jemandem das Gehirn entfernt, sogar jemandem wie dir, der so viel graue Zellen hat wie das Lichtspektrum ..."

Kurze Gerade!

„... würde das eine viel größere Narbe geben. Allerdings, wenn ich genauer darüber nachdenke, würde in deinem Fall wahrscheinlich ein minimalinvasiver Eingriff ausreichen."

Kurze Gerade!

„Nein", fuhr James Scobie lässig fort, „da wurde mir ein Hirntumor entfernt."

Stille kroch durch den Raum wie ein geschlagener Hund.

„Ach, jetzt verstehe ich", sagte Barry Bagsley und seine Stimme troff vor Verachtung. „Wir sollen alle Mitleid mit dir haben, nicht wahr, dir das Händchen halten und dir den Hintern wischen, weil du krank bist. Darauf willst du doch raus?"

„Keineswegs", sagte James Scobie, als ob ihn dieser Gedanke überraschte. „Mir geht's wieder gut. Der Tumor ist weg. Aber die Operation hatte eine kleine Nebenwirkung."

„Ach ja? Sie hat aus dir einen Deppen gemacht?"

Zack!

„Nein, denn dann wären wir die besten Freunde."

Kurze Gerade!

„Ich freunde mich nicht mit Irren an."

Zack!

„Na ja, versuch's ruhig mal. Vielleicht bekommen sie Mitleid mit dir und senken ihre Ansprüche."

Kurze Gerade!

Barry Bagsleys Miene verfinsterte sich. Langsam wurde es richtig gemein. Oder, was Barry Bagsley anging, noch gemeiner.

„Ja, aber was ist denn passiert? Du weißt schon, bei der Operation und den Nebenwirkungen und so?" Barry warf Danny Wallace einen finsteren Blick zu, sodass dieser, allerdings wenig überzeugend, versuchte, seine Neugier zu verbergen, und rasch hinzufügte: „... falls mich das überhaupt interessieren würde."

„Wie ich bereits sagte, verlief die Operation zur Entfernung des Tumors erfolgreich. Aber dann merkte ich eines Tages, dass etwas anders war als vorher. Ich war anders. Schließlich fand ich heraus, was es war. Ich konnte keine Angst mehr empfinden. Ich versuchte es, aber ich konnte es einfach nicht."

1 Wie treten Scobie und Barry am Anfang und am Ende dieses Gesprächs auf? Verdeutlicht dies in zwei Standbildern. Arbeitet in Gruppen und geht so vor:

a Entscheidet, wer Scobie und wer Barry spielen soll.

b Überlegt, welche Gestik und Mimik am besten zu den Figuren in den beiden Situationen passen. Probiert unterschiedliche Möglichkeiten.

c Stellt eure Standbilder vor. Gibt es ein Standbild, das die Gefühlslage und die Beziehung zwischen den Figuren besonders gut darstellt? Belegt eure Meinung mit Textstellen.

Standbilder bauen
Bei einem Standbild (▶ S. 337) schlüpft ihr in die Rolle von Figuren und macht die Gefühle und die Beziehungen der Figuren allein durch Mimik und Gestik deutlich. Die Darstellerinnen und Darsteller stellen sich als unbewegliche Statuen auf.

2 a Wie gefällt euch der Dialog zwischen Scobie und Barry? Belegt eure Meinung anhand des Textes.

b Benennt mindestens zwei Textstellen, an denen Scobie besonders deutlich Widerstand gegen Barry leistet. Begründet eure Wahl.

3 a Erklärt die folgende Metapher, mit der der Erzähler den Dialog zwischen Scobie und Barry beschreibt. „Vor unseren Augen fand ein Kampf statt, aber es war nicht der Showdown aus dem Western, wie ich zunächst vermutet hatte, sondern viel eher ein Boxkampf." (▶ S. 87, Z. 66–69)

b Auf welche Weise wird dieser „Boxkampf" auch sprachlich dargestellt? Sucht entsprechende Textstellen.

c Erläutert, welche Mittel Scobie in diesem „Boxkampf" einsetzt und ob er diesen gewinnt.

4 Untersucht, welche sprachlichen Bilder (▶ sprachliche Bilder, S. 318) der Erzähler nutzt, um die Situation und die Gefühlslage der Figuren zu beschreiben. Sucht Vergleiche und Metaphern aus dem Text heraus und erklärt, wozu sie dienen bzw. welche Bedeutung sie haben, z. B.:

Z. 1: „Spatzenhirn" → beleidigende Metapher für Dummheit/Beschränktheit ...
Z. 20 f.: „sein grobknochiges Gesicht hing bedrohlich wie ein Todesstern vor Scobies Gesicht"
→ der Vergleich macht anschaulich, ...

5 Macht in einer Figurenskizze deutlich, in welcher Beziehung Scobie, Ismael und Barry am Ende dieses „Boxkampfes" stehen.

Information **Eine Figurenskizze erstellen**

In einer Figurenskizze könnt ihr die Beziehung der Figuren deutlich machen:
- Schreibt die Namen der Figuren auf.
- Zeichnet zwischen den Figuren Pfeile, die die Beziehungen verdeutlichen.
- Beschriftet jeden Pfeil mit einem aussagekräftigen Wort, z. B.: *liebt, bewundert, hasst.*

Teste dich!

Eine Figur charakterisieren

Michael Gerard Bauer

Nennt mich nicht Ismael! (4)

Der neue Junge war kein Elefantenmensch oder so was. Eigentlich unterschied er sich gar nicht so sehr von allen anderen und doch war er gerade um so viel anders, dass er direkt in der Gefahrenzone stand. Nicht so viel anders, dass er Mitleid erwarten konnte, aber anders genug, um Barry Bagsleys Augen zum Leuchten zu bringen.

James Scobie war klein und ein bisschen zu adrett. Sein perfekt gescheiteltes Haar war aus der Stirn gekämmt wie eine Welle, kurz bevor sie sich bricht. Die Linien, die die Zähne des Kamms hinterlassen hatten, zeichneten sich so deutlich ab wie Fußabdrücke auf dem Mond. Seine Kleider sahen aus, als würde sein Großvater ihn in Sachen Mode beraten: Die Strümpfe waren bis zu den Knien hochgezogen und an beiden Beinen genau gleich weit umgeschlagen. Sein Hemd steckte ordentlich in der kurzen Hose, die weit oben über der kleinen Rundung seines Bauches saß. Zu allem Überfluss war seine Haut so bleich, dass man befürchten musste, eine starke Brise könne blaue Flecken hinterlassen.

All das wurde von der Klasse rasch registriert und dann ad acta gelegt. Was unsere Aufmerksamkeit wirklich erregte, war James Scobies Gesicht oder vielmehr noch, was er mit seinem Gesicht machte.

Das Gesicht an sich war nicht bemerkenswert, vielleicht ein bisschen pausbäckig, mit einer recht kleinen Nase und ein bisschen zu rosig an den Wangen, aber sonst war alles dort, wo es sein sollte. Allerdings verzog und verzerrte James Scobie seinen Mund immer wieder so sehr zu einer Seite, dass ein Auge von einem faltigen Blinzeln und einer wie eine Kapuze überhängenden Augenbraue verschluckt wurde. Dann entspannte sich sein Mund wieder und sein Gesicht zog sich in die Länge, während seine Augen hervorquollen wie bei dem Jungen in „Kevin allein zu Haus“. Dann wiederholte sich das Ganze auf der anderen Seite des Gesichts. Und während all das geschah, wackelte James Scobies Nase hin und her, als ob er für die Hauptrolle im Remake von „Verliebt in eine Hexe“ üben wollte.

1 Richtig, falsch oder anhand des Textes nicht überprüfbar? Schreibe die Großbuchstaben ab und notiere daneben *f* = falsch, *r* = richtig oder *nü* = nicht überprüfbar.

A Der neue Schüler fällt in der Klasse optisch gar nicht auf.
B Das Gesicht des neuen Jungen zeigt eine komische Mimik.
C Barry sieht in Scobie ein neues Opfer.
D Scobie legt Wert auf moderne Kleidung.
E Scobie lebt bei seinem Onkel.
F Der neue Mitschüler ist schlank.

2 a Suche zwei Vergleiche, mit denen der Erzähler Scobies Aussehen und Verhalten beschreibt.
b Schreibe zwei Textstellen heraus, in denen der Erzähler Scobie bewertet.

3 Überprüft eure Ergebnisse aus den Aufgaben 1 und 2 in Partnerarbeit.

5.2 In die Figuren schlüpfen – Zu literarischen Texten gestaltend schreiben

Michael Gerard Bauer

Nennt mich nicht Ismael! (5)

James Scobie findet durch seine Sprachbegabung bald große Anerkennung in der Klasse. Als er einen Debattierclub gründet, wird Ismael, dem eigentlich nichts fernerliegt, als vor anderen Menschen Reden zu halten, unerwartet Mitglied. Die fünf Jungen gewinnen bei einem Debattierwettbewerb Runde um Runde. Als James Scobie wegen seiner schweren Erkrankung beim Halbfinale ausfällt, verlieren die Jungen knapp. Nach dem Halbfinale erhält Ismael einen Brief von James Scobie, der noch nichts von der Niederlage weiß.

Lieber Ismael,
hier gab es Probleme und es sieht jetzt so aus, als würde ich das Debattierfinale verpassen. Es geht um die Tumoroperation, über die wir gesprochen haben. Ich muss alle sechs Monate zu einer Untersuchung, bei der sie nachschauen, ob alles immer noch in Ordnung ist, ob nichts zurückgekommen ist. Keine große Sache. Nur, dieses Mal haben sie etwas gefunden. Einen „Schatten“, sagen sie. Im Augenblick wissen sie noch nicht, was es ist. Sie müssen noch mehr Untersuchungen und Röntgenbilder machen, aber die Ärzte sind zuversichtlich, dass es wahrscheinlich nichts ist, worüber man sich Sorgen machen müsste. Ich weiß nicht, wann ich wieder in die Schule zurückkomme. Viel Glück beim Finale! Ich verlass mich darauf, dass du das Team zusammenhältst.
James
PS. Könntest du das für dich behalten?
PPS. Miss Tarango[1] hatte Recht damit, dass Wörter sehr mächtig sind. Sogar Wörter wie „wahrscheinlich“ können dir weh tun.

Nachdem ich das gelesen hatte, fiel mir ein, dass Scobie gesagt hatte, die letzte Operation habe alle seine Angst aufgezehrt. Ich fragte mich, ob das stimmte. Ich konnte mir nicht vorstellen, wie es sich anfühlte, in seiner Lage zu sein und allem noch einmal ins Auge blicken zu müssen.

1 Miss Tarango: Klassenlehrerin von Ismael und James Scobie

1 a Besprecht, wie dieser persönliche Brief an Ismael auf euch wirkt. Begründet eure Meinung.
b Fasst zusammen, worum es in dem Brief geht.
c Erklärt, wie Scobie über seine erneute Erkrankung berichtet und was Ismael darüber denkt.

2 a Stellt Vermutungen an, warum Scobie Ismael bittet, „das“ für sich zu behalten (▶ vgl. Z. 20).
b Scobie erwähnt die verletzende Wirkung des Wortes „wahrscheinlich“. Erläutert dies.

3 Versetzt euch in die Lage Ismaels, nachdem er Scobies Brief gelesen hat. Schreibt einen Antwortbrief an James Scobie.
a Notiert, was Ismael denken und fühlen könnte. Was könnte er Scobie sagen?
Tipp: Bedenkt auch, dass Scobie noch nichts von dem verlorenen Halbfinale weiß.
b Plant den Aufbau eures Briefes. Wie beginnt euer Brief?
Was steht im Hauptteil? Wie wollt ihr den Schluss gestalten?
c Schreibt nun den Brief an James Scobie. Schreibt in der Ich-Form. Ihr könnt die folgenden Formulierungsbausteine zu Hilfe nehmen:

Nachdem ich deinen Brief gelesen habe, habe ich ... •
Ich habe das Gefühl, ... •
Es tut mir unglaublich leid, dass ... •
Ich kann mir einfach nicht vorstellen, ... •
Ich hoffe, dass ... / Hoffentlich ... •
Du kannst sicher sein, dass ... •
Seitdem du nicht mehr da bist, ... •
Du fehlst mir sehr, weil ... •
Beim Debattierwettbewerb haben wir ... •
Wärst du dabei gewesen, dann ... •
Wie geht es bei dir jetzt weiter? •
Sollen wir dich mal besuchen kommen?

	Briefkopf (Ort, Datum)
Anrede, z. B.:	*Lieber ...; Hallo ...*
Einleitung, z. B.:	*Bezug zu Scobies Brief*
Hauptteil, z. B.:	*Gedanken, Gefühle, Schilderung der eigenen Situation ...*
Schluss, z. B.:	*Frage, Bitte, Wunsch*
Grußformel, z. B.:	*Herzliche Grüße, Viele Grüße*
Unterschrift	

4 Lest eure Briefe vor. Überlegt, ob der Antwortbrief inhaltlich und sprachlich zu der Figur Ismael und der Handlung des Romans passt.

Methode **Aus der Perspektive einer literarischen Figur schreiben**

Wenn ihr aus der Perspektive (Sicht) einer literarischen Figur schreibt (z. B. einen Brief oder einen Tagebucheintrag), versetzt ihr euch in die Figur hinein. Überlegt:
- Was denkt und fühlt die Figur?
- Was könnte sie sagen?
- Was weiß sie, was weiß sie nicht?

Schreibt in der **Ich-Form.**

Ihr könnt zum Beispiel
- die Gedanken und die Gefühle der Figur zum Ausdruck bringen, z. B.: *Ich bin sehr traurig.*
- Fragen stellen, z. B.: *Was sollen wir tun?*
- emotionale Ausdrücke verwenden, z. B.: *Ich bin echt schockiert!*

Wichtig ist, dass Inhalt und Sprache zur Figur und zur Handlung des Textes passen.

Michael Gerard Bauer

Nennt mich nicht Ismael! (6)

Weil James Scobie wegen seiner bevorstehenden Operation nicht mehr in der Schule ist, hat Barry wieder freie Schusslinie auf Ismael und lässt keine Gelegenheit aus, ihn, aber auch Bill Kingsley, einen Mitschüler von Ismael, zu demütigen. Doch dann ergibt sich eine einmalige Gelegenheit, Barry ein für alle Mal vor der gesamten Schule bloßzustellen: Auf der Feier zum Schuljahresende will Ismael vor allen Schülern und Eltern folgende Fürbitte vortragen: „Lasst uns darum beten, dass Barry Bagsley lernt, andere Leute einfach so zu lassen, wie sie sind, statt sie zu drangsalieren und zu erniedrigen." Bevor Ismael auf die Bühne geht, zeigt er Barry die Fürbitte.

Wir stiegen die Stufen zur Bühne hinauf und stellten uns in einer Reihe hinter dem großen Rednerpult auf.

Es dauerte nicht lang, bis ich Barry Bagsley ausfindig gemacht hatte. Er saß ungefähr auf halber Strecke zur rückwärtigen Wand, fast genau in der Mitte. Er sah nicht fröhlich aus, vielmehr traf der Ausdruck „vor Wut schnaubend" hier einmal mehr ins Schwarze. Seine Augen hatten sich zu dunklen Schlitzen verengt und er fletschte mit bebenden Lippen die Zähne. Ich bin mir sicher, dass meine Fantasie mir einen Streich spielte, aber es sah aus, als würde er knurren. Wenn er ein Hund gewesen wäre, hätte die Stadtverwaltung ihn für gefährlich erklärt und auf der Stelle aus dem Verkehr gezogen.

Während Razzas Vortrag funkelte mich Barry Bagsley weiterhin finster an, aber als Razza fertig war, erschien der erste Riss in der Fassade. Barry Bagsley brach den Blickkontakt ab, schaute rasch nach rechts und links und rutschte unruhig in seinem Sitz hin und her.

Ich beobachtete Barry Bagsley ganz genau. Es passierte etwas mit ihm. Er versuchte zwar weiterhin, seinen wütenden Blick aufrechtzuerhalten, aber es gelang ihm nicht. Seine

Augen schossen unruhig hin und her. Einmal drehte er sich sogar um und warf einen flüchtigen Blick auf den hinteren Teil der Turnhalle. Als er wieder Blickkontakt zu mir aufnahm, spiegelten sich die unterschiedlichsten Emotionen auf seinem Gesicht wider. Und irgendwo zwischen der ganzen Arroganz, dem Zorn, dem Trotz und der Drohung blitzte kurz, aber unverkennbar Panik auf.

Ich trat nach vorn und stieg auf die kleine Plattform am Fuß des Rednerpults. Das Mikrofon schwebte direkt vor meinem Mund. Barry Bagsley wand sich in seinem Sitz. Sein Gesicht sah aus wie Teig. Er schüttelte immer noch den Kopf, aber jetzt war in der Bewegung keinerlei Drohung mehr.

Ich zog das Mikrofon zu mir herunter und beugte mich ein bisschen nach vorn. „Lasst uns beten.“

Meine Stimme füllte die Halle. Ich hatte das Gefühl, als komme sie von einem anderen, von irgendwoher außerhalb meines Körpers. Zum ersten Mal in meinem Leben stand ich vor einem Publikum, ohne im Mindesten nervös zu sein. Ich schaute zu Barry Bagsley hinunter. Er drückte sich in seinen Sitz hinein, als spürte er den Schub einer startenden Rakete. Sein Kopf bewegte sich immer noch hin und her, aber so minimal, dass nur ich es bemerkte. Seine Lippen formten immer noch Worte, aber jetzt erkannte ich nur „nein“, „nicht“ und „bitte“. Ich sah ihm in die Augen. Die Arroganz war verschwunden. Ich sah nur noch Angst und Verzweiflung. Es waren die Augen eines Menschen, der wusste, dass es keinen Ausweg gab.

„Lasst uns beten, dass Barry …“

Ich sprach langsam und deutlich, und als ich seinen Namen sagte, versank Barry Bagsley tief in seinem Sitz, wie ein Boxer, der weiß, dass er die nächste Runde nicht übersteht. Seine Augen hatten sich noch einmal verändert. Sie wirkten jetzt matt, leer und geschlagen. Dieser Ausdruck kam mir bekannt vor. Ich hatte ihn schon viele Male gesehen. Ich hatte ihn auf dem Gesicht von Kelly Faulkners kleinem Bruder gesehen und bei Bill Kingsley. Auch ich hatte oft so geschaut.

Eine unbehagliche Stille kroch durch die Turnhalle. Alle warteten darauf, dass ich sprach. Ich schaute ein letztes Mal zu Barry Bagsley hin. Jeden einzelnen Tag der vergangenen Woche hatte ich von diesem Augenblick geträumt. Jetzt war er gekommen. Ich würde Rache nehmen.

Noch einmal fing ich mit meiner Fürbitte an. Ich wollte das gut machen:

„Lasst uns beten …“

Ich hielt die Harpune in der Hand.

„… dass Barry …“

Ich hob sie an und fasste Tritt.

„… dass Barry …“

Jetzt muss ich sie nur noch werfen.

„… dass … Barrieren, die uns trennen und uns einander fernhalten, überwunden werden und dass wir lernen, gut miteinander auszukommen.“

1 a Ismael hat beschlossen, dass Barry für sein Verhalten büßen soll. Erläutert seinen Plan.
b Stellt Vermutungen an, warum Ismael sein Vorhaben dann doch nicht in die Tat umsetzt.
c Diskutiert, wie ihr an Ismaels Stelle gehandelt hättet.

2 Man kann sich die Szene auf der Abschlussfeier sehr gut vorstellen. Sucht mindestens drei Textstellen heraus, die besonders anschaulich gestaltet sind. Erklärt auch, wodurch diese Anschaulichkeit entsteht.

3 Die Passage, in der Ismael zum Rednerpult geht und anfängt zu sprechen, wird besonders ausführlich erzählt (▸ Z. 37–93). Das Geschehen läuft sozusagen in Zeitlupe ab. Untersucht anhand des Textes, wodurch diese Zeitdehnung entsteht.

Fordern und fördern – Die Sicht einer Figur einnehmen

1 Das Geschehen auf der Abschlussfeier wird aus der Perspektive (Sicht) von Ismael erzählt. Versetzt euch in Barry hinein und erzählt, wie er diese Abschlussfeier erlebt. Schreibt in der Ich-Form. Geht so vor:

a Barrys Verhalten verändert sich im Laufe der Abschlussfeier. Lest den Text (▶ S. 93–94) noch einmal sorgfältig, gliedert ihn in drei Handlungsschritte und notiert jeweils, wie sich Barry verhält. Schreibt hierzu entsprechende Textstellen auf, z. B.:

1. *Jsmael betritt die Bühne und beobachtet Barry (Z. 1–x)*
   - *Barry sieht nicht fröhlich aus*
   - *...*
2. *Während Razzas Vortrag haben Barry und Jsmael Blickkontakt (Z. x–y)*
   - *erster Riss in der Fassade*
   - *...*
3. *... (Z. x–y)*
   - *...*

▷ Hilfen zu dieser Aufgabe findet ihr auf Seite 96.

b Markiert in euren Notizen aus Aufgabe 1 a jeweils ein oder zwei Wörter, die Barrys Gefühle in der jeweiligen Situation am deutlichsten wiedergeben.

▷ Schaut auf Seite 96 nach, wenn ihr Hilfen zu dieser Aufgabe braucht.

c Versetzt euch in Barry hinein und überlegt, was er in der jeweiligen Situation denken und fühlen könnte. Notiert eure Ideen, z. B.:
Wahrscheinlich will mich Jsmael nur einschüchtern. Jch glaube nicht, dass der den Mut hat ...

▷ Hilfen zu dieser Aufgabe findet ihr auf Seite 96.

d Erzählt nun, wie Barry die Abschlussfeier erlebt hat. Es soll deutlich werden, was auf der Abschlussfeier passiert und was Barry denkt und fühlt. Nutzt eure Notizen und schreibt in der Ich-Form.
Ihr könnt so beginnen:
Gerade eben hat mir Jsmael gezeigt, was er gleich vor der versammelten Schule verlesen wird. Jch kann nicht fassen, ...

▷ Weitere Hilfen zu dieser Aufgabe stehen auf Seite 96.

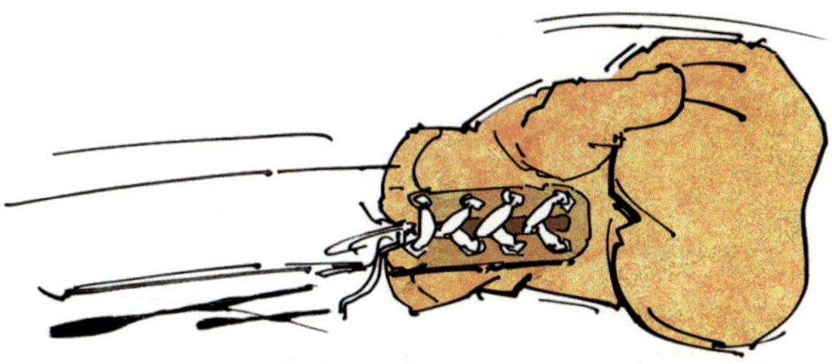

2 Lest eure Texte vor und vergleicht sie mit dem Originaltext.
Erklärt, inwiefern ihr in euren Texten einen anderen Eindruck von Barry bekommt.

●○○ **Aufgabe 1 mit Hilfen**

a Versetzt euch in Barry hinein und erzählt, wie er diese Abschlussfeier erlebt. Schreibt in der Ich-Form und stellt die Gedanken und Gefühle dieser Figur dar. Geht so vor:
Barrys Verhalten verändert sich im Laufe der Abschlussfeier. Lest den Text (▸ S. 93–94) noch einmal sorgfältig, gliedert ihn in drei Handlungsschritte und notiert jeweils, wie sich Barry verhält. Schreibt hierzu entsprechende Textstellen auf, z. B.:

1. ***Jsmael betritt die Bühne und beobachtet Barry** (Z. 1–17)*
   - *Barry sieht nicht fröhlich aus*
   - *vor Wut schnaubend*
   - *seine Augen hatten sich zu dunklen Schlitzen ...*
2. ***Während Razzas Vortrag haben Barry und Jsmael Blickkontakt** (Z. 18–x)*
   - *erster Riss in der Fassade*
   - *bricht Blickkontakt ab, rutscht unruhig in seinem Sitz hin und her*
   - *...*
3. ***Jsmael tritt ans Rednerpult, um seine Fürbitte zu verlesen** (Z. x–y)*
   - *keinerlei Drohung mehr*
   - *...*

b Markiert in euren Notizen aus Aufgabe 1 a jeweils ein oder zwei Wörter, die Barrys Gefühle in der jeweiligen Situation deutlich wiedergeben. Überlegt: Zuerst ist Barry wütend, dann ...

c Versetzt euch in Barry hinein und notiert, was er in den folgenden Situationen denkt und fühlt:

- **Situation 1:** Als Ismael die Bühne betritt, ist Barry wütend.
  Wahrscheinlich will mich Jsmael nur einschüchtern. Jch glaube nicht, dass er ...
- **Situation 2:** Während Razzas Vortrag haben Ismael und Barry Blickkontakt. Barry gerät in Panik.
  Ob er wirklich ...?
  Es kann doch nicht sein, dass ...
  Wieso starrt der mich ...
- **Situation 3:** Ismael tritt ans Rednerpult, bei Barry breiten sich Angst und Verzweiflung aus.
  Hätte ich bloß ...
  Wieso habe ich ...
  Am liebsten wäre ich ...

d Erzählt nun, wie er die Abschlussfeier erlebt hat.
Macht deutlich, was geschieht und was Barry denkt und fühlt.
Nutzt eure Notizen und schreibt in der Ich-Form.
Ihr könnt so beginnen:
Gerade eben hat mir Jsmael gezeigt, was er gleich vor der versammelten Schule verlesen wird. Jch kann nicht fassen, dass Jsmael ...
Wieso starrt der mich denn ...

Gedanken und Gefühle
Langsam spüre ich, wie ... •
Ich merke, ... •
Als ich höre/sehe, ... •
Am liebsten wäre ich ... •
Mir schießt durch den Kopf, ...

5.3 Fit in ... – Gestaltend schreiben

Die Aufgabenstellung verstehen

Stellt euch vor, ihr sollt in der nächsten Klassenarbeit folgende Aufgabe bearbeiten:

Lies den folgenden Text. Stell dir dann vor, du bist Ismael. Nach der Begegnung mit Barry beschließt du, deinem Freund Scobie einen Brief zu schreiben. Du willst ihm erzählen, wie sich Barry verhalten hat und was du dir für das kommende Schuljahr vorgenommen hast.

Michael Gerard Bauer

Nennt mich nicht Ismael! (7)

Unmittelbar nach der Abschlussfeier begegnet Ismael erneut Barry.

„Ich wusste, dass du nicht den Mumm haben würdest, es zu tun", fauchte er.

Ich machte mir nicht die Mühe, mit ihm zu streiten. Ich hatte vom Podium aus sein Gesicht gesehen. Wir beide kannten die Wahrheit.

„Ich möchte nur, dass du Bill Kingsley in Ruhe lässt, das ist alles."

„Wenn ich du wäre, dann würde ich mir mehr Sorgen um mich selbst machen. Vielleicht kommst du heute Abend noch mal davon, aber nächstes Jahr kannst du dich nicht verstecken."

Er hatte Recht. Aber das war egal. Ich hatte es satt, mich immer möglichst kleinzumachen. Ich wollte nicht mehr der unsichtbare Junge sein. „Ich werde mich nicht verstecken", sagte ich.

Wir standen einander gegenüber. Es war schrecklich still und ich hätte mich nicht gewundert, wenn ein rollender Busch sich zwischen uns geschoben hätte.

„Barry, da bist du ja! Oh, Entschuldigung, dich habe ich gar nicht gesehen", sagte Mrs Bagsley und wandte sich an mich. „Hallo."

„Barry, wo bleibt dein gutes Benehmen? Willst du mir deinen Freund nicht vorstellen?"

Zum Glück schaute Mrs Bagsley mich an, sodass sie nicht sah, dass ihr Sohn eine Grimasse schnitt, als hätte er eine stählerne Bratpfanne ins Gesicht bekommen.

„Er ist nicht ..."

Mrs Bagsley wandte ihr blendendes Lächeln ihrem Sohn zu.

„Ähm ... das ist ... er heißt ... Ismael." Barry Bagsley sprach meinen Namen aus, als hätte man ihn gezwungen, Gift zu schlucken.

Barry Bagsley wartete, bis seine Mutter außer Sichtweite war. Dann zeigte er mit dem Finger auf mich und verengte seine Augen. Er schien um Worte zu ringen, die den Gefühlen, die in ihm tobten, Ausdruck verleihen konnten.

„Nächstes Jahr", sagte er und schaffte es irgendwie, dass diese beiden Wörter klangen wie eine Bombendrohung.

„Ich werde da sein", sagte ich, und zum ersten Mal seit einer Ewigkeit wusste ich, dass das stimmte.

1 Lest die Aufgabenstellung sorgfältig. Erklärt euch gegenseitig, was genau ihr machen sollt und worauf ihr bei der Bearbeitung achten müsst.

Ideen sammeln und einen Schreibplan erstellen

2 Überlegt, was in diesem Textauszug passiert. Gliedert den Text in drei Handlungsschritte und notiert wichtige Einzelheiten zur Handlung, z. B.:

1. **Ismael und Barry begegnen sich** (Z. x–y)
   - Barry ist wütend und …
   - Ismael will, dass Barry Bill Kingsley …
2. **Barrys Mutter kommt hinzu** (Z. x–y)
   - …
3. **Ismael und Barry „verabschieden" sich** (Z. x–y)
   - …

3 Versetzt euch in Ismael und überlegt, was er seinem Freund Scobie über diese Begegnung schreiben könnte. Notiert eure Ideen. Die folgenden Fragen helfen euch:
– Wie bewertet Ismael Barrys Verhalten? Was denkt er über Barry?
– Was denkt er über die Drohung Barrys, ihn im nächsten Schuljahr wieder zu demütigen?
– Was nimmt sich Ismael vor, damit er nicht mehr der „unsichtbare Junge" ist?

4 Plant den Aufbau eures Briefs und ordnet eure Ideen:
Wie beginnt euer Brief? Was steht im Hauptteil? Wie wollt ihr den Schluss gestalten?

Den Brief formulieren und überarbeiten

5 Schreibt nun den Brief an James Scobie. Schreibt in der Ich-Form. Erklärt eure Situation: Wie schätzt ihr Barrys Verhalten und seine Drohung ein? Was nehmt ihr euch für das nächste Schuljahr vor? Ihr könnt die folgenden Formulierungsbausteine zu Hilfe nehmen:

Du kannst dir nicht vorstellen, was mir heute … • Zuerst war ich schockiert, als … • Ich glaube, dass Barry in Wirklichkeit … • Irgendwie habe ich mich in der Situation … gefühlt. • Du hättest sein Gesicht sehen sollen, als seine Mutter … • Ich befürchte zwar …, aber …

6 Tauscht euren Brief mit dem eurer Banknachbarin oder eures Banknachbarn aus. Gebt euch mit Hilfe der folgenden Checkliste Tipps, was ihr noch verbessern könnt.

Checkliste

Einen Brief an eine literarische Figur schreiben
- Habt ihr in der **Einleitung** den Anlass eures Briefs genannt (hier: Begegnung mit Barry)?
- Habt ihr im **Hauptteil** erzählt, was passiert ist und welche Gedanken und Gefühle der Schreibende hat (hier: Bewertung von Barrys Verhalten, Plan für das kommende Schuljahr)?
- Enthält der **Schluss** einen Wunsch, eine Bitte, eine persönliche Einschätzung oder Frage?
- Passen **Sprache** und **Inhalt** eures Textes zur Figur und zur Handlung des Textes?

6 Clevere Typen – Alte und neue Erzählungen erschließen

Ludwig XIV.[1] sagte einmal im Kreise seiner Hofleute: „Die Könige haben ihre Macht von Gottes Gnaden, und wenn ich einem von Ihnen befehle, ins Wasser zu springen, haben Sie ohne Zögern zu gehorchen."
Da erhob sich der Herzog von Guise und wollte hinausgehen.
„Wohin?", rief der König.
„Schwimmen lernen, Sire!"

1 Ludwig XIV. (1638–1715), genannt der „Sonnenkönig", war von 1643 bis 1715 König von Frankreich.

1 a Beschreibt das Verhalten des Königs und des Herzogs.
b Besprecht, was ihr in dieser kleinen Geschichte über die Charaktereigenschaften der beiden Figuren und über ihr Verhältnis zueinander erfahrt.

2 Kennt ihr ähnliche Geschichten, die das Verhalten und die Eigenschaften einer Person auf originelle Weise verdeutlichen? Erzählt sie euch.

In diesem Kapitel ...

- lest und untersucht ihr Geschichten, die belehren und unterhalten,
- lernt ihr die Merkmale von kurzen Geschichten kennen,
- übt ihr, wie man den Inhalt einer Geschichte in einer Inhaltsangabe zusammenfasst.

6.1 Unterhalten und belehren – Anekdoten und Kalendergeschichten untersuchen

Auf den Punkt gebracht – Anekdoten

Hermann Schreiber (*1929)

Der alte Mantel

In New York besuchte Einstein einmal einen Kollegen, der sehr auf sich hielt und dem Professor aus Europa beim Abschied zu bedenken gab, dass er sich doch hier in den Staaten einen neuen Regenmantel kaufen solle, in dem zerschlissenen alten Stück könne man in New York doch einfach nicht herumlaufen.
„Warum nicht?“, protestierte Einstein. „Hier kennt mich doch niemand!“
Ein Jahr später stattete der amerikanische Gelehrte Einstein einen Gegenbesuch ab und suchte ihn in dem kleinen Universitätsstädtchen Princeton auf. Einstein wartete höflich bereits am Bahnhof – und trug noch immer den alten Regenmantel.
„Aber lieber Kollege“, sagte der Amerikaner entrüstet, „jetzt haben Sie dieses alte Stück noch immer am Leib! Was sollen denn die Leute von Ihnen denken?“
„Das spielt hier in Princeton doch keine Rolle“, wehrte Einstein ab, „hier kennt mich längst jedes Kind!“

1 a Lest die Geschichte oder lasst euch die Geschichte vorlesen.
b Tauscht euch darüber aus, wie die kurze Erzählung auf euch wirkt.

2 Wie begründet Einstein, warum er keinen neuen Mantel benötigt?
Erläutert, was die jeweiligen Begründungen genau zum Ausdruck bringen.

3 Was erfahrt ihr in dem Text über Eigenschaften Albert Einsteins? Macht euch Notizen.

Erika Mann (1905–1969)

Mein Vater Thomas Mann[1]

Dies spielt während des Ersten Weltkrieges, wo wir nichts zu essen hatten, absolut nichts, und wo zwischen uns vier Kindern jede Winzigkeit, die es gab, genau und mathematisch geteilt wurde. Also es wurden quasi die Erbsen gezählt. Nun also eines schönen Tages war eine Feige übrig geblieben und es war ganz klar, dass diese Feige zwischen uns vier Kindern geteilt werden musste – meine Mutter war der Ansicht und wir vier waren der Ansicht. Was tat mein Vater? Er gab mir allein diese Feige und sagte: „Da, Eri, iss." Ich natürlich fing sofort an zu fressen, die anderen drei Geschwister staunten entsetzt und mein Vater sagte sentenziös[2] mit Betonung: „Man soll die Kinder früh an Ungerechtigkeit gewöhnen."

1 Thomas Mann (1875–1955): berühmter deutscher Schriftsteller. Seine Tochter Erika Mann (1905–1969) war ebenfalls Schriftstellerin.

2 sentenziös: knapp und pointiert

1 Gebt den Inhalt der Geschichte kurz in eigenen Worten wieder.

2 a Schreibt den Text in Partnerarbeit weiter. Wie könnten z. B. die Geschwister oder die Mutter reagieren? Was könnte der Vater, Thomas Mann, erwidern?
b Diskutiert mit Hilfe eurer Texte, was ihr von dem Vorgehen des Vaters haltet.

Anekdote über Mozart

Mozart bewegte sich stets sehr ungezwungen. Einmal machte ein General den Kaiser Joseph II. darauf aufmerksam, dass Mozart an der Hoftafel sich nicht benähme, wie es die Etikette verlangte. Der Kaiser erwiderte darauf dem General: „Lasse Er mir den Mozart in Ruhe. Einen General kann ich alle Tage machen, aber einen Mozart nie wieder!"

3 Überlegt, welche Eigenschaften des Komponisten Wolfgang Amadeus Mozart und des Kaisers Joseph II. in diesem kurzen Text zum Ausdruck kommen.

4 „Wenn es nicht wahr ist, so ist es doch gut erfunden", sagt ein italienisches Sprichwort. Diskutiert darüber, ob der Wert der vier kleinen Geschichten auf den Seiten 99–101 davon abhängt, ob sich das darin Erzählte tatsächlich so zugetragen hat.

5 Geschichten wie die auf den Seiten 99–101 nennt man „Anekdoten". Stellt anhand dieser Geschichten in Gruppenarbeit zusammen, welche Merkmale Anekdoten haben.

kurz, witzig, überraschende Wendung am Ende nicht notwendig wahr
bekannte Person typ. Eigenschaften u. Verhalten deutlich

Herbert Ihering (1888–1977)

Die schlechte Zensur

Brecht[1], der schwach im Französischen war, und ein Freund, der schlechte Zensuren im Lateinischen hatte, konnten Ostern nur schwer versetzt werden, wenn sie nicht noch eine gute Abschlussarbeit schrieben. Aber die lateinische Arbeit des einen fiel ebenso mäßig aus wie die französische des anderen. Darauf radierte der Freund mit einem Federmesser einige Fehler in der Lateinarbeit aus und meinte, der Professor habe sich wohl verzählt. Der aber hielt das Heft gegen das Licht, entdeckte die radierten Stellen und eine Ohrfeige tat das Übrige.
Brecht, der nun wusste, so geht das nicht, nahm rote Tinte und strich sich noch einige Fehler mehr an. Dann ging er zum Professor und fragte ihn, was hier falsch sei. Der Lehrer musste bestürzt zugeben, dass diese Worte richtig seien und er zu viele Fehler angestrichen habe. „Dann", sagte Brecht, „muss ich doch eine bessere Zensur haben."
Der Professor änderte die Zensur und Brecht wurde versetzt.

1 Bertolt Brecht (1898–1956): berühmter deutscher Schriftsteller

1 a Spielt die Geschichte als Sketch.
b Beschreibt, worin die überraschende Wendung (Pointe) der Geschichte liegt.
c Überlegt, welche Fähigkeiten des Schülers Brecht in dieser Anekdote deutlich werden.
d Diskutiert, wie ihr Brechts Verhalten bewertet.

2 a Lest die Informationen zur Anekdote im Merkkasten unten auf dieser Seite.
b Haltet fest, welche Merkmale einer Anekdote ihr in Iherings Text über Brecht wiederfindet.

3 Verfasst selbst eine Anekdote. Überlegt, von welcher Persönlichkeit bzw. von welchem Ereignis ihr erzählen möchtet – z. B. aus eurer Familie, aus dem Freundeskreis oder aus dem Schulalltag.
Tipp: Lest noch einmal im Merkkasten unten nach, welche Merkmale eine Anekdote aufweist.

Information **Die Anekdote**

Eine Anekdote ist eine **kurze Erzählung** über eine **bekannte Persönlichkeit,** deren Eigenschaften oder Eigenarten auf humorvolle Weise verdeutlicht werden. Wie der Witz enthält die Anekdote am Ende eine **Pointe (überraschende, geistreiche Wendung).**
Das, was über die Person erzählt wird, muss nicht unbedingt wahr sein. Wichtig ist vielmehr, dass in der Anekdote etwas erkennbar wird, das **typisch für die Person** ist.

Kluges im Kleinformat – Kalendergeschichten

Johann Peter Hebel (1760–1826)

Der kluge Richter

Dass nicht alles so uneben sei, was im Morgenlande geschieht, das haben wir schon einmal gehört. Auch folgende Begebenheit soll sich daselbst zugetragen haben. Ein reicher Mann hatte eine beträchtliche Geldsumme, welche in ein Tuch eingenähet war, aus Unvorsichtigkeit verloren. Er machte daher seinen Verlust bekannt und bot, wie man zu tun pflegt, dem ehrlichen Finder eine Belohnung, und zwar von hundert Talern, an. Da kam bald ein guter und ehrlicher Mann dahergegangen. „Dein Geld habe ich gefunden. Dies wird's wohl sein! So nimm dein Eigentum zurück!" So sprach er mit dem heitern Blick eines ehrlichen Mannes und eines guten Gewissens, und das war schön. Der andere machte auch ein fröhliches Gesicht, aber nur, weil er sein verloren geschätztes Geld wiederhatte. Denn wie es um seine Ehrlichkeit aussah, das wird sich bald zeigen. Er zählte das Geld und dachte unterdessen geschwinde nach, wie er den treuen Finder um seine versprochene Belohnung bringen könnte. „Guter Freund", sprach er hierauf, „es waren eigentlich 800 Taler in dem Tuch eingenähet. Ich finde aber nur noch 700 Taler. Ihr werdet also wohl eine Naht aufgetrennt und Eure 100 Taler Belohnung schon herausgenommen haben. Da habt Ihr wohl daran getan. Ich danke Euch." Das war nicht schön. Aber wir sind auch noch nicht am Ende. Ehrlich währt am längsten und Unrecht schlägt seinen eigenen Herrn. Der ehrliche Finder, dem es weniger um die 100 Taler als um seine unbescholtene Rechtschaffenheit zu tun war, versicherte, dass er das Päcklein so gefunden habe, wie er es bringe, und es so bringe, wie er's gefunden habe. Am Ende kamen sie vor den Richter. Beide bestanden auch hier noch auf ihrer Behauptung, der eine, dass 800 Taler seien eingenäht gewesen, der andere, dass er von dem Gefundenen nichts genommen und das Päcklein nicht versehrt habe. Da war guter Rat teuer. Aber der kluge Richter, der die Ehrlichkeit des einen und die schlechte Gesinnung des andern zum Voraus zu kennen schien, griff die Sache so an: Er ließ sich von beiden über das, was sie aussagten, eine feste und feierliche Versicherung geben und tat hierauf folgenden Ausspruch: „Demnach, und wenn der eine von euch 800 Taler verloren, der andere aber nur ein Päcklein mit 700 Talern gefunden hat, so kann auch das Geld des Letztern nicht das nämliche sein, auf welches der Erstere ein Recht hat. Du, ehrlicher Freund, nimmst also das Geld, welches du gefunden hast, wieder zurück und behältst es in guter Verwahrung, bis der kommt, welcher nur 700 Taler verloren hat. Und dir da weiß ich keinen Rat, als du geduldest dich, bis derjenige sich meldet, der deine 800 Taler findet." So sprach der Richter, und dabei blieb es.

1 a Lest den Text laut vor.
b Findet ihr, dass die Überschrift gut gewählt ist? Begründet eure Ansicht.

2 Die Geschichte enthält viele Wörter und Wendungen, die heute nicht mehr gebräuchlich sind.
a Klärt in Partnerarbeit, was folgende Wörter oder Textpassagen bedeuten:

uneben (Z. 1) • daselbst (Z. 4) • unbescholtene Rechtschaffenheit (Z. 34) • des Letztern (Z. 52–53) • das nämliche (Z. 53) • in guter Verwahrung (Z. 56–57)

b Klärt weitere Wörter und Textstellen, die euch unklar sind.

3 a Was erfahrt ihr in der Geschichte über die beiden gegnerischen Figuren? Stellt ihr Verhalten und ihre Wesenszüge tabellarisch einander gegenüber.
b Erläutert, vor welchem Problem der Richter in der Geschichte steht.
c Erklärt, wie der Richter das Problem löst und worin die Pointe der Geschichte liegt.

4 Untersucht, wie und mit welcher Absicht die Geschichte erzählt wird. Geht dabei so vor:
a Sucht Textstellen heraus, an denen der Erzähler die Geschichte kommentiert oder sich in diese einmischt.
b Beschreibt, wie diese Textstellen auf euch wirken und wozu sie dienen.

Johann Peter Hebel (1760–1826)

Dankbarkeit

In der Seeschlacht von Trafalgar, während die Kugeln sausten und die Mastbäume krachten, fand ein Matrose noch Zeit, zu kratzen, wo es ihn biss, nämlich auf dem Kopf. Auf einmal streifte er mit zusammengelegtem Daumen und Zeigefinger bedächtig an einem Haare herab und ließ ein armes Tierlein, das er zum Gefangenen gemacht hatte, auf den Boden fallen. Aber indem er sich niederbückte, um ihm den Garaus zu machen[1], flog eine feindliche Kanonenkugel ihm über den Rücken weg, paff, in das benachbarte Schiff. Da ergriff den Matrosen ein dankbares Gefühl, und überzeugt, dass er von dieser Kugel wäre zerschmettert worden, wenn er sich nicht nach dem Tierlein gebückt hätte, hob er es schonend von dem Boden auf und setzte es wieder auf den Kopf. „Weil du mir das Leben gerettet hast“, sagte er – „aber lass dich nicht zum zweiten Mal attrappieren[2], denn ich kenne dich nimmer.“

1 den Garaus machen: töten
2 attrappieren: fangen

1 Sprecht darüber, worum es in der Geschichte geht.

2 Nehmt an, dass der Matrose abends noch einmal über das Geschehene nachdenkt und seine Gedanken in seinem Tagebuch festhält. Schreibt auf, was der Matrose notieren könnte.

3 Geschichten wie diese oder die vom klugen Richter (▸ S. 103) wurden früher oft in Kalendern abgedruckt.
a Stellt Vermutungen an: Warum wurden solche Geschichten in Kalendern veröffentlicht?
b Stellt Merkmale solcher „Kalendergeschichten“ zusammen.

Bertolt Brecht (1898–1956)

Der hilflose Knabe

Herr K. sprach über die Unart, erlittenes Unrecht stillschweigend in sich hineinzufressen, und erzählte folgende Geschichte: „Einen vor sich hin weinenden Jungen fragte ein Vorübergehender nach dem Grund seines Kummers. ‚Ich hatte zwei Groschen für das Kino beisammen', sagte der Knabe, ‚da kam ein Junge und riß mir einen aus der Hand', und er zeigte auf einen Jungen, der in einiger Entfernung zu sehen war. ‚Hast du denn nicht um Hilfe geschrien?' fragte der Mann. ‚Doch', sagte der Junge und schluchzte ein wenig stärker. ‚Hat dich niemand gehört?' fragte ihn der Mann weiter, ihn liebevoll streichelnd. ‚Nein', schluchzte der Junge. ‚Kannst du denn nicht lauter schreien?' fragte der Mann. ‚Nein', sagte der Junge und blickte ihn mit neuer Hoffnung an. Denn der Mann lächelte. ... R

A ‚Dann werden wir deinen Groschen zurückholen', sagte er und nahm den Jungen an die Hand."

B ‚Mach dir nichts draus', sagte er, gab dem Jungen einen Groschen und ging fröhlich weiter."

C ‚Dann gib auch den her', sagte er, nahm ihm den letzten Groschen aus der Hand und ging unbekümmert weiter."

1 a Wie endet die Geschichte? Entscheidet euch spontan für einen der drei Schlüsse.
b Lest die Geschichte noch einmal und achtet dabei auf Signale, die auf einen der drei Schlüsse hinweisen könnten.
c Bleibt ihr bei eurer ersten Wahl? Begründet eure Entscheidung.

2 a Lest den Schluss der Geschichte in der Originalfassung Brechts (▸ S. 342).
b Diskutiert, wie ihr das Verhalten des Mannes beurteilt.
c Diskutiert, mit welcher Absicht die Geschichte erzählt wird.

3 Nehmt an, dass eine Passantin oder ein Passant den Vorfall beobachtet hat und den Mann zur Rede stellt.
a Überlegt euch, wie ein Gespräch zwischen den beiden verlaufen könnte.
b Spielt das Gespräch vor der Klasse.

4 Vergleicht die Kalendergeschichten Hebels (▸ S. 103–104) und Brechts.
Stellt Gemeinsamkeiten und Unterschiede zusammen.

Information **Die Kalendergeschichte**

Eine Kalendergeschichte ist ein **kurzer, unterhaltender und belehrender Text,** der meist mit einer **Pointe (überraschenden Wendung)** endet. Bis ins 19. Jahrhundert wurden diese Geschichten in Volkskalendern abgedruckt. Neben der Bibel waren sie für viele Familien oft die einzige Lektüre. Bekanntester Autor von Kalendergeschichten ist Johann Peter Hebel (1760–1826). Seit dem 20. Jahrhundert erschienen solche Geschichten nur noch in Buchform.

Teste dich!

Eine Kalendergeschichte untersuchen

Unbekannter Verfasser (19. Jh.)

Giufa lässt die Kleider speisen

Giufa, dem man von Weitem den Liederjan ansah, waren alle Leute immer aus dem Weg gegangen; und wenn er gelegentlich in einem Bauernhof anklopfte und um ein Stück Brot bat, jagte man die Hunde auf ihn. Meist bellten die Hunde nur hinter ihm drein, aber eines Tages geschah es, dass sie wirklich auf ihn losfuhren und ihm die Hosen in Stücke zerrissen. Zerfetzt, wie er war, wagte er sich tagsüber nicht ins Dorf und kam erst zur Nachtstunde heim.

„Wer hat dich so zugerichtet?", fragte die Mutter. „Die Stacheln", sagte Giufa.

„Nein, die Stacheln reißen nicht so."

„Dann eben die Hunde ..."

Und damit erzählte er sein böses Erlebnis im Bauernhof. Da ärgerte sich die Mutter, verschaffte Giufa am nächsten Morgen eine feine Hose und eine Samtweste und schickte ihn in denselben Bauernhof. Giufa klopfte an, man machte auf und lud ihn an den Mittagstisch ein. Die Tochter lächelte ihm zu und alle sagten ihm hundert Höflichkeiten. Als aber die Mahlzeit aufgetragen wurde, da steckte Giufa die guten Sachen mit der Linken in den Mund und mit der Rechten füllte er die Taschen und den Hut. Dazu sagte er: „Speist nur, teure Kleider, speist, denn nicht ich bin's, sondern ihr seid's, die sie eingeladen haben!" Die Bauersleute blickten betreten auf die Teller und schwiegen. Nach dem Essen stand Giufa auf und sagte: „Meine Kleider danken euch für den köstlichen Braten." Die Bauersleute schauten beschämt zu Boden; aber die Mutter, mit der er am Abend die heimgebrachten Sachen verspeiste, sagte: „Kleider machen wirklich Leute, und es ist nur schade, dass du und deinesgleichen es nicht verstehen wollt."

1 Welche Merkmale einer Kalendergeschichte findest du im Text?
Notiere die Buchstaben der zutreffenden Aussagen. Der Text will ...

A beschreiben	**C** sachlich informieren	**E** berichten
B belehren	**D** unterhalten	**F** zum Lachen bringen

2 Welche der folgenden Redensarten passen zur Geschichte? Begründe deine Wahl.

Ende gut, alles gut. • Ehrlich währt am längsten. • Der Schein ist oft mehr als das Sein. • Hunde, die bellen, beißen nicht. • Kleider machen Leute.

3 Notiere, wo sich die Pointe befindet. Erkläre, welche Wendung die Geschichte hier nimmt.

4 Vergleicht eure Lösungen der Aufgaben 1, 2 und 3 in Partnerarbeit.

6.2 Schlitzohren und Schlaumeier – Eine Inhaltsangabe schreiben

1 Beschreibung von Heinz, nach der Schule häufig im Selbstbedienungsrestaurant zum Essen

Federica de Cesco (*1938)

Spaghetti für zwei

Heinz war bald vierzehn und fühlte sich sehr cool. In der Klasse und auf dem Fußballplatz hatte er das Sagen. Aber richtig schön würde das Leben erst werden, wenn er im nächsten Jahr seinen Töff bekam und den Mädchen zeigen konnte, was für ein Kerl er war. [...] Mittags konnte er nicht nach Hause, weil der eine Bus zu früh, der andere zu spät abfuhr. So aß er im Selbstbedienungsrestaurant, gleich gegenüber der Schule. Aber an manchen Tagen sparte er lieber das Geld und verschlang einen Hamburger an der Stehbar. Samstags leistete er sich dann eine neue Kassette, was die Mutter natürlich nicht wissen durfte. Doch manchmal – so wie heute – hing ihm der Big Mac zum Hals heraus. Er hatte Lust auf ein richtiges Essen.

[...] Viel Geld wollte Heinz nicht ausgeben; er sparte es lieber für die nächste Kassette. „Italienische Gemüsesuppe“, stand im Menü. Warum nicht? Immer noch seinen Kaugummi mahlend, nahm Heinz ein Tablett und stellte sich an. Ein schwitzendes Fräulein schöpfte die Suppe aus einem dampfenden Topf. Heinz nickte zufrieden. Der Teller war ganz ordentlich voll. Eine Schnitte Brot dazu und er würde bestimmt satt.

Er setzte sich an einen freien Tisch, nahm den Kaugummi aus dem Mund und klebte ihn unter den Stuhl. Da merkte er, dass er den Löffel vergessen hatte. Heinz stand auf und holte sich einen. Als er zu seinem Tisch zurückstapfte, traute er seinen Augen nicht: Ein Schwarzer saß an seinem Platz und aß seelenruhig seine Gemüsesuppe!

Heinz stand mit seinem Löffel fassungslos da, bis ihn die Wut packte. Zum Teufel mit diesen Asylbewerbern! Der kam irgendwo aus Uagaduga, wollte sich in der Schweiz breitmachen und jetzt fiel ihm nichts Besseres ein, als ausgerechnet seine Gemüsesuppe zu verzehren! Schon möglich, dass so was den afrikanischen Sitten entsprach, aber hierzulande war das eine bodenlose Unverschämtheit. Heinz öffnete den Mund, um dem Menschen lautstark seine Meinung zu sagen, als ihm auffiel, dass die Leute ihn komisch ansahen. Heinz wurde rot. Er wollte nicht als Rassist gelten. Aber was nun?

Plötzlich fasste er einen Entschluss. Er räusperte sich vernehmlich, zog einen Stuhl zurück und setzte sich dem Schwarzen gegenüber. Dieser hob den Kopf, blickte ihn kurz an und schlürfte ungestört die Suppe weiter. Heinz presste die Zähne zusammen, dass seine Kinnbacken schmerzten. Dann packte er energisch den Löffel, beugte sich über den

Schwarzer isst Suppe, Ärger, wortlos dazu, beide löffeln

(5) Der Schwarze kauft ein Teller Spaghetti für beide

Tisch und tauchte ihn in die Suppe. Der Schwarze hob abermals den Kopf. Sekundenlang starrten sie sich an. Heinz bemühte sich, die Augen nicht zu senken. Er führte mit leicht zitternder Hand den Löffel zum Mund und tauchte ihn zum zweiten Mal in die Suppe. Seinen vollen Löffel in der Hand, fuhr der Schwarze fort, ihn stumm zu betrachten. Dann senkte er die Augen auf seinen Teller und aß weiter. Eine Weile verging. Beide teilten sich die Suppe, ohne dass ein Wort fiel. Heinz versuchte nachzudenken. „Vielleicht hat der Mensch kein Geld, muss schon tagelang hungern. Dann sah er die Suppe da stehen und bediente sich einfach. Schon möglich, wer weiß? Vielleicht würde ich mit leerem Magen ähnlich reagieren? Und Deutsch kann er anscheinend auch nicht, sonst würde er da nicht sitzen wie ein Klotz. Ist doch peinlich. Ich an seiner Stelle würde mich schämen. Ob Schwarze wohl rot werden können?"

Das leichte Klirren des Löffels, den der Afrikaner in den leeren Teller legte, ließ Heinz die Augen heben. Der Schwarze hatte sich zurückgelehnt und sah ihn an. Heinz konnte seinen Blick nicht deuten. In seiner Verwirrung lehnte er sich ebenfalls zurück. Schweißtropfen perlten auf seiner Oberlippe, sein Pulli juckte und die Lederjacke war verdammt heiß! Er versuchte, den Schwarzen abzuschätzen. „Junger Kerl. Etwas älter als ich. Vielleicht sechzehn oder sogar schon achtzehn. Normal angezogen: Jeans, Pulli, Windjacke. Sieht eigentlich nicht wie ein Obdachloser aus. Immerhin, der hat meine halbe Suppe aufgegessen und sagt nicht einmal danke! Verdammt, ich habe noch Hunger!"

Der Schwarze stand auf. Heinz blieb der Mund offen. „Haut der tatsächlich ab? Jetzt ist aber das Maß voll! So eine Frechheit! Der soll mir wenigstens die halbe Gemüsesuppe bezahlen!" Er wollte aufspringen und Krach schlagen. Da sah er, wie sich der Schwarze mit einem Tablett in der Hand wieder anstellte. Heinz fiel unsanft auf seinen Stuhl zurück und saß da wie ein Ölgötze. „Also doch: Der Mensch hat Geld! Aber bildet der sich vielleicht ein, dass ich ihm den zweiten Gang bezahle?"

Heinz griff hastig nach seiner Schulmappe. „Bloß weg von hier, bevor er mich zur Kasse bittet! Aber nein, sicherlich nicht. Oder doch?" Heinz ließ die Mappe los und kratzte nervös an seinem Pickel. Irgendwie wollte er wissen, wie es weiterging.

Der Schwarze hatte einen Tagesteller bestellt. Jetzt stand er vor der Kasse und – wahrhaftig – er bezahlte! Heinz schniefte. „Verrückt!", dachte er. „Total gesponnen!" Da kam der Schwarze

(4) H. denkt nach: Arm, kein Deutsch, obdachlos, Kleidung?

(6) Heinz macht eine peinliche Entdeckung, entschuldigt sich, der andere lacht, beide lachen, verabreden sich

zurück. Er trug das Tablett, auf dem ein großer Teller Spaghetti stand, mit Tomatensauce, vier Fleischbällchen und zwei Gabeln. Immer noch stumm, setzte er sich Heinz gegenüber, schob den Teller in die Mitte des Tisches, nahm eine Gabel und begann zu essen, wobei er Heinz ausdruckslos in die Augen schaute. Heinz' Wimpern flatterten. Heiliger Strohsack! Dieser Typ forderte ihn tatsächlich auf, die Spaghetti mit ihm zu teilen! Heinz brach der Schweiß aus. Was nun? Sollte er essen? Nicht essen? Seine Gedanken überstürzten sich. Wenn der Mensch doch wenigstens reden würde! „Na gut. Er aß die Hälfte meiner Suppe, jetzt esse ich die Hälfte seiner Spaghetti, dann sind wir quitt!“ Wütend und beschämt griff Heinz nach der Gabel, rollte die Spaghetti auf und steckte sie in den Mund. Schweigen. Beide verschlangen die Spaghetti. „Eigentlich nett von ihm, dass er mir eine Gabel brachte“, dachte Heinz. „Da komme ich noch zu einem guten Spaghetti-Essen, das ich mir heute nicht geleistet hätte. Aber was soll ich jetzt sagen? Danke? Saublöde! Einen Vorwurf machen kann ich ihm auch nicht mehr. Vielleicht hat er gar nicht gemerkt, dass er meine Suppe aß. Oder vielleicht ist es üblich in Afrika, sich das Essen zu teilen? Schmecken gut, die Spaghetti. Wenn ich nur nicht so schwitzen würde!“

Die Portion war sehr reichlich. Bald hatte Heinz keinen Hunger mehr. Dem Schwarzen ging es ebenso. Er legte die Gabel aufs Tablett und putzte sich mit der Papierserviette den Mund ab. Heinz räusperte sich und scharrte mit den Füßen. Der Schwarze lehnte sich zurück, schob die Daumen in die Jeanstaschen und sah ihn an. Undurchdringlich. Heinz kratzte sich unter dem Rollkragen, bis ihm die Haut schmerzte. „Heiliger Bimbam! Wenn ich nur wüsste, was er denkt!“ Verwirrt, schwitzend und erbost ließ er seine Blicke umherwandern. Plötzlich spürte er ein Kribbeln im Nacken. Ein Schauer jagte ihm über die Wirbelsäule von den Ohren bis ans Gesäß. Auf dem Nebentisch, an den sich bisher niemand gesetzt hatte, stand – einsam auf dem Tablett – ein Teller kalter Gemüsesuppe.

Heinz erlebte den peinlichsten Augenblick seines Lebens. Am liebsten hätte er sich in ein Mauseloch verkrochen. Es vergingen zehn volle Sekunden, bis er es endlich wagte, dem Schwarzen ins Gesicht zu sehen. Der saß da, völlig entspannt und cooler, als Heinz es je sein würde, und wippte leicht mit dem Stuhl hin und her. „Äh ...“, stammelte Heinz, feuerrot im Gesicht. „Entschuldigen Sie bitte. Ich ...!“ Er sah die Pupillen des Schwarzen aufblitzen, sah den Schalk in seinen Augen schimmern. Auf einmal warf er den Kopf zurück, brach in dröhnendes Gelächter aus. Zuerst brachte Heinz nur ein verschämtes Glucksen zustande, bis endlich der Bann gebrochen war und er aus vollem Halse in das Gelächter des Afrikaners einstimmte. Eine Weile saßen sie da, von Lachen geschüttelt. Dann stand der Schwarze auf, schlug Heinz auf die Schulter. „Ich heiße Marcel“, sagte er in bestem Deutsch. „Ich esse jeden Tag hier. Sehe ich dich morgen wieder? Um die gleiche Zeit?“ Heinz' Augen tränten, sein Zwerchfell glühte und er schnappte nach Luft. „In Ordnung!“, keuchte er. „Aber dann spendiere ich die Spaghetti!“

1 a Notiert eure ersten Leseeindrücke und tauscht euch über diese aus.
b Klärt gemeinsam Wörter, Begriffe oder Textstellen, die ihr schwierig findet.

2 a Beantwortet folgende Fragen, um den Text genauer zu verstehen. Stellt auch selbst Fragen.
– Welche Gedanken gehen Heinz durch den Kopf, als er Marcel an „seinem“ Tisch sieht (▸ Z. 32–33)?
– Warum erlebt Heinz „den peinlichsten Augenblick seines Lebens“ (▸ Z. 162–163)?
Wie schätzt Heinz Marcel zu Beginn, wie zum Schluss des gemeinsamen Mittagessens ein?
b Diskutiert, ob die Geschichte eine Lehre enthält. Wenn ja, welche?

3 a Lest den Text noch einmal und verschafft euch einen Überblick über den Inhalt. Macht euch Notizen zu den folgenden W-Fragen:
- Wer sind die Hauptfiguren der Geschichte?
- Wo spielt die Geschichte (Ort)?
- Worum geht es in der Geschichte (Thema)?

b Vergleicht eure Notizen. Wenn ihr zu unterschiedlichen Ergebnissen gekommen seid, lest noch einmal genau im Text nach.

4 Fasst die Geschichte für jemanden zusammen, der sie nicht kennt.
a Notiert hierfür die wichtigsten Informationen in Stichworten.
b Formuliert eure Stichworte in einem mündlichen Vortrag zu einer knappen Inhaltsangabe aus.

5 In einer Inhaltsangabe werden die wichtigsten Handlungsschritte einer Geschichte so knapp wie möglich wiedergegeben.
a Gliedert den Text in einzelne Handlungsschritte. Gebt jedem Handlungsschritt eine treffende Überschrift und fasst in Stichworten oder kurzen Sätzen zusammen, was passiert, z. B.:

Handlungsschritte
Ein neuer Handlungsschritt beginnt häufig dann, wenn z. B.
- der Ort der Handlung wechselt,
- ein Zeitsprung stattfindet,
- eine neue Figur auftaucht oder
- die Handlung eine Wendung erfährt.

Z. 1–?: Vorstellung von Heinz und wie er zu Mittag isst
Heinz, bald 14 Jahre alt, geht nach dem Unterricht zum Mittagessen oft in ein Selbstbedienungsrestaurant ...

Z. ?–?: ...

b Vergleicht eure Ergebnisse und überarbeitet eure Notizen, falls erforderlich.

6 Eine Inhaltsangabe beginnt mit einem informativen Einleitungssatz (Basissatz).
a Vergleicht die beiden folgenden Einleitungssätze.
Begründet, welcher Einleitungssatz den Text besser erfasst.

In der Erzählung geht es um zwei Jungen, Heinz und Marcel, die sich zufällig in einem Selbstbedienungsrestaurant treffen und gemeinsam zu Mittag essen.

In der Erzählung „Spaghetti für zwei" von Federica de Cesco geht es um einen Jungen, der Vorurteile gegen Schwarze hat und diese durch ein amüsantes Missverständnis überwindet.

b Haltet fest, welche Informationen eine gelungene Einleitung enthalten sollte.

7 In einer Inhaltsangabe wird keine wörtliche Rede verwendet.

a Beschreibt anhand des folgenden Beispiels, welche Möglichkeiten es gibt, den Inhalt einer wörtlichen Rede wiederzugeben.

„Aber dann spendiere ich die Spaghetti!“ (S. 109, Z. 185–186)	→	*Heinz sagt, beim nächsten Mal spendiere er die Spaghetti.*
	→	*Heinz kündigt an, Marcel beim nächsten Treffen zum Spaghetti-Essen einzuladen.*
	→	*Heinz will Marcel am nächsten Tag die Spaghetti spendieren.*
	→	*Heinz verspricht Marcel, dass er beim nächsten Treffen die Spaghetti bezahlen werde/wird.*

b Fasst die folgende Textpassage für eine Inhaltsangabe zusammen. Berücksichtigt auch die Informationen aus dem Merkkasten unten.

„Ich heiße Marcel“, sagte er in bestem Deutsch. „Ich esse jeden Tag hier. Sehe ich dich morgen wieder? Um die gleiche Zeit?“ (S. 109, Z. 180–183)

Information **Formen der Redewiedergabe**

In der Inhaltsangabe wird direkte Rede (wörtliche Rede) durch andere Formen der Redewiedergabe ersetzt. Es gibt unterschiedliche Möglichkeiten der Redewiedergabe:

- **Indirekte Rede im Konjunktiv** (▸ S. 316):
  Diese macht deutlich, dass jemand die Aussagen oder Gedanken einer Person oder Figur in seinen eigenen Worten wiedergibt. Die indirekte Rede steht in der Regel im **Konjunktiv I** (▸ S. 316), z. B.:
  Marcel sagt, er esse jeden Tag in dem Restaurant.
  Ist der Konjunktiv I nicht vom Indikativ zu unterscheiden, verwendet man den **Konjunktiv II** (▸ S. 316) oder eine **Umschreibung mit *würde***, z. B.:
  Statt: *Paul und Anna sagten, dass sie heute später essen.*
  → *Paul und Anna sagten, sie äßen heute später.*
  Oder: → *Paul und Anna sagten, sie würden heute später essen.*
  Zur Bildung von Konjunktiv I und II ▸ S. 316.

- ***dass*-Satz** im Konjunktiv oder im Indikativ, z. B.:
  Heinz verspricht, dass er nächstes Mal das Essen bezahle.
  Oder: *Heinz verspricht, dass er nächstes Mal das Essen bezahlt.*
- **Umformung oder Umschreibung (Paraphrase)** fremder Rede, z. B.:
  Paraphrase der Textstelle:
  „Äh ...“, stammelte Heinz, feuerrot im Gesicht. „Entschuldigen Sie bitte. Ich ...!“
  → *Heinz kann wegen der peinlichen Situation nur stottern und bittet Marcel um Verzeihung.*

8 Überarbeitet den folgenden Ausschnitt einer Inhaltsangabe:
– Lasst dabei überflüssige Einzelheiten weg.
– Achtet auf eine sachliche Sprache.
– Macht die Zusammenhänge der Handlung deutlich, indem ihr den folgenden Tipp nutzt:

VORSICHT FEHLER!

Heinz ist ein fast 14-jähriger Junge. Er fühlt sich voll cool. Er will auch den Mädchen gefallen. In der Schule macht er auf Totalverweigerer. Er hat keinen guten Busanschluss nach Hause und geht nach der Schule oft in ein Selbstbedienungsrestaurant. Dort isst er zu Mittag. Das macht er auch an diesem Tag. Er will Geld sparen und holt sich eine Gemüsesuppe und setzt sich an einen freien Tisch. Er merkt, dass er den Löffel für die Suppe vergessen hat. Er verlässt seinen Platz und holt sich einen. Auf dem Rückweg sieht Heinz einen Schwarzen. Der sitzt auf seinem Platz und isst seine Gemüsesuppe. Heinz ist wütend und möchte dem Schwarzen die Meinung geigen. Er sieht die Blicke der anderen Restaurantbesucher. Er hält sich zurück. Er will nicht als Rassist gelten. Er setzt sich zu dem fremden Jungen.

Zusammenhänge mit Verknüpfungswörtern deutlich machen
als • während • nachdem • weil • obwohl • sodass • damit • denn • deshalb • aber • jedoch • zuerst • anfangs • dann • daraufhin • später • anschließend

9 Schreibt mit Hilfe eurer Vorarbeiten (▶ Aufgaben 3–8) eine vollständige Inhaltsangabe. Orientiert euch an dem Merkkasten unten.

10 Überarbeitet eure Texte in einer Schreibkonferenz (▶ S. 336) oder mit der „Textlupe" (▶ S. 336).

Information **Eine Inhaltsangabe schreiben**

Eine Inhaltsangabe fasst den Inhalt eines Textes knapp und sachlich zusammen, sodass andere, die den Text nicht gelesen haben, über das Wesentliche informiert werden.

Aufbau

- In der **Einleitung** nennt ihr die Art des Textes (z. B. Erzählung, Ballade), den Titel, den Namen des Autors / der Autorin und das Thema des Textes.
- Im **Hauptteil** fasst ihr die wichtigsten Ereignisse der Handlung (Handlungsschritte) in der zeitlich richtigen Reihenfolge zusammen.
  – Verzichtet auf die Darstellung von Einzelheiten, beschränkt euch auf das Wesentliche.
  – Macht die Zusammenhänge der Handlung (z. B. zeitliche Zusammenhänge) durch passende Satzverknüpfungen und Satzanfänge deutlich (▶ Tipp oben auf dieser Seite.)
- Im **Schlussteil** könnt ihr eine kurze Stellungnahme zum Text formulieren: Wie habt ihr den Text verstanden, was hat euch (nicht) gefallen, was hat euch beeindruckt, welche Fragen habt ihr noch?

Sprache

- Schreibt **sachlich und nüchtern,** vermeidet ausschmückende Formulierungen.
- Formuliert **in eigenen Worten** und übernehmt keine Passagen aus dem Originaltext.
- Verwendet als Zeitform das **Präsens** (bei Vorzeitigkeit das Perfekt).
- Verwendet **keine wörtliche Rede.** Besonders wichtige Äußerungen von Figuren werden in der indirekten Rede (▶ S. 111) wiedergegeben oder umschrieben.

Giovanni Boccaccio (1313–1375)

Der Koch und der Kranich

Currado Gianfiliazzo[1] war einer der edelsten, freigebigsten und prachtliebendsten Kavaliere[2] von Florenz. Er führte mit seinen Jagdhunden und Falken ein herrschaftliches Leben, ohne sich um wichtige Geschäfte zu bekümmern.

Einst fing er mit einem seiner Falken bei Peretola[3] einen fetten, jungen Kranich, den er seinem ausgezeichneten Koch Chichibio[4] aus Venedig zum Abendessen aufs Beste zuzubereiten befahl.

Chichibio, dem man den leichtfertigen Gesellen ansehen konnte, brachte den Kranich gehörig zubereitet ans Feuer und briet ihn sorgfältig. Als der Braten beinahe fertig war und bereits herrlich duftete, trat Brunetta, ein Mädchen aus der Nachbarschaft, das Chichibio heftig liebte, in die Küche und bat den Koch, gelockt durch den Anblick und den Geruch, ihr eine Keule zu geben.

„Ihr bekommt sie nicht, Jungfer[5] Brunetta, Ihr bekommt sie nicht“, antwortete er ihr singend. „Bei Gott“, erwiderte das Mädchen, „wenn du sie mir nicht gibst, tu ich dir im Leben keinen Gefallen mehr.“ Und sie gerieten heftig miteinander in Streit.

Endlich schnitt Chichibio, um seine Schöne nicht weiter zu erzürnen, eine Keule herunter, gab ihr diese und setzte Currado und seinen Gästen den Kranich so auf die Tafel.

Verwundert ließ der den Koch rufen und fragte, wo die andere Keule des Kranichs hingekommen sei.

„Mein Herr“, log der Venezianer sogleich, „die Kraniche haben ja nur eine Keule und ein Bein.“

„Was zum Teufel soll das?“, entgegnete Currado zornig. „Willst du etwa behaupten, dass sie nur eine Keule und ein Bein haben? Meinst du, ich hätte noch nie einen Kranich gesehen?“

„Es ist so, wie ich sage“, beharrte Chichibio, „und ich zeige es Euch, wenn Ihr's verlangt, an einem lebendigen Vogel.“

Aus Achtung vor seinen Gästen wollte Currado die Auseinandersetzung beenden. „Wenn du mir an einem lebendigen Kranich zeigen kannst, was ich bisher weder gesehen noch gehört habe, so sollst du es morgen früh tun

1 Gianfiliazzo, sprich: Dschanfiliazzo

2 der Kavalier: höflicher, vornehmer Mann

3 Peretola: Gegend bei Florenz

4 Chichibio: sprich: Kikíbio

5 die Jungfer, hier: junges Mädchen

und ich bin zufrieden. Ist es aber nicht so, so schwöre ich dir bei Gott, will ich dich so zurichten, dass du für den Rest deiner Tage an mich denken sollst."

Damit hatte der Streit für diesen Abend ein Ende.

Bei Anbruch des Tages stand Currado, der seinen Zorn keineswegs verschlafen hatte, ganz missmutig auf, ließ die Pferde satteln und ritt mit Chichibio zu einem Fluss, wo man immer Kraniche antraf.

„Nun wollen wir bald sehen", sprach er, „wer gestern Abend gelogen hat, ich oder du!"

Chichibio, der merkte, dass sein Herr immer noch wütend war, und auch nicht wusste, wie er seine Lüge untermauern könnte, ritt an Currados Seite in allergrößter Angst. Gern wäre er, wenn's möglich gewesen wäre, geflohen, aber das ging nicht. Er sah daher bald vor, bald hinter sich, bald seitwärts, aber überall glaubte er nur Kraniche auf zwei Beinen zu sehen.

Als sie den Fluss erreichten, war das Erste, was sie am Ufer erblickten, rund ein Dutzend Kraniche, von denen jeder Einzelne auf einem Bein stand, wie es Kraniche gewöhnlich im Schlaf tun. Augenblicklich zeigte Chichibio auf sie und sagte: „Nun, da könnt Ihr es selbst sehen, Herr, dass ich gestern Abend Recht hatte, Kraniche haben nur ein Bein und einen Schenkel. Seht sie Euch dort an!"

„Warte", erwiderte Currado, „ich will dir gleich zeigen, dass jeder von ihnen zwei Beine und zwei Schenkel hat!", näherte sich den Kranichen und schrie: „Ho! Ho!", worauf die Kraniche das andere Bein hervorstreckten und nach einigen Schritten davonflogen. „Nun, du Gauner", wandte Currado sich zu Chichibio, „siehst du, dass die Vögel doch zwei Beine haben?"

„Ja, mein Herr", antwortete der in größter Bestürzung, „aber gestern habt Ihr nicht ‚Ho! Ho!' geschrien. Hättet Ihr das getan, hätte er das andere Bein auch ausgestreckt."

Diese Antwort gefiel Currado so, dass sein ganzer Zorn sich in Heiterkeit und Lachen verwandelte. „Du hast Recht, Chichibio", sagte er, „das hätte ich tun sollen."

So entging jener dank seiner schlagfertigen Antwort der drohenden Strafe und beide schlossen Frieden.

1 Gefällt euch die Erzählung? Sammelt eure ersten Leseeindrücke.

2 a Erläutert, was die folgenden Textstellen bedeuten:
- „Chichibio, dem man den leichtfertigen Gesellen ansehen konnte" (▶ S. 113, Z. 11–12)
- „Currado, der seinen Zorn keineswegs verschlafen hatte" (▶ S. 114, Z. 54–55)

b Klärt andere Wörter oder Textstellen, die euch unklar sind.

3 a Erläutert mit eigenen Worten, wie der Koch Chichibio der drohenden Strafe entgeht.

b Beurteilt das Verhalten der beiden Hauptfiguren.

Fordern und fördern – Eine Inhaltsangabe schreiben

1 Fasst den Inhalt der Erzählung „Der Koch und der Kranich" (▸ S. 113–114) zusammen. Geht so vor:

a Lest die Erzählung noch einmal und verschafft euch einen genauen Überblick über den Inhalt. Formuliert hierzu W-Fragen zum Text und beantwortet sie.
▷ Hilfen zu dieser Aufgabe findet ihr auf S. 116.

b Gliedert den Text. Formuliert Überschriften für die einzelnen Handlungsschritte und notiert die wichtigsten Informationen in Stichworten oder kurzen Sätzen.
▷ Hilfen zu dieser Aufgabe findet ihr auf S. 116.

> *Z. 1–?: Der Koch soll einen Kranich zubereiten.*
> - *Currado Gianfiliazzo, ein reicher Edelmann aus Florenz und Jagdliebhaber, fängt einen Kranich.*
> - *Sein Koch Chichibio soll den Kranich für die Gäste seines Herrn zubereiten.*
>
> *Z. ?–?: …*

c Macht euch klar, worum es in der Erzählung in erster Linie geht.
Schreibt dann einen informierenden Einleitungssatz (Basissatz), in dem ihr auch das Thema benennt.
Fangt z. B. so an:
In der Erzählung … von … geht es um …
Die Erzählung … von … handelt von …
▷ Hilfen zu dieser Aufgabe findet ihr auf S. 116.

d Schreibt nun mit Hilfe eurer Notizen aus Aufgabe 1 b den Hauptteil der Inhaltsangabe.
- Formuliert in eigenen Worten und achtet auf eine sachliche Sprache.
- Verwendet keine wörtliche Rede. Gebt wichtige Aussagen, die in der Erzählung in wörtlicher Rede stehen, in der indirekten Rede wieder oder umschreibt sie.
- Macht die Zusammenhänge der Handlung durch passende Satzverknüpfungen und Satzanfänge deutlich.
  Der Tippkasten auf S. 112 hilft euch dabei.

▷ Hilfen zu dieser Aufgabe findet ihr auf S. 116.

e Verfasst einen Schlusssatz zur Inhaltsangabe.

2 Bildet Gruppen und überarbeitet eure Inhaltsangabe mit Hilfe der Textlupe (▸ S. 336).

●●○

Aufgabe 1 mit Hilfen

Fasst den Inhalt der Erzählung „Der Koch und der Kranich" (► S. 113–114) zusammen. Geht so vor:

a Lest die Erzählung noch einmal und verschafft euch einen genauen Überblick über den Inhalt. Beantwortet hierzu die folgenden W-Fragen zum Text:
- *Wo spielt sich das Geschehen ab? → in einer italienischen Stadt*
- *Wer sind die Hauptfiguren? → …*
- *Worum geht es in der Geschichte? → …*

b Gliedert den Text. Formuliert zu jedem Handlungsschritt eine Überschrift und haltet die wichtigsten Informationen in Stichworten oder kurzen Sätzen fest.

Z. 1–?: Der Koch soll einen Kranich zubereiten.
- *Currado Gianfiliazzo, ein reicher Edelmann aus Florenz und Jagdliebhaber, fängt einen Kranich.*
- *Sein Koch Chichibio soll den Kranich für die Gäste seines Herrn zubereiten.*

Z. ?–?: …
- *…*

Z. ?–?: Die Lüge vom einbeinigen Kranich
- *…*

Z. ?–?: Gianfiliazzo reitet mit Chichibio aus, um dessen Behauptung zu überprüfen …
- *…*

Z. ?–?: Der Herr verzeiht die Lüge.
- *…*

c Einer der folgenden Sätze fasst am besten zusammen, worum es in dieser Erzählung geht. Sucht die zutreffende Aussage heraus und formuliert dann einen informierenden Einleitungssatz.
In der Erzählung „Der Koch und der Kranich" von Giovanni Boccaccio geht es
- *um einen schlagfertigen Koch, der sich mit List aus einer schwierigen Situation befreit.*
- *um Kraniche, die nur ein Bein haben.*
- *um die Versöhnung zwischen einem Edelmann aus Florenz und seinem Koch.*
- *um einen Edelmann aus Florenz, der von seinem Koch eine Lehre erteilt bekommt.*

d Ergänzt die fehlenden Passagen und schreibt anschließend die Inhaltsangabe weiter.

Currado Gianfiliazzo, ein reicher Edelmann aus Florenz und Jagdliebhaber, fängt eines Tages einen Kranich und befiehlt …
Als der Kranich fertig gebraten ist, bittet Brunetta, …, den Koch … Zuerst …, dann gibt er jedoch nach und schneidet seiner Liebsten eine Keule von dem Braten ab …

e Verfasst einen Schlusssatz zur Inhaltsangabe.
Ihr könnt dazu einen der folgenden Sätze zu Ende führen oder einen eigenen Satz formulieren.
- *In der Erzählung wird deutlich, dass …*
- *Die Erzählung zeigt auf lustige Art und Weise, wie …*

6.3 Fit in … – Eine Inhaltsangabe schreiben

Die Aufgabenstellung richtig verstehen

Stellt euch vor, in der nächsten Klassenarbeit bekommt ihr folgende Aufgabe:

Verfasse eine Inhaltsangabe zur Erzählung „Achmed, der Narr" von Herbert Birken. Schreibe einen Einleitungssatz, der die wichtigsten Angaben zum Text enthält und das Thema benennt. Fasse im Hauptteil die Handlungsschritte zusammen, beachte dabei die sprachlichen Merkmale einer Inhaltsangabe und formuliere einen Schlusssatz.

Herbert Birken (1914–2007)

Achmed, der Narr

Wohlgefällig ließ der Sultan sein Auge auf dem neuen Leibdiener ruhen und befahl ihm: „Geh, Achmed, und bereite mir ein Frühstück!" Achmed gehorchte und tat, wie sein Herr ihm befohlen. Doch als der Sultan in sein Frühstückszimmer kam, begann er, gewaltig zu schreien und seinen neuen Diener zu schelten: „Achmed, du verflixter Schlingel, ich werde dich in den Kerker werfen lassen! Soll das etwa mein Frühstück sein?" Und was hatte Achmed auf dem kostbaren Frühstückstisch bereitgestellt: eine Tasse Kaffee, drei Reisbrotfladen und etwas Honig, genau das, was er selbst zu frühstücken gewohnt war. Und weiter nichts. „Wenn ich ein Frühstück bestelle", belehrte ihn der Sultan, „hat Folgendes da zu sein: Kaffee, Mokka, Tee und Schokolade, Reisbrot, Maisbrot, Weizenbrot und Haferschleim, Butter, Sahne, Milch und Käse, Schinken, Wurst, Eier und Gänseleber, Trüffeln, Oliven, Feigen und Datteln, Honig, Marmelade, Gelee und Apfelmus, Pfirsiche, Orangen, Zitronen und Nüsse, weißer Pfeffer, roter Pfeffer, gelber Pfeffer, Knoblauch und Zwiebeln, Rosinen, Mandeln und Kuchen. Verstanden?" „Verzeiht, o Herr, dem niedrigsten Eurer Knechte", rief Achmed und gelobte des Langen und Breiten Besserung.

Hussein der Siebente, der sich selber für einen gütigen und gerechten Herrscher hielt, ließ Gnade vor Recht ergehen und verzieh seinem Diener.

Am Nachmittag befahl er: „Achmed, geh und richte mir ein Bad!" Achmed gehorchte und tat, wie sein Herr ihm befohlen. Doch als der Sultan in sein Badezimmer kam, begann er, gewaltig zu schreien und seinen neuen Diener zu schelten: „Achmed, du verflixter Schlingel, ich werde dich in den Kerker werfen lassen! Soll das etwa mein

Bad sein!?“ Und wie hatte Achmed dem Sultan das Bad bereitet? So, wie er selber zu baden gewohnt war: Lauwarmes Wasser war in dem kostbaren Marmorbecken, daneben lagen ein Stück Seife und ein Handtuch. Und weiter nichts.

„Wenn ich ein Bad bestelle“, belehrte ihn der Sultan, „hat Folgendes da zu sein: heißes Wasser, laues Wasser und kaltes Wasser, Ambra[1], Moschus[2] und Lavendel, Seife, Creme und Eselsmilch, Tücher, Laken und Decken, Rasierzeug, Kämme und Scheren, der Bader, der Friseur, Kosmetiker, Masseure und Musikanten. Verstanden?!“

„Verzeiht, o Herr, dem niedrigsten Eurer Knechte“, rief Achmed und gelobte des Langen und Breiten Besserung.

Hussein der Siebente, der sich selber für einen gütigen und gerechten Herrscher hielt, ließ Gnade vor Recht ergehen und verzieh seinem neuen Diener.

Am anderen Morgen, gleich in der Frühe, rief der Sultan den Leibdiener an sein Lager. „O, Achmed“, jammerte er, „ich bin krank, sehr krank und habe arge Schmerzen! Geh schnell und hole mir einen Arzt!“

Achmed sah voller Mitgefühl auf den großmächtigen Herrscher, der sich auf den kostbaren Kissen hin und her wälzte. Er überlegte, was er wohl tun würde, wenn er selbst krank wäre, aber da fiel ihm ein, was für Lehren er gestern erhalten hatte. Er gelobte, alles Nötige zu besorgen, und lief eilig von dannen.

Vergeblich wartete der Sultan auf seine Rückkehr. Er wartete eine ganze Stunde und noch eine Viertelstunde. Kein Achmed erschien und auch kein Doktor. Sicher hatte der neue Diener wieder Unsinn angestellt, anstatt seine Befehle zu befolgen. Nun, diesmal wollte er ihn ganz bestimmt in den Kerker werfen lassen.

In gewaltigem Zorn rannte er im Zimmer auf und ab. Da kam Achmed, völlig außer Atem und in Schweiß gebadet, hereingestürzt. „Achmed, du verflixter Schlingel!“, schrie der Sultan. „Ich werfe dich ...“

Doch der Diener unterbrach seinen Herrn: „Mein Herr und Gebieter, es ist alles besorgt: Wundarzt[3], Feldscher[4], Bader, Zahnarzt, Nervenarzt und Wurzelhexe sind im Serail[5], der Imam[6] wartet mit dem heiligen Öl, die letzte Fußwaschung ist bestellt, Blumen und Kränze werden geflochten, Musikanten und Klageweiber sind angetreten, der Muezzin[7] ruft vom Minarett[8], das Grab ist geschaufelt und der Leichenwagen steht vor der Tür.“

Als der Sultan das hörte, musste er so fürchterlich lachen, dass ihm sein dicker Bauch wackelte und die Tränen ihm aus den Augen schossen; er konnte sich gar nicht wieder beruhigen. Weil aber das Lachen eine gute Medizin ist, hatte er seine Krankheit ganz und gar vergessen und lachte sich über den Streich seines Dieners völlig gesund.

Hussein der Siebente, der sich selber für einen gütigen und gerechten Herrscher hielt, erkannte die weise Lehre, die ihm sein Sklave gegeben hatte, und ernannte Achmed zu seinem Hofnarren. Er sollte immer um seinen Herrn sein und ihn mit Späßen aller Art erfreuen, aber auch Rat und Auskunft erteilen, wenn der Sultan in schwierigen Angelegenheiten seinen Narren befragen wollte.

---

1 die Ambra: Substanz, die früher zur Parfümherstellung verwendet wurde

2 der Moschus: Duftstoff

3 der Wundarzt: alte Bezeichnung für Chirurg

4 der Feldscher: Militärarzt

5 das Serail: Palast eines Sultans

6 der Imam: Vorbeter in der Moschee

7 der Muezzin: Gebetsrufer. Er ruft die Muslime fünfmal täglich zu bestimmten Uhrzeiten zum Gebet zusammen.

8 das Minarett: Turm der Moschee

1 Macht euch klar, was die Aufgabenstellung (▶ S. 117 oben) von euch verlangt.
Entscheidet, welche der folgenden Aussagen zutreffend sind, und schreibt die entsprechenden Buchstaben in euer Heft.
Sie ergeben hintereinander gelesen ein Lösungswort.

Ich soll …
N in der Einleitung Autor, Textart und Thema benennen,
I eine spannende Nacherzählung schreiben,
A den Inhalt der Erzählung knapp und in eigenen Worten zusammenfassen,
O im Hauptteil die eigene Meinung zu der Geschichte sagen,
R wörtliche Rede durch indirekte Rede oder Umschreibung wiedergeben,
U im Schluss die Geschichte weiterschreiben,
S den Text der Inhaltsangabe im Präteritum abfassen,
R den Text der Inhaltsangabe im Präsens abfassen.

Den Text verstehen und einen Schreibplan erstellen

2 Lest die Geschichte nochmals sorgfältig durch. Formuliert W-Fragen zum Text und beantwortet sie, z. B.:
- *Wer sind die Hauptfiguren?*
- *Warum ist der Sultan unzufrieden mit seinem Diener?*
- *Warum muss der Sultan am Ende über seinen Diener lachen?*
- *Warum belohnt der Sultan seinen Diener?*
- *Worum geht es in erster Linie in dieser Erzählung?*

3 Gliedert den Text in Handlungsschritte, formuliert treffende Überschriften und haltet die wichtigsten Informationen in Stichworten oder kurzen Sätzen fest.

Z. 1–?: Der Sultan befiehlt seinem Diener, das Frühstück zuzubereiten.
- *Sultan hat neuen Diener (Achmed); der soll Frühstück zubereiten*
- *Diener ist gehorsam; Sultan sieht Frühstück, ist wütend und droht Achmed, ihn in den Kerker werfen zu lassen*
- *Grund für die Wut: …*

Z. ?–?: Der Sultan befiehlt Achmed, ein Bad vorzubereiten.
- *…*

Z. ?–?: Der Sultan befiehlt seinem Diener, einen Arzt zu holen.
- *…*

Z. ?–?: …
- *…*

Die Inhaltsangabe schreiben und überarbeiten

4 Formuliert einen informierenden Einleitungssatz (Basissatz), in dem ihr auch das Thema der Erzählung benennt.
Jn der Erzählung … von … geht es um …

5 Verfasst nun mit Hilfe eurer Vorarbeiten die vollständige Inhaltsangabe.
Ihr könnt den unten stehenden Beginn übernehmen, müsst aber noch die Lücken ausfüllen.
Beachtet dabei die Hinweise in der Randspalte.
– Formuliert in eigenen Worten und achtet auf eine sachliche Sprache.
– Verwendet keine wörtliche Rede.
– Macht die Zusammenhänge der Handlung durch passende Satzverknüpfungen und Satzanfänge deutlich. Der Tippkasten auf Seite 112 hilft euch dabei.

Der Sultan ? seinem neuen Diener, das	*Verb in der richtigen Zeitform?*
Frühstück zuzubereiten. Achmed ? gehor-	*Verb in der richtigen Zeitform?*
sam und führt den Auftrag seines Herrn	
aus. ? der Sultan das Frühstück sieht,	*treffender Satzanfang (Konjunktion)*
ist er jedoch ? und beschimpft seinen	*in eigenen Worten Stimmung des Sultans*
Diener. Er droht Achmed sogar mit dem	
Kerker, ? der Diener hat nur ein einfaches	*treffende Satzverknüpfung (Konjunktion)*
Frühstück vorbereitet, so wie er es tagtäglich	
isst. Achmed schwört, sich zu bessern, ?	*treffende Satzverknüpfung (Konjunktion)*
sein Herr verzeiht ihm.	

6 Überprüft eure Inhaltsangaben in Partnerarbeit.
Macht euch gegenseitig Überarbeitungsvorschläge.
Beachtet dabei die Hinweise im Merkkasten auf Seite 112 sowie die folgende Checkliste.

Checkliste

Eine Inhaltsangabe schreiben

- Ist die **Einleitung vollständig** (Art des Textes, Titel, Name der Autorin/des Autors, Thema des Textes)?
- Habt ihr im Hauptteil die **wichtigsten Handlungsschritte** in der zeitlich richtigen Reihenfolge zusammengefasst? Wird nur das Wesentliche wiedergegeben?
- Enthält eure Inhaltsangabe auch einen **Schlusssatz,** der eure Darstellung inhaltlich abrundet?
- Werden die **Zusammenhänge der Handlung** durch passende Satzverknüpfungen und Satzanfänge deutlich?
- Habt ihr die Inhaltsangabe **sachlich und in eigenen Worten** formuliert?
- Ist als Zeitform das **Präsens** verwendet (bei Vorzeitigkeit das Perfekt)?
- Habt ihr in eurer Inhaltsangabe **wörtliche Rede vermieden?**
- Sind **Rechtschreibung** und **Zeichensetzung** korrekt?

7 Dramatische Ereign

Balladen verstehen und g

8.12.
fehlen:
Isabell
Joshua
Wenboy
Thema:
John Maynard
Inhaltsangabe

„Noch da, John Maynard?“ Und Antwort schallt's
Mit ersterbender Stimme: „Ja, Herr, ich halt's!“
Und in die Brandung, was Klippe, was Stein,
Jagt er die „Schwalbe“ mitten hinein.

1 Beschreibt genau, was auf dem Bild zu sehen ist.

2 Der Text entstammt Theodor Fontanes Ballade „John Maynard“. Stellt Vermutungen an, wer John Maynard ist und weshalb er die „Schwalbe“ in die Brandung jagt.

3 Balladen sind längere Gedichte, die von einem dramatischen Ereignis erzählen.

a Beschreibt, worin das Dramatische des Textausschnitts besteht.

b Nennt weitere Balladen, die ihr kennt.

In diesem Kapitel ...

- lernt ihr Balladen kennen und tragt sie wirkungsvoll vor,
- findet ihr heraus, welche Merkmale Balladen haben,
- schreibt ihr eine Ballade in eine Reportage um,
- gestaltet ihr eine Ballade als szenisches Spiel und als Hörspiel.

7.1 Von Mut und Übermut – Balladen untersuchen und vortragen

Theodor Fontane (1819–1898)

John Maynard

John Maynard!
„Wer ist John Maynard?“

„John Maynard war unser Steuermann,
Aus hielt er, bis er das Ufer gewann,
Er hat uns gerettet, er trägt die Kron',
Er starb für uns, unsre Liebe sein Lohn.
John Maynard.“

*

Die „Schwalbe“ fliegt über den Eriesee,
Gischt schäumt um den Bug wie Flocken von Schnee;
Von Detroit fliegt sie nach Buffalo –
Die Herzen aber sind frei und froh,
Und die Passagiere mit Kindern und Fraun
Im Dämmerlicht schon das Ufer schaun,
Und plaudernd an John Maynard heran
Tritt alles: „Wie weit noch, Steuermann?“
Der schaut nach vorn und schaut in die Rund':
„Noch dreißig Minuten ... Halbe Stund'.“

Alle Herzen sind froh, alle Herzen sind frei –
Da klingt's aus dem Schiffsraum her wie Schrei,
„Feuer!“ war es, was da klang,
Ein Qualm aus Kajüt' und Luke drang,
Ein Qualm, dann Flammen lichterloh,
Und noch zwanzig Minuten bis Buffalo.

Und die Passagiere, bunt gemengt,
Am Bugspriet[1] stehn sie zusammengedrängt,
Am Bugspriet vorn ist noch Luft und Licht,
Am Steuer aber lagert sich's dicht
Und ein Jammern wird laut: „Wo sind wir? Wo?“
Und noch fünfzehn Minuten bis Buffalo. –

1 das Bugspriet: Mast, der über den vorderen Teil des Schiffes (den Bug) hinausragt

Der Zugwind wächst, doch die Qualmwolke steht,
Der Kapitän nach dem Steuer späht,
Er sieht nicht mehr seinen Steuermann,
Aber durchs Sprachrohr fragt er an:
„Noch da, John Maynard?"
„Ja, Herr. Ich bin."
„Auf den Strand! In die Brandung!"
„Ich halte drauf hin."
Und das Schiffsvolk jubelt: „Halt aus! Hallo!"
Und noch zehn Minuten bis Buffalo. – –

„Noch da, John Maynard?" Und Antwort schallt's
Mit ersterbender Stimme: „Ja, Herr, ich halt's!"
Und in die Brandung, was Klippe, was Stein,
Jagt er die „Schwalbe" mitten hinein.
Soll Rettung kommen, so kommt sie nur so.
Rettung: der Strand von Buffalo!

Das Schiff geborsten. Das Feuer verschwelt.
Gerettet alle. Nur *einer* fehlt!

*

Alle Glocken gehn; ihre Töne schwell'n
Himmelan aus Kirchen und Kapell'n,
Ein Klingen und Läuten, sonst schweigt die Stadt,
Ein Dienst nur, den sie heute hat:
Zehntausend folgen oder mehr,
Und kein Aug' im Zuge, das tränenleer.

Sie lassen den Sarg in Blumen hinab,
Mit Blumen schließen sie das Grab,
Und mit goldner Schrift in den Marmorstein
Schreibt die Stadt ihren Dankspruch ein:
„Hier ruht John Maynard! In Qualm und Brand
Hielt er das Steuer fest in der Hand,
Er hat uns gerettet, er trägt die Kron',
Er starb für uns, unsre Liebe sein Lohn.
John Maynard."

1 a Lest die Ballade „John Maynard". Tauscht euch über eure ersten Eindrücke aus. Inwieweit findet ihr eure Vermutungen aus Aufgabe 2 auf Seite 121 bestätigt?

b Sprecht über die letzten beiden Strophen. Beschreibt das Geschehen und die Stimmung.

c Schaut euch nun die erste Strophe (▶ Z. 1–7) genauer an:
– Beschreibt, was euch auffällt.
– Überlegt, wer hier fragt und antwortet. Wo könnte dieser Dialog stattgefunden haben?

2 Im Mittelteil der Ballade (▶ Vers 8–47) wird von einem dramatischen Ereignis erzählt.
a Fasst dieses dramatische Ereignis in eigenen Worten zusammen.
b Überlegt, wer hier der Erzähler ist. Welche anderen Figuren kommen zu Wort?

3 a Untersucht, mit welchen Mitteln das dramatische Ereignis spannend gestaltet wird, und notiert eure Ergebnisse. Beantwortet dabei auch folgende Fragen:
- Welches Tempus wird verwendet und welche Wirkung ergibt sich daraus?
- Welche Rolle spielen die Zeitangaben?
- Welche Satzzeichen werden verwendet und was bedeuten sie für den Textvortrag?

b Wo liegt der Höhepunkt der Ballade? Begründet eure Einschätzung.

4 Zeichnet eine Spannungskurve zum Geschehen. Tragt dabei die Handlung in Stichworten ein.

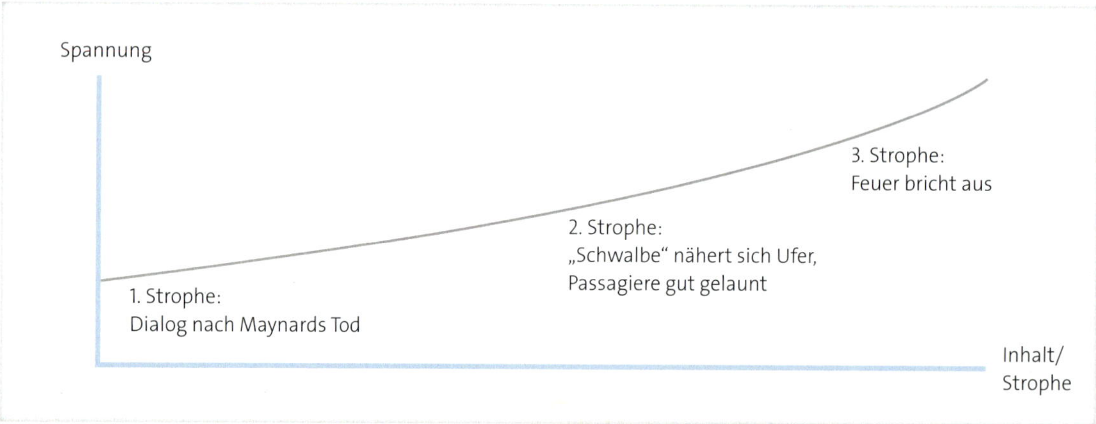

5 Versetzt euch in die Lage des Steuermanns.
a Welche Gedanken könnten John Maynard während des Manövers durch den Kopf gehen? Verfasst einen kurzen inneren Monolog (▶ S. 304). Ihr könnt z. B. so beginnen:
Feuer! Jetzt ist es wirklich so weit gekommen. Nun bloß die Ruhe bewahren. Ich schaffe das ...
b Überlegt, wie ihr euch an John Maynards Stelle verhalten hättet.

6 a Begründet, warum der Tod eines Menschen eine so große Anteilnahme auslösen kann.
b Überlegt euch, wem ihr selbst gerne mit einer Ballade ein Denkmal setzen würdet.

Johann Wolfgang Goethe (1749–1832)

Der Zauberlehrling

Hat der alte Hexenmeister
Sich doch einmal wegbegeben!
Und nun sollen seine Geister
Auch nach meinem Willen leben.
Seine Wort' und Werke
Merkt' ich und den Brauch,
Und mit Geistesstärke
Tu ich Wunder auch.

Walle! walle!
Manche Strecke,
Dass zum Zwecke
Wasser fließe
Und mit reichem, vollem Schwalle
Zu dem Bade sich ergieße.

Und nun komm, du alter Besen!
Nimm die schlechten Lumpenhüllen.
Bist schon lange Knecht gewesen;
Nun erfülle meinen Willen!
Auf zwei Beinen stehe,
Oben sei ein Kopf,
Eile nun und gehe
Mit dem Wassertopf!

Walle! walle!
Manche Strecke,
Dass zum Zwecke
Wasser fließe
Und mit reichem, vollem Schwalle
Zu dem Bade sich ergieße.

Seht, er läuft zum Ufer nieder;
Wahrlich! ist schon an dem Flusse,
Und mit Blitzesschnelle wieder
Ist er hier mit raschem Gusse.
Schon zum zweiten Male!
Wie das Becken schwillt!
Wie sich jede Schale
Voll mit Wasser füllt!

Stehe! stehe!
Denn wir haben
Deiner Gaben
Voll gemessen! –
Ach, ich merk es! Wehe! wehe!
Hab ich doch das Wort vergessen!

Ach, das Wort, worauf am Ende
Er das wird, was er gewesen.
Ach, er läuft und bringt behände!
Wärst du doch der alte Besen!
Immer neue Güsse
Bringt er schnell herein,
Ach! und hundert Flüsse
Stürzen auf mich ein.

Nein, nicht länger
Kann ich's lassen;
Will ihn fassen.
Das ist Tücke!
Ach, nun wird mir immer bänger!
Welche Miene! welche Blicke!

O du Ausgeburt der Hölle!
Soll das ganze Haus ersaufen?
Seh ich über jede Schwelle
Doch schon Wasserströme laufen.
Ein verruchter Besen,
Der nicht hören will!
Stock, der du gewesen,
Steh doch wieder still!

Willst's am Ende
Gar nicht lassen?
Will dich fassen,
Will dich halten
Und das alte Holz behände
Mit dem scharfen Beile spalten!

Seht, da kommt er schleppend wieder!
Wie ich mich nur auf dich werfe,
Gleich, o Kobold, liegst du nieder;
Krachend trifft die glatte Schärfe.
Wahrlich! brav getroffen!
Seht, er ist entzwei!
Und nun kann ich hoffen
Und ich atme frei!

Wehe! wehe!
Beide Teile
Stehn in Eile
Schon als Knechte
Völlig fertig in die Höhe!
Helft mir, ach! ihr hohen Mächte!

Und sie laufen! Nass und nässer
Wird's im Saal und auf den Stufen.
Welch entsetzliches Gewässer!
Herr und Meister! hör mich rufen! –
Ach, da kommt der Meister!
Herr, die Not ist groß!
Die ich rief, die Geister,
Werd ich nun nicht los.

„In die Ecke,
Besen! Besen!
Seid's gewesen.
Denn als Geister
Ruft euch nur, zu seinem Zwecke,
Erst hervor der alte Meister."

1 a „Der Zauberlehrling" von Goethe gehört zu den bekanntesten deutschen Balladen. Lest die Ballade und schaut euch die Bilder an.
b Besprecht, wie das Gedicht auf euch wirkt.

2 a Überlegt, wer der Sprecher in der Ballade ist. Worin unterscheidet sich hierbei die letzte Strophe von den vorherigen?
b Stellt in einem Standbild (▸ S. 337) dar, wie der Zauberlehrling am Anfang und gegen Ende der Ballade auftritt. Belegt eure Einschätzung mit aussagekräftigen Äußerungen aus der Ballade.

3 Erklärt, was die folgenden Wörter und Textstellen in der Ballade bedeuten. Lest dazu noch einmal genau im Text nach.

Brauch (▸ Vers 6) • Tu ich Wunder auch (▸ Vers 8) • behände (▸ Vers 45) • Tücke (▸ Vers 54) • wird mir immer bänger (▸ Vers 55) • verruchter (▸ Vers 61) • die glatte Schärfe (▸ Vers 74) • brav (▸ Vers 75) • ihr hohen Mächte (▸ Vers 84)

4 Untersucht die äußere und die innere Handlung (▸ S. 304) der Ballade. Übertragt dazu die folgende Tabelle in euer Heft und vervollständigt sie. Wenn ihr die Gefühle des Zauberlehrlings beschreibt, könnt ihr Wörter aus dem Kasten rechts verwenden. Formuliert in ganzen Sätzen.

glücklich • hilflos • ahnungslos • wütend • selbstbewusst • fröhlich • selbstsicher • übermütig • ängstlich • verärgert • stolz • verzweifelt • furchtlos • erschrocken • neugierig • überrascht • panisch

Verse	Äußere Handlung	Innere Handlung
1–14	*Der Hexenmeister hat das Haus verlassen und der Zauberlehrling nutzt diese Gelegenheit, um seine Zauberkünste auszuprobieren.*	...
15–...	...	...
...	...	...

5 a Mut oder Übermut? Schreibt auf, wie ihr das Verhalten des Zauberlehrlings beurteilt. Begründet eure Meinung.
- *Meiner Meinung nach verhält sich der Zauberlehrling ...*
- *Ich finde den Zauberlehrling ...*
- *Ich denke, der Zauberlehrling ...*

b Beschreibt mögliche Situationen aus dem Alltag, die an den Zauberlehrling denken lassen.

6 Versucht, in einem Satz treffend zusammenzufassen, worum es in der gesamten Ballade geht.
- *In der Ballade „Der Zauberlehrling" von Johann Wolfgang Goethe geht es um ...*
- *Johann Wolfgang Goethes Ballade „Der Zauberlehrling" handelt von ...*

7 a Balladen sind in Gedichtform geschrieben. Untersucht die Form der Ballade (▶ S. 125–126), indem ihr die folgenden Arbeitsaufträge ausführt:

1 Strophe und Vers (▶ S. 304)
Untersucht den **Aufbau** des Gedichts. Verwendet dafür die Begriffe „Strophe" und „Vers".
- Wie viele Strophen hat die Ballade? Sind die Strophen gleich gebaut?
- Werden Strophen oder Verse wiederholt?
- Welche Bedeutung haben die eingerückten Verse?

2 Reimform (▶ S. 305)
Beschreibt die **Reimform** der Ballade. Geht so vor:
- Bezeichnet die Reimwörter mit dem gleichen Kleinbuchstaben, z. B.: *a, b, a* ...
- Benennt die euch bekannten Reimformen.

3 Metrum (▶ Merkkasten unten)
Untersucht das **Metrum** (Versmaß) der ersten Strophe. Geht so vor:
- Übertragt die ersten vier Verse in euer Heft. Lasst über jedem Vers eine Zeile frei.
- Lest jedes Wort Silbe für Silbe und setzt ein x über jede Silbe.
- Prüft die Abfolge von betonten und unbetonten Silben. Lest jeden Vers Silbe für Silbe laut und klopft bei jeder betonten Silbe. Markiert jede betonte Silbe mit einem Akzent (x́).
  Tipp: Im Deutschen ist häufig die erste Silbe betont, z. B. *Géis-ter.* In der Regel ist der Stammvokal betont, z. B. *sól-len, lé-ben.*
- Bestimmt mit Hilfe des Merkkastens unten das Metrum der Ballade.

b Tragt die Ballade angemessen vor.

Information **Metrum (Versmaß)**

In den Versen eines Gedichts wechseln sich oft betonte (x́) und unbetonte Silben (x) regelmäßig ab. Wenn die **Abfolge von betonten und unbetonten Silben** (Hebungen und Senkungen) einem bestimmten Muster folgt, nennt man dies **Metrum** (Versmaß). Die wichtigsten Versmaße sind:

Jambus (x x́): x x́ x x́ x x́ x x́ x
Es schlug mein Herz, geschwind, zu Pferde! (Goethe)

Trochäus (x́ x): x́ x x́ x x́ x x́ x
Fest gemauert in der Erden (Schiller)

Daktylus (x́ x x): x́ x x x́ x x x́ x x x́ x
Wollt ihr die Freiheit, so seid keine Knechte (Erich Mühsam)

Anapäst (x x x́): x x x́ x x x́ x x x́ x x x́
Und es wallet und siedet und brauset und zischt (Schiller)

Manchmal werden auch zwei Versmaße miteinander kombiniert, z. B.: *Er hát uns geréttet, er trắgt die Krón'* (Kombination aus Jambus und Anapäst; Theodor Fontane).

Friedrich Schiller (1759–1805)

Der Handschuh

Vor seinem Löwengarten,
Das Kampfspiel zu erwarten,
Saß König Franz,
Und um ihn die Großen der Krone,
Und rings auf hohem Balkone
Die Damen in schönem Kranz[1].

Und wie er winkt mit dem Finger,
Auf tut sich der weite Zwinger[2],
Und hinein mit bedächtigem Schritt
Ein Löwe tritt,
Und sieht sich stumm
Rings um,
Mit langem Gähnen,
Und schüttelt die Mähnen,
Und streckt die Glieder,
Und legt sich nieder.

Und der König winkt wieder,
Da öffnet sich behänd
Ein zweites Tor,
Daraus rennt
Mit wildem Sprunge
Ein Tiger hervor.
Wie der den Löwen erschaut,
Brüllt er laut,
Schlägt mit dem Schweif
Einen furchtbaren Reif
Und recket die Zunge,
Und im Kreise scheu
Umgeht er den Leu[3]
Grimmig schnurrend,
Darauf streckt er sich murrend
Zur Seite nieder.

Und der König winkt wieder,
Da speit das doppelt geöffnete Haus
Zwei Leoparden auf einmal aus,
Die stürzen mit mutiger Kampfbegier
Auf das Tigertier,
Das packt sie mit seinen grimmigen Tatzen,
Und der Leu mit Gebrüll
Richtet sich auf, da wird's still,
Und herum im Kreis,
Von Mordsucht heiß,
Lagern sich die gräulichen Katzen.

Da fällt von des Altans[4] Rand
Ein Handschuh von schöner Hand
Zwischen den Tiger und den Leu'n
Mitten hinein.

Und zu Ritter Delorges, spottenderweis',
Wendet sich Fräulein Kunigund:
„Herr Ritter, ist Eure Lieb' so heiß,
Wie Ihr mir's schwört zu jeder Stund,
Ei, so hebt mir den Handschuh auf."

Und der Ritter in schnellem Lauf
Steigt hinab in den furchtbarn Zwinger
Mit festem Schritte,
Und aus der Ungeheuer Mitte
Nimmt er den Handschuh mit keckem Finger.

1 der Kranz, hier: Kreis, Runde
2 der Zwinger: Käfig für wilde Tiere
3 der Leu: altes Wort für Löwe
4 der Altan: auf Säulen gestützter Balkon

Und mit Erstaunen und mit Grauen
Sehen's die Ritter und Edelfrauen,
Und gelassen bringt er den Handschuh zurück.
Da schallt ihm sein Lob aus jedem Munde,
Aber mit zärtlichem Liebesblick –
Er verheißt ihm sein nahes Glück –
Empfängt ihn Fräulein Kunigunde.
Und er wirft ihr den Handschuh ins Gesicht:
„Den Dank, Dame, begehr ich nicht!"
Und verlässt sie zur selben Stunde.

1 a Erläutert, warum Ritter Delorges Fräulein Kunigunde verlässt.
b Überlegt, wie ihr an seiner Stelle gehandelt hättet.

2 Die Geschichte, die hier erzählt wird, besteht aus zwei Teilen.
a Schreibt den Vers heraus, mit dem der zweite Teil beginnt.
b Vergleicht eure Ergebnisse. Begründet eure Entscheidung.
c Formuliert für jeden Teil eine aussagekräftige Überschrift.

3 Untersucht den ersten Teil der Ballade genauer.
a Beschreibt Strophe für Strophe, welche Tiere auftreten und wie sie sich verhalten.
b Beschreibt, wie sich die Atmosphäre in der Arena ändert. Achtet dabei besonders auf die Wortwahl.
c Erklärt, wozu der erste Teil der Ballade im Hinblick auf das weitere Geschehen dient.

4 Im zweiten Teil der Ballade findet sich folgende wörtliche Rede:

„Herr Ritter, ist Eure Lieb' so heiß,
Wie Ihr mir's schwört zu jeder Stund,
Ei, so hebt mir den Handschuh auf."

„Den Dank, Dame, begehr ich nicht!"

a Zeichnet das Edelfräulein und den Ritter als Comicfiguren mit den beiden Sprechblasen.
b Ergänzt die Sprechblasen um Denkblasen, in die ihr die Gedanken der beiden Figuren in der jeweiligen Situation einfügt.
c Tragt eure Ergebnisse als Dialog mit verteilten Rollen vor. Sprecht auch die Gedanken laut aus. Achtet darauf, dass die innere Haltung der Figuren deutlich wird.

5 a Übt den Vortrag von Schillers Ballade „Der Handschuh". Achtet darauf, dass eure Erkenntnisse zum Spannungsaufbau und zu den Eigenschaften der beiden Hauptfiguren in eurem Vortrag deutlich werden. Arbeitet mit einer Kopie des Textes. Nutzt die Anregungen oben auf S. 131.
b Teilt den Text auf mehrere Sprecher auf und übt gemeinsam einen auswendigen Vortrag.

- Macht Notizen zu Aussprache und Betonung.
- Markiert wörtliche Rede, klärt Stimmlage und Tonfall.
- Kennzeichnet die Stellen, an denen ihr lauter oder leiser werden wollt, an denen ihr den Vortrag beschleunigen oder eine Pause einlegen wollt.

Betonungszeichen

◀ lauter	▶ leiser
‖ lange Pause	| kurze Pause
→ schneller	⁓→ langsamer
___ Betonung	⤵ keine Pause am Versende („Zeilensprung")

sprich: „Könich"

Und der König winkt wieder, ‖
Da speit das doppelt geöffnete Haus
Zwei Leoparden auf einmal aus, |
Die stürzen mit mutiger Kampfbegier
Auf das Tigertier, |
Das packt sie mit seinen grimmigen Tatzen,
Und der Leu mit Gebrüll
Richtet sich auf, ‖ da wird's still, ‖

6 Formuliert in Partnerarbeit eine Begründung dafür, warum „Der Handschuh" eine Ballade ist. Nehmt dabei den Merkkasten unten zu Hilfe.
Bei dem Gedicht „Der Handschuh" von Friedrich Schiller handelt es sich um eine Ballade, denn ...

Information **Die Ballade**

Die Ballade ist meist ein **längeres Gedicht über** ein **ungewöhnliches oder spannendes Ereignis.** Dieses Ereignis kann erfunden oder wirklich passiert sein. Im Mittelpunkt der Ballade steht oft eine Figur, die eine gefahrvolle Situation meistern muss.

- Wie andere Gedichte sind auch Balladen meist in **Strophen** (▶ S. 304) gegliedert, besitzen eine **Reimform** (▶ S. 305) und haben ein bestimmtes **Metrum** (▶ S. 128, 305).
- Viele Balladen haben einen Aufbau, den man mit Hilfe einer **Spannungskurve** darstellen kann: Nach der Einleitung spitzt sich die **Handlung dramatisch** bis zum **Höhepunkt** zu, zum Schluss folgt die Auflösung.
- Balladen enthalten oft **wörtliche Rede** der Figuren (Monologe, Dialoge), wodurch sie an die Szenen eines Theaterstücks erinnern.

In ihrer Wirkung setzen Balladen auf Spannung, sie können aber auch belehrend oder lustig sein.
Die Ballade enthält Elemente aus

- der Lyrik: z. B.: Metrum, Strophe, Reim,
- der Epik (= erzählende Texte): eine abgeschlossene Geschichte wird erzählt,
- dem Drama: dramatischer Handlungsverlauf, Dialoge und Monologe der Figuren.

Deshalb bezeichnete Goethe (1749–1832) sie als Ur-Ei der Dichtkunst, weil sie alle Gattungen (Lyrik, Epik, Drama) in sich vereint.
Viele Balladen sind vertont worden. Die Tradition der gesungenen Ballade hat in der Rock- und Popmusik ihre Fortsetzung gefunden.

Teste dich!

Balladen untersuchen

Ludwig Uhland (1787–1862)

Die Rache

VORSICHT FEHLER!

A Der Knecht hat erstochen den edlen Herrn,
Der Knecht wär selber ein Ritter gern.

B Und als er sprengen will über die Brück',
Da stutzet das Ross und bäumt sich zurück.

C Er hat ihn erstochen im dunklen Hain
Und den Leib versenket im tiefen Rhein.

D Mit Arm, mit Fuß er rudert und ringt,
Der schwere Panzer ihn niederzwingt.

E Und als er die güldnen Sporen ihm gab,
Da schleudert's ihn wild in den Strom hinab.

F Hat angeleget die Rüstung blank,
Auf des Herren Ross sich geschwungen frank.

1 Nach der ersten Strophe (A) sind die Strophen dieser Ballade in ihrer Abfolge durcheinandergeraten.

a Bringt die Strophen in die richtige Reihenfolge, indem ihr im Heft notiert:

1. Strophe = A
2. Strophe = …

b Vergleicht eure Lösung in Partnerarbeit. Wenn ihr zu unterschiedlichen Ergebnissen gekommen seid, diskutiert und einigt euch dann auf eine gemeinsame Fassung.

2 Untersucht das **Metrum** (Versmaß) in der ersten Strophe. Übertragt hierzu die beiden Verse in euer Heft, setzt über jede Silbe ein x und markiert die betonten Silben mit einem Akzent (x́).
Tipp: Es werden zwei Versmaße miteinander kombiniert.

x x …
Der Knecht hat erstochen den edlen Herrn,
x …
Der Knecht wär selber ein Ritter gern.

3 Notiert in wenigen Sätzen, worum es in dieser Ballade geht.

4 Vergleicht eure Ergebnisse aus den Aufgaben 1 bis 3 mit den Lösungen auf Seite 342.

7.2 Stoff für eine Reportage – Eine Ballade umgestalten

Wolf Biermann (*1936)

Die Ballade vom Briefträger William L. Moore aus Baltimore

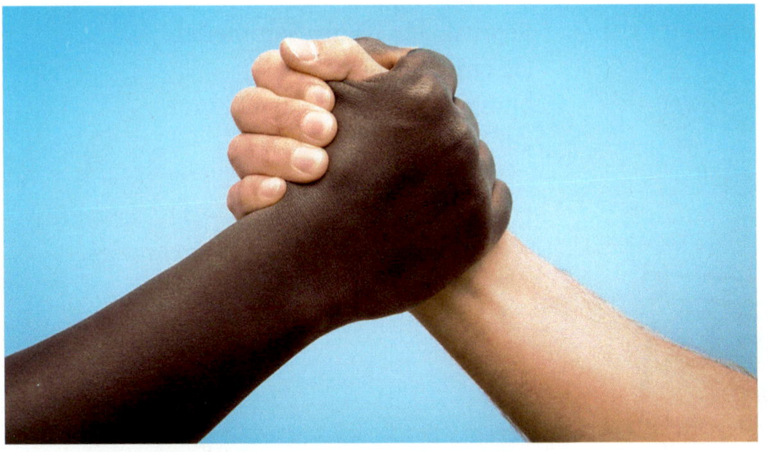

Ballade vom Briefträger William L. Moore,
der im Jahre '63 allein in die Südstaaten wanderte.
Er protestierte gegen die Verfolgung der Neger[1].
Er wurde erschossen nach einer Woche.
Drei Kugeln trafen ihn in die Stirn.

SONNTAG
Sonntag, da ruhte William L. Moore
von seiner Arbeit aus
Er war ein armer Briefträger nur
in Baltimore stand sein Haus

MONTAG
Montag, ein Tag in Baltimore
Sprach er zu seiner Frau:
„Ich will nicht länger Briefträger sein
Ich geh nach Südn auf Tour (that's sure)"
BLACK AND WHITE, UNITE! UNITE!
schrieb er auf ein Schild.
White and Black – die Schranken weg!
und er ging ganz allein.

DIENSTAG
Dienstag, ein Tag im Eisenbahnzug,
fragte William L. Moore
Manch einer nach dem Schild, das er trug,
Und wünscht' ihm Glück auf die Tour.
BLACK AND WHITE, UNITE! UNITE!
stand auf seinem Schild ...

MITTWOCH
Mittwoch, in Alabama ein Tag,
ging er auf der Chaussee,
Weit war der Weg nach Birmingham,
Taten die Füße ihm weh.
BLACK AND WHITE, UNITE! UNITE!
stand auf seinem Schild ...

1 Seit dem Ende des amerikanischen Bürgerkriegs 1865 war die Sklaverei in den USA zwar abgeschafft, dennoch blieben die Afroamerikaner (hier als „Neger" bezeichnet, was heute als abwertend empfunden wird) vor allem in den Südstaaten weiterhin unterdrückt.

Donnerstag
Donnerstag hielt der Sheriff ihn an,
Sagte: „Du bist doch weiß!“
Sagte: „Was gehn die Nigger[2] dich an,
Junge, bedenke den Preis!“
Black and White, Unite! Unite!
stand auf seinem Schild …

Freitag
Freitag lief ihm ein Hund hinterher,
wurde sein guter Freund.
Abends schon trafen Steine sie schwer –
sie gingen weiter zu zweit.
Black and White, Unite! Unite!
stand auf seinem Schild …

Sonna'mt
Sonna'mt, ein Tag, war furchtbar heiß,
kam eine weiße Frau,
gab ihm ein' Drink, und heimlich sprach sie:
„Ich denk' wie Sie ganz genau.“
Black and White, Unite! Unite!
stand auf seinem Schild …

Last day
Sonntag, ein blauer Sommertag,
lag er im grünen Gras –
blühten drei rote Nelken blutrot
auf seiner Stirne so blass.
Black and White, Unite! Unite!
stand auf seinem Schild.
White and Black – die Schranken weg!
Und er starb ganz allein.
Und er bleibt nicht allein.

2 Nigger: abwertende Bezeichnung für Menschen dunkler Hautfarbe

1 a Lest die Ballade und notiert eure ersten Leseeindrücke. Das können auch Fragen sein.
b Tauscht euch über eure ersten Eindrücke aus.

2 Beschreibt die einzelnen Stationen des Marsches, den William L. Moore unternimmt, und die Erfahrungen, die er dabei macht.

3 Überprüft euer Textverständnis, indem ihr die folgenden Fragen beantwortet. Wenn ihr bei einer Antwort unsicher seid, lest noch einmal genau im Text nach:
- Was bezweckt der Briefträger mit seinem Schild, das er vor sich herträgt?
- Warum spricht die weiße Frau „heimlich“ (▸ Strophe 7)?
- An welcher Stelle ahnt der Leser das dramatische Ende? Belegt eure Aussage am Text.
- Wie versteht ihr die letzten beiden Verse? Vergleicht sie mit dem Vers 19. Was fällt euch auf?

4 a Sucht alle Zeitangaben in der Ballade und überlegt, welche Wirkung sie haben.
b Überlegt, warum in dieser Ballade auch englische Wörter vorkommen.

5 „Blühten drei rote Nelken blutrot / auf seiner Stirne so blass“ (▸ Verse 58–59). Erklärt, was mit diesem sprachlichen Bild gemeint ist und wie es wirkt. Lest dazu noch einmal die gesamte Strophe und achtet dabei auf die Farbadjektive.

6 Zu Beginn steht eine Vorbemerkung, die das ganze Geschehen schon zusammenfasst. Vergleicht die restliche Ballade mit dieser Vorbemerkung und arbeitet heraus, was das Besondere an der Ballade ist. Achtet hierbei auf die äußere Form und die Sprache.

Fordern und fördern – Eine Reportage schreiben

Der Briefträger William L. Moore

Die „Ballade vom Briefträger William L. Moore aus Baltimore" beruht auf einem Ereignis, das wirklich passiert ist.
William Lewis Moore, geboren 1927, war ein Briefträger aus Baltimore und Bürgerrechtler. Die Bürgerrechtsbewegung in den Vereinigten Staaten setzte sich seit Anfang des 20. Jahrhunderts für die Gleichberechtigung der Afroamerikaner ein. William L. Moore protestierte mit mehreren Märschen, die er alleine unternahm, gegen die gesetzlich festgeschriebene Diskriminierung (Benachteiligung) der schwarzen Bevölkerung in den Südstaaten der USA. Er klagte zum Beispiel an, dass es in öffentlichen Verkehrsmitteln und Schulen, in Parks und Freizeitstätten, Toiletten und Restaurants noch immer getrennte Bereiche für schwarze und weiße Bürger gab. William Moore wurde am 23. April 1963 bei einem seiner Protestmärsche in einer Kleinstadt nahe Alabama auf offener Straße von einem Rassisten erschossen.

Protestmarsch von Bürgerrechtlern

1 Lest die Informationen über den Briefträger William L. Moore. Sprecht anschließend über Wörter und Textstellen, die euch unklar sind.

●●● 2 Stellt euch vor, ihr seid eine Reporterin oder ein Reporter und eure Zeitung hat euch in die Kleinstadt nahe Alabama geschickt, in der William L. Moore gerade erschossen wurde.
Verfasst eine Reportage über den Protestmarsch und den Tod William L. Moores. Geht so vor:

a Notiert zuerst Sachinformationen, die Antworten auf die W-Fragen geben. Nehmt hierzu die Informationen aus der Ballade (▸ S. 133–134) und dem obigen Text zu Hilfe.
▷ Hilfen zu dieser Aufgabe findet ihr auf Seite 136.

b Neben den Sachinformationen gibt eine Reportage auch die persönlichen Eindrücke wieder. Ihr seid als Reporterin oder Reporter am Ort des Geschehens.
- Notiert eure persönlichen Eindrücke (was seht, hört, fühlt ihr?). Schildert z. B. die Atmosphäre in der Kleinstadt oder beschreibt die Straße, auf der Moore erschossen wurde.
- Erfindet Zitate von Personen, die ihr befragt haben könntet. Was könnten die Polizei, die Bewohner der Kleinstadt oder die Menschen, die William L. Moore auf seinem Protestmarsch getroffen hat, sagen?

▷ Hilfen zu dieser Aufgabe findet ihr auf Seite 136.

c Verfasst eure Reportage. Schreibt anschaulich und lasst die Leser „live" am Geschehen teilhaben.
- **Einleitung:** Neugier wecken und die Situation vor Ort anschaulich schildern
- **Hauptteil:** Darstellung des Geschehens aus eurer Sicht (Sachinformationen, persönliche Eindrücke, Beschreibungen, Zitate von Personen)
- **Schluss:** eigene Meinung, Bewertung des Geschehens oder Appell an die Leser

▷ Hilfen zum Schreiben einer Reportage findet ihr auf Seite 136.

Aufgabe 2 mit Hilfen

Stellt euch vor, ihr seid eine Reporterin oder ein Reporter und eure Zeitung hat euch in die Kleinstadt nahe Alabama geschickt, in der William L. Moore gerade erschossen wurde. Verfasst eine Reportage über den Protestmarsch und den Tod William Moores. Geht so vor:

a Notiert zuerst Sachinformationen, die Antworten auf die W-Fragen geben. Nehmt hierzu die Informationen aus der Ballade (► S. 133–134) und dem Text von Seite 135 oben zu Hilfe, z. B.:

Wer?	*William L. Moore, ein Briefträger und Bürgerrechtler*
Wann?	...
Wo?	...
Was?	*Auf einem Protestmarsch gegen die Diskriminierung der schwarzen Bevölkerung in den Südstaaten der USA wird William L. Moore auf offener Straße erschossen.*
Wie und warum?	*mit drei Pistolenschüssen in den Kopf, von einem Rassisten*

b Neben den Sachinformationen gebt ihr in einer Reportage auch eure persönlichen Eindrücke wieder.
- Notiert eure Eindrücke (was seht, hört, fühlt ihr?). Schildert die Atmosphäre in der Kleinstadt oder beschreibt die Straße, auf der Moore erschossen wurde, z. B.:

  - *Freundlich und aufgeräumt liegt die Kleinstadt in der Sonne, als der Zug langsam in den Bahnhof rollt. Von ferne höre ich ... und ich kann kaum glauben, was heute hier ...*
  - *„Black and White, Unite! Unite!“, steht auf einem selbst gebastelten Schild, das zerrissen auf der Straße liegt, auf der William L. Moore erschossen wurde.*

- Erfindet Zitate von Personen, die ihr befragt haben könntet, z. B.:

  - *Bürgerin aus der Kleinstadt: „Ich war geschockt, als ich die Nachricht von dem Mord erhielt. So etwas haben wir einfach nicht für möglich gehalten.“*
  - *Polizist: „Als wir am Tatort eintrafen, konnten wir nur noch den Tod ...“*
  - *Mitreisende aus dem Zug: „Ich habe ihm noch Glück gewünscht, als ich ihn am letzten Dienstag traf. Ein mutiger Mann war das!“*

c Verfasst eure Reportage. Schreibt anschaulich und lasst die Leser „live“ am Geschehen teilhaben.
- **Einleitung:** Neugier wecken und die Situation vor Ort anschaulich schildern, z. B.:
  Freundlich und aufgeräumt liegt die Kleinstadt in der Sonne.
- **Hauptteil:** Darstellung des Geschehens aus eurer Sicht (Sachinformationen, persönliche Eindrücke, Beschreibungen, Zitate von Personen), z. B.:
  So viel scheint bisher festzustehen: Der ermordete Briefträger William L. Moore war ein engagierter Bürgerrechtler. Vor gut einer Woche war er zu einem Protestmarsch aufgebrochen, um ...
  Am 23. April 1963 wurde er ...
- **Schluss:** eigene Meinung, Bewertung des Geschehens oder Appell an die Leser, z. B.:
  William L. Moore war ein mutiger Mann, der für die Rechte der Schwarzen eintrat. Er sollte ein Vorbild sein für ...

7.3 Projekt: Eine Ballade szenisch gestalten

Emanuel Geibel (1815–1884)

Die Goldgräber

Sie waren gezogen über das Meer,
Nach Glück und Gold stand ihr Begehr,
Drei wilde Gesellen, vom Wetter gebräunt,
Und kannten sich wohl und waren sich freund.

Sie hatten gegraben Tag und Nacht,
Am Flusse die Grube, im Berge den Schacht,
In Sonnengluten und Regengebraus,
Bei Durst und Hunger hielten sie aus.

Und endlich, endlich, nach Monden voll Schweiß,
Da sahn aus der Tiefe sie winken den Preis,
Da glüht' es sie an durch das Dunkel so hold,
Mit Blicken der Schlange, das feurige Gold.

Sie brachen es los aus dem finsteren Raum,
Und als sie's fassten, sie hoben es kaum,
Und als sie's wogen, sie jauchzten zugleich:
„Nun sind wir geborgen, nun sind wir reich!"

Sie lachten und kreischten mit jubelndem Schall,
Sie tanzten im Kreis um das blanke Metall,
Und hätte der Stolz nicht bezähmt ihr Gelüst,
Sie hätten's mit brünstiger Lippe geküsst.

Sprach Tom, der Jäger: „Nun lasst uns ruhn!
Zeit ist's, auf das Mühsal uns gütlich zu tun.
Geh, Sam, und hol uns Speisen und Wein,
Ein lustiges Fest muss gefeiert sein."

Wie trunken schlenderte Sam dahin
Zum Flecken hinab mit verzaubertem Sinn;
Sein Haupt umnebelnd, beschlichen ihn sacht
Gedanken, wie er sie nimmer gedacht.

Die andern saßen am Bergeshang,
Sie prüften das Erz, und es blitzt' und es klang.
Sprach Will, der Rote: „Das Gold ist fein;
Nur schade, dass wir es teilen zu drein!"

„Du meinst?" – „Je nun, ich meine nur so,
Zwei würden des Schatzes besser froh –"
„Doch wenn –" – „Wenn was?" – „Nun, nehmen wir an,
Sam wäre nicht da" – „Ja, freilich, dann – –"

Sie schwiegen lang; die Sonne glomm
Und gleißt' um das Gold; da murmelte Tom:
„Siehst du die Schlucht dort unten?“ – „Warum?“
„Ihr Schatten ist tief und die Felsen sind stumm.“ –

„Versteh ich dich recht?“ – „Was fragst du noch viel!
Wir dachten es beide und führen's ans Ziel.
Ein tüchtiger Stoß und ein Grab im Gestein,
So ist es getan und wir teilen allein.“

Sie schwiegen aufs Neu. Es verglühte der Tag,
Wie Blut auf dem Golde das Spätrot lag;
Da kam er zurück, ihr junger Genoss,
Von bleicher Stirne der Schweiß ihm floss.

„Nun her mit dem Korb und dem bauchigen Krug!“
Und sie aßen und tranken mit tiefem Zug.
„Hei, lustig, Bruder! Dein Wein ist stark;
Er rollt wie Feuer durch Bein und Mark.

Komm, tu uns Bescheid!“ – „Ich trank schon vorher;
Nun sind vom Schlafe die Augen mir schwer.
Ich streck ins Geklüft mich.“ – „Nun, gute Ruh'!
Und nimm den Stoß und den dazu!“

Sie trafen ihn mit den Messern gut;
Er schwankt' und glitt im rauchenden Blut.
Noch einmal hub er sein blass Gesicht:
„Herrgott im Himmel, du hältst Gericht!
Wohl um das Gold erschluget ihr mich;
Weh' euch! Ihr seid verloren, wie ich.
Auch ich, ich wollte den Schatz allein
Und mischt' euch tödliches Gift an den Wein.“

1 Gefällt euch die Ballade? Sammelt eure ersten Leseeindrücke.

2 Erzählt die Handlung mit eigenen Worten nach. Was erfährt der Leser zu Anfang, was passiert nach dem Goldfund, wie endet die Ballade?

3 Beschreibt, worin die Pointe (überraschende Wendung) der Geschichte liegt.

4
- a Erklärt, wie sich das Verhältnis der Goldgräber im Laufe der Geschichte verändert. Belegt eure Aussagen anhand des Textes.
- b Überlegt, welche menschlichen Eigenschaften und Verhaltensweisen in der Ballade deutlich werden. Formuliert dann eine Lehre, die zu der Ballade passt.

„Die Goldgräber" szenisch gestalten

Die Ballade von den Goldgräbern könnt ihr wie ein Theaterstück spielen. Bildet Gruppen mit mindestens drei Personen und geht schrittweise vor:

1. Schritt: Einen Szenenplan erstellen

1 Gliedert die Ballade in einzelne Szenen und haltet in einem Szenenplan fest, welche Figuren auftreten, was passiert (Handlung) und welche Requisiten (Gegenstände) ihr benötigt.

Szene	Figuren (Wer?)	Handlung (Was?)	Requisiten
1	*Tom, Sam, Will*	*Drei Goldgräber träumen ...*	...
2	...	...	...

2. Schritt: Den Regieplan erstellen

2 Entwerft Dialoge und Monologe für euer Theaterstück. Notiert auch Regieanweisungen, die angeben, wie die Figuren reden und sich verhalten sollen. Überlegt,
- wie ihr die Vorgeschichte (Strophen 1–3) in einen szenischen Dialog umsetzen könnt,
- wie ihr die Gedanken und Gefühle der Figuren „hörbar" machen könnt, z. B. durch einen Monolog (Selbstgespräch einer Figur).

Szene 2:
(Die drei Goldgräber stehen zusammen, lassen den Goldklumpen von Hand zu Hand gehen. Zwei stützen sich auf ihre Schaufel und Spitzhacke, der Dritte nimmt seinen Hut ab und wischt sich den Schweiß von der Stirn.)
Goldgräber 1 (Tom): *Freunde, nun haben wir es geschafft, wir sind reich, reich, reich!*
Goldgräber 2 (Sam): *Gib mal den Goldklumpen, wie fühlt er sich an?*
Goldgräber 3 (Will): *Ich kann es noch immer nicht glauben. Wie lange haben wir hier geschuftet, ohne Erfolg. Und jetzt?*
Goldgräber 1 (Tom): *Das muss gefeiert werden. Genug der Mühsal. Los, Sam, geh in die Siedlung und besorge ...*

3. Schritt: Die Rollen verteilen, das Spiel üben und aufführen

3 Besprecht, wer welche Rolle spielt und wer die Requisiten und Kostüme besorgt.

4 Führt Proben durch.
- Beobachtet euer Spiel und gebt euch gegenseitig eine Rückmeldung, wie das Spiel wirkt.
- Prüft, ob die Darsteller/-innen gut zu verstehen sind und ihr Spiel überzeugend ist und zur Figur passt. Wie könnten sich die Darsteller/-innen anders verhalten oder sprechen?

5 a Spielt die Ballade in der Klasse vor.
b Gebt euch gegenseitig ein Feedback: Was ist besonders gut gelungen, was könnte noch verbessert werden?

„Die Goldgräber“ als Hörspiel

Euer Theaterstück zu den Goldgräbern (▶ S. 139) lässt sich schnell in ein Hörspiel umgestalten.

1 a Überlegt gemeinsam, welche Unterschiede es zwischen einem Theaterstück und einem Hörspiel gibt.

b Worauf müsst ihr bei der Umgestaltung des Theaterstücks in ein Hörspiel achten, welche Gestaltungsmöglichkeiten habt ihr?

2 Entwerft einen Regieplan für euer Hörspiel.

a Überlegt, wie ihr die Handlung der „Goldgräber“ hörbar machen könnt.
- Welche Figuren könnten sprechen? Beispiel:
  Bewohner aus der Siedlung, in die Sam geht; …
- Welche Geräusche und welche Musik sind zu hören? Beispiel:
  das Rauschen der Wellen auf dem Meer, Wind, …

b Überlegt, in welcher Reihenfolge ihr die Szenen präsentieren wollt.
Ihr könnt z. B. direkt mit der Goldsuche beginnen und die Vorgeschichte der Goldgräber als Rückblende präsentieren.

Sprechtexte	***Geräusche/Musik***
Szene 1: **Erzähler:** *Die folgende Geschichte dreier Abenteurer, die ausgewandert waren, um ihr Glück zu finden, spielte sich im Wilden Westen während der Zeit des Goldrauschs ab.*	*Rauschen eines Flusses, Spitzhacken und Schaufeln, die auf Stein treffen*
Sam *(genervt): Tagaus, tagein schuften wir hier wie die Tiere, bislang umsonst. Jch gebe bald auf.* **Will** *(freudig): Hey, Freunde, da blinkt doch was wie Metall. Das ist kein Stein. Schaut her …* **Tom** *(jubelnd): Wir sind am Ziel! Wir werden reich, reich …*	*Zunächst noch dieselben Geräusche, dann nur noch das Rauschen des Flusses. Jubelschreie, Händeklatschen, einer fängt an zu singen, …*
Szene 2 (Rückblende): **Will:** *Die Überfahrt nimmt kein Ende. Es wird Zeit, dass wir bald an Land gehen.* **Tom:** *Hab Geduld, das Glück wartet auf uns …*	*Plätschern der Wellen, starker Wind, Kommandos, Schiffsglocke ertönt*

3 a Legt fest, wer welche Aufgabe übernimmt, z. B.: Sprecherinnen und Sprecher, Geräuschspezialisten, Zuständige für die Musik, Personen für technische Leitung und Aufnahme.

b Sucht passende Geräusche und eventuell auch Musik für euer Hörspiel.
Die Geräusche lassen sich oft mit wenigen Hilfsmitteln leicht selbst erzeugen. Man kann aber auch fertige „Geräuschkonserven“ verwenden, die man z. B. kostenlos im Internet findet.

4 Nehmt euer Hörspiel auf. Macht immer wieder Proben mit und ohne Aufnahmegerät und prüft, ob die Texte gut gesprochen sind, ob genügend Pausen gemacht werden und ob die Geräusche sowie die Musik zu den Szenen passen.

8 „Träum weiter!“ – Theaterträume

1 a „Träum weiter!“ – Verfasst kurze Dialogtexte, in denen jemand diesen Satz äußert.
b Schaut euch das Bild an. Überlegt, worum es in diesem Theaterstück gehen könnte.

2 Berichtet von euren Erfahrungen: Was ist das Besondere am Theater?

3 Um ein Theaterstück auf die Bühne zu bringen, braucht man nicht nur Schauspieler/-innen.
a Sammelt, was bei einer Theateraufführung noch wichtig ist.
b Welche Aufgabe würdet ihr bei einer Theaterproduktion gerne übernehmen? Begründet, warum.

In diesem Kapitel ...

- lernt ihr das Theaterstück „Rosinen im Kopf“ kennen,
- lest und spielt ihr Theaterszenen und lernt die Figuren und ihre Konflikte kennen,
- schreibt ihr selbst Szenen und erhaltet Tipps für eine Theateraufführung.

8.1 „Rosinen im Kopf“ – Figuren und ihre Konflikte untersuchen

Thomas Ahrens / Volker Ludwig

Rosinen im Kopf, Szene 1

In dem Theaterstück „Rosinen im Kopf“, das im Jahr 2009 in Berlin zum ersten Mal aufgeführt wurde, spielen Jugendliche die Hauptrollen. Da gibt es zum Beispiel Nico, der mit seinem Vater alleine lebt, und Sonja, eine Schulfreundin von Nico. Sie alle haben ganz verschiedene Vorstellungen von ihrem Leben und Träume für die Zukunft.

Sonja *(kommt mit Schultasche angerannt):* Halt, warten! Mist! *(Ruft zurück.)* Mensch, Nico, jetzt ist der Bus schon wieder weg!

Nico *(verbundene rechte Hand, kommt mit Schultasche angeschlendert und liest in einem Reiseprospekt):* Bus – is ja ekelhaft! Irgendwann bin ich sowieso nur noch mit meinem Privatjet unterwegs! Rom! New York! Paris! Rio! Da sitze ich hinten mit meinem Piloten an der Bar und trinke Schampus und mampfe Gummibärchen.

Sonja: Und wer fliegt das Flugzeug?

Nico: Das macht doch der Bordcomputer. Hey, Joey, wie wär's, wenn wir mal wieder ne Sause in die Sonne machen? – Okay, Chef, Kurs Richtung Südsee! – Achtung, Achtung, bitte anschnallen.

Sonja: Alles klar.

Nico: Na warte! *(Nimmt Sonja auf den Rücken.)*

Sonja: Lass mich runter!

Nico: Nein – wir befinden uns im Landeanflug auf den Airport. *(Sonja hält ihm die Augen zu.)* Oh, es ist neblig. Wo sind die Landefeuer?!

Sonja: Dort!

Nico *(ahmt Albatros nach – Sonja springt ab – Nico stolpert):* Klasse Landung, Joey. Und dann geht's an den Strand. So weit das Auge blickt, flacher weißer Sandstrand und Kokospalmen …

Sonja: Mensch, Nico, hör doch mal auf mit dem Quatsch!

Nico: Das is kein Quatsch! So was gibt's wirklich! *(Kramt in seiner Schultasche und zieht Reiseprospekt hervor.)* Hier! Guck doch!

Sonja: Kenn ich doch schon.

Nico: Was is, willste mitkommen?

Sonja: Mann, hör auf, ich muss nach Hause.

Nico: Sonja will nach Hause in die Ottostraße 17. Wie spannend!

Sonja: Sag mal, du kannst doch Englisch, wenn de willst. Warum hast'n die Arbeit nicht mitgeschrieben?

Nico: Hallo?! Is meine Hand vielleicht übelst verstaucht?!

Sonja: Kann ich vielleicht mal? *(Fühlt seine Stirn, schreit.)* Aua, ist das heiß! Zeigste mir mal deine kaputte Hand? *(Schnappt nach seiner Hand, er schreit fürchterlich auf, Sonja erschrickt.)* Entschuldigung!

Nico *(Streift und schüttelt den Verband ab, zappelt mit ihren Fingern herum)*: Dabididu dabiddu, das Wunder der Medizin!

Sonja: Ich hab's genau gewusst, du Schauspieler. Die war so leicht, die Englischarbeit, hättste ruhig mitschreiben können!

Nico: Ich brauch keine Schule. Bei der nächsten Staffel von DSDS bin ich sowieso dabei und dann …? *(Zieht eine Fernbedienung aus der Tasche, drückt einen Knopf, kündigt sich als Moderator selbst an.)* Und jetzt, meine sehr verehrten Damen und Herren, sehen und hören Sie Nic, Nico Hannemann … als Elvis Presley! *(Mimt Elvis Presley und singt.)*

Sonja *(zappt zu)*: Michael Jackson.

Nico: *tanzt und singt M. J.*

Sonja: Und Germany's Next Topmodel.

Nico: Drama, Baby, Drama. Die Handtasche muss leben! Nico, ich habe heute ein Bild für dich!

Sonja: Und Dschungelcamp!

Nico: Hmm, lecker Ohrwürmer … *(Sonja macht mit und beide essen.)*

Sonja: Okay, cool! Aber die Sendung is trotzdem bescheuert! Was willst'n da?

Nico: Das is doch nur der Anfang! Danach geht's erst richtig los! Dann kommt die Weltkarriere!

Sonja: Mensch, Nico, so'n bisschen Singen und Tanzen reicht doch nicht für ne Weltkarriere!

Nico: Na toll, Sonja, die Spaßbremse, Ottostraße 17, erster Stock, Hinterhof.

Sonja: Na toll, Nico, der Spinner. *(Winkt ins Off.)* Huhu, Herr Hannemann!

Nico: Oh, Scheiße, mein Oller. *(Will sich verdrücken.)*

Hannemann *(kommt mit einem klapprigen Fahrrad angefahren, lange Haare, Stirnband, Messenger-Tasche auf dem Rücken, etwas außer Atem)*: Hey, Nico. Tach, Kleene. Na, wie war's in der Schule?

Sonja: Gut.

Nico: Wie immer.

Hannemann: Klingt ja toll. Und ihr habt heute nen Erste-Hilfe-Kurs gehabt?

Nico: Hä … Wieso?

Hannemann *(lacht)*: Weil dir'n Meter Verbandszeug aus der Hose hängt.

Wir hatten früher mal einen in der Klasse, der hat versucht, sich den Arm einzugipsen, weil er ne Klassenarbeit nicht mitschreiben wollte. Aber der Lehrer hat das gemerkt, weil er sich den Hemdsärmel mit eingegipst hatte.

Sonja *(amüsiert)*: Echt dumm gelaufen.

Nico: Warum erzählst du denn das?

Hannemann: Och, is mir grad so eingefallen. Warum biste noch nicht zu Hause?

Nico: Bus war weg.

Sonja *(nickt)*: Stimmt.

Hannemann: Ich will ja nicht drängeln, aber der Müll muss runter und der Abwasch muss auch noch gemacht werden.

Nico: Immer ich! Wieso ich?

Hannemann: Nico – jetzt pass mal auf. Jetzt hab ich seit einer Woche endlich wieder einen Job, wo ich Geld verdienen kann, um uns beide durchzubringen. Da muss ich ordentlich ranklotzen. Und da musst du auch ein bisschen im Haushalt mithelfen. Und dann reicht's vielleicht auch mal für einen gemeinsamen Urlaub – nen bisschen weiter weg als nur bei Oma Herder auf'n Bauernhof.

Nico: Echt?

Hannemann: Ja, mal ins Ausland.

Nico: Au ja ... Oasis of the Seas. *(Zitiert aus seinen Reiseprospekten.)* Das größte Kreuzfahrtschiff der Welt. Das hat nen richtigen eigenen Rummelplatz, ne übelst lange Seilbahn, ein Riesentheater und ...

Hannemann: Was is los?! Du hast ja Rosinen im Kopf!

Nico: Hä?

Sonja *(lacht)*: Rosinen im Kopf? Hab ich ja noch nie gehört.

Hannemann: Is doch wahr. Flausen im Kopf, dummes Zeug. Außerdem hab ich gesagt: Vielleicht. *(Sein Handy klingelt, ins Telefon)* ... City-Flitzer Hannemann, wo soll ich hin? ... Ku'damm 217... Bin schon da, ich fliege. *(Zu den Kindern)* Muss los.

Nico: Aber denk dran: Du hast es versprochen – Oasis of the Seas.

1 a Fasst mit eigenen Worten zusammen, worum es in dieser Szene geht.
b Nennt Textstellen, an denen deutlich wird, dass das Stück in der heutigen Zeit spielt.

2 a Lest die Szene mit verteilten Rollen. Beachtet dabei auch die Regieanweisungen. Probiert mehrere Besetzungen aus.
Tipp: Drückt mit eurer Stimme, eventuell auch mit eurer Mimik und Gestik aus, wie die jeweilige Figur sich fühlt oder wie eine Äußerung gemeint ist.
b Begründet, wer welche Figur durch seinen Vortrag besonders gut vorgestellt hat.

3 a Nico schlüpft in dieser Szene in verschiedene andere Rollen. Tragt diese Spiel-im-Spiel-Situationen (▸ Z. 13–29 und 58–72) noch einmal vor. Gestaltet die verschiedenen Rollen auch durch eure Sprechweise sowie eure Gestik und Mimik.
Tipp: Ihr könnt auch noch weitere Rollen erfinden, die Nico einnehmen könnte.
b Erklärt, wie Nico durch diese Spiel-im-Spiel-Situationen wirkt.

4 a „Du hast ja Rosinen im Kopf!" (▸ Z. 129–130), sagt Herr Hannemann zu seinem Sohn Nico. Erklärt, was er damit meint.
b Könnt ihr verstehen, welche Wünsche, Träume oder Sehnsüchte Nico hat? Begründet.

5 Charakterisiert Nico, Sonja und Herrn Hannemann, indem ihr z. B. ihre Verhaltensweisen, ihre Eigenschaften und ihr Verhältnis zueinander beschreibt. Erklärt auch, wie die Figuren auf euch wirken.

6 a Die Figuren sprechen zum Teil in der Umgangssprache. Nennt Beispiele aus dem Text und erläutert, wie dieser Sprachstil wirkt.
b Überlegt, warum in diesem Stück Umgangssprache verwendet wird.

Information **Theater**

In einem Theaterstück gibt es Rollen, die von Schauspielerinnen und Schauspielern gespielt werden. Die Handlung wird durch **Dialoge** (Gespräche zwischen den Figuren) oder durch **Monologe** (Selbstgespräche von Figuren) ausgedrückt. Die Schauspieler und Schauspielerinnen nutzen beim Theaterspielen ihre **Stimme** (Sprechweise), ihre **Gestik** (Körpersprache) und ihre **Mimik** (Gesichtsausdruck), um die Gefühle und Stimmungen der Figuren auszudrücken.
Weitere Theaterbegriffe:
Rolle: Rolle nennt man die Figur, die eine Schauspielerin oder ein Schauspieler in einem Theaterstück verkörpert, z. B. die Rolle des Vaters.
Szene: Eine Szene ist ein kurzer, abgeschlossener Teil eines Theaterstücks. Eine Szene endet meist, wenn neue Figuren auftreten und/oder Figuren abtreten. Meistens erlischt am Ende einer Szene auch die Bühnenbeleuchtung.
Regieanweisungen: Regieanweisungen sind im Dramentext zusätzlich zu den Rollentexten bereits mitgelieferte Anregungen, wie die Handlung auf einer Bühne eingerichtet werden sollte, z. B.: *hockt in einer Mülltonne für Altpapier,* oder wie die Figuren handeln und sprechen sollen, z. B.: *fühlt seine Stirn, schreit.*
Spiel im Spiel: Spiel im Spiel nennt man eine Situation, in der eine Figur auf der Bühne eine andere Rolle spielt, z. B. wenn Nico so tut, als wäre er an Bord eines Flugzeugs.

Thomas Ahrens / Volker Ludwig

Rosinen im Kopf, Szene 2

Nico *(mit verstellter Stimme, Sprechweise des Direktors)*: Achtung, Achtung, eine Durchsage! Hier spricht Direktor Hülsendonk. Wir haben mehrere Fälle von Schweinegrippe in der Schule festgestellt. Alle Lehrerinnen und Lehrer bitte sofort ins Rektorzimmer zur Krisensitzung. Die Schülerinnen und Schüler haben ab sofort frei, die Schule bleibt für die nächsten drei Wochen geschlossen. Ende der Durchsage. *(Pausengong. Schülerlärm. Licht zieht auf.)*

Nico *(hockt in einer Mülltonne für Altpapier, lupft vorsichtig den Deckel, schaut sich um)*: Captain Kirk an Crew ... Captain Kirk an Crew, auf welchem Planeten sind wir hier? Wo sind wir hier? *(Mit Roboterstimme)* Raumschiff Enterprise hat ein Problem. Unsere Navigation hat versagt. Wir mussten notlanden. [...] *(Formt mit den Händen ein Fernrohr.)* Ist das vielleicht der Planet der Affen? Nein, unmöglich. Viel zu viele Zwerge mit Pausenbroten in der Hand und ohne Fell. Oh nein! Was sehen meine entzündeten Augen? Da, ein Alien! Alle Mann in Deckung! *(Verschwindet in der Tonne. Oliver, ziemlich stylisch gekleidet, kommt mit einem Schulbrot, packt es aus und wirft das Papier in die Tonne, geht weiter, stutzt, dreht sich um und schleicht sich an. Nico kommt vorsichtig wieder hoch, ohne Oliver zu bemerken.)* Captain Kirk an Crew, jetzt weiß ich, wo wir sind – wir befinden uns auf einem der gefährlichsten Planeten des Universums! Schulhofia! Wir müssen fliehen! [...]

Oliver *(kippt die Tonne um und lacht sich schlapp, klatscht Beifall.)* Wow, Alter, du bist ja ne richtig komische Nummer, ey! Was machst'n da?

Nico *(erschrickt zu Tode)*: Wo?!?!

Oliver: Na, da in der Tonne. Und das mit der Durchsage vorhin, das warst du. Alle sind aufgesprungen und rausgerannt. Und der Lehrer hat uns hinterhergerufen, aber keiner ist zurückgekommen.

Nico: Wehe, du verrätst was. Wer bist'n du überhaupt? Hab dich noch nie auf'm Schulhof gesehen.

Oliver: Kannste ja auch nich. Bin erst seit gestern hier.

Nico: Neu?

Oliver: Hm.

Nico: Aber du hältst die Klappe!

Oliver: Von mir erfährt keiner was. *(Streckt die Hand aus.)* Ich bin Oliver.

Nico *(nimmt die Hand):* Nico. *(Oliver zückt Kaugummischachtel.)* Und wo kommst du her? [...]

Oliver: Früher war'n wir in Hamburg. Jetzt hat mein Vater den Berliner Chefposten von TTP übernommen.

Nico: TTP?

Oliver: Telly Top Productions.

Nico: Ach so.

Oliver: Ist ne Filmfirma.

Nico *(brennend interessiert):* Dein Vater dreht Filme?!

Oliver: Hm.

Nico: Ich steh total auf Abenteuerfilme, Afrika und so ...

Oliver: War ich schon.

Nico: Ja?

Oliver: Klar. Marokko. Alles flach, irre Hitze, nichts wie Sand, blödes Hotel ...

Nico: Und warste schon mal auf den Bahamas?

Oliver: Ja –

Nico: Malediven auch?

Oliver: Ja –

Nico: Und auch in Dubai?

Oliver: Klar. Alles flach, irre Hitze, nichts wie Sand, blödes Hotel, fünf Sterne, blöde Juniorsuite, gähn ...

Nico: Cool. Kostet doch irre viel Geld, oder?

Oliver: Klar. Hat mein Vater genug von.

Nico: Macht der auch Castingshows und Abenteuerfilme?

Oliver: Nee, nur Werbung, bringt mehr Knete.

Nico: Is ja irre.

Oliver: Ach, ist doch langweilig. Ich steh mehr auf totalen Horror, weißt du. Stephen King und so. Muss echt Blut fließen. Ist sonst langweilig. Kannst ja mal gucken, ob du dich traust.

Nico: Was trauen?

Oliver: Na, das angucken. Meine Schwester rennt immer aus dem Zimmer. Wir haben 'n eigenes Kino. Und jede Menge Filme.

Nico: 'n Kino inner Wohnung? Wo gibt's 'n so was?

Oliver: Is in jeder Wohnung.

Nico: Wie?

Oliver: Maaann, in den Firmenwohnungen von TTP! Ist doch Grundausstattung.

Nico: Wirklich?

Oliver: Kannst ja mal gucken kommen.

Nico *(steigt sofort ein):* Okay. Wir kaufen uns jetzt ein paar Pommes und 'ne Cola. Und dann schleichen wir hier ab und gehen zu dir Filme gucken.

Oliver: Einfach schwänzen? Können wir doch nicht machen!

Nico: Klaro können wir. Los, weg hier! Oder traust du dich nicht?

(Beide wollen los.) [...] Wow!

Oliver: Mist!

Nico: 'nen Porsche!

Oliver: Das is unserer.

(Monika und Pia kommen auf den Schulhof, beide sehr modisch gekleidet, Nico stiert auf sie wie auf eine Erscheinung.)

Monika: Hallo, Oliver. *(Oliver will sich davonmachen.)* Oliver!

Oliver: Monika.

Monika: Sag mal, was machst du denn hier draußen? Hast du nicht Unterricht?

Oliver: Nee, die machen grad ne Konferenz wegen Schweinegrippe.

Monika: Was?

Nico: Quatsch, wir ham große Pause.

Monika: Na, das fängt ja gut an. Na ja, ist ja nicht für lange. Nach den Sommerferien kommt ihr beide ja ins Internat.

Oliver: Ich geh nicht ins Internat!

Pia: Ich auch nicht.

Nico: Internat?

Pia: Schule, wo man auch wohnt. Aber ohne Eltern ...

Monika *(schaut Nico an, etwas irritiert):* Oliver, ist das ein neuer Freund von dir? *(Oliver* *reagiert nicht, zu Nico):* Seid ihr befreundet, du und Oliver? *(Nico nickt nach einer Weile.)* Hm. Soso ... Oliver, sag uns doch mal, wo das Rektorzimmer ist.

OLIVER: Da war ich gestern mit Hajo ...

MONIKA: Du sollst nicht immer Hajo sagen, sondern ...

OLIVER: Papa! Ich weiß, Monika.

MONIKA: Und? Wo ist es nun?

NICO *(eifrig):* Durch die Tür und dann links.

MONIKA: Komm, Pia. Wir müssen dich schnell anmelden. Komm, Pialein.

PIA: Ich bin nicht dein Pialein.

(Pia und Monika ab.)

OLIVER: Mission Horrorfilm, los.

NICO: War das deine Schwester?

OLIVER: Nee, meine Oma.

(Lacht sich schlapp über seinen eigenen Witz.)

NICO: Und die andere deine Mutter?

OLIVER: Ja, aber nich meine richtige.

NICO: Wie?

OLIVER: Das is die neue Frau von meinem Vater.

NICO: Ach so ... Is die nett?

OLIVER: Geht so. Meine Schwester ist vielleicht bescheuert.

NICO: Glaub ich nicht.

OLIVER: Hast wohl keine Schwester, was?

NICO: Nee.

1 Bildet Gruppen, die jeweils einen Szenenabschnitt spielen. Geht so vor:

a Verteilt die drei Szenenabschnitte (▸ Z. 1–32; ▸ Z. 33–108; ▸ Z. 109–163) auf die Gruppen.

b Lest euch euren Szenenabschnitt mehrfach durch. Überlegt gemeinsam, wie ihr die Figuren darstellen wollt: Wie sollen die Figuren sprechen, welche Gestik und Mimik passen zu ihnen?

c Verteilt die Rollen und probt euer Spiel.

d Spielt euren Szenenabschnitt vor der Klasse. Die anderen beobachten das Spiel ihrer Mitschülerinnen und Mitschüler.

e Diskutiert anschließend, ob die Sprechweise, die Mimik und die Gestik zu den jeweiligen Figuren und der jeweiligen Situation passen. Was würdet ihr verändern? Warum?

2 a In dieser Szene lernt ihr drei neue Figuren kennen: Oliver, Pia und Monika. Fasst zusammen, was ihr über diese Figuren erfahrt.

b Überlegt, warum Nico an dem Beruf von Olivers Vater brennend interessiert ist.

c Nennt Textstellen, in denen die Lebenssituation Olivers besonders deutlich wird.

d Vergleicht dann die Lebensumstände Olivers mit denen von Nico. Stellt Vermutungen an, welche Handlungsmöglichkeiten und Konflikte sich daraus ergeben könnten.

3 Wie könnte sich die Handlung entwickeln? Begründet, welcher der folgenden Handlungsverläufe euch am wahrscheinlichsten erscheint.

A Nico streitet sich verstärkt mit seinem Vater und wird zu Hause rausgeworfen.
B Oliver streitet sich mit Monika so sehr, dass sein Vater Monika verlässt.
C Nico wird ein Superstar in der Filmproduktion von Olivers Vater.
D Nico will seine Chance nutzen, um ein Fernsehstar zu werden.

4 Ergänzt auf einer Kopie der Szene 2 (▸ Z. 146–148) Regieanweisungen, die angeben, wie Nico, Oliver, Pia und Monika sprechen und wie sie sich verhalten sollen, z. B.:
großspurig; spöttisch grinsend; erstaunt; unterbricht; dreht sich um und zeigt auf die Tür.

Teste dich!

Rund ums Theater

Löse die Aufgaben auf dem folgenden Testbogen gemeinsam mit einem Partner oder einer Partnerin. Fragt euch abwechselnd ab und haltet eure Ergebnisse in Stichworten fest.

1 a Notiert, was die folgenden Begriffe aus der Theaterwelt bedeuten:

Was ist eigentlich …
- ein Dialog?
- ein Monolog?
- eine Szene?
- eine Regieanweisung?
- ein Spiel im Spiel?

b Vergleicht eure Lösungen mit denen auf Seite 342.

2 a Beschreibt die folgenden Figuren aus dem Stück „Rosinen im Kopf" möglichst genau.

Wer ist eigentlich …
- Nico?
- Oliver?
- Sonja?
- Pia?
- Monika?
- Herr Hannemann?

b Vergleicht eure Ergebnisse mit den Lösungen auf Seite 342.

3 Stellt eine der Figuren des Stückes pantomimisch dar. Euer Partner bzw. eure Partnerin muss erkennen und begründen können, wen ihr verkörpert habt.

Pantomime: etwas ohne Worte, nur durch Gestik und Mimik darstellen

4 a Überlegt, welche Konflikte sich schon am Anfang des Theaterstücks „Rosinen im Kopf" ankündigen. Begründet eure Einschätzung.
b Vergleicht eure Lösung mit der auf Seite 343.

A Arme – Reiche
B Schüler – Lehrer
C Eltern – Kinder
D Mädchen – Jungen

8.2 Nicos Traumwelt – Szenen schreiben und spielen

Thomas Ahrens / Volker Ludwig

Rosinen im Kopf, Szene 3

Durch die Begegnung mit Oliver, dessen Vater Filmproduzent ist, sieht Nico die Chance, seinen Traum vom großen Ruhm und Erfolg zu verwirklichen. Noch steckt Nico aber mitten in der tristen Welt seines Alltags. Sein Vater ist ein einfacher Fahrradkurier und verdient nicht sehr viel Geld; zu Hause gibt es keinen Luxus. In dieser Situation trifft Nico auf Pia, Olivers Schwester.

NICO: Sag mal, hast du schon mal im Film von deinem Vater mitgespielt?
PIA: Nee, find ich blöde.
NICO: Ja?
PIA: Mein Vater ist auch dagegen. Was macht denn dein Vater?
NICO: Och, der ... – der ist immer unterwegs. Ist schwer zu erklären, weißte. Also der hat mal hier zu tun, mal da.
PIA: Ausland?
NICO: Klar. Heute Moskau, morgen New York, übermorgen Honolulu und so ...
PIA: Ach so, der ist Manager?!
NICO: Nee, darf ich nicht sagen.
PIA: Was, warum denn nicht, sag doch!
NICO: Darf keiner wissen, verstehst du?
PIA: Ich sag's bestimmt nicht weiter. Ehrenwort!
NICO: Mein Vater, der ist unterwegs – also der reist in geheimer Mission ...
PIA: In geheimer Mission? James Bond?
NICO: Psst. Ja. Darf wirklich keiner wissen.
PIA: Ja, klar, verstehe. Muss der sich auch verkleiden?
NICO: Ja. Meistens.
PIA: Mensch, ist das spannend.
NICO: Geht so. [...]

(Nicos Vater, Herr Hannemann, hat vom Inhalt des Gesprächs erfahren, weil Pia ihn auf seinen Beruf angesprochen hat. Nun stellt Herr Hannemann seinen Sohn zur Rede.)

HANNEMANN: Dämliches Gequatsche? Ich reise in geheimer Mission. Heute Moskau, morgen New York, übermorgen Honolulu.
NICO *(erschrocken)*: Was hat die Pia erzählt?
HANNEMANN: Die denkt immer noch, ich bin James Bond persönlich.
NICO *(erleichtert)*: Ja.
HANNEMANN: Sag mal, hast du ne Vollmeise?

1 a Lest zunächst nur den ersten Teil der Szene 3 (▶ Z. 1–27) zu zweit mit verteilten Rollen.
b Besprecht, an welchen Stellen Nico offenbar nicht so recht weiß, was er sagen soll.
c Diskutiert, warum Nico die Unwahrheit sagt.

2 a Lest nun den Rest der Szene (▶ Z. 32–39) mit verteilten Rollen.
b Erklärt, warum sich der Vater von Nico, Herr Hannemann, so aufregt.

3 Diese Szene geht natürlich noch weiter. Setzt die Szene in Partnerarbeit fort. Geht so vor:

a Sammelt Ideen, wie der Dialog zwischen Nico und seinem Vater weitergehen könnte. Was könnte Nico seinem Vater erklären oder vorwerfen? Wie äußert sich Nicos Vater dazu? Ihr könnt so beginnen:

Sohn Nico	Vater Hannemann
– *Was soll ich denn machen? Denkst du, es wäre einfach für mich …* – *Nie hast du Zeit für mich. Du weißt …*	– *Ich rackere mich ab, schufte auch am Wochenende, damit …* – …

b Diskutiert, wie diese Szene ausgehen könnte. Ihr könnt aus den folgenden Möglichkeiten auswählen oder euch selbst einen Schluss überlegen.

A Nico wirft seinem Vater vor, dass er sein Talent nicht erkennt, und geht ab.
B Beide streiten immer weiter, teilweise unverständlich. Das Licht wird ausgeblendet.
C Der Vater verlässt die Szene mit den Worten: „Ich rufe Oma an, die soll das regeln!"
D Vater und Sohn versöhnen sich am Ende und gehen zum Eisessen.

c Schreibt nun mit Hilfe eurer Vorarbeiten den Dialog zwischen Nico und seinem Vater weiter. Notiert auch Regieanweisungen, die angeben, wie die Figuren reden und sich verhalten sollen.
Tipp: Achtet darauf, dass sich die Aussagen aufeinander beziehen, und formuliert eure Ideen gegebenenfalls um, z. B.:

Nico *(verärgert):* Was soll ich denn machen? Denkst du, es wäre einfach für mich zu sagen, dass du als Fahrradkurier …
Herr Hannemann *(unterbricht empört):* Jeden Morgen stehe ich um fünf Uhr auf und mache die Wäsche und den Haushalt. Und während du zur Schule gehst, schwinge ich mich auf mein Fahrrad …

4 Spielt eure Szenen mit verteilten Rollen vor. Probiert dabei die Stopp-Technik aus.

Methode **Stopp-Technik**

Ihr lest eine Szene mit verteilten Rollen. An einer beliebigen Stelle sagt die Spielleiterin oder der Spielleiter: „Stopp!" Die Figuren unterbrechen ihr Spiel und sagen, was sie in ihrer Rolle gerade denken oder fühlen. Sie können auch erklären, warum sie etwas sagen oder warum sie so und nicht anders handeln.
Variante mit Ghostspeaker: Hier steht hinter der Bühnenfigur eine andere Person, die aber nicht mitspielt (wie ein Geist auf der Bühne). Wenn „Stopp!" gesagt wird, äußert sich dieser „Geist" zu den Gedanken und Gefühlen seiner Figur.

Fordern und fördern – Theaterszenen schreiben

1 a Verschafft euch einen Überblick und lest alle Szenenausschnitte auf den Seiten 152 und 153.
b Bildet Gruppen, die sich jeweils mit einer Szene beschäftigen. Vervollständigt eure Szenen, indem ihr die fehlenden Textteile (Anfang, Mitte, Schluss) ergänzt.

A Wer hat den besseren Vater? – Den Mittelteil einer Szene ergänzen

Oliver: Du hast den viel besseren Vater als ich!
Nico: Du hast doch keine Ahnung! Mein Oller hat 'n rostiges Fahrrad und ihr habt 'n Porsche!
Oliver: Ja, aber ...
? ? ? ? ? ? ?
Sonja *(belustigt)*: Sagt mal, seid ihr bescheuert?
Oliver: Hast wohl keinen Vater, was?
Sonja *(ernst)*: Nee, aber ich hätte gern einen.

2 In der vorliegenden Szene fehlt der Mittelteil. Füllt diese Lücke.
Geht so vor:
a Lest die Szene und macht euch klar, worum es geht.
b Überlegt, welche Argumente Oliver und Nico in dem fehlenden Mittelteil vorbringen könnten. Sammelt eure Ideen.
c Verfasst den Mittelteil der Szene. Notiert auch Regieanweisungen.

B Ertappt? – Den Schluss einer Szene verfassen

Hannemann: Ich habe einen Anruf von deinem Lehrer bekommen.
Nico *(stark verunsichert)*: Ja? Warum denn? Hab ich was gemacht?
Hannemann: Das frag ich dich! Du weißt ganz genau, was ich meine.
Nico *(scheinheilig)*: Keine Ahnung.
Hannemann: Ach nein? Und was ist mit der Englischarbeit?!?!
Nico *(total erleichtert)*: Ach so, die Englischarbeit ...
? ? ? ? ? ? ?

3 In dieser Szene fehlt der Schluss. Schreibt die Szene zu Ende.
Geht so vor:
a Lest den Text. Tauscht euch dann aus, worum es in dieser Szene geht.
b Überlegt, wie diese Szene weitergehen könnte, und sammelt eure Ideen:
– Hat Herr Hannemann, der Vater von Nico, weitere Dinge von Nicos Lehrer erfahren? Bedenkt dabei auch, was ihr über Nicos Verhalten in der Schule wisst.
– Kommt es zu einer Aussprache oder bleibt das Ende offen, weil Herr Hannemann zu seiner Arbeit muss oder Nico vorgibt, noch etwas Dringendes erledigen zu müssen?
c Verfasst einen Schlussteil zu dieser Szene. Nehmt auch Regieanweisungen auf.

C Träume werden wahr! – Den Anfang einer Szene ergänzen

? ? ? ? ? ? ?

Steinberg *(Vater von Oliver zu Monika):* Du, der Junge hat was.
Monika: Also, Hajo, bitte – lass ihn!
Steinberg: Lass mich doch! Solche Typen kann man immer mal gebrauchen. *(zu Nico)* Wie heißt'n du?
Nico: Nico Hannemann ... immer noch.
Steinberg: Nico Hannemann-Immernoch. Bist'n Checker, was?
Oliver: Der Nico ist 'n irre guter Schauspieler.
Steinberg: Ja, halt dich da mal raus. *(zu Nico)* Hättest du vielleicht Lust, mal in einem Film mitzumachen?
Nico: Na klar. Sofort. Klar. In nem richtigen Film?
Pia: Werbefilm.
Steinberg: In einem richtigen Film. Für Kino und Fernsehen.
Nico: Mannnnn!
Steinberg: Also komm doch morgen mal vorbei. Dann fahren wir schnell ins Studio und machen eine kleine Probeaufnahme. Okay?

4 Bei dieser Szene fehlt der Anfang. Verfasst den Beginn der Szene. Geht so vor:
a Lest die Szene und überlegt, worum es geht.
b Notiert Ideen, wie die Szene beginnen könnte. Herr Steinberg, der Chef einer Filmfirma, könnte z. B. zufällig zu den anderen Figuren stoßen und plötzlich Nicos Talent entdecken.
c Schreibt den Szenenanfang. Denkt auch an die Regieanweisungen.

D Das Casting – Den Anfang und das Ende einer Szene schreiben

? ? ? ? ? ? ?

Steinberg: Also gut. *(Sieht auf die Uhr.)* Letzter Versuch! Also: hochspringen, Tor. Dann den Text und den Daumen hoch. Und strahlen! Los! Bitte!
Nico: Tooor! Tooor!
Steinberg: Ja! Ja!
Nico: Ja! Da ist er wieder, Podolski! Es ist nicht zu fassen!
Steinberg: Nein! Nein!
Nico *(umkurvt dribbelnd die Gartenmöbel):* Und da ist er! Podolski! An der Außenlinie. Spielt zwei Verteidiger schwindelig! Umkurvt die ganze Abwehr! Könnte schießen – schießt! *(Mimt einen gewaltigen Torschuss, bei dem er zu Boden geht, reißt im Sitzen die Arme hoch, jubelt, springt auf und rennt mit erhobener Faust und Purzelbaumeinlage eine Runde im Garten.)* Tor! Tor! Das Siegtor! Das Tor des Monats! Podolski! Podolski! *(Sinkt in die Knie, als ob er betet.)* Das Sieg-Tor! *(Sinkt wieder in die Knie wie zum Beten.)* Podolski! Goldjunge!
Pia: Jaaaaaa.
Steinberg *(endgültig genervt):* Hör auf. So was wie dich kann ich nicht gebrauchen.
Nico: Aber ich hab doch nur ...
Steinberg: Beim Film braucht man Kinder, die absolut diszipliniert sind. Da kostet jede Minute Geld. Kinder, die zwanzigmal exakt dasselbe machen, wenn's sein muss, die gehorchen.

? ? ? ? ? ? ?

5 In dieser Szene fehlen der Anfang und der Schluss.
a Lest die Szene und macht euch klar, worum es geht.
b Überlegt, was dem Textauszug vorausgegangen sein könnte, und notiert eure Ideen.
c Sammelt Ideen, wie die Szene enden könnte. Gehen die Figuren im Streit auseinander? Zerplatzen Nicos Träume von einer Fernsehkarriere oder bekommt er doch noch eine Chance?
d Verfasst den Anfang und den Schluss zu dieser Szene. Denkt an die Regieanweisungen.

8.3 Projekt: Das Stück inszenieren

Effekte erzielen: Chorisches Sprechen

1. Szene: Rosinen im Kopf

NICO: Wenn ich alleine bin,
Dann passiert was in mir drin.
Ich fahr ab in meine Welt
Und kann tun, was mir gefällt ...
Dann bin ich Robin Hood, der edle Rächer,
Bei dem die reiche Welt vor Angst verreckt.
Als Batman flieg ich über alle Dächer
Bis zu den Inseln aus dem Alltours-Prospekt.
Weiß ist die Villa überm Meeresstrand
Von Nico Hannemään, als Popstar weltbekannt.

1 Tragt Nicos Monolog im chorischen Sprechen vor. Geht so vor:
- Einer übernimmt Nicos Rolle und spricht den Text. Mehrere Schülerinnen und Schülern stehen im Chor hinter ihm oder am Rand und sprechen die unterstrichenen Textstellen gleichzeitig mit.
- Die anderen bilden eine Beobachtungsgruppe. Sie notieren, welche Wirkung das chorische Sprechen hat und was bei dem Vortrag noch verbessert werden könnte.

1. Szene: Rosinen im Kopf

SONJA: Kennt ihr Nico Hannemann
Mit der großen Meise,
Der vor Spinnlust überschäumt
Und sogar im Stehen träumt,
Heimlich, still und leise?
Du willst mit ihm reden,
Schon mimt er den Blöden.
Du gehst mit ihm schwimmen,
Schon beißt er wie 'n Hai.
Im Unterricht döst er,
In Wirklichkeit pest er
Als Superman cool
Von New York nach Hawaii.

2 Bildet Gruppen und übt das chorische Sprechen anhand des Monologs von Sonja. Geht so vor:
a Überlegt, welche Textteile chorisch gesprochen werden sollen. Erprobt verschiedene Möglichkeiten.
b Stellt eure Ergebnisse der Klasse vor und beurteilt gemeinsam den jeweiligen Vortrag.

Methode **Chorisches Sprechen**

Man kann durch die Art des Sprechens auf der Bühne bestimmte Effekte erzielen. Eine besonders eindrucksvolle Art und Weise ist das chorische Sprechen, bei dem mehrere Schauspieler/-innen – wie in einem Chor – einen Text gleichzeitig vortragen.

Das Theaterstück aufführen

In den ersten beiden Teilkapiteln (▸ S. 142–153) habt ihr verschiedene Szenen aus dem Theaterstück „Rosinen im Kopf" gelesen und auch eigene Szenen geschrieben. Erstellt aus diesen Szenen ein Theaterstück und führt es vor einem Publikum auf.

1. Schritt: Die Spielvorlage erstellen

1 Verschafft euch einen Überblick über die Handlung des Stücks. Fasst dazu die einzelnen Szenen (die im Buch abgedruckten, aber auch eure eigenen) auf Karteikarten zusammen.
Legt für jede Szene eine eigene Karteikarte an. Geht so vor:

a Schreibt auf den Kopf der Karteikarte die Szenennummer, notiert darunter die Namen der Figuren, die in dieser Szene auftreten. Fasst dann den Inhalt der Szene knapp zusammen.

b Sortiert eure Karteikarten, sodass ein zusammenhängendes Theaterstück entsteht. Nummeriert dazu eure Karteikarten.

Szene 1
– Figuren: Nico, Sonja
– Handlung: ...

2. Schritt: Einen Projektfahrplan erstellen und die Aufgaben verteilen

2 Bis zur Aufführung des Theaterstücks „Rosinen im Kopf" sind eine Reihe von Vorarbeiten nötig. Verteilt die einzelnen Aufgaben auf Teams und legt einen Projektfahrplan an.

Aufgaben und Arbeiten	Team	Termine	Sonstiges
Werbung (Flyer, Plakat, Einladung)			
Schauspieler/-innen, Souffleusen/Souffleure			
Bühnenbild und Beleuchtung			

Team 1: Werbung für die Aufführung
– Besprecht, wie ihr für euer Theaterstück werben wollt, z. B.: mit einem Plakat, einem Flyer und einer Einladung per Mail.
– Notiert wichtige Informationen, z. B.: Titel des Stücks, Aufführungsort, Datum, Uhrzeit, eventuell kurzer Inhaltsüberblick.
– Entwerft Skizzen und Textentwürfe für eure Werbung.
Tipp: Wenn ihr mit dem Computer arbeiten wollt, helfen euch die Tipps auf Seite 338 f.

Team 2: Schauspieler/-innen, Souffleusen und Souffleure
– Verteilt die Rollen, lernt eure Texte und führt gemeinsam die Proben durch.
– Beobachtet die Schauspieler/-innen und gebt Hinweise, wie das Spiel wirkt und was noch verbessert werden kann.
– Übt während der Proben auch das Soufflieren.

Team 3: Bühnenbild und Beleuchtung planen

Plant euer Bühnenbild. Geht so vor:

- Geht alle Szenen der Reihe nach durch und notiert, an welchen Schauplätzen (Handlungsorten) sie spielen. Wenn ihr in den Texten keine Angaben zum Schauplatz findet, überlegt selbst, wo diese Szene spielen könnte.
- Überlegt, wie der Bühnenraum für den jeweiligen Schauplatz gestaltet werden könnte, und entwerft Skizzen. Findet einfache Lösungen.
- Braucht ihr ein bestimmtes Mobiliar bzw. Requisiten (Gegenstände), z. B.: eine Mülltonne, einen Tisch, Stühle etc.?
- Wollt ihr Kulissen (Hintergrundbilder) für die einzelnen Schauplätze erstellen? Ihr könnt z. B. auf Stoff oder Papier malen oder ihr erstellt Folien, die ihr mit Hilfe eines Overhead-Projektors oder Beamers auf eine Leinwand projiziert.
- Erstellt eine Liste mit Gegenständen und Materialien, die ihr besorgen müsst.

Tipp: Markiert schon während der Proben den Bühnenraum mit Kreppstreifen auf dem Boden, sodass alle möglichst früh wissen, in welchem Bereich sie sich bewegen dürfen/sollen.

Bei der Planung der Beleuchtung könnt ihr so vorgehen:

- Klärt, welche Beleuchtungselemente euch zur Verfügung stehen und wie ihr sie in den verschiedenen Szenen einsetzen wollt. Natürlich könnt ihr auch versuchen, durch das Licht Stimmungen zu erzeugen, z. B. durch Farbscheinwerfer.
- Erprobt unterschiedliche Möglichkeiten und haltet eure Ergebnisse in Skizzen fest.

3. Schritt: Das gemeinsame Proben

3 a Überlegt zunächst, was bzw. wann ihr gemeinsam proben müsst und welche Aufgaben jedes Team alleine ausarbeiten oder erproben kann.

b Stimmt die einzelnen Arbeitsabläufe aufeinander ab, sodass alles bis zum Tag der Aufführung Hand in Hand geht.

Methode **Ein Bühnenbild erstellen**

Als Bühnenbild bezeichnet man die optische Gestaltung des Bühnenraums für die Aufführung, z. B. durch Kulissen, Möbel und Requisiten (Gegenstände).
Es ist verführerisch, in einem Bühnenbild alles möglichst realistisch darzustellen.
Aber: Oft ist es wirkungsvoller, wenn man mit sehr einfachen Mitteln arbeitet statt mit aufwendigen Ausstattungen. Euer Bühnenbild sollte auf das Wesentliche reduziert und möglichst einfach gestaltet sein, sodass ihr wenig umbauen müsst. Wichtig ist es auch, zu klären, wie die Auftritte und Abgänge der Schauspieler/-innen geregelt sind.

9 Ausgefallene Sportarten – Sachtexte untersuchen

„Auf die Sitze – fertig – los!"
Nur zum Sitzen? Wie langweilig! Wer meint, Bürostühle seien nur zu diesem Zweck erfunden worden, irrt gewaltig. Seit 2005 werden mit den Sitzmöbeln Wettrennen veranstaltet – und sogar Meisterschaften ausgetragen ...

1 a Seht euch das Bild an und lest den Anfang des Zeitungsartikels. Über welche Dinge könnte der Text im Weiteren informieren?
b Tauscht euch aus: Kennt ihr andere ausgefallene oder verrückte Sportarten?

2 a Berichtet: Wo bzw. wie könntet ihr euch über ausgefallene Sportarten und Wettbewerbe informieren?
b Erklärt, in welchen Schritten ihr einen Sachtext erschließt.

In diesem Kapitel ...

- lest ihr Sachtexte über ausgefallene Sportarten,
- übt ihr, Informationen aus Sachtexten und Grafiken zu entnehmen und festzuhalten,
- recherchiert ihr über die Olympischen Spiele und bereitet eure Ergebnisse für eine Präsentation auf.

9.1 Höher, schneller, verrückter – Informationen entnehmen und vergleichen

Sachtexte lesen und verstehen

Kuriose Events – After-Grunz-Partys und Zwergenweitwurf

von Christian Haas

Olympische Winterspiele finden Sie langweilig, die Fußball-WM zu kommerziell[1]? Dann sind Sie bei Luftgitarren-, Schlammfußball- und Moorschnorchel-Weltmeisterschaften richtig. Hier ein Wegweiser zu den kuriosesten Wettkämpfen.

Ihr 15-jähriges Jubiläum feiert 2010 die „Air Guitar World Championship", die legendäre Luftgitarren-Weltmeisterschaft, vom 25. bis 28. August im finnischen Oulu. Extrovertierte[2] Solokünstler spielen sich zu den echten Klängen eines selbst gewählten Rocksongs an einer unechten, weil schlicht nicht existierenden Gitarre auf einer großen Bühne in Rage[3] – was in Kombination mit witzigen Outfits, duften Groupies und komischer Akrobatik zu viel Spaß führt.
Das trifft auch auf die Meisterschaft im Schweineschreien zu. Sie findet jedes Jahr am zweiten Sonntag im August in einem kleinen Dorf in den südfranzösischen Pyrenäen statt. Gewinner ist derjenige, der am besten quiekende Ferkel oder brünstige Eber nachahmen kann. Die größte Schweinerei ist dann aber die After-Grunz-Party, wenn alle Teilnehmer so richtig die Sau rauslassen – zum Beispiel beim Rekord-Blutwurstessen.

1 kommerziell: geschäftlich, auf Gewinn bedacht

2 extrovertiert: kontaktfreudig, spontan, seine Gefühle deutlich zeigend

3 in Rage: wörtlich „in Wut"; hier: in Erregung oder Begeisterung

Handyweitwurf-WM in Finnland

Das Gefühl, dass man in bestimmten Momenten auch sein Handy zu Brei verarbeiten könnte, kennt vermutlich jeder. Mitunter würde man ein nicht funktionierendes Gerät auch einfach wegschmeißen. Wer das in Finnland – dank Saunabausatz-Zusammenbau-WM, Zwergenweitwurf und Beerenschnellpflückmeisterschaft ohnehin bei verrückten Events weltweit führend – tut, der kann dabei sogar noch einen Titel gewinnen. Wo? Bei der jährlich Mitte August stattfindenden Handyweitwurf-WM, der „Mobile Phone Throwing World Championship“. Wer weiß, dass er trotz größter Wut auf Gerät und/oder Telefon-Hotlines nicht annähernd an die Rekordmarke von 85 Metern herankommen wird, kann es ja in der Freestyle-Kategorie probieren, bei der es auf Stil und Ästhetik[4] ankommt.

Briten und Finnen sind Meister

Die Briten belegen nach den Finnen definitiv Platz zwei in der inoffiziellen Meisterschaft der verrückten Event-Nationen. Das beweist neben der Brennnessel-Ess-WM und der Meisterschaft im Schienbeintreten auch das Käserollen in der Grafschaft Gloucestershire im Südwesten Englands. Alljährlich im Mai trifft man sich vier Tage lang zum „Cheese Rolling“ am Cooper's Hill, einem steilen Hang am Ortsrand. Der Zeremonienmeister zählt am 31. Mai den Countdown herunter, dann schleudert er einen Laib Käse den Hang hinab. Der erreicht Spitzengeschwindigkeiten von fast 100 Stundenkilometern. Die Teilnehmer stürzen sich dem Käse todesmutig hinterher und versuchen, ihn vor der weißen Linie im Tal einzuholen. Das schafft zwar selten jemand, trotzdem lieben alle den Spaß, und das seit der Römerzeit.

Schlammfußball-WM in Schottland

Dass es im Profifußball nicht ganz sauber zugeht, vermutete man insgeheim schon immer. Dennoch glänzen die Trikots der Profis immer um die Wette. Das kann bei der Schlammfußball-WM in Strachur, Schottland, definitiv nicht passieren. Im Gegenteil. Bei dem legendären Freizeitturnier von bunt gemischten Nationalmannschaften, die gegeneinander an- und gegen den irgendwo im knietiefen Morast untergegangenen Ball treten, gilt: Je dreckiger, desto besser. Man kann sich vorstellen, dass das Schlamm-Gekicke die feinsten Siegerfotos produziert.

4 die Ästhetik: Schönheit

1 a Verschafft euch zunächst einen Überblick über den Text: Lest nur die im Druckbild hervorgehobenen Teile (Überschrift, Vorspann und Zwischenüberschriften). Betrachtet dann die Abbildung.

b Besprecht, welche Informationen der Text enthalten könnte. Macht euch auch bewusst, was ihr vielleicht schon über das Thema wisst.

2 a Arbeitet mit einer Kopie des Textes. Lest den gesamten Text zügig durch. Kreist (unbekannte Wörter) ein.

b Besprecht anschließend in Partnerarbeit, worum es in dem Text geht. Überlegt auch, was euch noch unklar ist, und notiert zwei bis vier Fragen an den Text.

c Klärt die Bedeutung der eingekreisten Wörter aus dem Textzusammenhang oder durch Nachschlagen.

3 Lest den Text ein zweites Mal gründlich und bearbeitet die Kopie des Textes so:

- Markiert die Schlüsselwörter – wie in Z. 6 bereits geschehen – farbig.
- Notiert ein Fragezeichen ? am Rand, wenn euch eine Textstelle unklar ist.

4 a Sprecht über die Textstellen, die ihr mit einem Fragezeichen am Rand versehen habt.
b Beantwortet die Fragen, die ihr nach dem ersten Lesen an den Text gestellt habt (▸ Aufgabe 2 b).

5 a Fasst die wichtigsten Informationen aus jedem Sinnabschnitt in Stichworten zusammen.
Tipp: Orientiert euch hierbei an den markierten Schlüsselwörtern.

> *Luftgitarren-Weltmeisterschaft (Z. x–y)*
> *– Luftgitarren-Weltmeisterschaft in Finnland*
> *– …*

b Vergleicht zu zweit eure Stichworte: Welche Stichworte könnten ergänzt oder gestrichen werden? Begründet einander eure Auswahl.
c Stellt euch abwechselnd mit Hilfe eurer Stichworte Fragen zum Text und beantwortet sie.

6 Tauscht euch aus, welche Informationen im Text für euch interessant waren oder was euch überrascht hat.

Methode **Einen Sachtext lesen und verstehen (Fünf-Schritt-Lesemethode)**

1. Schritt: Einen Überblick gewinnen
Lest die Überschrift(en), hervorgehobene Wörter und die ersten Zeilen des Textes, betrachtet die Abbildungen.

↓

2. Schritt: Den Text zügig lesen
Lest den gesamten Text zügig durch, ohne euch an Einzelheiten aufzuhalten, die ihr nicht sofort versteht. Macht euch klar, was das Thema des Textes ist.

↓

3. Schritt: Unbekannte Wörter und schwierige Textstellen klären
Klärt unbekannte Wörter und schwierige Textstellen aus dem Textzusammenhang oder durch Nachschlagen (▸ mehr Informationen hierzu auf Seite 162).

↓

4. Schritt: Den Text sorgfältig lesen und bearbeiten
Markiert die Schlüsselwörter farbig.
Gliedert den Text in Sinnabschnitte ⌐.
Notiert ein Fragezeichen ? am Rand, wenn euch eine Textstelle unklar ist.

↓

5. Schritt: Informationen zusammenfassen
Gebt jedem Sinnabschnitt eine treffende Überschrift und fasst die Informationen des Textes in Stichworten oder wenigen Sätzen zusammen.

Informationen zusammenfassen

Matschfußball: Wer stehen bleibt, versackt

von Mara Schneider

Schlammcatchen ist out. Der neue Trend heißt Matschfußball. Erfunden haben diese skurrile Abwandlung der beliebtesten deutschen Sportart die Finnen. Bei ihnen ist „Swamp Soccer“ mittlerweile Kult. Nun schwappt das nass-dreckige Vergnügen nach Deutschland über.

Ein überfluteter Acker, zwei Mannschaften und ein Ball: Das sind die Zutaten für eine Sportart, die ihren Ursprung der Legende nach in Finnland hat. Dort werden seit 1998 Weltmeisterschaften im Matschfußball, auch Schlammfußball genannt, ausgetragen. Erzählungen zufolge hat einst ein finnischer Offizier seine Soldaten zu Konditionsläufen ins Moor geschickt – und damit ihnen nicht langweilig wurde, schoss er ihnen einen Fußball hinterher.

In Finnland erfreut sich Matschfußball mittlerweile großer Beliebtheit. Jährlich treten rund 340 Mannschaften aus mittlerweile zehn verschiedenen Ländern gegeneinander an. 5000 Zuschauer verfolgen das Spektakel und feiern anschließend ausgelassen eine große Party.

Die Spielregeln beim „Swamp Soccer“, so die internationale Bezeichnung, weichen nur geringfügig vom richtigen Fußball ab. Bei der schlammigen Variante treten die Teams auf einem 60 mal 35 Meter kleinen Feld an. Es gibt keine Abseitsregel, gespielt wird mit fünf Feldspielern plus Torwart jeweils zweimal zehn Minuten – und die Schuhe dürfen während der gesamten Partie nicht gewechselt werden.

Nun soll Matschfußball auch in Deutschland salonfähig gemacht werden. In der Nähe von Leipzig haben sich vor wenigen Tagen zahlreiche Fans des nass-dreckigen Vergnügens zusammengefunden und die ersten deutschen Meisterschaften ausgetragen. Als Stadion diente ein kleiner Acker, den die örtliche Feuerwehr stundenlang mit rund 400000 Litern Brunnen-

wasser – mehr als 2 500 Badewannen voll – in eine Sumpflandschaft verwandelt hatte.
„Für Fußball interessiere ich mich nicht, aber das mit dem Matsch will ich mir anschauen", frohlockte eine ältere Frau am Spielfeldrand. Tatsächlich bietet Matschfußball einiges mehr an Unterhaltung als das Pendant auf dem Rasen. Oberste Faustregel: Wer auf dem Feld stehen bleibt, versackt. Filigrane Ballkünste, gekonnte Dribblings, genaue Passspiele – alles Fehlanzeige. Stattdessen robben die Spieler, knöcheltief im Schlamm steckend, bisweilen auf allen vieren in Richtung gegnerisches Tor und versuchen dabei, den modderigen Untergrund zu bezwingen.
„Der Ball ist total unberechenbar. Man kann einmal gegen ihn treten und er fliegt zehn Meter weit, beim nächsten Mal kullert er nur ein bisschen", berichtet Stephan Guth von seinen ersten Erfahrungen. „Es ist extrem anstrengend. Die beiden kurzen Halbzeiten erscheinen einem wesentlich länger als ein normales Fußballspiel."

1 a Lest den Text einmal zügig durch.
b Besprecht, inwieweit ihr nach dem ersten Lesen der folgenden Aussage zustimmen könnt: „Die Spielregeln [...] weichen nur geringfügig vom richtigen Fußball ab." (▶ Z. 23–25)

2 a Lest den Text noch einmal genau. Schreibt unbekannte Wörter aus dem Text heraus. Wenn ihr eine Kopie des Textes habt, kreist die unbekannten Wörter ein.
b Klärt die Bedeutung der unbekannten Wörter. Lest hierzu die Informationen unten.

3 Formuliert in Partnerarbeit W-Fragen zum Text und beantwortet sie mit Hilfe des Textes.

Methode **Unbekannte Wörter klären**

1 Wörter aus dem Textzusammenhang klären
Lest noch einmal die Sätze oder die Wörter, die vor und nach dem unbekannten Wort stehen. Sie geben oft Hinweise und Informationen, die mit dem unbekannten Wort in Verbindung gebracht werden können (= Textzusammenhang eines Wortes).

2 Wörter in Bausteine zerlegen
Prüft, ob das unbekannte Wort einen Baustein enthält, den ihr kennt. Überlegt auch, ob euch ein verwandtes Wort oder ein Wort aus einer Fremdsprache einfällt, von dem ihr das unbekannte Wort ableiten könnt, z. B.: *Zeremonienmeister = Zeremonie + Meister (Zeremonie = Feierlichkeit, feierliche Handlung) → jemand, der die Feierlichkeit leitet.*

3 Im Wörterbuch nachschlagen
Wenn ihr das Wort nach diesen Überlegungen nicht versteht, schlagt es im Wörterbuch nach.

Tipp: Nicht immer ist es wirklich notwendig, jedes unbekannte Wort im Text zu klären. Überlegt, ob ihr den Satz auch ohne das Wort versteht.

4 a Der Text informiert über verschiedene Gesichtspunkte des Matschfußballs. Haltet die wichtigsten Informationen fest, z. B. in einer Stichwortliste oder in einer Mind-Map.

b Stichwortliste oder Mind-Map? Erklärt die Unterschiede zwischen den beiden Arten, Textinformationen festzuhalten. Was sind die jeweiligen Vorteile und was die Nachteile?

5 Schreibt eine Textzusammenfassung für eure Schülerzeitung, in der ihr über Matschfußball informiert. Nehmt eure Stichwortliste oder Mind-Map aus Aufgabe 4 zu Hilfe. Geht so vor:

a Schreibt einen informierenden Einleitungssatz, in dem ihr den Titel des Textes, den Namen des Autors / der Autorin (evtl. auch die Quelle, z. B. Name der Zeitung, Internetadresse) und das Thema des Textes benennt, z. B.:
In dem Text „Matschfußball: Wer stehen bleibt, versackt“ informiert Mara Schneider über …

b Fasst im Hauptteil die Informationen des Textes in eigenen Worten zusammen. Schreibt sachlich und formuliert in eigenen Worten. Ihr könnt so beginnen:
In Finnland gibt es bereits seit 1998 Weltmeisterschaften im …
Angeblich ist diese Sportart …

Methode **Informationen festhalten, einen Sachtext zusammenfassen**

1 Informationen übersichtlich festhalten
Es gibt verschiedene Möglichkeiten, die Informationen eines Sachtextes festzuhalten:
- **Stichwortliste:** In einer Stichwortliste haltet ihr die Informationen des Textes in der Reihenfolge fest, in der sie im Text vorkommen.
- **Mind-Map:** Die Mind-Map (s. o.) ist ein Schaubild, in das ihr die Textinformationen – unabhängig von ihrer Reihenfolge im Text – nach Oberbegriffen (Teilthemen) einordnet, zu denen ihr dann weitere Informationen oder Unterbegriffe sammelt.

2 Sachtexte zusammenfassen:
In einer Textzusammenfassung informiert ihr andere, die den Text nicht gelesen haben, knapp und sachlich über den Inhalt des Textes.
- In der **Einleitung** nennt ihr den Titel, den Namen des Verfassers / der Verfasserin (evtl. auch die Quelle, z. B. Name der Zeitung) und das Thema des Textes.
- Im **Hauptteil** fasst ihr die wichtigsten Textinformationen knapp, sachlich und in eigenen Worten zusammen. Verwendet als Zeitform das **Präsens** (bei Vorzeitigkeit das Perfekt).

Grafiken und Diagramme auswerten

Die Reifeprüfung – Mit dem Hundeschlitten durch Alaska

von Sina Löschke

Als Melissa Owens ihr Husky-Team für das „Iditarod Race“ anmeldet, ahnt die 18-Jährige noch nicht, dass Kälte, Eis und schwächelnde Vierbeiner ihre kleinsten Sorgen sein werden. Den entscheidenden Kampf, so muss der Neuling beim härtesten Hundeschlittenrennen der Welt lernen, führt sie mit sich selbst.

Melissa kann nicht mehr. Mit letzter Kraft klammert sich die 18-jährige US-Amerikanerin an ihren Hundeschlitten. Ihre Knie schlackern wie Wackelpudding, ihre Augenlider sinken herab, als hingen Gewichte an den Wimpern. Meist wacht sie nach zwei, drei Sekunden blitzartig wieder auf. War sie eingeschlafen? Wer auf dem Schlitten wegdöst, riskiert sein Leben – und erst recht das seiner Hunde. Dabei hat Melissa Owens sich geschworen, auf ihre Huskys aufzupassen. Sie liebt Kiwi, Piko, Yoda und die anderen 13, als wären sie ihre Kinder. Die meisten hat Melissa selbst aufgezogen. Und die Huskys laufen, obwohl auch sie nach acht Tagen längst am Ende ihrer Kräfte sind.

Melissa fallen die Augen aufs Neue zu. Diesmal aber versagt der innere Wecker. Die junge Frau sackt zusammen und lässt den Schlitten los. Der schlingert, kippt schließlich um. Zum Glück landet Melissa unverletzt im Schnee. Auch die Hunde kommen glimpflich davon. Doch der Unfall macht ihr schlagartig bewusst, warum „Iditarod“ als das härteste Schlittenrennen der Welt gilt: Wer die 1688 Kilometer quer durch Alaska überstehen will, muss seine Grenzen überschreiten. Steile Berghänge, brüchiges Eis, kilometerweit keine Menschenseele. Dazu kommen eisige Schneestürme und Hunde, die nur richtig laufen, wenn sie Lust und keinen leeren Magen haben.

Aufgeben aber kommt für Melissa zu diesem Zeitpunkt nicht in Frage. Soll alle Arbeit umsonst gewesen sein? Sechs Monate lang hat sie ihr Husky-Team auf die Tour vorbereitet. Melissa kann im Schlaf aufsagen, welcher ihrer Hunde am liebsten Hühnerfleisch frisst, welcher Rind. Sie ist mit ihnen Tausende Trainingskilometer gefahren und hat von erfahrenen Kollegen gelernt, wie man erschöpfte Vierbeiner mit Massagen wieder fit macht.

Ja, Melissa strahlt Zuversicht aus, als sie am 2. März 2008 ins Rennen geht. In welchem Tempo und zu welcher Tageszeit die Gespanne fahren, entscheiden die Musher[1] selbst. Das Regelbuch schreibt nur drei Pflichtpausen vor:

Seit 1973 findet das „Iditarod Race“ statt, das nach dem damaligen Goldgräberort Iditarod benannt ist. Es wird zu Ehren eines legendären Rettungsmanövers ausgetragen: Im Winter 1925 brach unter den Einwohnern von Nome die Diphtherie aus, und es begann ein Wettlauf gegen die Zeit, um die benötigte Medizin von Anchorage nach Nome zu schaffen. In einem Staffellauf transportierten insgesamt zwanzig Musher mit mehr als einhundert Hunden den Impfstoff in nur fünfeinhalb Tagen nach Nome.

1 der Musher: Schlittenhundeführer

zwei achtstündige Stopps an einem der Kontrollpunkte am Yukon River und in White Mountain sowie einen 24-Stunden-Halt nach freier Wahl.

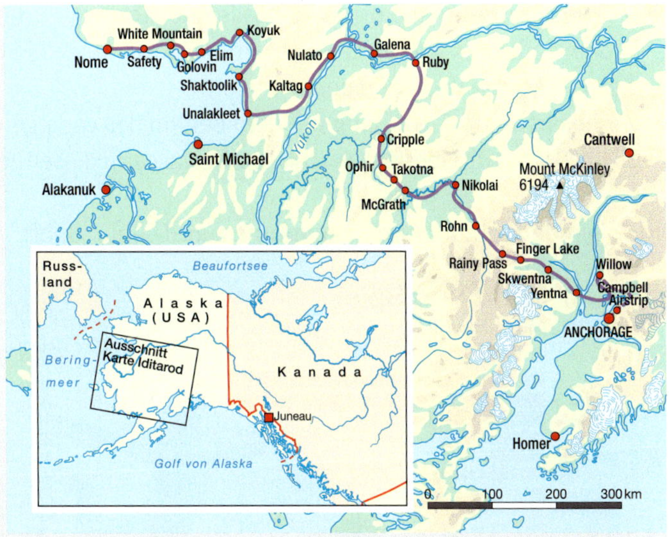

Melissa verliert schon auf dem ersten Streckenabschnitt Zeit. Ihr Magen streikt vor Aufregung. Tagelang kann sie nichts essen. Auf den eng gewundenen Bergpfaden haben ihre Huskys zudem mehr Mühe, als Melissa angenommen hatte.

Das Pech schlägt aber erst richtig zu, als Melissas Schlitten auf einem Flussabschnitt in ein Eisloch rutscht. Sie knallt aufs Knie und bricht sich fast das Bein. Zähne zusammenbeißen. Weiter. Die Hälfte ist fast geschafft. Dann frisst Gail plötzlich nicht mehr. Ein schlechtes Omen[2]!

Nach zehn Tagen, 20 Stunden und 21 Minuten überqueren Melissa und ihr Husky-Team die Ziellinie. Eltern, Bruder und Freunde schließen sie in die Arme: Platz 30, ein fantastisches Ergebnis! Nach einer Zielparty ist Hunden und Musher allerdings nicht zu Mute. Sie wollen nur noch eines: ausschlafen – mindestens zwei Wochen lang.

2 das Omen: Vorzeichen

1 a Lest den Text zügig durch. Betrachtet dann die Abbildungen.
b Besprecht: Was findet ihr an diesem Rennen besonders beeindruckend oder interessant? Warum ist wohl in der Überschrift von einer „Reifeprüfung" die Rede?

2 a Lest den Text noch einmal sorgfältig. Beantwortet dann in Partnerarbeit abwechselnd die folgenden W-Fragen mit Hilfe des Textes:
- Wo (in welchem Land) findet das „Iditarod Race" statt?
- Mit wie vielen Hunden geht Melissa Owens ins Rennen?
- Wie viele Kilometer umfasst die Rennstrecke?
- Wie viele Pflichtpausen in jeweils welchem Umfang (Zeitdauer) schreibt das Regelbuch vor?
- Wie viel Zeit braucht Melissa Owens für die Strecke?

b Formuliert zwei weitere W-Fragen, die sich mit Hilfe des Textes beantworten lassen.

3 a Besprecht, welche Funktion das Foto, der Infokasten und die Grafik (Landkarte) im Text haben.
b Erklärt, welche Angaben aus dem Text ihr auf der Landkarte wiederfindet. Nennt die Zeilen.
c Beschreibt genau, was auf der Landkarte zu sehen ist. Welche Informationen könnt ihr herauslesen?
d Begründet, was ihr in dem Text am ehesten für verzichtbar haltet: Foto, Landkarte oder Infokasten?

> Eine Abbildung kann eine rein schmückende Funktion haben. Sie kann aber auch Zusatzinformationen bieten, indem sie etwas erklärt oder veranschaulicht.

4 a Lest den Vorspann und die ersten Zeilen des Textes (▸ S. 164, Z. 1–10).
Entwerft nun einen sachlich-nüchternen Textanfang, indem ihr zu Beginn – wie in einem Bericht – die wichtigsten W-Fragen beantwortet.

b Vergleicht euren Textanfang mit dem Beginn des vorliegenden Textes. Welche Unterschiede fallen euch auf? Überlegt, warum die Verfasserin diesen Texteinstieg gewählt hat.

5 Im Folgenden seht ihr zwei Diagramme zum Thema „Sport“:

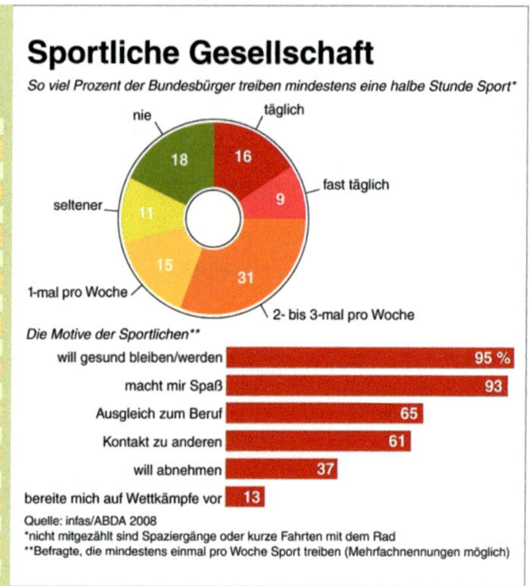

a Betrachtet die Diagramme. Bestimmt mit Hilfe der Informationen unten die Art der Diagramme.

b Sucht euch ein Diagramm aus und wertet es in Partner- oder Gruppenarbeit aus.
Nehmt hierzu die unten stehenden Informationen zu Hilfe.

6 Die Angaben aus dem Diagramm „Sport und Spiel“ gelten für alle Deutschen, also für alle Altersgruppen. Vergleicht die Angaben aus diesem Diagramm mit euren eigenen Sportinteressen. Stehen Fußball, Turnen und Tennis auch bei euch an erster Stelle? Wie hoch ist bei euch der Anteil von Mädchen und Jungen in den verschiedenen Sportvereinen?

Methode **Diagramme verstehen und auswerten**

Ein Diagramm ist eine anschauliche Darstellung von Daten und Informationen. Um ein Diagramm auszuwerten, geht ihr so vor:

- Schaut euch das Diagramm genau an. Lest die Überschrift und die übrigen Angaben und Erklärungen.
- Stellt fest, worüber das Diagramm informiert. Welche Maßeinheiten werden verwendet, z. B. Prozentzahlen (%), Kilo (kg), Euro (€)?
- Vergleicht die Angaben miteinander (höchster und niedrigster Wert, gleiche Werte).
- Fasst zusammen, was im Diagramm gezeigt wird. Was lässt sich ablesen?

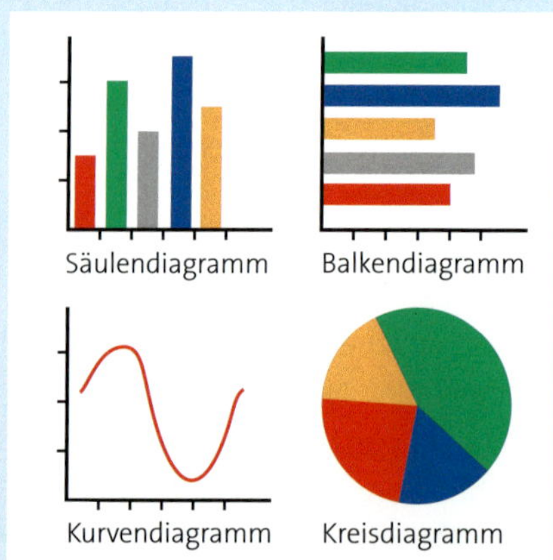

Teste dich!

Sachtexte lesen und verstehen

Mülltonnenrennen

Man nehme eine handelsübliche Mülltonne und lege sie mit Rädern und Deckelscharnieren auf den Boden. Nun wirft man sich bäuchlings auf die Tonne, umfasst mit den Händen den Deckelrahmen und streckt die Beine aus. Dabei berühren die Füße den Boden nur leicht. Jetzt schiebt man langsam den Körper nach hinten, bis die Tonne vorne zehn bis 15 Zentimeter abhebt. Geübte Fahrer balancieren die Tonne aus, ohne mit den Füßen den Boden zu berühren. Die Tonne rollt nun von selbst die Straße herunter. Lenken kann man durch Aufsetzen der Füße sowie durch Verlagern des Körpergewichts. Damit aber neben allem Sportsgeist auch der Spaß nicht zu kurz kommt, gibt es zwei komplett unterschiedliche Läufe, in denen beim Mülltonnenrennen gestartet werden kann. Zum einen gibt es das Hauptrennen, in dem einzig und allein die Geschicklichkeit des Fahrers und damit die Geschwindigkeit der Tonne zählt. Zum anderen gibt es aber auch ein Showrennen, bei dem die Geschwindigkeit überhaupt nicht gewertet wird. Hier zählt ausschließlich der Ideenreichtum, mit dem das Alltagsgerät aufgemotzt wurde.

1 Gliedere den Text in Sinnabschnitte und notiere für jeden Abschnitt eine treffende Überschrift.

2 Notiere die Buchstaben der richtigen Aussagen. Berücksichtige hierbei auch das Foto.
- **A** Man liegt auf einer Mülltonne und rutscht auf den Deckelscharnieren den Abhang hinab.
- **B** Für das Mülltonnenrennen ist eine normale Mülltonne ausreichend.
- **C** Beim Mülltonnenrennen ragt der Oberkörper vorne etwas über den Deckelrand hinaus.
- **D** Gelenkt wird die Mülltonne mit den Füßen sowie durch Verlagerung des Körpergewichts.

3
- a Erkläre knapp, was auf dem Foto dargestellt wird.
- b Suche die Textstelle, zu der man das Foto in Beziehung setzen kann. Notiere die entsprechenden Zeilenangaben und erläutere den Zusammenhang zwischen Text und Foto.

4 Der Text spricht von zwei Rennen. Worin unterscheiden sie sich?
Kombiniere die Ziffern mit den jeweils richtigen Buchstaben:

1 Hauptrennen
2 Showrennen

- **A** Hier geht es darum, besonders schnell und geschickt zu sein.
- **B** Hier geht es vor allem darum, Spaß zu haben.
- **C** Hier muss die Tonne besonders originell aussehen.
- **D** Hier spielt das Aussehen von Tonne und Fahrer keine Rolle.

5 Vergleicht eure Lösungen aus den Aufgaben 1 bis 4 in Partnerarbeit.

9.2 Die Olympischen Spiele – Informationen recherchieren und präsentieren

Finale der 4 x 100 m Staffel,
Olympische Sommerspiele 2012 in London

Holger Sonnabend

Der Anfang der Olympischen Spiele

Ursprünglich sind die Menschen nicht nach Olympia gekommen, um sich an einem sportlichen Wettkampf zu erfreuen. Vielmehr ist der kleine Ort Olympia im Nordwesten des Peloponnes[1] eine heilige Stätte. Denn hier befindet sich ein berühmter Tempel des Zeus, des obersten Gottes der Griechen. In Scharen pilgern die Menschen dorthin, um den Göttervater zu ehren und den Opferhandlungen beizuwohnen. Opfer sind Geschenke für die Götter und dienen dazu, sie wohlwollend zu stimmen.

Den Verwaltern des Heiligtums und den verantwortlichen Politikern von Elis verdanken wir auch die Idee des Sports in Olympia. Sie wissen, dass der Sport hoch im Kurs steht. So wird der Beschluss gefasst, in Olympia als Ergänzung zu den Opferhandlungen Spiele zu Ehren des Gottes Zeus zu veranstalten.

Zunächst findet nur eine einzige Disziplin statt, nämlich der Stadionlauf. Die Rechnung der Priester und Politiker von Elis geht auf. Die Olympischen Spiele kommen bei Athleten und Zuschauern groß in Mode. Das sportliche Programm wird im Laufe der Zeit ständig erweitert. Längst geht es nicht mehr allein um den Siegerkranz im Stadionlauf. Auch Boxen und Ringkampf gehören bald zu den ständigen Disziplinen und begeistert gehen die Zuschauer mit, wenn sich die Muskelpakete im Staub wälzen. Vielseitigkeit müssen die Athleten im olympischen Fünfkampf unter Beweis stellen, der aus Weitsprung, Diskuswurf, Speerwurf, Ringen und Laufen besteht. Zum größten Spektakel und zu einer absoluten Attraktion für das Publikum entwickelt sich das Wagenrennen, bei dem die wagemutigen Lenker ihre Vierergespanne in zwölf Runden über die Piste der Pferderennbahn jagen und dabei nicht selten Kopf und Kragen riskieren.

Anfangs sind die Griechen in Olympia unter

1 der Peleponnes: griechische Halbinsel

sich, Fremde sind nicht zugelassen. Das ändert sich erst, als die Römer im 2. Jh. v. Chr. die Herrschaft in Griechenland übernehmen. Nun werden die Spiele international, die Athleten kommen aus allen Teilen des Römischen Reiches. 66 n. Chr. versucht sich sogar der römische Kaiser Nero als Wagenlenker, fällt aber gleich nach dem Start vom Wagen. Die Kampfrichter erklären ihn dennoch zum Sieger, weil sie den Kaiser nicht verlieren lassen wollen. 393 n. Chr. beendet der römische Kaiser Theodosius (347–395 n. Chr.) die lange Tradition der Olympischen Spiele. Der Grund: Kurz zuvor hat Kaiser Theodosius das Christentum zur Staatsreligion erklärt, und weil die Olympischen Spiele immer noch zu Ehren des Gottes Zeus veranstaltet werden, spricht der christliche Herrscher ein Verbot über das „heidnische" Spektakel aus. In den Wettkampfstätten und Tempeln in Elis kehrt nun Ruhe ein.

Die Olympischen Spiele der Antike

Mythische Ursprünge
Die Olympischen Spiele sollen von dem Halbgott Herakles zu Ehren seines Vaters Zeus ins Leben gerufen und in Olympia ausgetragen worden sein.

Olympischer Friede
Für das Jahr 776 v. Chr. sind die Olympischen Spiele zum ersten Mal schriftlich bezeugt. Während der Spiele herrschte eine heilige Waffenruhe, um allen Beteiligten eine sichere An- und Abreise zu gewährleisten.

Verbot der Spiele
393 n. Chr. verbot der Kaiser Theodosius I. die Olympischen Spiele.

→ 776 v. Chr. → 394 n. Chr.

Die Olympischen Spiele der Neuzeit

Wiederbelebung der Olympischen Spiele
1894 forderte der französische Baron Pierre de Coubertin eine Wiederbelebung der Olympischen Spiele.

Vom 6. bis zum 15. April 1896 fanden in Athen die ersten Olympischen Spiele der Neuzeit statt.

Teilnahme von Frauen
An den zweiten Olympischen Spielen in Paris 1900 durften zum ersten Mal auch Frauen teilnehmen.

Olympische Winterspiele
Seit 1924 gibt es auch Olympische Winterspiele.

→ 1894 → 1896 → 1900 → 1924

1 a Lest den Text und die Zusatzinformationen unter den Überschriften „Die Olympischen Spiele der Antike" und „Die Olympischen Spiele der Neuzeit". Erklärt, worum es geht.
b Vergleicht die beiden Materialien (Text und Zusatzinformationen): Welche Informationen findet ihr wo?

2 a Auf den nächsten Seiten (▸ S. 170–173) bereitet ihr einen Kurzvortrag zum Thema „Olympische Spiele" vor. Über welche interessanten Teilbereiche könnt ihr in eurem Vortrag informieren? Sammelt in Gruppen Fragen und Stichworte.
b Überlegt, worauf ihr bei der Recherche und der Auswertung der Materialien achten müsst.

Fordern und fördern – Informationen vergleichen

A Mehr als 1500 Jahre nach dem Verbot der Olympischen Spiele im Jahre 393 wurde am 23. Juni 1894 die Wiedereinführung der Olympischen Spiele beschlossen. Die Idee dazu hatte der Franzose Pierre de Coubertin. Auf seinen Reisen lernte er die englische Internatserziehung kennen. Im Sportunterricht wurden Ehrgeiz und Teamfähigkeit vermittelt, die körperliche Tüchtigkeit gefördert und die Schüler nahmen dies mit Begeisterung auf. Coubertin erkannte, dass Sport das ideale Mittel sein müsse, um junge Menschen aus aller Welt zusammenzubringen. Fast zeitgleich fand der deutsche Archäologe Ernst Curtius Reste der antiken Spielstätten von Olympia. Von diesen Funden fasziniert, kam Coubertin auf die Idee, die Olympischen Spiele wiederzubeleben. Sportinteressierte Vertreter aus aller Welt trafen sich und bildeten das erste Internationale Olympische Komitee (IOC). Sie wählten die Sportarten aus, die olympische Disziplinen werden sollten, und stellten die Regeln auf. Die ersten Olympischen Spiele der Neuzeit fanden im April 1896 in Athen statt.

B Der französische Baron Pierre de Coubertin gilt als Vater der Olympischen Spiele der Neuzeit. Er war der Meinung, dass Sport für die geistige und körperliche Entwicklung der Jugend eine große Bedeutung habe und dass die Wettkämpfe die Freundschaft zwischen den teilnehmenden Ländern fördere. Deshalb wollte er die Wettkämpfe der Antike wieder ins Leben rufen. Bei einer internationalen Sportkonferenz in Paris 1894 trug er seine Idee vor und stieß damit auf große Begeisterung. Im selben Jahr wurde das Internationale Olympische Komitee (IOC) mit dem Ziel gegründet, die Olympischen Spiele der Neuzeit zu organisieren. Nur zwei Jahre später, im April 1896, fanden die ersten Olympischen Spiele der Neuzeit statt. Die Spiele waren ein großer Erfolg: 60000 Zuschauer/-innen kamen zur Eröffnung. Zwar waren die meisten Sportler aus Griechenland, es nahmen aber auch Sportler aus anderen Ländern teil.

Bei euren Recherchen zu den Olympischen Spielen der Neuzeit werdet ihr meist mehrere Texte zu einem Thema finden. Hier müsst ihr die Informationen auswählen und ordnen.
Übt dies anhand der vorliegenden Texte (A und B).
Geht so vor:

●●● 1 Lest die beiden Texte. Formuliert das Thema beider Texte in einer treffenden Überschrift.
▷ Hilfen zu dieser Aufgabe findet ihr auf Seite 171.

●●● 2 Legt eine Tabelle mit zwei Spalten an und haltet die Informationen der Texte A und B jeweils getrennt in einer Spalte fest.
▷ Hilfen zu dieser Aufgabe findet ihr auf Seite 171.

●●● 3 Vergleicht mit Hilfe eurer Tabelle die Informationen aus den beiden Texten.
Markiert gleiche bzw. ähnliche Informationen, auch wenn sie unterschiedlich formuliert sind, in der gleichen Farbe. Markiert sparsam!
▷ Hilfen zu dieser Aufgabe findet ihr auf Seite 171.

●●● 4 Tragt die wichtigsten Informationen aus den beiden Texten zusammen, indem ihr sie, nach Oberbegriffen geordnet, in Stichpunkten auflistet.
▷ Hilfen zu dieser Aufgabe findet ihr auf Seite 171.

Aufgabe 1 mit Hilfen

Lest die beiden Texte sorgfältig. Benennt dann das Thema beider Texte. Formuliert hierzu eine genaue Überschrift, die für beide Texte passt. Ihr könnt eine der beiden Überschriften fortführen:

- *Nach 1500 Jahren: Fortsetzung der ...*
- *Wie die Olympischen Spiele ...*

Olympische Sommerspiele 2012 in London

Aufgabe 2 mit Hilfen

Legt eine Tabelle mit zwei Spalten an und haltet die Informationen der Texte jeweils in einer Spalte fest. Ihr könnt die folgende Tabelle in euer Heft übertragen und fortführen:

Text A	Text B
– *393: Verbot der ...*	– *Vater der Olympischen Spiele der Neuzeit: ...*
– *23. Juni 1894: Wiedereinführung der ...*	– *Coubertin glaubte, dass Sport für die Entwicklung der ...*
– *Grund: Coubertin erkannte, dass ...*	– *1894: Gründung des ...*
– *Zur gleichen Zeit: ...*	– *1896: ...*
– *Das erste Jnternationale Olympische Komitee ...*	– *großer Erfolg: ...*
– *Jm April 1896 ...*	

Aufgabe 3 mit Hilfen

Vergleicht mit Hilfe eurer Tabelle die Informationen aus den beiden Texten.
Markiert gleiche bzw. ähnliche Informationen in der gleichen Farbe. Markiert sparsam!
Tipp: Die folgenden Aussagen finden sich jeweils nur in einem der beiden Texte:

- Verbot der antiken Olympischen Spiele
- Der deutsche Archäologe Ernst Curtius fand Reste der antiken Spielstätte von Olympia.
- Das IOC legte die olympischen Disziplinen und Regeln fest.
- Die ersten Spiele der Neuzeit: 60 000 Zuschauer, vorwiegend Sportler aus Griechenland

Aufgabe 4 mit Hilfen

Tragt die wichtigsten Informationen aus den beiden Texten zusammen, indem ihr sie, nach Oberbegriffen geordnet, in Stichpunkten auflistet. Folgende Oberbegriffe könnt ihr verwenden:

Wiedereinführung • Grundidee • Internationales Olympisches Komitee • Die ersten Spiele

Methode **Informationen aus unterschiedlichen Texten vergleichen und ordnen**

Bei euren Recherchen werdet ihr meist mehrere Texte zu einem Thema finden.
Dann müsst ihr die Informationen auswählen und ordnen. Geht so vor:

1. Unterstreicht auf einer Kopie oder einem Textausdruck die wichtigsten Informationen.
2. Notiert am Textrand, zu welchen Oberbegriffen oder Teilthemen die markierten Informationen gehören, z. B.: Wiedereinführung (der Olympischen Spiele), Grundidee ...
3. Tragt die wichtigsten Informationen zusammen, indem ihr sie nach Oberbegriffen ordnet.

Informationen recherchieren

1 Heute gehören die Olympischen Spiele zu den sportlichen Großereignissen.
Bereitet in Kleingruppen einen Kurzvortrag über die Olympischen Spiele vor. Geht so vor:

a Überlegt, über welche interessanten Teilbereiche ihr in eurem Vortrag informieren wollt. Sammelt in Gruppen Fragen und Stichworte, z. B. in einem Cluster:

b Ordnet eure Fragen nach Unterthemen, z. B.: Entstehung der Olympischen Spiele der Neuzeit, sportliche Disziplinen, Organisation ...

c In einem Kurzvortrag könnt ihr nicht alle Informationen zu einem Thema vorstellen. Trefft eine Auswahl und markiert die Unterthemen, über die ihr euch genauer informieren wollt.

2 a Entscheidet, welche Materialien von den Seiten 168–171 ihr für euren Kurzvortrag nutzen könnt. Notiert dann, über welche Bereiche ihr weitere Informationen recherchieren wollt.

b Teilt die Unterthemen, zu denen ihr recherchieren wollt, unter euch auf. Haltet fest:
- Wer übernimmt welches Unterthema? Bis wann sollen die Informationen vorliegen?
- Wie sollen die Informationen festgehalten werden (z. B. Stichworte, Texte mit Markierungen)?

c Recherchiert zu euren Unterthemen und tragt die Informationen zusammen (▸ Informationen vergleichen und ordnen, S. 171). Notiert, wo ihr das Material gefunden habt (Quellenangaben).
Tipp: Recherchiert auch Bilder, Grafiken oder anderes Anschauungsmaterial zu eurem Vortrag.

Methode **Informationen recherchieren**

1. Bibliothek aufsuchen: in Büchern, Zeitschriften und Zeitungen recherchieren
In der Bibliothek könnt ihr mit Hilfe des Computers nach Büchern (Lexika, Sach- oder Fachbüchern) und anderen Medien suchen (▸ weitere Informationen hierzu S. 332).

2. Im Internet recherchieren
Für die Recherche im Internet verwendet man sogenannte Suchmaschinen, z. B. google.de.
Für Jugendliche gibt es spezielle Suchmaschinen, z. B.: *fragfinn.de*, *helles-koepfchen.de*.
Durch die Eingabe von Suchbegriffen wird die Suche sinnvoll eingeschränkt.
Mehr Informationen zur Internetrecherche findet ihr auf den Seiten 332–333.

3. Quellenangaben machen
Es ist wichtig, zu allen Materialien Quellenangaben zu machen, damit man die Informationen noch einmal nachlesen oder überprüfen kann:
- **Buch:** Autor/-in, Buchtitel, Seitenangabe, z. B.: *Edwin Klein: Die Olympischen Spiele, S. 33.*
- **Zeitung/Zeitschrift:** Verfasser/-in, Titel des Textes, Name der Zeitschrift/Zeitung, Ausgabe (z. B. *Nr. 2/2013*), Seitenangabe, z. B.: *Felix Muster: Zwischenfälle bei den Olympischen Spielen. In: Olympiade heute, Nr. 33/2012, S. 33–36.*
- **Internet:** Internetadresse und Datum, an dem ihr die Seite aufgerufen habt, z. B.: *www.helles-koepfchen.de/artikel/2673.html (15. 3. 2013)*

Einen Kurzvortrag gliedern und halten

1 a Entwickelt in eurer Themengruppe eine Gliederung für den Hauptteil eures Kurzvortrags. Legt eine sinnvolle Reihenfolge für eure Unterthemen fest, z. B.:

1. Wiedereinführung der Olympischen Spiele
2. Olympische Symbole und Zeremonien (Fackellauf)
3. Sportarten
4. ...

b Überlegt, zu welchen Informationen eures Vortrags ihr welche Bilder, Grafiken etc. zeigen wollt.

c Legt dann für jedes Unterthema eine Karteikarte an und notiert die wichtigsten Informationen. Vermerkt auch, wann ihr euer Anschauungsmaterial zeigen wollt.
Tipp: Die Kärtchen dienen als Gedächtnisstütze für den Vortrag, den ihr möglichst frei haltet.

2 Plant die Einleitung und den Schluss eures Vortrags.

a Begründet, welche der folgenden Einleitungen am ehesten dazu geeignet ist, das Interesse der Zuhörerinnen und Zuhörer zu wecken:
- *Alle vier Jahre werden Olympische Spiele veranstaltet. Die nächsten finden ... in ... statt.*
- *Im 4. Jahrhundert hat ein römischer Kaiser die Olympischen Spiele verboten, aber wir feiern sie alle vier Jahre. Wie ist es dazu gekommen?*

b Sammelt weitere Einstiegsmöglichkeiten und formuliert sie aus.

c Formuliert einen möglichen Schluss für euren Vortrag.

3 a Übt eure Kurzvorträge in der Gruppe. Gebt euch mit Hilfe des folgenden Bogens ein Feedback.

Beobachtungsfragen Kurzvortrag	☺☺	☺	☹	☹☹	Notizen
War der Vortrag gut gegliedert?					...
Wurde alles verständlich erklärt?					...
War das Anschauungsmaterial gut gewählt?					...
Wurde laut, deutlich und frei gesprochen?					...

b Haltet eure Kurzvorträge vor der Klasse. Die anderen hören aufmerksam zu und notieren mit Hilfe der Beobachtungsfragen, was ihnen auffällt.

Methode **Einen Kurzvortrag gliedern**

1. **Einleitung:** Die Einleitung eines Kurzvortrags soll das Interesse eurer Zuhörerinnen und Zuhörer wecken und in das Thema einführen. Es gibt verschiedene Möglichkeiten, z. B.: ein Bild zum Thema, ein passendes Zitat, ein interessantes Ereignis.
2. **Hauptteil:** Im Hauptteil werden die Informationen in einer sinnvollen Reihenfolge wiedergegeben. Beantwortet hierbei die W-Fragen (Was? Wo? Wie? Warum? ...).
3. **Schluss:** Der Schluss rundet den Vortrag ab. Ihr könnt wichtige Informationen zusammenfassen oder eine persönliche Meinung zum Thema formulieren.

9.3 Fit in … – Einen Kurzvortrag halten

Körper, Stimme, Publikum – Vorübungen für einen Kurzvortrag

1 Übt mit den folgenden Aufgaben, eure Körpersprache bewusst einzusetzen und wahrzunehmen.

a „Sich vorstellen“: Alle gehen durch den Raum und erproben unterschiedliche Körperhaltungen und Gesichtsausdrücke. Auf ein vereinbartes Zeichen hin (z. B. Gong, Klatschen) bleiben alle stehen, wenden sich dem am nächsten stehenden Mitschüler zu und stellen sich paarweise mit Vor- und Nachnamen einander vor. Dabei achtet jeder darauf, einen freundlichen, offenen Eindruck zu machen. Wenn das Zeichen erneut ertönt, geht es weiter.

b Alle stellen sich im Kreis so auf, dass guter Blickkontakt möglich ist. Eine Person geht in die Mitte, lässt den Blick kreisen und stellt sich den anderen vor. Sie nennt dabei ihren Vornamen, ein Adjektiv mit demselben Anfangsbuchstaben und nimmt eine dazu passende Körperhaltung ein, z. B.: *Fabian – fröhlich.*

c Sprecht über eure Erfahrungen mit dem Sich-Vorstellen in Aufgabe a und b. Berücksichtigt, welche Rolle Körperhaltung, Mimik, Gestik und Stimme dabei gespielt haben.

2 a Die abgebildete Schülerin nimmt bei ihrem Kurzvortrag verschiedene Körperhaltungen ein. Stellt sie jeweils in einem Standbild (▸ S. 337) nach.

b Besprecht, wie ihr euch in der jeweiligen Haltung gefühlt habt und wie diese auf den Betrachter wirkt.

3 a Formuliert zehn Tipps für einen wirkungsvollen Kurzvortrag. Berücksichtigt dabei nicht nur die Körpersprache (Mimik, Gestik, Körperhaltung, Blick), sondern auch Stimme, Tonfall, Lautstärke usw.

b Übertragt den folgenden Beobachtungsbogen in euer Heft und ergänzt ihn mit Hilfe eurer Tipps.

Beobachtungsbogen Präsentation	☺☺	☺	☹	☹☹
Die Schülerin / der Schüler *– hat Blickkontakt zum Publikum,* *– …*				

Jetzt rede ich – Informationen in einem Kurzvortrag präsentieren

Stellt euch vor, ihr wollt einen Kurzvortrag zu folgendem Thema halten: „Ausgefallene Sportarten – Was ist ‚Kitesurfen' und warum wird es immer beliebter?"
Erarbeitet mit Hilfe der Aufgaben auf S. 176 einen wirkungsvollen Anfang dieses Kurzvortrags.

Kitesurfen: Waghalsige Sprünge und Schnelligkeit

Auf einem Brett, das ca. 1,40 Meter lang ist und einem Snowboard oder Surfbrett ähnelt, lässt sich der Kiter von einem speziellen Lenkdrachen (engl. „kite") über das Wasser ziehen. Bei gutem Wind kann man dabei enorme Sprünge absolvieren. Zum Teil wird sogar eher geflogen als auf dem Wasser geglitten. Zehn Meter hohe und 40 Meter weite Sprünge sind keine Seltenheit und im Gegensatz zum Surfen sieht das Kiten auch schon bei wenig Wind spektakulär aus – sofern der Kiter weiß, wie er mit dem Drachen, dem Wind, dem Wasser und dem Brett umzugehen hat.

Kitesurfen ist eine Sportart, bei der das Material und die Techniken von verschiedenen Sportarten neu kombiniert wurden. Beim Kitesurfen werden Elemente des Kite-Buggy-Fahrens (man fährt mit dem Wind an einem Drachen in einem dreirädrigen Gefährt mit bis zu 100 Stundenkilometern am Strand entlang), des Wellenreitens, des Windsurfens, Skateboardens, Snowboardens und Wakeboardens zusammengebracht.

1 Einleitung
- *Jeder kennt schon*
  - *Drachenfliegen*
  - *Surfen*
  - *aber jetzt: Kitesurfen = neue Trendsportart*
- *Thema meines Vortrags:*
- *Was ist ...? Warum immer beliebter?*

2 Hauptteil
- *kite (engl.) = Lenkdrachen*
- *Foto auf Folie zeigen – Klasse angucken!*
- *zusammengesetzt aus:*
  - *Kite-Buggy-Fahren,*
  - *Wellenreiten, Windsurfen,*
  - *Boarden (Skate-, Snow-, Wake-)*

Stichwortkarten vorbereiten

1 a Lest den Text und die Karteikarten zum Thema Kitesurfen auf Seite 175 sorgfältig durch und betrachtet die Fotos.

b Übertragt die Stichworte für die Einleitung und den Beginn des Hauptteils auf Karteikarten. Achtet darauf, die Karten nur einseitig zu beschriften und sie zu nummerieren.

Aktivieren des Publikums planen

2 a Überlegt, wie ihr das Publikum aktivieren könnt, um noch mehr Aufmerksamkeit für euren Vortrag zu bekommen. Sammelt Ideen, indem ihr das folgende Cluster in euer Heft übertragt und ergänzt.

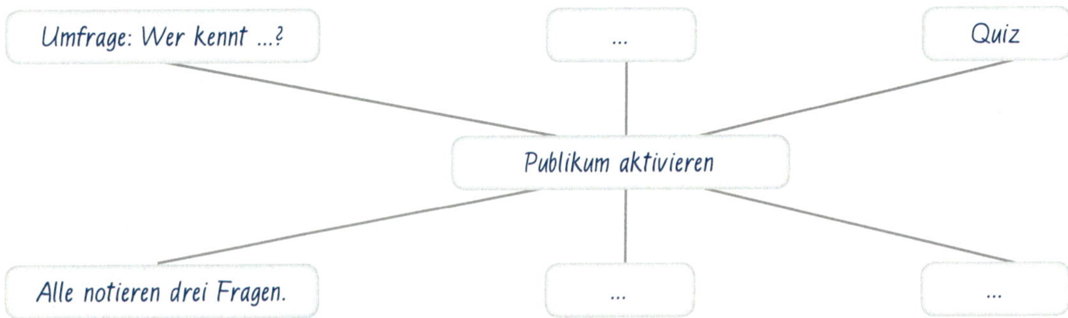

b Besprecht eure Cluster und findet Argumente für die unterschiedlichen Methoden.

Präsentation üben und Kurzvortrag halten

3 a Übt in Gruppen, den Anfang des Kurzvortrags wirkungsvoll zu präsentieren.
- Nutzt dabei die Karteikarten für die Einleitung und den Anfang des Hauptteils als Gedächtnisstütze.
- Verwendet eines der beiden Fotos von Seite 175 zur Verdeutlichung eurer Informationen. Ihr könnt hierzu ein Blatt Papier mit einer groben Skizze als Platzhalter verwenden.
- Achtet darauf, euch dem Publikum freundlich und offen zuzuwenden.
- Sorgt durch eine der Methoden aus eurem Cluster aus Aufgabe 2 a dafür, dass das Publikum angeregt wird und die Informationen aus eurem Vortrag aktiv verarbeitet.

b Gebt euch gegenseitig Rückmeldung, inwieweit eure Präsentation gelungen war. Füllt hierzu die Beobachtungsbögen aus Aufgabe 3 b auf Seite 174 aus und besprecht eure Ergebnisse.

c Haltet den geübten Kurzvortrag vor der ganzen Klasse.

Checkliste

Einen Kurzvortrag wirkungsvoll präsentieren

Ich habe
- den Kurzvortrag geübt.
- auf angemessene Körpersprache (Körperhaltung, Mimik) geachtet.
- so laut und deutlich gesprochen, dass alle mich gut verstehen konnten.
- mich beim Einsatz von Materialien dem Publikum zugewendet (Blick, Körperhaltung).
- die Zuhörenden durch geeignete Methoden aktiviert.

10 Bildschirmwelten – Über Mediennutzung nachdenken

1 Diese Abbildung stammt aus einem Computerspiel.

a Beschreibt, was ihr seht und was die Figuren gerade tun.

b Stellt Vermutungen an, worum es in der Szene gehen könnte.

c Wie könnte sich die Szene weiterentwickeln und welche Handlungsmöglichkeiten könnten die Spieler des Computerspiels dabei haben?

2 a Tauscht euch darüber aus, welche Computerspiele ihr kennt.

b Interessieren euch Computerspiele oder eher nicht? Begründet eure Meinung.

In diesem Kapitel …

- denkt ihr über Figuren und Handlungen in Computerspielen nach,
- untersucht ihr Fernsehserien,
- entwerft ihr eine Folge einer Fernsehserie.

10.1 Das Leben spielen – Über Computerspiele nachdenken

Mein zweites, digitales Ich – Figuren in Computerspielen

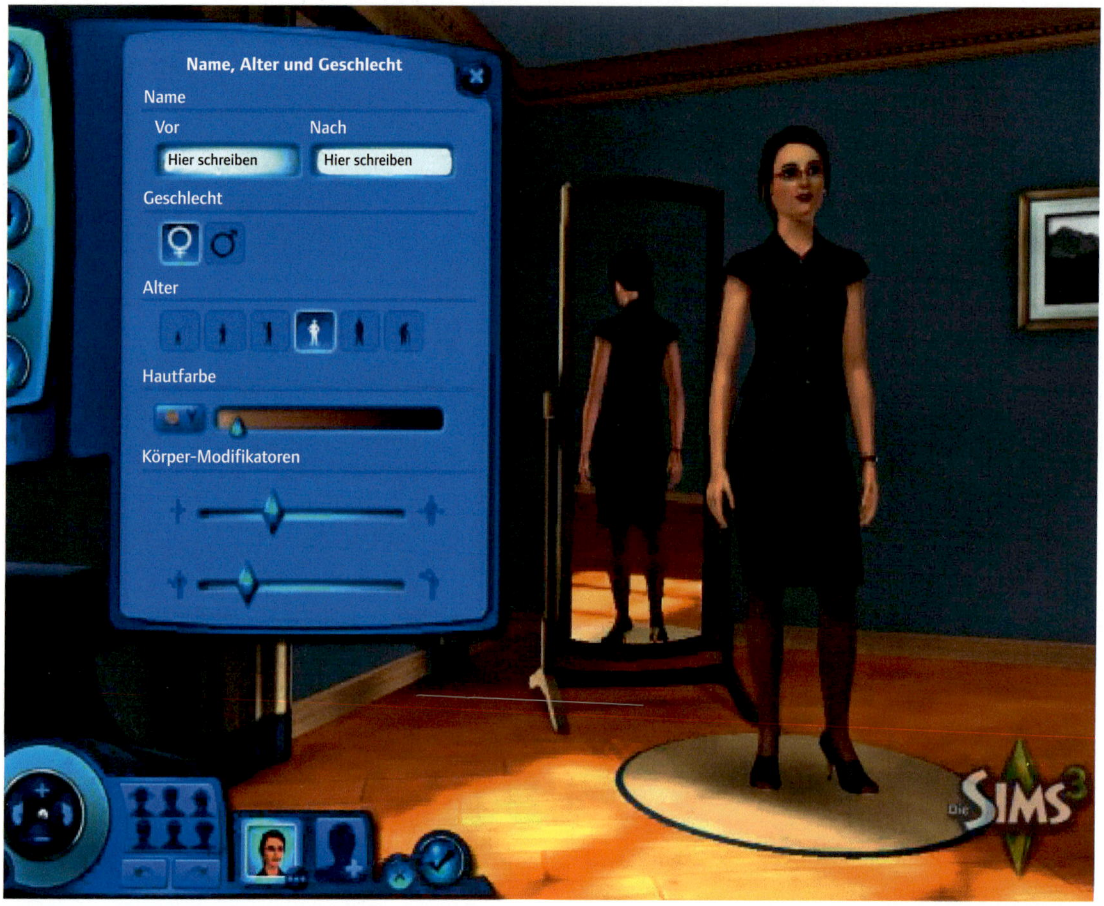

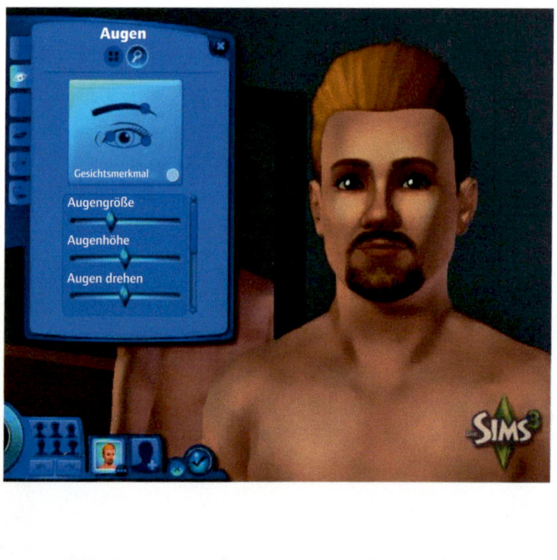

1 In Computerspielen wie den „Sims" steuert man eine Spielfigur durch eine Welt, in der man viele Dinge tun kann, die der wirklichen Welt nachempfunden sind: Man macht Bekanntschaften, schließt Freundschaften, kauft ein, baut vielleicht ein Haus oder gründet eine Familie.
Um Anschaffungen machen zu können, müssen die Figuren arbeiten und Geld verdienen.
Oft kann der Spieler eine Hauptfigur selbst gestalten, die dann im Spiel sein Stellvertreter ist.
Eine solche Figur nennt man „Avatar" (▸ Merkkasten unten auf dieser Seite).
Die Abbildungen auf Seite 178 und auf dieser Seite zeigen Beispiele für verschiedene Möglichkeiten, seinen Avatar zu gestalten. Betrachtet die Abbildungen genau und beschreibt diese Möglichkeiten.

2 a Stellt euch vor, dass ihr selbst euren Avatar für dieses Computerspiel entwerft. Beschreibt, wie die Figur aussehen würde und welche Merkmale ihr unter dem Begriff „Persönlichkeit" wählen würdet. Formuliert auch einen „Lebenswunsch".
b Stellt eure Avatare in der Klasse vor und überlegt, woran ihr euch bei der Gestaltung eurer Figur orientiert habt.

Information **Figuren in Computerspielen**

In vielen Computerspielen schlüpft der Spieler in die Rolle einer Figur, die er durch die Welt des Spiels steuert. Dieser Stellvertreter des Spielers oder der Spielerin wird auch „Avatar" genannt. Viele Spiele bieten die Möglichkeit, den Avatar durch Auswählen von Merkmalen selbst zu gestalten.

„Baue eine Stadt" – Handlungen in Computerspielen

1 In dem Computerspiel „Die Sims" kannst du verschiedene Aufgaben für deine Spielfiguren auswählen. Manche Aufgaben sind einfach auszuführen, andere beanspruchen mehr Zeit und gliedern sich in zahlreiche Teilaufgaben.

a Bringt die oben genannten Aufgaben in eine Reihenfolge von „einfach" bis „schwierig".

b Welche der Aufgaben würden euch am ehesten interessieren? Begründet eure Wahl.

In dem Spiel „Die Sims" können Figuren miteinander Kontakt aufnehmen. Zwei Sims miteinander bekannt zu machen, gehört zu den relativ einfachen Aufgaben. Man bringt die Figuren zunächst mit einigen Klicks in einem Raum zusammen. Wählt man nun die Schaltfläche „Lustig sein" (▶ Abbildung auf S. 181), hört man ein Gemurmel, das ein witziges Gespräch zwischen den Figuren nachahmt. Währenddessen füllt sich der Balken mit der Fortschrittsanzeige schnell von „fremd" zu „bekannt". Klickt man auf das Feld „Nett sein", hört man ein Gemurmel in ernsthafterem Tonfall und der Balken füllt sich langsamer. Für „nett sein" erhält der Spieler mehr „Erfahrungspunkte" (EP). Diese Punkte können später für weitere Aktivitäten eingesetzt werden, z. B. um im Spiel Gegenstände zu kaufen.

Will der Spieler die Beziehung vertiefen, kann er die Figuren eine gemeinsame Aufgabe ausführen lassen, wie z. B. die, einen Garten anzupflanzen. Dazu müssen per Mausklick Gemüsesamen gesät werden. Nach einer Weile erscheint eine Anzeige, dass die Pflanzen reif sind. Werden sie mit einigen Klicks geerntet, erhält der Spieler weitere Punkte.

2 Der Name des Spiels „Die Sims" ist von dem Wort „Simulation" abgeleitet, das „Nachahmung" bedeutet. Ahmt die Spielszene „Zwei Sims miteinander bekannt machen" das Kennenlernen von Menschen in der Wirklichkeit treffend nach? Diskutiert die Frage in der Klasse.

3
a Haltet ihr eine Computerspiel-Aufgabe wie „Zwei Sims miteinander bekannt machen" für interessant? Bereitet ein Streitgespräch vor zwischen einem Spieler, der eine solche Aufgabe interessant findet, und einem, den solch eine Aufgabe nicht reizt.
Sammelt in Stichworten Argumente für beide Positionen.
b Spielt die Diskussion zwischen den beiden Spielern vor der Klasse.

4 Nicht nur in Büchern, auch in Computerspielen müssen Helden oft größere Aufgaben bewältigen, die sich aus mehreren Teilaufgaben zusammensetzen („Quests" ▸ Merkkasten).
Diskutiert darüber, worin der Unterschied liegt, ob man in einem Buch von einer Quest liest oder ob man sich im Computerspiel mit einer solchen beschäftigt.

Information **Handlungen in Computerspielen**

In vielen Computerspielen müssen Figuren Aufgaben bewältigen, die sich aus mehreren Teilaufgaben zusammensetzen. Wer z. B. ein Festessen veranstalten will, muss zunächst Einladungen verschicken, Speisen kaufen und zubereiten, für Tischdekoration sorgen usw.
Eine solche übergeordnete Aufgabe wird auch „Quest" genannt.
Dieser Begriff bezeichnete ursprünglich in Sagen die Heldenreise eines Ritters, in deren Verlauf er verschiedene Aufgaben lösen und Abenteuer bestehen musste.

Computerspiele: Faszination und Gefahren

Spiele, die uns nicht loslassen

Alice sucht einen Job in einem Restaurant, hat einen Hund namens Sam, dem sie Kunststücke beibringt, sie baut sich ein Haus, richtet es ein und freundet sich mit Paul an, den sie dann heiratet und mit dem sie ein Baby bekommt, das zwei Charaktereigenschaften hat und in sieben Stufen altert. Das klingt nach einem ziemlich normalen, langweiligen Erwachsenenleben, bis auf die Alterung in sieben Stufen und die Begrenzung der Charaktermerkmale. Und trotzdem sind das die Grundzutaten für das erfolgreichste Computerspiel aller Zeiten, „Die Sims“. Alice ist eine typische Figur in diesem Spiel. Die erste Version der „Sims“ erschien im Jahr 2000 und wurde bis heute in zahlreichen Varianten über 140 Millionen Mal verkauft.

Während das Hauptspiel von „Die Sims“ die reale Welt der Gegenwart nachempfindet, deuten viele Erweiterungen der Spielereihe auf ein anderes Bedürfnis von Computerspielern hin. Es gibt z. B. die „Sims Mittelalter“ oder die „Hokus Pokus“-Edition, in der die Figuren das Zaubern lernen. Computerspieler scheint es zu faszinieren, in andere Welten abzutauchen und diese zu erkunden. Dies zeigt sich auch an dem Erfolg von zahlreichen Rollenspielen, die in erfundenen Welten angelegt sind, wie die „Final Fantasy“-Reihe oder das Onlinespiel „World of Warcraft“. Viele Spieler verbringen Stunden, ja ganze Nächte in diesen Spielewelten. Sie sammeln Punkte oder Sterne, verdienen Geld, bestehen Quests (▸ Merkkasten S. 181) oder schließen sich mit anderen Spielern zusammen. Bei Onlinespielen kommunizieren die Spieler miteinander, häufig entsteht ein Gemeinschaftsgefühl; die Eingeschworenen verwenden oft eine Chatsprache, die für Außenstehende nur schwer verständlich ist.

Neben Rollenspielen, die reale Welten simulieren oder Fantasywelten zum Thema haben, sind besonders Sportspiele, Rennspiele, Egoshooter[1] und Geschicklichkeitsspiele sehr erfolgreich. Bei all diesen Arten von Spielen ist es wichtig, dass man sie gemeinsam mit Freunden spielen kann.

Die Faszination von Rollenspielen erklären manche Gehirnforscher damit, dass die Spieler immer wieder Teilerfolge erzielen, wenn sie schrittweise größere, aber dennoch überschaubare Aufgaben (Quests) lösen. Bei jedem Erfolg schüttet der Körper den Stoff Dopamin aus, der für Glücksgefühle sorgt. Dies führt aber manchmal auch dazu, dass ein Spieler mit dem Spielen nicht mehr aufhören kann, weil er immer noch eine Aufgabe lösen, eine Herausforderung bestehen oder ein weiteres Level erreichen will.

Auf der Internetseite „Rollenspielsucht“ beschreibt ein Elternpaar, wie ihr Sohn von dem Rollenspiel „World of Warcraft“ abhängig wurde. Er vernächlässigte seine Freunde, brach sein Studium ab, vermied den Kontakt zu den Eltern, ließ seine Wohnung verwahrlosen und ging nur noch aus dem Haus, um das Nötigste einzukaufen. Die Eltern schrieben: „Wir hatten unseren Sohn ans Internet, an ‚World of Warcraft‘, verloren.“

Eine andere Gefahr sehen Wissenschaftler in der Gewaltdarstellung in Computerspielen, besonders in sehr real wirkenden Egoshooter-Spielen. Manche behaupten, dass das Spielen solcher Spiele die Bereitschaft erhöhe, in der Realität Gewalt auszuüben, andere verweisen darauf, dass die meisten, die Egoshooter lieben, im Alltag völlig normal auftreten. Tatsache ist aber, dass nicht selten Gewalttäter auch eine Vorliebe für gewalttätige Computerspiele haben und diese oft intensiv gespielt haben.

1 Egoshooter: Computerspiel, in dem der Spieler die Perspektive einer Figur einnimmt, die auf andere Figuren schießt

1 a Der Text nennt sowohl Gründe dafür, dass Computerspiele faszinieren können, als auch dafür, dass das Spielen Gefahren birgt. Tragt diese Gründe zusammen.

b Ergänzt weitere, eigene Gründe, warum von Computerspielen eine Faszination oder eine Gefährdung ausgehen kann.

Computerspiele: Gründe für ...	
Faszination	Gefahren
...	...

2 Vielleicht habt ihr schon einmal selbst erlebt, dass ihr mit einem Computerspiel nicht aufhören konntet?
Sprecht darüber, welche Gründe das hatte.

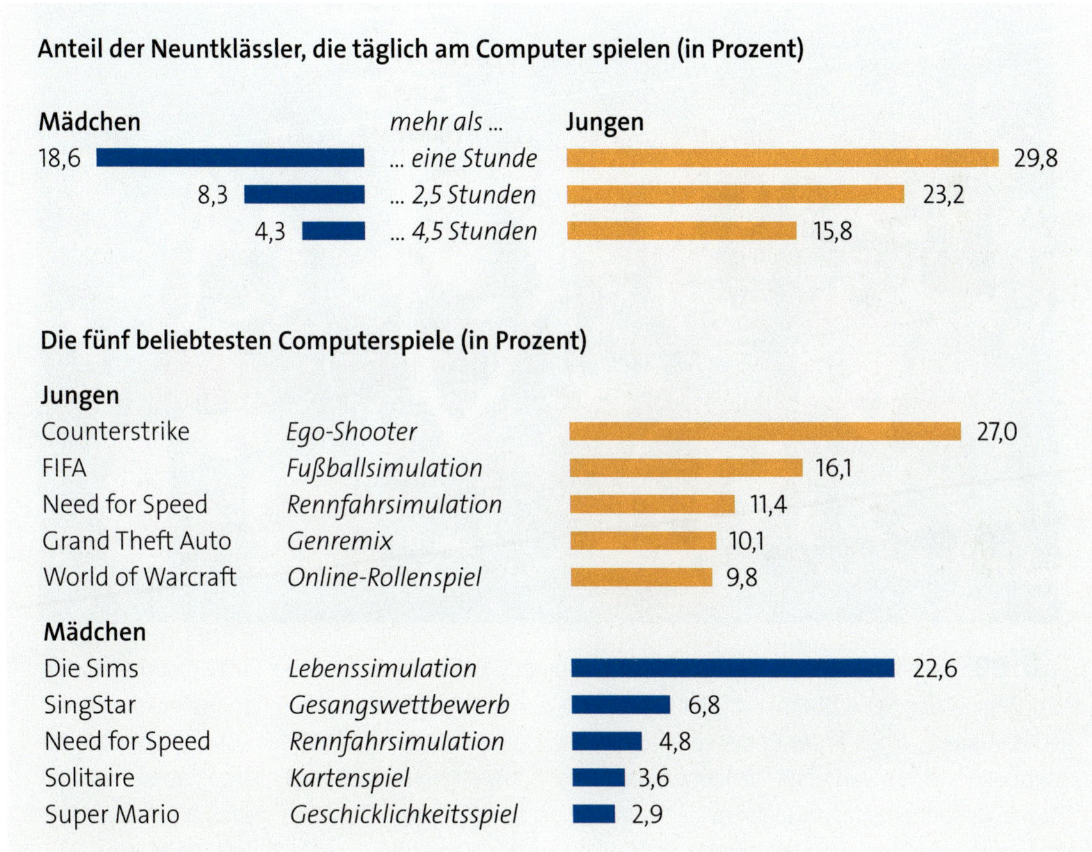

3 a Beschreibt die oben abgebildeten Diagramme. Berücksichtigt dabei Folgendes:
- Worüber informieren die Diagramme? Für welche Personen gelten sie?
- Welche Zahlenangaben werden gemacht?
- Vergleicht die Angaben. Was fällt euch auf?

b Bezieht die Informationen aus den Diagrammen auf die Aussagen des Textes „Computerspiele: Faszination und Gefahren“.

4 Führt in eurer Klasse eine Umfrage zur Nutzung von Computerspielen durch.
Prüft, inwieweit eure Ergebnisse den Angaben in der Grafik oben entsprechen.

10.2 Noch eine Folge ... – Gestaltungsmittel von Fernsehserien untersuchen

„Glee" – Figuren in TV-Serien und ihre Konflikte

Die Serie „Glee" und ihre Figuren

„Glee" ist eine US-amerikanische Musical-Comedy-Fernsehserie, die seit 2009 produziert wird. Zu Beginn der Serie übernimmt der Lehrer Will Schuester die Leitung des heruntergekommenen „Glee-Clubs", eines Show-Chors an einer Highschool. Schuester möchte dem Chor wieder zu seinem alten Ruhm verhelfen. Er kämpft dabei mit Schwierigkeiten, wie z. B. dem knappen Budget sowie Versuchen einiger Gegenspieler, seinen Club zu sabotieren. Daneben stehen die „Glee-Kids" mit ihren verschiedenen Problemen im Mittelpunkt der Handlung – und natürlich die Musik.

Will Schuester (Bildmitte, mit weißem Hemd und Weste) ist der bei den Schülern beliebte Spanischlehrer der Schule. Er leitet den Glee-Club. Seine größte Gegenspielerin ist Sue Sylvester. Außerdem bereitet ihm seine zickige Ehefrau Terri Schwierigkeiten, zudem muss er sich über seine Gefühle im Hinblick auf die Schulpsychologin Emma Pillsbury klarwerden, die in ihn verliebt ist.

Sue Sylvester (neben Will Schuester, im violetten Trainingsanzug) ist die Cheerleader-Trainerin an der Highschool. Sie möchte den Glee-Club zerstören, weil sie extrem ehrgeizig ist und keiner anderen Aktivität an ihrer Schule Erfolg gönnt. Sue Sylvester schleust drei von ihren Cheerleadern (unter anderem Quinn) als Spione in den Glee-Club ein.

Rachel Berry (Zweite von rechts) ist Mitglied des Glee-Clubs und ein großes Talent. Sie ist sehr ehrgeizig und will ein Star werden, gilt aber bei ihren Mitschülern als unbeliebte Streberin. Rachel ist heimlich in Finn verliebt, der aber eine Freundin hat.

Finn Hudson (Dritter von rechts) ist Mitglied des Glee-Clubs und Kapitän der Footballmannschaft. Er ist der Freund der Cheerleaderin Quinn Fabray. Bei seinen Footballfreunden macht sich Finn durch seine Mitgliedschaft im Glee-Club nicht gerade beliebt, er merkt aber immer mehr, dass er gerne im Glee-Club ist und sich auch zu Rachel hingezogen fühlt.

Quinn Fabray ist die beliebte Kapitänin des Chearleaderteams. Gegenüber den Unbeliebteren in der Highschool verhält sie sich herablassend. Quinn ist mit Finn zusammen, betrügt ihn allerdings mit dessen bestem Freund Noah „Puck“ Puckerman. Sie tritt dem Glee-Club bei, weil sie Rachel und Finn im Auge behalten möchte und im Auftrag ihrer Trainerin Sue spionieren soll.

Kurt Hummel (Fünfter von rechts) ist Mitglied im Glee-Club, er liebt es, zu tanzen und zu singen. Wegen seiner besonderen Art und Kleidung wird er vor allem von den Footballern gehänselt. Bereits zu Beginn der Serie sagt Kurt seinen Freunden, dass er schwul ist. Schwerer fällt ihm das bei seinem Vater, einem großen Footballfan. Kurt ist heimlich in Finn verliebt.

1 a Kennt ihr „Glee“? Berichtet, was ihr über die Serie wisst.
b Würdet ihr die Serie nach den Informationen auf Seite 184 und auf dieser Seite gerne anschauen? Begründet eure Einschätzung.
c Welcher der auf den Seiten 184 und 185 vorgestellten Charaktere würde euch am meisten interessieren? Erläutert eure Wahl.

2 Ergänzt in eurem Heft die folgende Figurenskizze (▸ S. 337) zu „Glee“.
Fügt alle in den Texten auf den Seiten 184 und 185 genannten Figuren ein.
Macht das Verhältnis der Figuren zueinander durch beschriftete Pfeile deutlich.

Figuren und ihre Beziehungen in „Glee“

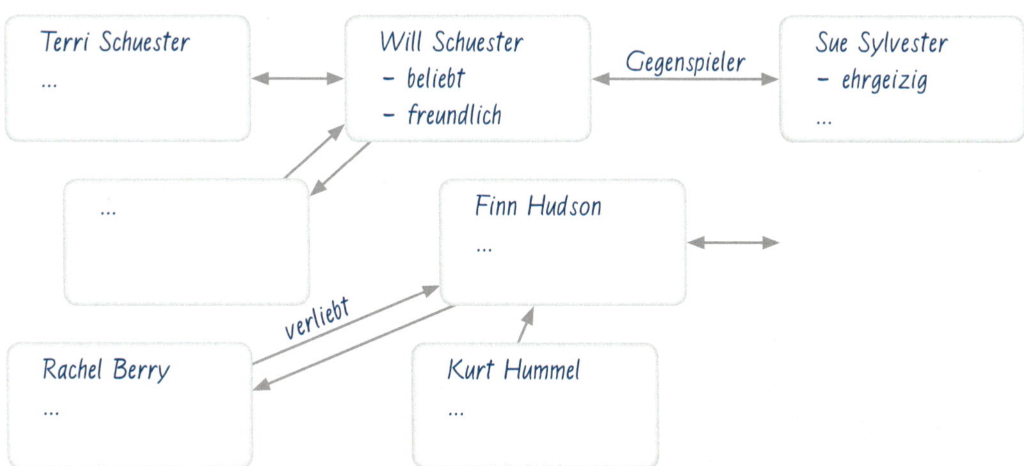

Konflikte – Das Salz in der Suppe

Den Zuschauern erscheinen die Figuren ihrer Lieblingsfernsehserie oft wie vertraute Personen, sie lernen sie in verschiedenen Situationen kennen – z. B. in der Schule oder bei der Arbeit, mit Freunden, in der Familie, im Klub oder Verein –, die Zuschauer wissen oft, wie die Figuren reagieren, und kennen ihre Schwachpunkte. Viele Serienfans haben eine Lieblingsfigur, mit der sie sich besonders gut identifizieren können.

Bei aller Vertrautheit und Vorhersehbarkeit verläuft die Handlung der Serien aber natürlich nicht ohne Reibungen und Konflikte. Konflikte sind die Würze jeder TV-Serie, erst durch Konflikte wird das Zuschauen spannend.

Verschiedene Charaktere treffen aufeinander, unvereinbare Interessen stehen einander gegenüber und die Figuren befinden sich oft auch noch im Kampf mit sich selbst. Manche Konflikte lösen sich schnell auf, andere sind dauerhafter und hartnäckiger. Sie haben oft damit zu tun, wer eine Figur sein will und in welchem sozialen Umfeld sie steht. Diese Konflikte werfen meist die Frage auf: Was soll ich tun?

1 Manchmal hat man das Gefühl, eine Serienfigur zu „kennen".
Gibt es Figuren, mit denen ihr euch besonders gut identifizieren könnt? Tauscht euch darüber aus.

2 a Der Text nennt verschiedene Umstände, aus denen sich Konflikte ergeben können.
Ordnet diese den im Merkkasten genannten Arten von Konflikten zu.

b Bezieht die Erläuterungen im Merkkasten auf die Fernsehserie „Glee".
Tragt zusammen, wo es hier vermutlich
- äußere Konflikte gibt,
- zu inneren Konflikten kommt.

Schaut euch dazu die Texte auf den Seiten 184 und 185 und eure Ergebnisse zu Aufgabe 2 auf Seite 185 noch einmal genau an.

Information **Fernsehserien: Figuren und ihre Konflikte**

Um Fernsehserien spannend zu machen, werden die Figuren und deren Beziehungen so angelegt, dass viele Konflikte entstehen können.
Dies können sowohl **äußere Konflikte** sein, also Konflikte zwischen verschiedenen Figuren, als auch **innere Konflikte,** mit denen die Figuren sich auseinandersetzen müssen.
Inneren Konflikten liegen oft verschiedene schwer oder gar nicht zu vereinbarende Interessen zu Grunde, z. B. will Finn Hudson in „Glee" einerseits im Musical-Klub mitwirken, andererseits aber den Respekt seiner Footballfreunde nicht verlieren. Oder: Quinn fühlt sich zu Noah hingezogen, gleichzeitig möchte sie aber mit Finn zusammenbleiben.

Wie geht es weiter? – Die Dramaturgie von TV-Serien

Die drei Handlungsstränge der „Glee"-Serienfolge „Jenseits von Gut und Sue":

Handlungsstrang 1: Der Glee-Club
Will muss neue Mitglieder für den Club gewinnen, dazu will er ein Vorsingen veranstalten. Die Schüler sind mit dem von ihm gewählten Song nicht einverstanden und proben heimlich einen anderen, den sie dann auch aufführen.

Handlungsstrang 2: Rachel, Finn und Quinn
Finns Freundin Quinn bemerkt, dass zwischen Finn und Rachel etwas im Gange ist. Quinn beschließt daher, Mitglied im Glee-Club zu werden, um so ihren Freund und Rachel im Auge behalten zu können. Bei einer Probe zu zweit kommt es zwischen Rachel und Finn zu einem Kuss.

Handlungsstrang 3: Will, Terri und Emma
Weil sie ein Baby erwartet und die Familie Geld braucht, drängt Terri ihren Mann Will dazu, einen Zweitjob als Hausmeister an der Schule zu übernehmen. Zwischen Will und seiner Kollegin Emma kommt es zu einem romantischen Moment. Später erfährt Terri von ihrem Arzt, dass sie nicht schwanger ist, was sie Will aber verheimlicht.

Ablauf der Handlungsstränge in den ersten 10 Minuten:

Will erfährt von Sue, dass er zu wenig Mitglieder hat, um bei einem wichtigen Wettbewerb mit dem Glee-Club antreten zu können.
(Minute 1 bis 4)

Rachel belauscht ein Gespräch zwischen Quinn und Finn. Danach verlangt Quinn von Rachel, sie möge die Finger von ihrem Freund lassen.
(Minute 4 bis 5)

Die Schüler singen den Song „Le Freak" und diskutieren mit Will, weil sie für die Aufführung einen anderen Song wünschen. Will beharrt auf seiner Wahl.
(Minute 5 bis 6)

Terri überredet Will, ein Haus zu kaufen, das sie sich eigentlich nicht leisten können. Will braucht einen zusätzlichen Job.
(Minute 6 bis 9)

Der Glee-Club probt mit Will. Rachel und Finn werfen sich dabei Blicke zu.
(Minute 9 bis 12)

1 a Ordnet die 5 Szenen den oben genannten 3 Handlungssträngen zu: *Szene 1. Strang 1, ...*
b Beschreibt, wie diese ersten 10 Minuten der Serie aufgebaut sind.

2 a Lest im Infokasten unten auf dieser Seite die Erläuterungen zur „Zopfdramaturgie“. Stellt Vermutungen darüber an, warum Serienfolgen in der Regel nach diesem Prinzip aufgebaut sind.
b Überlegt, mit welcher Situation bzw. mit welchem Bild die Szenen auf Seite 187 enden könnten, bevor jeweils zu einem neuen Handlungsstrang geschnitten wird.

3 Lest im Infokasten unten auf dieser Seite die Erläuterungen zum „Cliffhanger“.
a Kennt ihr Cliffhanger aus Serien oder Filmen? Berichtet.
b Weshalb werden Cliffhanger eingesetzt? Beschreibt ihre Funktion.
c An welchen Stellen im Ablauf der Handlungsstränge von „Glee“ (▶ S. 187) wäre ein Cliffhanger möglich? Wie könnte dieser gestaltet werden? Beschreibt genau.
d Mit welchem Cliffhanger könnte die Folge von „Glee“ (▶ S. 187) enden? Nennt Möglichkeiten.

4 a Es gibt viele Mittel, um Fernsehzuschauer an ihre Serie zu binden. Nennt mindestens drei. Bezieht auch das auf den Seiten 184 bis 186 Erarbeitete mit ein.
b Überlegt, ob diese Mittel auch bei euch Wirkung erzielen. Diskutiert in der Klasse.

Information **Dramaturgie in Fernsehserien**

Zopfdramaturgie
In den einzelnen Folgen vieler Fernsehserien werden mehrere Handlungsstränge („Storylines“) gleichberechtigt parallel erzählt. Die Storylines sind in Sequenzen zerlegt und werden so präsentiert, dass auf eine Sequenz aus einem Handlungsstrang immer eine Sequenz aus einem anderen Handlungsstrang folgt. Wie bei einem Zopf liegt also abwechselnd immer ein Handlungsstrang oben, während die anderen im Hintergrund weiterlaufen.

Cliffhanger
Der Begriff „Cliffhanger“ steht für das Abbrechen einer Sequenz auf dem Höhepunkt der Spannung. Bei Serien wird hier zu einem anderen Handlungsstrang geschnitten oder es folgt eine Werbeunterbrechung oder aber der Cliffhanger steht am Ende einer Serienfolge.
Die Lösung der Spannung folgt dann in der Fortsetzung der Sequenz.

Häufig werden bei der Gestaltung des Höhepunkts besondere filmische Mittel eingesetzt, z. B. eine besondere Einstellungsgröße (▶ S. 309, z. B. Nah- oder Detailaufnahme) oder Musik, die zusätzlich Spannung erzeugt.
Der Begriff „Cliffhanger“ geht auf einen Fortsetzungsroman aus dem Jahr 1873 zurück: Ein Mann gerät an den Rand einer Steilküste und kann sich nur noch mit den Fingern am Klippenrand festkrallen, unter seinen Füßen braust das Meer. Wird er gerettet werden? Die Antwort erfuhr der Leser in der nächsten Folge.

GZSZ & Co. – Lieblingsserien untersuchen und vorstellen

Fernsehserie „Downton Abbey“, 2012

Fernsehserie „Gossip Girl“, 2007

1 „Lindenstraße“, „GZSZ“, „Gossip Girl“, „Schloss Einstein“, „Rote Rosen“ oder „Downton Abbey“ – für jeden Geschmack und für jede Altersgruppe gibt es Fernsehserien.
Kennt ihr die abgebildeten Fernsehserien? Beschreibt, worum es in der Serie gehen könnte.

2 a Erstellt anhand einer Umfrage in der Klasse eine Rangfolge eurer beliebtesten Serien.
b Erläutert, was euch an eurer Serie besonders gefällt und warum ihr sie immer wieder anschaut.

3 Findet euch nach gemeinsamen Lieblingsserien in Gruppen zusammen.
a Notiert die wichtigsten Figuren eurer Serie. Versucht, ihre Rolle knapp zu beschreiben, z. B.:
…: die Beliebte, …: der Außenseiter, …: die Hübsche, aber nicht sehr Kluge, …
b Notiert die wichtigsten Beziehungen und Konflikte, z. B.:
… sind beste Freunde, aber Konkurrenten im Sport, …
c Legt zu eurer Serie auf einem Plakat oder auf Folie eine Figurenskizze an (▸ S. 185, 337) und stellt eure Ergebnisse der Klasse vor.
d Vergleicht eure Serien in der Klasse miteinander:
– Gibt es Charaktere, die in verschiedenen Serien auftauchen, z. B.: die Unfaire, der Trottelige, …?
– Gibt es Arten von Konflikten, die sich wiederholen (z. B.: Konkurrenz um einen Jungen, …)?

4 Schaut euch zu Hause eine Aufzeichnung von einer Folge eurer Serie an.
a Untersucht, ob eine Zopfdramaturgie verwendet wird.
Wenn ja, beschreibt, wie die Handlungsstränge verknüpft sind.
b Gibt es Cliffhanger? Notiert, wann die Handlung unterbrochen und wie sie fortgesetzt wird.
c Stellt eure Ergebnisse in der Klasse vor.

Teste dich!

Fernsehserien untersuchen

1 Notiere bei den Aufgaben a bis d jeweils die Buchstaben der richtigen Lösungen. Richtig angeordnet, ergeben sie ein Lösungswort.

a Welche der folgenden Aussagen beschreiben treffend Merkmale von Fernsehserien?

T In Serien gibt es meistens Helden und Gegenspieler.
P In Serienfolgen wird erst ein Handlungsstrang abgeschlossen, bevor ein neuer beginnt.
O Durch Cliffhanger versuchen Serienmacher, den Zuschauer an eine Serie zu binden.
F Oft werden TV-Serien durch innere Konflikte der Figuren interessant und spannend.

b Paula, eine Figur aus einer TV-Serie, hat mehrere Konflikte. Welches sind innere Konflikte?

N Paula mag Tim und würde gerne mit ihm ausgehen. Ihre Eltern mögen Tim aber nicht sehr und Paula zögert, sie um Erlaubnis zu bitten, weil sie sie nicht verärgern will.
E Emmy ist heimlich in Tim verliebt. Tim erzählt Emmy bei einer Gelegenheit beiläufig, dass er sich für Paula interessiert. Emmy verhält sich seitdem hochnäsig gegenüber Paula.
I Paula möchte gerne im Schwimmteam ihrer Schule bleiben. Dafür müsste sie dreimal wöchentlich trainieren. Mit Sorge nimmt sie wahr, dass sich ihre Freundinnen Anne und Flo, die beide nicht dem Schwimmteam angehören, immer häufiger ohne sie treffen.
R Emmy wirft Paula vor, sie würde ihr Tim ausspannen. Paula bestreitet dies aber.

c In Serien werden oft mehrere Handlungsstränge parallel erzählt. Dabei unterbrechen sich Handlungsstränge meist gegenseitig. Der unterbrochene Strang wird dann an späterer Stelle fortgeführt. Dieses Gestaltungsmittel nennt man:

A Abwechslungstechnik
B Mischprinzip
U Sequenzbildung
K Zopfdramaturgie

d Paul und Mia sind ein TV-Serien-Paar. Mia entdeckt, dass Paul heimlich mit Sophia ausgeht. Welche der folgenden Enden einer Serienfolge könnte man als Cliffhanger bezeichnen?

K Mia sagt zu Paul: „Ich weiß nicht, ob ich dir noch einmal eine Chance geben kann." Im letzten Bild sieht man Pauls verzweifeltes Gesicht.
M Mia macht Paul Vorwürfe, Paul kann sie aber beruhigen. Paul muss aufbrechen, und die beiden vereinbaren, die Sache später in Ruhe weiter zu besprechen.
L Mia wurde soeben über Pauls heimliche Treffen informiert. In Großaufnahme sieht man, wie ihr Gesichtsausdruck von Fassungslosigkeit zu Zorn wechselt.

10.3 Projekt: Eine Fernsehserie entwerfen

Figuren und Konflikte planen

1 Stellt euch vor, ein Sender plant eine Fernsehserie über sechs Schüler, die zusammen eine Schülerzeitung gestalten.

a Bildet zu jeder der unten genannten sechs Figuren jeweils eine Gruppe und überlegt euch zu der Figur Alter, Charaktermerkmale, typische Verhaltensweisen, Aussehen und Kleidung.

b Zu jeder Figur ist eine Frage vorgegeben, die auf einen Konflikt hinweist. Beantwortet die Frage, indem ihr erklärt, worin der Konflikt bestehen könnte.

Tina ist die Chefin der Schülerzeitung. Sie ist in Tom verliebt, kann es ihm aber nicht sagen. Warum kann sie das nicht?

Tom ist Mitarbeiter in der Schülerzeitung. Er ist in Jessi, die Fotografin der Zeitung, verliebt. Er schreibt heimlich Liebesbriefe an sie, schickt diese aber nie ab. Warum macht er das nicht?

Jessi fotografiert alles und jeden. Sie will unbedingt an einem Wettbewerb um die beste Schülerzeitung mitmachen. Sie hasst Vivienne. Warum kann sie Vivienne nicht leiden?

Vivienne fotografiert ebenfalls für die Zeitung. Sie kann Jessi nicht ausstehen. Warum?

Micky schreibt die meisten Artikel für die Schülerzeitung. Er kann gut formulieren, wenn er aber ein Mädchen ansprechen will, weiß er nicht, was er sagen soll. Warum fehlt es ihm manchmal an Selbstvertrauen und wen würde er gerne ansprechen?

Kathi ist Mickys beste Freundin. Wie dieser schreibt sie Artikel für die Zeitung. Sie mag Micky sehr gerne, ist sich aber unsicher, ob sie gerne mit ihm zusammen wäre. Warum?

2 a Stellt eure Figuren in der Klasse vor und erläutert ihre Konflikte.

b Überlegt, welche weiteren Konflikte sich zwischen den Figuren ergeben könnten.

Szenen planen, schreiben und filmen

3 a Sammelt Ideen, welche Szenen sich an einem Tag in der Redaktion der Schülerzeitung abspielen könnten. Beispiel:

Tom traut sich endlich, Jessi einen Liebesbrief zu übergeben.

b Wählt für eine Zopfdramaturgie (▸ S. 188) drei Handlungsstränge aus, z. B.:

1. Jessi und Tom, 2. ...

c Überlegt euch zu jedem Handlungsstrang zwei Szenen: Worum könnte es in den Szenen gehen? In den Szenen sollen höchstens drei Personen gleichzeitig auftreten.

4 Bildet sechs Gruppen.
Jede Gruppe schreibt den Dialog für eine der Szenen aus Aufgabe 3 c.
Verwendet auch Regieanweisungen (▸ S. 307). Beispiel:

Handlungsstrang Jessi und Vivienne

Szene: Streit um Briefe für den Copyshop

JESSI: Wo hat Vivienne denn schon wieder die Briefe für den Copyshop hingelegt?
TOM: Wo wir gerade von Briefen reden ... Ich habe hier einen Brief für ... *(Er senkt verlegen den Kopf.)*
JESSI *(sucht weiter in verschiedenen Unterlagen, ohne ihn anzuschauen)*: ... für den Copyshop?
TOM *(verlegen)*: Nein. *(Er zieht schüchtern einen Liebesbrief aus der Tasche.)*
JESSI: Wo hat Vivienne bloß die Briefe ...? Kann die nicht einmal etwas richtig machen? *(Hebt die gefalteten Hände.)*
VIVIENNE *(tritt zur Türe herein)*: Na, Tom, plagt sie dich mal wieder?
JESSI *(stemmt die Arme in die Hüften und schaut Vivienne wütend an, Großaufnahme Gesicht)*: Wo hast du die Briefe für den Copyshop hingelegt?
VIVIENNE *(lässt sich nicht aus der Ruhe bringen, schaut auf ihre Fingernägel)*: Die hast du doch gestern persönlich bei denen vorbeigebracht?
JESSI *(empört)*: Ich??
...

5 a Stellt euch gegenseitig eure Szenen vor.
b Überlegt, in welcher Reihenfolge sie montiert werden könnten.
c Plant für die letzte Szene einen Cliffhanger (▸ S. 188).

6 Überlegt, welche der Szenen ihr filmisch umsetzen könntet.
Wählt eine oder zwei Szenen aus und filmt sie.

11 Wörter, die es in sich haben – Wortbedeutungen und Sprachgeschichte

rot grün blau gelb gelb grün rot blau
rot grün grün blau gelb rot grün rot
blau rot grün blau rot rot grün grün
blau gelb rot grün blau gelb rot grün

1 a Nennt die Farben der Kästchen in den oberen vier Zeilen von links nach rechts, also: Blau – Rot – Rot ... Wer schafft es am schnellsten ohne Fehler?
b Benennt jetzt nur die Farben der Wörter in den vier Zeilen darunter, also: Blau – Rot – Rot ... Was stellt ihr fest?
c Erkärt, womit hier gespielt wird.

2 „Blaumachen ist verboten." – „Dann mach doch gelb."
a Erklärt dieses Wortspiel.
b Findet weitere Wortspiele mit Wörtern, die unterschiedliche Bedeutungen haben.

In diesem Kapitel ...

- denkt ihr über Wörter und ihre Bedeutung nach, z. B. über Homonyme, Synonyme, Vergleiche, Metaphern, ...,
- beschäftigt ihr euch mit der Herkunft von Wörtern und unterscheidet Erb-, Lehn- und Fremdwörter,
- untersucht ihr Fremdwörter, z. B. die Verwendung von Anglizismen.

11.1 Verstehen und missverstehen – Wortbedeutungen untersuchen

Wortspiele – Homonyme

Ober: „Wie fanden Sie das Schnitzel?"
Gast: „Rein zufällig, als ich die Kartoffel aufhob."

„Mein Vater arbeitet als Straßenhändler." „Wie teuer ist denn so eine Straße?"

Ein kleiner Junge zu einer freundlichen älteren Dame: „Nein, meine Mutti zieht mich nicht groß, ich wachse schon von ganz alleine."

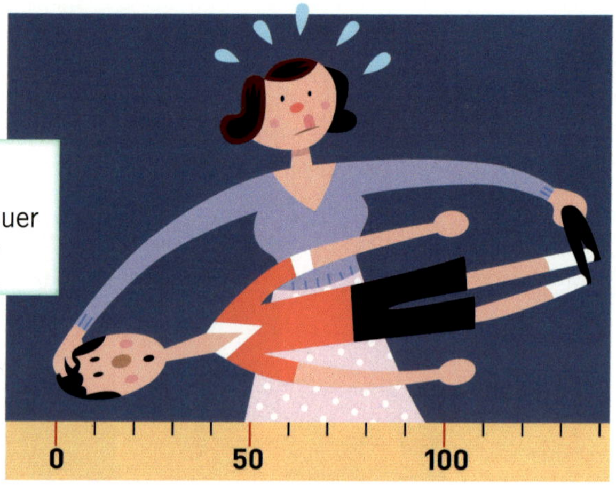

1 Diese Witze beruhen alle auf einem Missverständnis.
Findet jeweils das mehrdeutige Wort (Homonym) und erklärt seine verschiedenen Bedeutungen.

2 Erfindet in Partnerarbeit eigene Witze oder Wortspiele mit Homonymen.
- **a** Schreibt die unterschiedlichen Bedeutungen der Homonyme auf, z. B.:
  Note: Zeichen für einen Ton (Musiknote) – Beurteilung einer Leistung (Zeugnisnote).
- **b** Verknüpft dann die unterschiedlichen Bedeutungen auf witzige Weise miteinander, z. B. in einer missverständlichen Situation.
  „Das sind aber gute Noten!" „Kannst du sie mir mal vorspielen?"

3 Folgende Wörter haben – je nachdem, wie man sie ausspricht – unterschiedliche Bedeutungen.
- **a** Macht die beiden Bedeutungen jeweils durch die Sprechweise deutlich.

Staubecken • Spielende • Versendung • Eistempel • Gründung • Wachstube

- **b** Bildet zu jedem Wort zwei Sätze, die jeweils die gemeinte Wortbedeutung klarmachen.
  - *Das Spiel war so intensiv, dass alle am Spielende völlig ausgelaugt waren.*
  - *Bei diesem Tennisturnier hatten Spielende und Zuschauer trotz des Regens großen Spaß.*

Information **Homonyme**

Wörter, die **gleich lauten, aber unterschiedliche Bedeutungen** haben, nennt man **Homonyme.**
Ihre Bedeutung kann nur im Sinnzusammenhang geklärt werden, z. B.:
Ball (Spielgerät, Tanzveranstaltung): Wir spielen mit dem Ball. Wir gehen auf den Ball.

Wörter mit ähnlicher Bedeutung – Synonyme

1 Unsere Vorstellungen und Erfahrungen bezeichnen wir nicht immer mit den gleichen Wörtern. Vergleicht die Gedanken der beiden Personen. Denken sie das Gleiche? Überprüft das, indem ihr zum Beispiel die Adjektive gegeneinander austauscht.

2 a Je zwei Adjektive im folgenden Kasten haben eine gleiche oder ähnliche Bedeutung. Schreibt diese zwölf Wortpaare in euer Heft, z. B.: *schlau – geistreich.*

> schlau • unnötig • teuer • heiter • ruhig • abscheulich • ehrlich • preiswert • bunt • transparent • geräuschvoll • aufrichtig • still • überflüssig • farbenfroh • seltsam • laut • widerlich • durchsichtig • geistreich • fröhlich • kostspielig • günstig • eigenartig

b Sucht euch drei Adjektive heraus, zu denen ihr ein weiteres Adjektiv ergänzt, das das Gleiche oder fast Gleiche bedeutet, z. B.: *schlau – geistreich – klug.*

3 Die folgenden Verben aus dem Wortfeld „essen" gehören zu unterschiedlichen Stilebenen.
a Ordnet die Verben folgenden Stilebenen zu: neutral – umgangssprachlich – gehoben.

> essen • dinieren • futtern • sich ernähren • verzehren • verspeisen • verdrücken • tafeln • mampfen • spachteln

b Entwerft Gesprächssituationen, in denen die verschiedenen Stilebenen verwendet werden.

Information **Synonyme**

- **Synonyme:** Wörter mit **gleicher oder fast gleicher Bedeutung** bezeichnet man als Synonyme. Mit Hilfe von Synonymen können wir unsere Ausdrucksweise abwechslungsreicher gestalten. So können wir Wiederholungen vermeiden, indem wir ein anderes, ähnliches Wort verwenden, z. B.: statt *sagen: reden, mitteilen, sprechen.*
- **Antonyme:** Wörter, die in ihrer Bedeutung **gegensätzlich** sind, nennt man Antonyme, z. B.: *groß – klein, stark – schwach.*

Mit „wie" und „als ob" – Vergleiche

1 a „Er redet wie ein Wasserfall."
Erläutert, was dieser Satz bedeutet.
b Beschreibt, wie sich diese Aussage von der Aussage „Er redet viel" unterscheidet.

2 a In den folgenden Sätzen wurden die markierten Vergleiche vertauscht. Schreibt die Sätze jeweils mit den passenden Vergleichen in euer Heft.

> Er steht wie ein Wirbelwind. • Sie tobt wie ein Murmeltier. • Er sieht aus wie ein Grab. • Sie schläft wie ein Lauffeuer. • Sie schweigt wie ein Fels in der Brandung. • Die Nachricht verbreitete sich wie aus dem Ei gepellt.

b Erklärt, welche Eigenschaft durch den Vergleich jeweils besonders hervorgehoben wird.

Vergleich	Hervorgehobene Eigenschaft
wie ein Wirbelwind	*schnell, heftige Bewegung auf engem Raum, laut*
…	…

3 Manchmal werden durch Vergleiche mit Tieren Eigenschaften besonders betont. Wählt zu den folgenden Adjektiven passende Tiere und notiert in einem Satz einen Vergleich mit „wie", z. B.:
Ich brauche jetzt eine Bratwurst, ich bin hungrig wie ein Bär.

> hungrig • schlau • flink • fleißig • störrisch • scheu

4 Notiert weitere Vergleiche, die ihr kennt, z. B.: *Er ist fit wie ein Turnschuh.*

> **Information** **Der Vergleich**
>
> Wir verwenden oft Vergleiche, wenn wir etwas besonders anschaulich mitteilen wollen. Bei einem Vergleich werden zwei verschiedene Vorstellungen durch ein **wie** oder ein **als ob** miteinander verknüpft, z. B.: *Sie stand wie versteinert da. Er ging, als ob er einen Stock verschluckt hätte.*

Übertragene Bedeutungen – Metaphern

Man sah sofort, dass das Auto schrottreif war, aber der Vollpfosten hat für die Karre noch eine Menge Kohle abgedrückt.

1 a Welche Wörter hat der Zeichner hier falsch verstanden? Erklärt, warum.

b Erläutert das nebenstehende Schaubild. Verwendet hierfür die folgenden Begriffe: *übertragene Bedeutung (Metapher), wörtliche Bedeutung, Ähnlichkeit.*

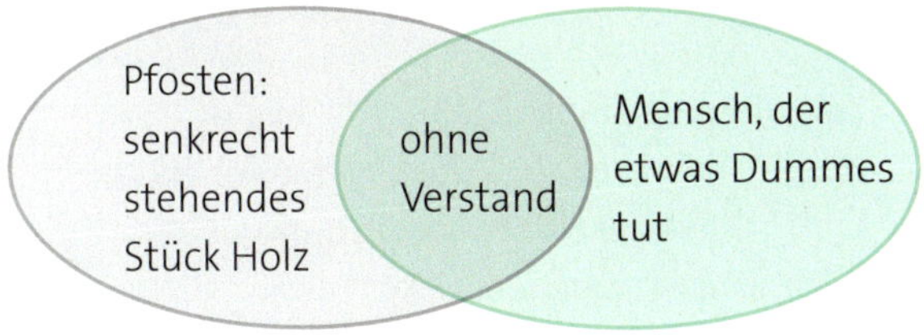

2 Lest die folgenden Wörter und Metaphern.
Erklärt, welche Ähnlichkeiten zur Bildung der jeweiligen Metapher geführt haben.
- Bett (Möbel) – Flussbett
- Haube (Kopfbedeckung) – Sahnehaube
- Schlange (Tier) – Schlange (Form des Anstehens)

3 Auch in Redensarten (Redewendungen), die wir täglich gebrauchen, stecken viele Metaphern.

a Erklärt die Bedeutung der folgenden Metaphern.
Erläutert auch die Ähnlichkeit zwischen wörtlicher und metaphorischer Bedeutung.

> einknicken • unter einer Decke stecken • auf dem Schlauch stehen • jemanden durch den Kakao ziehen • die Nadel im Heuhaufen suchen

b Viele Metaphern stammen aus dem Sport- und Kleidungsbereich. Tragt diese zusammen, z. B.:
- *Sport: eine Vorlage geben, die Rote ..., ...*
- *Kleidung: mir geht der Hut hoch, den Gürtel enger schnallen, ...*

c Erklärt, was diese Metaphern bedeuten.

4 Jede Redewendung hat ihre Entstehungsgeschichte, die uns – obwohl wir die Redewendung verstehen – häufig nicht bekannt ist.

a Klärt gemeinsam, wie die folgenden Redewendungen entstanden sein könnten:
Es geht um die Wurst. • *Er hat den Vogel abgeschossen.* • *Sie haben sich ins Zeug gelegt.*

b Prüft eure Erklärungen mit Hilfe eines Wörterbuchs „Redewendungen“.

Information **Die Metapher**

Bei einer Metapher wird ein Ausdruck nicht wörtlich, sondern in einer **übertragenen (bildlichen) Bedeutung** gebraucht, z. B.: *Schnee von gestern* für ein nicht mehr aktuelles Thema.

Ordnen nach Ober- und Unterbegriffen

Do – der Weg

Ist euch schon einmal aufgefallen, dass viele Kampfsportarten die Endung „do“ haben? Zum Beispiel Judo, Aikido, Taekwondo, Kendo. Auch Karate hieß ursprünglich Karate-Do. „Do“ ist japanisch und heißt wörtlich übersetzt „der Weg“. Damit ist gemeint, dass der Schüler bei diesen Kampfsportarten nicht nur seinen Körper trainieren soll (Schnelligkeit, Sprungkraft, Gelenkigkeit, Ausdauer), sondern sich auch geistig weiterentwickeln soll, indem er lernt, seine Schwächen zu überwinden: Auch Konzentration, Selbstdisziplin, Willensstärke und vor allem Respekt werden trainiert. Deshalb beginnt auch jeder Kampf mit einer respektvollen Verbeugung und der Begrüßung der Gegnerin oder des Gegners.

1 a Trainiert ihr selbst eine Sportart? Berichtet, worauf es bei dieser Sportart ankommt.
b Ordnet die zentralen Textinformationen nach Ober- und Unterbegriffen. Vervollständigt dazu die folgende Mind-Map in eurem Heft.

Körpertraining	*Kampfsportarten*	*geistiges Training*
Schnelligkeit	...	...
...	...	...

2 a Ordnet die nebenstehenden Sportarten nach folgenden Oberbegriffen. Manche lassen sich beiden Begriffen zuordnen.
– Individual- und Mannschaftssportart
– Hallensportart, Sportart im Freien
b Ergänzt zu den Oberbegriffen weitere Sportarten (Unterbegriffe).

Fußball • Geräteturnen • Volleyball • Orientierungslauf • Tennis • Basketball • Schwimmen • Eishockey • Polo • Segeln

Information **Ober- und Unterbegriffe unterscheiden**

Ein Oberbegriff ist ein Sammelbegriff, dessen Bedeutung mehrere Unterbegriffe umfasst, z. B.:
Oberbegriff: *Wassersportarten*
Unterbegriffe: *Schwimmen, Tauchen, Surfen, Rudern, Segeln, ...*

Fordern und fördern – Wortbedeutungen

Bass • Hering • Bogen • Schuppen

●○○ **1** a Schreibt zu diesen Homonymen jeweils zwei Sätze. Im ersten Satz soll das Wort in der einen Bedeutung, im zweiten Satz in der anderen Bedeutung verwendet werden.

Ihm wurde Sand in die Augen gestreut.

b Was bedeutet diese Redensart? Schreibt sie mit der richtigen Erläuterung in euer Heft.
- Jemand hat Schmerzen in den Augen, weil Sand in den Augen wehtut.
- Jemand ist müde geworden.
- Jemand ist getäuscht worden.
- Jemand kann sein Vorhaben nicht mehr problemlos in die Tat umsetzen, weil ihm dafür notwendiges Wissen fehlt.

Hahn • Rolle • Stollen • Absatz • Band

●●○ **2** a Schreibt zu diesen Homonymen jeweils zwei Sätze. Im ersten Satz soll das Wort in der einen Bedeutung, im zweiten Satz in der anderen Bedeutung verwendet werden.

Du drehst dein Fähnchen nach jedem Wind.

b Erklärt, welche Bedeutung dieser Vorwurf hat, und nennt ein Beispiel, auf das die Redensart zutrifft.

Riegel • Fuge • Steuer • Angel • Geist • Krebs

●●● **3** a Schreibt zu diesen Homonymen jeweils zwei Sätze. Im ersten Satz soll das Wort in der einen Bedeutung, im zweiten Satz in der anderen Bedeutung verwendet werden.

Sie hat das Heft aus der Hand gegeben.

b Erläutert die Bedeutung dieser Redensart. Geht dabei auf die Ähnlichkeit von wörtlicher und übertragener Bedeutung ein. Nennt ein Beispiel, auf das die Redensart zutrifft.

Teste dich!

Homonyme, Ober- und Unterbegriffe, Metaphern

- Wegen des Taus rutschte er aus.
- Er erreichte den Ball zu spät.
- Am meisten hasste er die Laster.
- Der Schuss rutschte dem Torwart durch die Finger, was für ein Tor!
- Der Dummkopf ist der beste Baumeister, weil ihm nie etwas einfällt.

1 a Schreibe die Sätze in dein Heft. Unterstreiche in jedem Satz das mehrdeutige Wort (Homonym).
b Bilde zu jedem Homonym zwei Sätze, die die unterschiedlichen Bedeutungen deutlich machen, z. B.: Tau: *Wir zogen zusammen an dem dicken Tau. Morgens lag noch der Tau auf der Wiese.*

2 a Ordne jedem Oberbegriff zwei Unterbegriffe zu, z. B.:
Fernsehsendung
Sportschau, GZSZ (Gute Zeiten, schlechte Zeiten)

~~Fernsehsendung~~ • Kleidung • Wortart • Elektrogeräte • Geschirr • Singvogel • Möbel • Blume • Schmuck • Meerestier

Teller • ~~Sportschau~~ • Lerche • Orchidee • Amsel • Blauwal • Socken • Mixer • ~~GZSZ~~ • Ring • Verb • T-Shirt • Brosche • Adjektiv • Tasse • Bett • Stuhl • Narzisse • Staubsauger • Seestern

b Finde zu den folgenden Oberbegriffen jeweils drei Unterbegriffe. Notiere deine Ergebnisse.

Fahrzeug • Bauwerk • Schreibgerät • Medien • Werkzeug • Kunst

3 Erkläre die wörtliche Bedeutung und die metaphorische Bedeutung der folgenden Redewendungen. Übertrage hierzu die unten stehende Tabelle in dein Heft und setze sie fort.

immer am Ball sein • ein Eigentor schießen • die Notbremse ziehen • den Nagel auf den Kopf treffen

Redewendung	Wörtliche Bedeutung	Übertragene Bedeutung
immer am Ball sein	*jederzeit im Fußballspiel den Ball führen*	…

4 Überprüft eure Ergebnisse aus den Aufgaben 1 bis 3 in Partnerarbeit.

11.2 „Haus, Villa, Bungalow" – Sprachgeschichte

Erbwörter

1 a Stellt gemeinsam Vermutungen an, warum sich so viele deutsche und englische Wörter ähneln.
b Sucht weitere Wörter, die im Deutschen und im Englischen ähnlich sind.

2 Die Wörter in der Abbildung oben sind sogenannte Erbwörter, die vor ca. 5000 Jahren entstanden sind.
a Überlegt, was uns diese Erbwörter über das Leben der Menschen vor langer Zeit erzählen.
b Übertragt die folgende Tabelle in euer Heft und ordnet die Erbwörter geeigneten Oberbegriffen zu.

Familie	...	...	...	...
...	...	...	...	...

Information **Erbwörter**

Die deutsche Sprache gehört zur Gruppe der **germanischen Sprachen,** ebenso wie auch das Englische, Niederländische, Dänische, Schwedische und Norwegische. Die ältesten Wörter unserer Sprache, die sogenannten **Erbwörter,** sind vor ca. 5000 Jahren in der **Jungsteinzeit** entstanden. In dieser Zeit siedelten germanische Stämme um die westliche Ostsee, zwischen Oder und Elbe, auf den dänischen Inseln, in Jütland und in Südskandinavien und begannen, von Ackerbau und Viehzucht zu leben.

Lehnwörter

1 Die Germanen übernahmen viele Dinge und Tätigkeiten aus der Kultur der Römer – und dazu deren Bezeichnungen.
Sucht zu den folgenden lateinischen Wörtern mit Hilfe des Bildes die passenden deutschen Vokabeln.

villa • fenestra • caminus • turris • scribere • legere

2 Viele europäische Völker entlehnten Wörter aus dem Lateinischen. Sucht die deutschen Entsprechungen zu folgenden Wörtern.

lat.: vinum	→	*engl.: wine*	*frz.: vin*	*ital.: vino*	*span.: vino*	*dt.: ...*
lat.: schola	→	*engl.: school*	*frz.: école*	*ital.: scuola*	*span.: escuela*	*dt.: ...*
lat.: molina	→	*engl.: mill*	*frz.: moulin*	*ital.: mulino*	*span.: molino*	*dt.: ...*

3 Vor 200 Jahren beeinflusste die französische Kultur die deutsche Sprache.

a Setzt den folgenden Dialog fort und schreibt ihn auf. Wählt dazu aus den Wörtern unten aus:

Dame • Möbel • Kostüm • Parfüm • Frisör • Praline • Soße • Menü • Limonade • Serviette • modern • schick • elegant • balancieren • präsentieren • engagieren

b Die in Aufgabe a genannten Wörter sind alle aus dem Französischen entlehnt. Stellt Vermutungen darüber an, woran man das erkennen kann.

c Vergleicht das ursprüngliche französische Wort mit dem deutschen Lehnwort. Ergänzt die deutschen Wörter und beschreibt, was sich in der Schreibung verändert.
le chevalier → der K..., la sauce → die ..., le costume → ..., le meuble → ...

Information **Lehnwörter**

Lehnwörter sind Wörter, die aus anderen Sprachen übernommen wurden, sich in ihrer Schreibung, Aussprache und Grammatik dem Deutschen aber so angepasst haben, dass man ihre Herkunft meist nicht mehr erkennen kann, z. B. *Keller* (lateinisch *cellarium*), *Tanz* (französisch *danse*).

Fremdwörter

1 a Einige der folgenden Wörter gehören zum alltäglichen Sprachgebrauch.
Überlegt, woran ihr erkennt, dass es sich dennoch um Fremdwörter (▶ Merkkasten) handelt.

Ingenieur • Party • Rendezvous • Screen • Physik • Broccoli • Route • Zucchini • Porto • Makkaroni • Baguette • Sweatshirt • Ragout • Tour • Flatrate • Philosophie • Comedy • Mafia • Cousine • Typhus • Recherche • Baby

b Ordnet die Fremdwörter nach den Sprachen, aus denen sie übernommen wurden.
Schlagt im Zweifelsfall in einem Fremdwörterbuch oder einem Herkunftswörterbuch nach.

Englisch: Party, ...
Französisch: Ingenieur, ...
Italienisch: Broccoli, ...
Griechisch: Physik, ...

2 a Versteht ihr den Hinweis auf dem Verbotsschild? Stellt Vermutungen an.
b In diesem Beispiel machen Fremdwörter alles nur komplizierter.
Diskutiert, in welchen Bereichen Fremdwörter notwendig sind.
c Erklärt die Fremdwörter auf dem Verbotsschild. Nehmt ein Nachschlagewerk zu Hilfe.

Information **Fremdwörter**

Fremdwörter sind **Wörter,** die **aus anderen Sprachen** kommen, z. B.: *Gymnastik* (griech.), *diskutieren* (lat.), *Garage* (frz.), *Spaghetti* (ital.), *Snowboard* (engl.).
Viele Fremdwörter übernehmen wir gegenwärtig **aus dem Englischen (Anglizismen),** z. B. in den Bereichen Informationstechnik *(Software, WLAN)*, Musik *(Rapper, Boygroup)*, Mode *(Jeans)* und Sport *(Inlineskates)*.

- Fremdwörter werden zum Teil aus anderen Sprachen übernommen, weil sie etwas bezeichnen, für das es kein oder kein einfaches deutsches Wort gibt, z. B.: *Scanner, Chips.*
- Es werden aber auch Fremdwörter in die deutsche Sprache aufgenommen, für die es deutsche Entsprechungen gibt, etwa um modern und aktuell zu wirken, z. B. *Service-Point* (statt *Auskunft/Information*).

Fremdwörter aus dem Englischen

Last-Minute-Sieg im NBA-Finale

Der Teamgeist macht den Unterschied. Bereits in den vorausgegangenen Play-offs dominierte das Team von Coach Benson. Entsprechend hoch waren die Erwartungen für die Finals. Nach einem Rückstand von 14:24 im ersten Quarter drehte Neuzugang Jackson das Spiel. Nicht umsonst wurde er zum MVP (Most Valuable Player) der vergangenen Saison erklärt. Als Topscorer in diesem Spiel profitierte er dabei immer wieder vom hartnäckigen Pressing seiner Mannschaft. Bis zum Schluss konnte sich jedoch kein Team mit einer deutlichen Führung absetzen. Beim Stand von 98:98 sorgte eine umstrittene Entscheidung des Referees in der Schlussminute noch einmal für turbulente Szenen. Coach Benson ordnete ein Time-Out an, was die Situation entspannte. Am Ende schloss Jackson mit einem Dunking zum 100:98-Endstand ab. Vor allem der Support der Fans und die gelungenen Assists ließen den Coach im anschließenden Interview ins Schwärmen geraten.

3 a Beschreibt, um welche Art von Text es sich hier handelt. Wo könnte ein Text dieser Art zu lesen sein?

b Schreibt die Anglizismen (► Merkkasten S. 203) aus dem Text in euer Heft und erklärt deren Bedeutung, z. B.:
Last-Minute-Sieg: Sieg, der erst im letzten Moment herausgespielt wird.

c Wählt aus dem Text drei Sätze aus und übersetzt die Anglizismen darin ins Deutsche, z. B.:
Z. 19 ff.: Vor allem die Unterstützung der Anhänger und die gelungenen, direkt zum Korberfolg führenden Pässe ließen den Mannschaftsleiter …

d Diskutiert in der Klasse, wo das Ersetzen der Anglizismen zu einer Verbesserung und wo es zu einer Verschlechterung des Textes führt.

Das Notebook ist kaputt. • Sie liebt es zu skaten. • Er lächelte wieder sein smartes Lächeln.

4 a Notiert jeweils das englische Wort, von dem die markierten Fremdwörter abgeleitet sind:
the notebook, …

b Beschreibt, wie bei den Fremdwörtern in den Sätzen oben das englische Wort jeweils an die deutsche Sprache angeglichen wird.

5 Einige Wörter im Deutschen sind nur scheinbar aus dem Englischen übernommen. Recherchiert in einem Wörterbuch die englischen Wörter für folgende Ausdrücke:

Handy • Oldtimer • Happy-End • Mobbing

Fordern und fördern – Fremdwörter

●○○ **1** Ordnet die folgenden Fremdwörter nach ihrer Herkunft.
Wenn ihr Hilfe braucht, schlagt in einem Herkunftswörterbuch nach.
Französisch: *das Appartement, ...* Lateinisch: *die Kondition, ...*

das Appartement • die Kondition • die Jalousie • die Kommunikation • das Aquarium • der Chauffeur • das Forum • das Dessert • die Boutique • die Diskussion • die Funktion • das Engagement • die Route • die Dekoration • das Publikum • das Bonbon

●●○ **2** **a** Hier findet ihr einige ungebräuchliche deutsche Begriffe zum Thema „Computer/Internet".
Notiert zu jedem Begriff das Fremdwort aus dem Englischen, z. B.: *die Mausmarke = der Cursor.*

die Mausmarke • plaudern • die elektronische Post • das Heruntergeladene • der Klapprechner • die Weichware • netzreiten • die Heimseite • das Verbindungsnetz

b Stellt Vermutungen an, weshalb es für die Fremdwörter, die ihr notiert habt, keine geläufigen deutschen Entsprechungen gibt.

●●● **3** Im 18. und 19. Jahrhundert gab es viele wissenschaftliche Entdeckungen.
Um dafür Bezeichnungen zu finden, bedienten sich die Forscher gern des Griechischen.
a Fügt die Wortbausteine aus dem Griechischen zu euch bekannten Fremdwörtern zusammen.
b Notiert, was die Begriffe bedeuten. Nutzt die in Klammern gesetzten Bedeutungen der griechischen Wortbausteine. Schlagt auch im Wörterbuch nach.

Teste dich!

Fremdwörter

das Brainstorming • die Annonce • die Chronologie • die Checkliste • das Horoskop • die Bouillon • das Highlight • das Mannequin • das Kaleidoskop

1 a Lege eine Liste an und ordne die Fremdwörter nach ihrer Herkunft.
Griechisch: *die Chronologie, ...* Französisch: ... Englisch: ...
b Wähle die richtige Bedeutung aus.
Die entsprechenden Buchstaben ergeben rückwärts gelesen das Lösungswort.

1	**das Brainstorming**	H	Sammlung von Ideen
		R	Gedankenspiel
		L	Wahnsinn
2	**die Annonce**	I	Zeitungsartikel
		C	Anzeige
		E	Frauenname
3	**die Chronologie**	B	wertvolle Uhr
		H	Kopfschmuck
		S	zeitliche Abfolge
4	**das Horoskop**	L	gruseliges Tier
		G	Zeitmessgerät
		I	Voraussage
5	**die Bouillon**	L	klare Brühe
		O	Rinderart
		E	Teil eines Heeres
6	**das Highlight**	W	höchste Stufe
		H	Mittagssonne
		G	Höhepunkt
7	**das Mannequin**	N	Model
		U	junger Mann
		E	Mixgetränk
8	**das Kaleidoskop**	O	Sterndeutung
		E	optisches Gerät
		G	Lupe

2 In dem folgenden Text wollte der Verfasser ohne Fremdwörter auskommen. Das Ergebnis ist jedoch nicht überzeugend. Schreibe den Text verbessert in dein Heft, indem du an den kursiv gedruckten Stellen passende Fremdwörter aus dem Wortspeicher unten auswählst. Achte auf die richtigen Artikel.

Das Herunterzählen bis zu dem großen *Ereignis* war abgelaufen und die Sportler wurden per *Mietflug* zur *Feier* in die Hauptstadt gebracht, wo zunächst ein *mehrgängiges Essen* auf die Athleten wartete. Anschließend beeindruckte eine *Lichtervorführung* im festlich geschmückten Schlossgarten alle Gäste. Kleine *leichte Gartengebäude,* die die *Handwerker* noch den ganzen Tag über aufgebaut hatten, boten für jeden Platz. Erst spät in der Nacht konnte das *Dienstleistungspersonal* des *Essenanbieters* aufräumen.

Breakdown • Showmaster • Charter-Flug • Bungalows • Event • Organizer • Lasershow • Pavillons • Monteure • Caterer • Fastbreak • Party • Streetworker • Countdown • Service-Personal • Menü

11.3 Projekt: Anglizismen auf der Spur

1 Anglizismen, Übernahmen von englischen Ausdrücken in die deutsche Sprache, begegnen uns Tag für Tag, z. B. in der Werbung, im Sport, im Umgang mit dem Computer, in der Mode oder in anderen Lebensbereichen.

- Achtet einmal darauf, welche Anglizismen verwendet werden und welchen Sinn ihre Verwendung hat.
- Bildet Kleingruppen zu den rechts genannten Themenbereichen und bereitet eine Präsentation zu eurem Bereich vor.
- Sucht in Magazinen, Werbeanzeigen, Zeitungsartikeln, im Internet, auf Verpackungen usw. nach Texten mit Anglizismen zu dem von euch gewählten Thema.
- Nutzt die Arbeitsanregungen A bis E auf den Seiten 207 und 208. Ihr könnt auch andere, eigene Möglichkeiten der Präsentation wählen.

Themenbereiche
- Computer und Technik
- Onlinespiele und soziale Netzwerke
- Sport
- Mode und Kosmetik
- Reisen und Erholung
- Ernährung
- Musik
- ...

A

Die „Top Ten“

Wählt für euren Bereich sechs bis zehn Anglizismen aus, die jeder kennen sollte.

Überlegt, wie ihr die Zuhörenden aktivieren könnt.
Sammelt z. B. zuerst Vorschläge aus dem Publikum, vergleicht diese dann mit eurer Liste und diskutiert anschließend über die Auswahl.

B

Die „No-Gos“

Präsentiert Anglizismen aus eurem Bereich, von deren Gebrauch ihr abratet.
Beispiel:

Bereich Mode:
„Shooting“: An Stelle von „Shooting“ können problemlos die deutschen Wörter „Aufnahmen“ bzw. „Filmaufnahmen“, „Fotoaufnahmen“ verwendet werden. Vorsicht: Die Verwendung von „Shooting“ kann angeberisch und wichtigtuerisch wirken.

Ihr könnt mit dem Publikum diskutieren:
- Sind die gewählten Anglizismen tatsächlich verzichtbar?
- Warum werden sie dennoch verwendet?

C

Die „Musts“

Sucht Anglizismen aus eurem Bereich, die gar nicht oder nur schwer durch deutsche Wörter ersetzt werden können.
Beispiel:

Für „Software“ gibt es keinen knappen, gut verständlichen deutschen Ausdruck. Oder sollte man etwa „Weichware“ sagen?

Ihr könnt einen Publikumswettbewerb veranstalten: Gesucht sind die witzigsten deutschen Begriffe für die nicht übersetzbaren Anglizismen, z. B.: *Laptop: Schoßtipper, ...*

D

Die „Extended Version“

Wählt einen Text aus, in dem Anglizismen verwendet werden, z. B. einen Werbetext oder einen kurzen Zeitungsartikel. Präsentiert den Text der Klasse und kommentiert den Gebrauch der Anglizismen. Beispiel:

Kommentar:
Wollte man alle Anglizismen aus diesem Text verbannen, könnte man so übersetzen:
Frisör „Schneiden und Gehen“. Nur heute: 50 % auf Haarverlängerungen.
Im Vergleich wird die unterschiedliche Wirkung der Texte deutlich: Die Verwendung der Anglizismen im Werbetext soll andeuten, dass dieser Frisör auf dem neuesten Stand der internationalen Mode ist. Er wendet sich an ein junges, gut informiertes Publikum, das die verwendeten englischen Ausdrücke versteht. Außerdem ...

Geht in eurem Kommentar darauf ein, aus welchem Grund in dem ausgewählten Text Anglizismen verwendet werden.
- Gibt es keine gebräuchliche deutsche Übersetzung?
- Ist der Anglizismus viel knapper als die Übersetzung?
- Soll der Anglizismus neben der Sachinformation weitere Botschaften vermitteln?

E

Endgültig „too much“

Verfasst und präsentiert einen kurzen selbst erfundenen (Werbe-)Text zu eurem Themenbereich, in dem ihr übertrieben viele Anglizismen verwendet.

Legt zur Vorbereitung zunächst einen Wortspeicher mit passenden Anglizismen an, z. B. zum Bereich „Reise und Erholung“:
Wellness, Weekend, Ressort, Pool, Fitness, relaxen, chillen, ...

12 Grammatiktraining – Wortarten, Aktiv und Passiv

1 Stellt Vermutungen darüber an, wie der Zaubertrick funktioniert.

2 **a** Prüft, welche Wortarten ihr in den Sätzen aus den Sprechblasen findet. Wie könnt ihr sie unterscheiden?
b Erklärt, was die einzelnen Wortarten in den Sätzen leisten.

3 Untersucht die einzelnen Sätze genauer:
a In welchen Sätzen wird hervorgehoben, wer etwas tut? In welchen Sätzen wird betont, was geschieht?
b Bestimmt die Prädikate in den Sätzen. Wie unterscheiden sich die Verbformen?

In diesem Kapitel ...

- wiederholt ihr die wichtigsten Wortarten,
- unterscheidet ihr Aktivsätze und Passivsätze,
- nutzt ihr das Passiv zum Beschreiben von Vorgängen,
- lernt ihr Ersatzformen für das Passiv kennen.

12.1 K(l)eine Zauberei – Wortarten wiederholen

Zauberer und Magier – Nomen, Adjektiv, Präposition

Florian Zimmer – Europameister der Magie

Wenn einer der erfolgreichsten deutschen Zauberkünstler auftritt, gibt er sich nicht mit Zylindern und weißen Kaninchen ab. Der Ulmer Magier Florian Zimmer begeistert sein Publikum wegen seiner perfekten, neuartigen Tricks. Seine spektakuläre Show „Color of Magic“ brachte ihm viele Preise ein, darunter sogar die Auszeichnung „Golden Lion Award“. Im jugendlichen Street-Look und unter fetzigen Klängen verzaubert er das Publikum, indem er Sprühdosen Feuer spucken lässt und aus dem Nichts ein fahrtüchtiges BMX-Rad auf die Bühne zaubert. Einer der größten Fans von Florian Zimmer war Michael Jackson: Der King of Pop bat um eine Privataudienz des jungen Stars.

1 a In diesem Text finden sich viele Nomen, die mit Zauberei zu tun haben. Schreibt sechs davon heraus.
b Notiert weitere Nomen, die euch zum Thema Zauberei einfallen.

2 a Lest noch einmal die ersten beiden Sätze des Textes und lasst dabei alle Adjektive weg. Beschreibt, wie sich die Aussage der beiden Sätze verändert.
b Im Text heißt es „einer der *erfolgreichsten* deutschen Zauberkünstler“ (► Z. 1–2). Erklärt, in welcher Form das kursiv gedruckte Adjektiv verwendet wird.
c Erläutert, welche anderen Formen des Adjektivs ihr kennt.

3 Präpositionen können ein örtliches, zeitliches, modales oder kausales Verhältnis ausdrücken. Erklärt dies jeweils an einem Beispiel aus dem Text.

4 a Verfasst einen kurzen Erlebnisbericht über eine Zaubershow. Verwendet bei der Beschreibung der Kunststücke Adjektive, z. B. „sensationell“, „großartig“.
b Unterstreicht die Adjektive.
c Kreist in eurem Text alle Präpositionen ein und markiert das Wort oder die Wortgruppe, auf die sie sich beziehen.

Mit Adverbien genauere Angaben machen

Zaubern als Lebensaufgabe

Der Star-Magier Florian Zimmer hat sich ? im Alter von zehn Jahren der Magie verschrieben und ist ? ? fasziniert von ihr. ? ? führt er seine Zauberkunststücke ? im Leben auf, ?, wo niemand mit ihnen rechnet. ? kann es zum Beispiel passieren, dass Florian vor den Augen verblüffter Passanten einen Brand auf seiner Hand in Geldmünzen verwandelt. Oder er lässt aus einer leeren, zerdrückten Coladose wieder Cola fließen.

1 a In diesem Text sind die Adverbien gelöscht worden. Vervollständigt die lückenhaften Sätze in eurem Heft. Verwendet dabei die Adverbien aus dem folgenden Wortspeicher.

dort • mitten • schon • noch • immer • besonders • gern • deshalb

b Vergleicht die einzelnen Sätze mit und ohne Adverbien.
Erläutert jeweils, was die Adverbien für die Aussage des Satzes leisten.

2 a Übertragt die folgende Tabelle in euer Heft und ordnet die Adverbien aus Aufgabe 1 ein.

Adverbien des Ortes	Adverbien der Zeit	Adverbien der Art und Weise	Adverbien des Grundes
...	...	...	...

b Ergänzt die Tabelle mit weiteren Adverbien.

Information **Das Adverb** (Umstandswort; Plural: die Adverbien)

Adverbien *(dort, dorther, überall, bald, heute, sehr, vielleicht, nämlich)* **machen nähere Angaben zu einem Geschehen.** Sie erklären genau, wo, wann, wie oder warum etwas geschieht. Adverbien werden kleingeschrieben und sind im Gegensatz zum Adjektiv **nicht veränderbar** (nicht flektierbar).

Mit Pronomen Bezüge herstellen

Personal- und Possessivpronomen

Harry Houdinis Geheimnis

Der 7. Juli 1912 ist ein schöner Sommertag in New York. Am Pier 6 haben sich zahlreiche Zuschauer versammelt. Ihre Blicke richten sich auf einen kleinen Dampfer, der gerade ablegt. An Bord steht Harry Houdini, der König der Entfesselungskünstler. Unter den wachsamen Augen von einem Dutzend Zeitungsreportern lässt der Magier seine Hände und Füße mit stählernen Handschellen fesseln. Schließlich bugsieren ihn seine Assistenten in eine stabile Holzkiste. Sie nageln den Deckel zu und verschließen sie zusätzlich mit Metallbändern. Die Männer beenden ihre Vorbereitungen, indem sie ein starkes Seil mehrfach um die Kiste verknoten.

Dann schlägt die Stunde der Wahrheit. Am Haken eines Flaschenzugs versinkt das Gehäuse im Wasser, wobei es leichte Wellen schlägt. Da bricht Houdinis Kopf durch die Wasseroberfläche. Innerhalb einer Minute ist er seinem nassen Gefängnis entkommen. Wie er den Trick bewerkstelligt hat, bleibt allerdings sein Geheimnis.

1 Wie konnte sich Houdini aus dieser Holzkiste befreien? Stellt Vermutungen an.

2 „Sie nageln den Deckel zu und verschließen sie zusätzlich mit Metallbändern." (▶ Z. 11–12)

a Lest noch einmal genau im Text nach und erklärt dann, worauf sich die Personalpronomen „sie" jeweils beziehen. Ersetzt die Personalpronomen durch passende Nomen.

b Sucht weitere Personalpronomen im Text und ersetzt sie durch ein Nomen.

c Erklärt, welche Funktion Personalpronomen in einem Text haben.

3 In dem Text kommen sechs Possessivpronomen vor. Sie geben an, zu wem etwas gehört. Schreibt die sechs Possessivpronomen mit den jeweils dazugehörigen Nomen heraus. Notiert, welche Zugehörigkeit die Possessivpronomen jeweils ausdrücken, z. B.:

ihre Blicke → die Blicke der Zuschauer.

4 Verfasst ein Interview mit Houdini, nachdem er sich aus der verschlossenen Kiste befreit hat. Markiert in eurem Text die Personal- und Possessivpronomen in verschiedenen Farben, z. B.:

Reporter: „Verraten Sie uns Ihr Geheimnis?"

Houdini: „Nein, natürlich nicht. Ich sage nur so viel: Es hat mit meiner Geschicklichkeit zu tun."

Demonstrativpronomen

Artisten gegen Spiritisten

Der Zauberkünstler Harry Houdini verstand sich nicht als echter Magier, sondern als ein besonders geschickter Artist. Als solcher kämpfte er sein Leben lang gegen jene Taschenspieler, die ihre Tricks als Zauberei verkauften. Zu diesen gehörten vor allem die sogenannten Spiritisten. Diese behaupteten, sie könnten Kontakt zu den Geistern Verstorbener herstellen. Houdini hielt das für Betrug. Die angeblichen Geisterseher würden nur die Leichtgläubigkeit der Hinterbliebenen ausnutzen, um jenen Geld aus der Tasche zu ziehen. So nahm er an vielen Geisterbeschwörungen teil und entlarvte die Tricks, mit denen die Spiritisten angeblich übersinnliche Phänomene erzeugten. Er versprach sogar demjenigen einen hohen Geldbetrag, der ihm ein magisches Phänomen präsentieren könnte, welches nicht erklärbar sei. Diesen musste Houdini jedoch nie auszahlen.

1 Erklärt den Unterschied zwischen Zauberkünstlern und Geisterbeschwörern.

2 **a** Schreibt Wörter, Wortgruppen oder auch ganze Sätze in euer Heft, auf welche die markierten Demonstrativpronomen hinweisen, z. B.:
solcher (Z. 2) = ein besonders geschickter Artist.

b Sucht weitere Beispiele für Demonstrativpronomen aus dem Text heraus. Schreibt sie in gleicher Weise mit den entsprechenden Bezugswörtern in euer Heft.

3 Verfasst zu zweit ein Streitgespräch zwischen Houdini und einem Geisterbeschwörer. Achtet darauf, dass ihr möglichst häufig Demonstrativpronomen verwendet. Unterstreicht sie, z. B.:
Houdini: „Diese Klopfgeräusche sind nur Tricks. Sie machen das mit Jhrem Knie."
Spiritist: „Niemals würde ich einen solchen Betrug wagen. Dieses Phänomen ist …"

Information **Pronomen**

Es gibt verschiedene Arten von Pronomen:

1. Mit den **Personalpronomen** *(ich, du, er/sie/es, wir, ihr, sie)* kann man **Nomen** (dazu gehören auch Namen) ersetzen, z. B.: *Die Männer nageln die Kiste zu und versenken sie im Wasser.*
2. **Possessivpronomen** *(mein/meine, dein/deine, sein/seine, ihr/ihre, unser/unsere, euer/eure, ihr/ihre)* **geben an, zu wem etwas gehört,** z. B.: *mein Geheimnis, dein Trick, unsere Zaubershow.* Possessivpronomen begleiten meist Nomen und stehen dann im gleichen Kasus wie ihr Bezugswort.
3. **Demonstrativpronomen** *(der/die/das, dieser/diese/dieses, jener/jene/jenes, solcher/solche/solches, derselbe/dieselbe/dasselbe)* **weisen besonders deutlich auf eine Person oder Sache hin,** z. B.: *Dieser Mann ist der wahre Täter.*
Demonstrativpronomen können als Begleiter oder als Stellvertreter des Nomens verwendet werden.

Relativpronomen

Die Magier Siegfried und Roy

Siegfried und Roy sind deutschstämmige US-amerikanische Zauberkünstler,	... lange die meistbesuchte Show in Las Vegas war.
Bis zum Jahre 2003 präsentierten sie die Show „Siegfried & Roy at the Mirage",	... ihn fortan faszinieren sollte.
Siegfried begann im Alter von acht Jahren mit dem Zaubern,	... Auftritte mit weißen Tigern und Löwen sie weltberühmt gemacht haben.
Später heuerte Siegfried als Entertainer auf einem Schiff an,	... er so oft wie möglich besuchte.
Roy liebte als Kind den Zoo,	... dort als Entertainer arbeitete.
Später wurde er Page auf einem Schiff und traf Siegfried,	... Passagiere er mit Zaubertricks begeistern wollte.

1 Die hier wiedergegebenen Teilsätze geben Auskunft darüber, wie die Zauberkünstler Siegfried und Roy sich kennen gelernt haben und wie sie zur Zauberei kamen.
Fügt die Teilsätze mit Hilfe von Relativpronomen (▶ Merkkasten) zu sinnvollen Sätzen zusammen.

2 **a** Besprecht, wozu genau ihr die Relativpronomen benötigt habt.
b Beschreibt, wie sich die verwendeten Relativpronomen voneinander unterscheiden und warum es diese Unterschiede geben muss.

3 **a** Recherchiert über die Zauberkunst von Siegfried und Roy.
Schreibt einen kurzen Text über ihre Show. Verwendet darin viele Relativsätze.
b Markiert in euren Texten die Relativpronomen und die Wörter, auf die sie sich beziehen.

Information **Relativpronomen**

Relativpronomen *(der, die das, welche, welcher, welches)* **leiten Nebensätze (Relativsätze) ein** und beziehen sich auf Wörter oder Wortgruppen des übergeordneten Teilsatzes, z. B.:
Siegfried und Roy sind Zauberkünstler, die Tricks mit Raubkatzen vorführten.

Konjunktionen

Der verschwundene Gepard

Weil Roy viel den Zoo besucht und auch bei der Tierpflege mitgeholfen hatte, kam er auf die Idee, einen Geparden aus dem Zoo auf das Schiff zu schmuggeln. Er wollte diesen an Stelle des Hasen in Siegfrieds Zaubershow verschwinden lassen. Siegfried fand den Vorschlag spannend und er ging sofort darauf ein. Als in der ersten gemeinsamen Show von Siegfried und Roy der Gepard „Chico" auftrat und verschwand, war das Publikum begeistert. Aber der Kapitän zeigte sich beunruhigt, da das Tier eine Gefahr für die Passagiere darstellte. Das Kunststück war jedoch beim Publikum äußerst beliebt, sodass die beiden es weiter zeigen durften. Nachdem Siegfried und Roy ihr Engagement auf der *TS Bremen* aufgegeben hatten, reisten sie mit verschiedenen Shows um die Welt, und ihr Ruhm mehrte sich von Jahr zu Jahr. Ein besonderes Anliegen der beiden ist der Schutz der sogenannten „Weißen Königstiger" und der südafrikanischen weißen Löwen.

1 Habt ihr schon einmal eine Zaubervorführung gesehen, in der ein Tier zum Verschwinden gebracht wurde? Berichtet davon.

2 a In dem Text über Siegfried und Roy sind einige Konjunktionen markiert. Erklärt anhand dieser Beispiele, welche Aufgabe die Konjunktionen haben.

b Sucht weitere Konjunktionen im Text und beschreibt ihre Aufgabe.

c Der letzte und der vorletzte Satz des Textes enthalten beide die Konjunktion „und". Erläutert mit Hilfe von grammatischen Fachbegriffen, was durch das „und" jeweils miteinander verknüpft wird.

Information **Die Konjunktion (Bindewort)**

Konjunktionen **verbinden Wörter, Satzglieder** und **ganze Sätze miteinander.** Sie sind nicht veränderbar (nicht flektierbar). Es gibt nebenordnende und unterordnende Konjunktionen.
Nebenordnende Konjunktionen (z. B. *und, oder, denn, aber*) verbinden zwei Hauptsätze, z. B.:
Roy traf Siegfried auf dem Schiff „TS Bremen", und er schlug ihm vor zusammenzuarbeiten.
Unterordnende Konjunktionen (Subjunktionen, z. B. *weil, obwohl, dass, während, als, damit* usw.) verbinden Hauptsatz und Nebensatz, z. B.:
Roy wollte einen Geparden in der Show verwenden, damit sie für die Zuschauer spannender wurde.

Zeitformen der Verben

Präsens und Futur I

Die Visionen des Nostradamus

Seine düsteren Voraussagen faszinieren die Menschen heute noch. Nostradamus, der wohl berühmteste Seher aller Zeiten, kam 1503 in Frankreich zur Welt. In seinen Prophezeiungen findet man düstere Vorhersagen für die Zukunft. Seine Weissagungen sind jedoch so unklar und rätselhaft, dass man – ähnlich wie bei Horoskopen auch – vieles hineindeuten kann. Und weil viele Menschen an Vorhersagen glauben wollen, ziehen sie die rätselhaften Prophezeiungen auch heute noch zur Deutung von zukünftigen Ereignissen heran.

1 a Schreibt den Text in euer Heft und unterstreicht alle Präsensformen.
b Erklärt den Unterschied in der Bedeutung des Präsens in den folgenden Sätzen:
– Die Wahrsagerin schaut in eine Kugel. – Wahrsagerei ist keine Wissenschaft.

2 Berühmt geworden ist Nostradamus mit der vermeintlichen Vorhersage des Todes des französischen Königs Heinrich II. Er starb 1559 bei einem Turnierkampf, weil ein Lanzensplitter in seinen Kopf eindrang. Nostradamus' Prophezeiung um 1550 lautete:

Der junge Löwe wird den alten auf dem Schlachtfeld
in einem einzigen Duell besiegen. Im goldenen Käfig
wird er ihm die Augen ausstechen.
Dann stirbt der alte Löwe bald einen grausamen Tod.

a Passt die Prophezeiung eindeutig zu den Ereignissen von 1559? Begründet eure Meinung.
b In den ersten beiden Sätzen werden zukünftige Ereignisse ausgedrückt. Wie nennt man diese Zeitform und wie wird sie gebildet?
c Erklärt, warum im letzten Satz das Präsens verwendet werden kann.

3 Macht Aussagen über eure eigene Zukunft. Nutzt dabei das Futur I und das Präsens.

Information **Die Zeitformen Präsens und Futur I**

1 Das **Präsens** wird verwendet:
– wenn etwas in der Gegenwart geschieht, z. B.: *Noch heute glauben viele an Wahrsagungen.*
– wenn eine Aussage immer gilt, z. B.: *Wahrsagerei ist umstritten.*
– Außerdem kann man mit dem Präsens Zukünftiges ausdrücken. Meist verwendet man dann eine Zeitangabe, die auf die Zukunft verweist, z. B.: *Er kämpft morgen im Turnier.*

2 Die Zeitform **Futur I** wird verwendet, um ein zukünftiges Geschehen auszudrücken, z. B.: *Es wird eine Finsternis geben.* Das Futur I wird mit der Personalform von **„werden"** und dem **Infinitiv des Verbs** gebildet, z. B.: *ich werde sehen, du wirst sehen.*

Perfekt

Halloween – Süßes oder Saures!

Ursprünglich war Halloween ein Herbstfest der Kelten im alten England und in Irland. Die Kelten glaubten, dass die Seelen der Verstorbenen in der Nacht vom 31. Oktober zum 1. November als Geister auf die Erde zurückkommen. Auch heute noch verkleiden sich viele in dieser Nacht als Hexen, Feen oder Dämonen, ziehen von Haus zu Haus und fordern die Bewohner auf, ihnen Süßigkeiten zu geben, weil sie ihnen sonst Streiche spielen. „Süßes oder Saures!", so lautet die Botschaft.
Eva und Klaus erzählen von ihren Erlebnissen:

Eva: Bist du gestern auch durch die Straßen gezogen?
Klaus: Ja, ich habe mich als Gespenst verkleidet. Ich habe wirklich gruselig ausgesehen. Unsere Nachbarin hat einen kleinen Schrei ausgestoßen, als ich an ihrer Tür geklingelt habe.
Eva: Ich bin als Hexe gegangen und bin auf einem Besen geritten. Die Leute haben eher gelacht. Wie hast du denn dein Gespensterkostüm gemacht?
Klaus: Ich habe mir eine Gummiglatze übergezogen, habe den ganzen Kopf dann weiß geschminkt, die Augen schwarz umrandet und mir ein schwarzes Gebiss um den Mund gemalt. Auf einen schwarzen Umhang hat meine Mutter dann mit Klebeband die Umrisse eines Skeletts geklebt. Das hat wirklich unheimlich ausgesehen.
Eva: Claudia ist als Zombie herumgelaufen, das hat mir auch sehr gut gefallen.

1 Habt ihr selbst Erfahrungen mit Halloween? Erzählt von euren Erlebnissen.

2 Die Verbformen in diesem Text stehen in der Zeitform Perfekt.
a Erklärt, wann man das Perfekt verwendet.
b Beschreibt, wie die Verbformen des Perfekts gebildet werden.

3 Schreibt den Dialog zwischen Klaus und Eva weiter. Verwendet dabei das Perfekt.

Information **Die Zeitform Perfekt**

Wenn man **mündlich von etwas Vergangenem** berichtet, verwendet man häufig das Perfekt, z. B.: *Ich habe mich als Teufel verkleidet.*
Das Perfekt ist eine **zusammengesetzte Zeitform,** die mit einer Form von **„haben"** oder **„sein"** im Präsens (z. B. *habe, bin*) und dem **Partizip II des Verbs** *(ausgesehen, gegangen)* gebildet wird.

Präteritum und Plusquamperfekt

Wer war Dr. Faust?

Dr. Georg Faust kam um 1480 zur Welt, studierte Theologie und erwarb sich den Ruf eines bedeutenden Wahrsagers und Zauberers. Der Legende nach ließ er Wein aus einem Tisch laufen, ritt auf einem Fass aus dem Weinkeller und fuhr mit einem breiten Pferdewagen durch eine viel zu enge Gasse. Nachdem er um 1538 gestorben war, tauchte die Gestalt des Dr. Faustus in vielen Büchern auf, so zum Beispiel im „Volksbuch vom Dr. Faust" (1587). Johann Wolfgang Goethe, der sich schon immer für die Figur des Dr. Faust interessiert hatte, machte den Magier durch sein Drama „Faust" weltberühmt.

1 In dem Drama „Faust" von Goethe schließt der Teufel Mephisto mit Faust einen Pakt. Kennt ihr andere Geschichten, in denen der Teufel eine Rolle spielt? Erzählt davon.

2 a Übertragt die Tabelle in euer Heft. Sucht alle Verben im Präteritum aus dem Text heraus und ordnet sie in die richtige Spalte ein. Bildet zu jedem Verb den dazugehörigen Infinitiv.

Regelmäßige (schwache) **Verben** mit unverändertem Stammvokal	**Unregelmäßige** (starke) **Verben** mit verändertem Stammvokal
studierte → studieren	*kam → kommen*

b Begründet, warum in diesem Text die Zeitform Präteritum verwendet wird.

3 a Untersucht in den letzten beiden Sätzen (▸ Z. 7–13) den zeitlichen Ablauf: Was geschieht in der Vergangenheit, was ist dem vorausgegangen?
b Erklärt, wie die Zeitform Plusquamperfekt gebildet wird.

4 Verdeutlicht den zeitlichen Ablauf in den folgenden Sätzen mit Hilfe der Konjunktion „nachdem":
- Faust studierte Theologie, er wurde ein berühmter Wahrsager und Zauberer.
- Faust verfügte über magische Kräfte, er unterschrieb einen Vertrag mit dem Teufel.

Information **Die Zeitformen Präteritum und Plusquamperfekt**

1 Das **Präteritum** ist eine einfache **Zeitform der Vergangenheit,** z. B.: *Er studierte Theologie.*
- Bei den **regelmäßigen** (schwachen) **Verben** ändert sich im Präteritum der Vokal im Verbstamm nicht, z. B.: *ich schütte (Präsens) → ich schüttete (Präteritum).*
- Bei den **unregelmäßigen** (starken) **Verben ändert sich** im Präteritum der **Vokal** im Verbstamm, z. B.: *ich halte (Präsens) → ich hielt (Präteritum).*

2 Wenn etwas vor dem passiert, wovon im Präteritum oder Perfekt erzählt wird, verwendet man das **Plusquamperfekt,** z. B.: *Nachdem Faust Heidelberg verlassen hatte, reiste er nach Nürnberg.* Das **Plusquamperfekt** ist eine **zusammengesetzte Zeitform.** Es wird gebildet mit einer Form von **„haben"** oder **„sein"** im Präteritum (z. B. *hatte, war*) und dem **Partizip II des Verbs** *(unterschrieben, gelaufen).*

Fordern und fördern – Die Zeitformen des Verbs

Alemannische Fastnacht in Staufen

Alljährlich verwandelt sich das kleine südbadische Städtchen Staufen in einen von Hexen, Schelmen und Schnurrewiebern beherrschten Ort. Das Narrentreiben in Staufen geht wie die gesamte Tradition der Fastnacht und des Karnevals bis ins Mittelalter zurück. Mit lautem Spektakel vertrieben damals die Menschen, nachdem die kalten Wintermonate ihnen große Entbehrungen abverlangt hatten, die Dämonen des Winters. „Die Menschen haben den Frühling einfach als Erlösung empfunden“, meinen die Historiker Nobert Pabelick und Markus Langner. So ist die Fastnacht, der Karneval, der Fasching oder die Fassenacht im Grunde ein Frühlingsfest, das die Menschen wohl auch in ferner Zukunft noch feiern werden.

●○○ **1** Übertragt die Tabelle in euer Heft und notiert zu jeder Zeitform ein Beispiel aus dem Text.

Präsens	Futur I	Präteritum	Perfekt	Plusquamperfekt
...	...	...	...	...

●●○ **2** Schreibt den folgenden Text ab. Setzt die Infinitive ins Präteritum bzw. ins Plusquamperfekt.

Schutz vor bösen Geistern

Im Mittelalter glaubten die Menschen, stets von bösen Geistern bedroht zu sein. Sie ? *(fürchten)* sich vor Krankheit und Tod durch die Rachsucht böswilliger Dämonen. Nachdem immer schrecklichere Seuchen die Menschen ? *(heimsuchen)*, versuchten diese, die bösen Geistern zu vertreiben. Man ? *(führen)* ein gottesfürchtiges Leben und ? *(schützen)* auch das Haus durch allerlei Bräuche. Nachdem man in der Kirche ? *(beten)*, ? *(brennen)* man zum Beispiel im Haus Weihrauch oder Wacholder ab, um die krank machenden Dämonen fernzuhalten.

●●● **3** Verbindet die nebeneinanderstehenden Hauptsätze zu Satzgefügen (Hauptsatz und Nebensatz). Drückt durch das Plusquamperfekt die Vorzeitigkeit aus:

Die Narren frühstückten am frühen Morgen.	**nachdem**	Sie befreiten die Schüler nach der vierten Stunde vom Unterricht.
Die Schelmen feierten ausgelassen und übernahmen die Macht im Rathaus.	**nachdem**	Die Staufener Fasnet wurde auf dem Marktplatz eröffnet.
Die Fastnacht endete mit einer spektakulären „Fasnetsverbrennung“.	**nachdem**	Die Menschen gingen wieder nach Hause.

Teste dich!

Die Zeitformen des Verbs

Fausts Tod – Wahrheit oder Legende?

Staufens vermutlich berühmtester Einwohner war der Wunderheiler und Wahrsager Doktor Johann Georg Faust. Noch heute ? *(ranken)* sich zahlreiche Legenden um seinen Tod im Gasthaus „Zum Löwen“. Der Stadthistoriker Bernhard Leu erklärt hierzu: „Ich ? *(annehmen),* dass Faust bei einem seiner Experimente zur Herstellung von Gold einen folgenschweren Fehler ? *(machen):* Es ist zu einer Explosion gekommen, die Faust mit dem Leben ? *(bezahlen).“*
Im Mittelalter ? *(glauben)* man dagegen an eine Strafe Gottes: Fausts Tod konnte nur bedeuten, dass er einen Pakt mit dem Teufel ? *(schließen).* Nach Ablauf des Paktes, so der Glaube, holte der Teufel den Alchimisten unter fürchterlichem Gestank und Getöse.

1 a Schreibe den Text ab und ergänze jeweils das konjugierte Verb in der richtigen Zeitform (Präsens, Präteritum, Perfekt oder Plusquamperfekt).
b Unterstreiche die verschiedenen Zeitformen mit unterschiedlichen Farben.

2 Schreibe aus dem Text zwei starke (unregelmäßige) und zwei schwache (regelmäßige) Verben heraus und begründe, warum es sich um starke bzw. schwache Verben handelt.

3 Stell dir vor, dass später der Gastwirt des „Löwen“ von der Nacht erzählt, in der Faust zu Tode kam. Lies den folgenden Text, ergänze die passenden Verbformen im Perfekt und schreibe sie auf.

Mitten in der Nacht ? ich von einem schweren Streit ? *(aufwachen).* Ich ? ? *(aufstehen),* um nach dem Rechten zu sehen. Da ? es jedoch wieder ganz still ? *(werden),* sodass ich mich wieder ? ? *(hinlegen).* Am nächsten Morgen ? die Herren aus Zimmer 5 nicht zum Frühstück ? *(erscheinen).* Daher ? ich in ihre Kammer ? *(gehen)* und ? dort ? *(sehen),* wie der Doktor tot auf dem Boden lag. Er ? ganz blau im Gesicht ? *(sein),* sein Hals war verdreht und es ? furchtbar ? *(stinken).* Ich bin mir sicher: Der Teufel ? den Doktor ? *(holen).*

4 Vergleicht eure Ergebnisse aus den Aufgaben 1 bis 3 in Partnerarbeit.

12.2 Zaubertricks – Aktiv und Passiv

Aktiv und Passiv im Vergleich

Der schwebende Kochlöffel

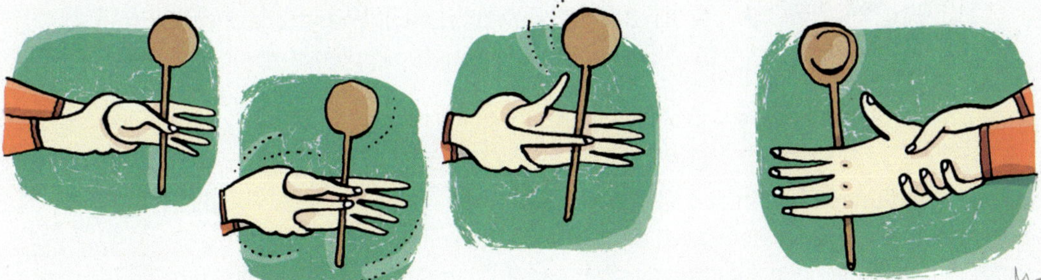

A Der Kochlöffel wird mit einem Tuch abgerieben. Dadurch wird er angeblich magnetisch aufgeladen. Zuerst wird der Kochlöffel mit dem Daumen der linken Hand festgehalten. Das linke Handgelenk wird dabei mit der rechten Hand umfasst. Jetzt wird der Kochlöffel mit der Hand auf und ab bewegt, danach wird der Zeigefinger der rechten Hand blitzschnell gegen den Kochlöffel gedrückt und der Daumen hochgehalten.

B Michael kann einen richtig guten Zaubertrick: Zuerst reibt er den Kochlöffel mit einem magischen Tuch ab. Dann streckt Michael seine linke Hand aus und umfasst das Handgelenk mit der rechten Hand. Er hält den Kochlöffel zunächst hinter der rechten Hand mit dem eingeklappten Daumen fest. Dann klappt er den Daumen nach oben, sodass die Zuschauer ihn sehen. Aber der Löffel fällt nicht zu Boden, er schwebt hinter der Hand!

1 Lest die beiden Texte. Macht euch klar, wie der Trick funktioniert. Ihr könnt an Stelle des Kochlöffels einen Stift verwenden.

2 Untersucht die beiden Texte genauer: In welchem Text wird hervorgehoben, wer etwas tut? In welchem Text wird betont, was geschieht? Nennt Beispiele.

3 a Untersucht die Verbformen in Text A. Schreibt hierzu einige Sätze ab und unterstreicht die Prädikate.
b Erklärt, wie diese Passivformen gebildet werden.

4 Überlegt, in welchen Fällen es sinnvoll ist, das Passiv zu verwenden. Wann bietet sich eher das Aktiv an?

Täter nennen oder verschweigen?

Die Knalltüte

1. Silke zeigt dem Publikum eine leere Papiertüte.
2. Dann nimmt sie ein Papiertaschentuch mit Farbtupfern.
3. Silke steckt das Tuch in die Tüte und bläst sie auf.
4. Nun spricht sie einen Zauberspruch und bringt die Tüte zum Platzen.
5. Ein bunter Konfettiregen überrascht das Publikum.
6. Silke hat aus dem bunten Papiertaschentuch Konfetti gezaubert.

1 Erfragt die Handlungsträger in den Sätzen. Geht so vor:
- a Schreibt den Text in euer Heft. Lasst dabei über jeder Zeile eine Zeile frei.
- b Erfragt in jedem Satz den Handlungsträger (Subjekt) und markiert ihn rot, z. B.:
  1. Silke zeigt dem Publikum eine leere Papiertüte. → Wer zeigt dem Publikum eine leere Papiertüte?
- c Nicht immer ist der Handlungsträger eine Person. Nennt ein Beispiel.

2 Das Handeln des Handlungsträgers ist meist auf ein Objekt gerichtet. Erfragt die Akkusativobjekte in euren Sätzen und unterstreicht sie grün.
1. Silke zeigt dem Publikum eine leere Papiertüte. → Wen oder was zeigt Silke dem Publikum?

3
- a Formuliert die Aktivsätze oben in Passivsätze um. Nehmt hierzu den Merkkasten zu Hilfe.
- b Untersucht, was jeweils mit dem Subjekt und dem Objekt des Aktivsatzes geschieht.

Information **Aktiv und Passiv der Verben**

Das Aktiv und das Passiv sind zwei Verbformen, die man bei der Darstellung von Handlungen und Vorgängen unterscheidet. Man kann aus zwei Perspektiven schauen:
Aktiv: Der Handlungsträger (Handelnde) wird betont, z. B.:
Der Zauberer hält einen Kochlöffel in der Hand.
Passiv: Die Handlung / der Vorgang wird betont, z. B.:
Der Kochlöffel wird in der Hand gehalten.

- Im **Aktiv** ist wichtig, **wer handelt** / etwas tut. Im **Passiv** wird betont, **was geschieht.**
- Das **Passiv** wird meist mit einer Form von **„werden"** und dem **Partizip II des Verbs** (▶ S. 314) gebildet, z. B.: *wird gehalten; werden aufgeteilt.*
- Im Passivsatz kann der Handlungsträger ergänzt werden, z. B.:
  Der Kochlöffel wird von dem Zauberer in der Hand gehalten.

Sätze, in denen der Handlungsträger als Subjekt des Satzes erscheint, stehen in der Verbform Aktiv. Bei der Umwandlung eines Aktivsatzes in einen Passivsatz wird das **Akkusativobjekt** des Aktivsatzes zum **Subjekt** des Passivsatzes, z. B.:

Aktiv: *Silke führt einen Zaubertrick vor.* (einen Zaubertrick: Akkusativobjekt) → Passiv: *Der Zaubertrick wird (von Silke) vorgeführt.* (Der Zaubertrick: Subjekt)

Während der Proben für die große Zaubershow der 7c gab es allerhand böse Überraschungen.

1 a Lest die Aussagen in den Sprechblasen. Erfragt bei den einzelnen Sätzen die Handlungsträger.
b Formuliert die Aussagen so um, dass das Geschehen benannt wird, nicht aber der Täter. Verwendet dabei das Passiv.

2 Der Hausmeister ist entsetzt über das, was geschehen ist. Für die Schulleitung listet er die entstandenen Schäden auf. Schreibt diese Liste. Achtet darauf, lediglich die Schäden zu nennen, nicht aber die Handlungsträger (Täter). Verwendet Formulierungen im Passiv:
- *Die Scheibe des Hausmeisterhäuschens wurde zerstört.*
- …

Information **Passiv aus Informationsmangel / als Informationsriegel**

- In einem Passivsatz kann der Handlungsträger ergänzt werden, z. B.:
  Die Schüler wurden vom Schulleiter aufgefordert, einen Bericht zu schreiben.
- In einem **Passivsatz** kann der **Handlungsträger** aber auch **völlig weggelassen werden,** z. B.:
  – wenn er unbekannt ist (Passiv aus Informationsmangel): *Mein Fahrrad wurde gestohlen.*
  – wenn der Handelnde nicht genannt werden soll (Passiv als Informationsriegel), zum Beispiel um eine betroffene Person zu schützen oder um zu verschleiern, wer für ein Geschehen verantwortlich ist, z. B.: *Beim Fußballspiel wurde ein Fenster beschädigt.*

Vorgangs- und Zustandspassiv

1 In diesem Jahr wird die neue Show des Zirkus „Roncalli" aufgeführt.
2 Auf dem Festplatz werden die letzten Vorbereitungen getroffen.
3 In einem Interview wird vom Organisationsleiter mitgeteilt:
4 „Das 16 Meter hohe Zirkuszelt wird schon auf der Platzmitte errichtet.
5 Auch die Stromanschlüsse sind schon verlegt.
6 Unter den Planen sind zudem drei Kilometer Wasserleitungen und 1500 Meter Abwasserschläuche verlegt.
7 Jetzt werden nur noch die Hinweisschilder für die Zuschauer aufgestellt."
8 Die Premiere für die Show ist für das erste Maiwochenende angesetzt.

1 a Vergleicht die Passivformulierungen im Text: Welche Sätze beschreiben einen Zustand, welche einen Vorgang?
b Erklärt, wie die jeweiligen Passivformulierungen gebildet werden.

2 a Lest die Informationen im Merkkasten unten.
b Formt die Sätze 5, 6 und 8 vom Zustandspassiv ins Vorgangspassiv um.
c Wandelt die Sätze 2 und 4 vom Vorgangspassiv ins Zustandspassiv um.
d Vergleicht eure Sätze mit den Originalsätzen und erklärt, in welcher Weise sich die Aussage der Sätze jeweils verändert hat.

3 Bildet weitere Sätze, in denen ihr das Zustands- und das Vorgangspassiv verwendet. Ihr könnt die folgenden Stichworte zu Hilfe nehmen:

10

Sitzreihen aufbauen • Trapeze montieren • Manege aufräumen • Kostüme fertigstellen • Generalprobe durchführen • Vorhänge öffnen

Information **Zustands- und Vorgangspassiv**

Während das Vorgangspassiv den Ablauf eines Vorgangs beschreibt, drückt das Zustandspassiv das Ergebnis eines Vorgangs aus.

1 Das **Zustandspassiv** *(sein-Passiv)* wird mit einer Personalform von **„sein"** und dem **Partizip II des Verbs** (► S. 314) gebildet, z. B.: *Die Tür ist geschlossen.*
2 Das **Vorgangspassiv** *(werden-Passiv)* wird mit einer Personalform von **„werden"** und dem **Partizip II des Verbs** gebildet, z. B.: *Die Tür wird geschlossen.*

7.10.22
7c
dann Arbeitsb

Aktiv und Passiv in verschiedenen Zeitformen

Nichts als fauler Zauber?

Der Bühnenzauberer James Randi wird seit den 1950er-Jahren von der Öffentlichkeit als Entfesselungskünstler gefeiert. Seine legendäre Entfesselungs-Performance über den Niagarafällen wurde weltweit zur Kenntnis genommen. Auf der Bühne begeisterten seine Tricks die Zuschauer so sehr, dass ihm unterstellt wurde, er verfüge über echte magische Fähigkeiten. Weil James Randi weiß, wie Illusionen erzeugt werden, ist er sehr skeptisch, wenn von anderen Zauberkünstlern behauptet wird, dass sie übernatürliche Fähigkeiten besitzen. Berühmt wurde James Randi vor allem durch seine Auseinandersetzung mit dem Zauberer Uri Geller. Nachdem von Uri Geller behauptet worden war, dass er durch übersinnliche Kräfte Löffel verbiegen und Gedanken lesen könne, wurde er von Randi als Betrüger entlarvt. Mühelos führte James Randi auf der Bühne dieselben Tricks vor und schrieb ein Buch, in dem Uri Gellers Tricks genau erklärt werden. Dennoch ist von Uri Geller bis heute nicht zugegeben worden, statt übernatürlicher Kräfte nur einfache Zaubertricks zu verwenden. Eine Million Dollar bietet Randi, wenn ihm ein Zaubertrick vorgeführt werden wird, den er nicht wissenschaftlich erklären kann.

1 Ein Zauberkünstler müsse eine ehrliche Person sein, meint Randi. Erklärt, was er damit meint.

2 a Schreibt aus dem Text alle Passivformen heraus und bestimmt jeweils das Tempus. Nehmt hierzu die Informationen aus dem Merkkasten unten zu Hilfe. 15

b Erklärt anhand von Beispielen aus dem Text, warum jeweils Passivformen im Präsens, im Präteritum, im Perfekt, im Plusquamperfekt oder im Futur I verwendet werden.

3 Erfindet einen Zeitungsbericht (z. B. über einen Betrug oder einen Diebstahl), in dem ihr unterschiedliche Zeitformen des Passivs verwendet. Ihr könnt die folgenden Verben benutzen: *betrügen, verfolgen, verhaften, befragen, verurteilen, einsperren, entlassen.*

4 Schreibt den Text „Nichts als fauler Zauber?" ins Aktiv um. Ergänzt dabei mögliche Handlungsträger.

Information **Zeitformen im Aktiv und Passiv**

	Aktiv: Verb *(bewundern)* in der entsprechenden Tempusform	**Passiv:** „werden" in der entsprechenden Tempusform + Partizip II des Verbs *(bewundern)*
Präsens	*Jens bewundert den Zauberer.*	*Der Zauberer wird bewundert.*
Futur I	*Jens wird ... bewundern.*	*... wird bewundert werden.*
Präteritum	*Jens bewunderte ...*	*... wurde bewundert.*
Perfekt	*Jens hat ... bewundert.*	*... ist bewundert worden.*
Plusquamperfekt	*Jens hatte ... bewundert.*	*... war bewundert worden.*

Ersatzformen für das Passiv

Der befreite Ring

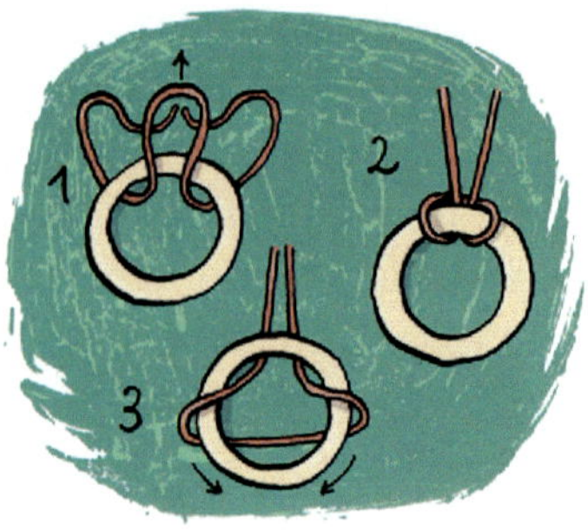

Für diesen Zaubertrick werden folgende Materialien gebraucht: ein Kunststoffring, ein Seil, ein größeres Tuch. Zuerst werden das Seil und der Kunststoffring von den Zuschauern untersucht. Dann wird der Ring mit dem Seil verknotet. Der gefesselte Ring wird noch einmal dem Publikum gezeigt.
Jetzt werden die Seilenden verknotet und das verknotete Ende des Seils wird von einem Zuschauer festgehalten. Danach wird angekündigt, den Ring ohne Lösen des Knotens oder Zerschneiden des Seils zu befreien. Nun wird ein Tuch über den eingeknoteten Ring gelegt. Dabei werden die Seilenden nach wie vor von dem Zuschauer gehalten. Unter dem Tuch wird der Ring blitzschnell von dem Seil befreit, ohne dass das Seil losgelassen oder beschädigt wird.
Zur Befreiung des Rings wird die Schlaufe des Seils etwas gelockert und die Schlinge über den Ring nach unten gezogen. Der Trick muss natürlich vorher gut geübt werden.

1 Dieser Text wurde für ein Zauberbuch verfasst. Er enthält jedoch zu viele Passivformen.

a Überarbeitet den Text und reduziert die Passivformen, indem ihr in einzelnen Sätzen das Passiv durch eine passende Ersatzform austauscht. Der Merkkasten unten hilft euch dabei.

b Vergleicht eure Ergebnisse.

2 **a** Erprobt an dem folgenden Satz alle Ersatzformen aus dem Merkkasten unten.
Dann wird der Ring mit dem Seil verknotet.

b Diskutiert, welche Ersatzformen geeignet sind und welche eher nicht.

Information **Ersatzformen für das Passiv**

Um Passivformen in Texten zu vermeiden, stehen die sogenannten Passiv-Ersatzformen zur Verfügung. Sie haben mit dem Passiv gemeinsam, dass der Handlungsträger nicht genannt wird. Im Unterschied zum Passiv handelt es sich bei den Ersatzformen jedoch um aktive Verbformen. Die wichtigsten Ersatzformen für das Passiv sind:

Ersatzformen für das Passiv	**Beispiele**
▪ man-Form	▪ *Man löst die Schlaufe des Seils.*
▪ „sich lassen“ + Infinitiv	▪ *Die Schlaufe des Seils lässt sich lösen.*
▪ Verbform von „sein“ + Infinitiv mit „zu“	▪ *Die Schlaufe des Seils ist zu lösen.*
▪ Verbform von „sein“ + Adjektiv mit der Endung „-bar“, „-lich“, „-fähig“	▪ *Die Schlaufe des Seils ist lösbar.*

Fordern und fördern – Passiv

Manege frei

1 In der Projektwoche üben die Schülerinnen und Schüler verschiedene Zirkusnummern ein.
2 Beim Jonglieren werfen schon die Kleinen die Bälle gekonnt in die Luft und fangen diese wieder auf.
3 Die Zauberer trainieren ihre Tricks für die Zirkusshow.
4 Die Schülerinnen und Schüler der Klassen 7 entwerfen Eintrittskarten für die Aufführung.
5 Das Schulorchester begleitet die einzelnen Zirkusnummern mit Musik.
6 Die Eltern helfen den Schülerinnen und Schülern beim Nähen der Kostüme.
7 Die Schülerinnen und Schüler aus der Oberstufe bauen auf dem Schulhof das Zirkuszelt für die Show auf.

●○○ **1** Wandelt die Aktivsätze (Sätze 1–7) ins Passiv um, z. B.:
In der Projektwoche werden verschiedene Zirkusnummern (von den Schülerinnen und Schülern) …

●●○ **2** **a** Formt die folgenden Sätze sowohl ins Vorgangspassiv als auch ins Zustandspassiv um:
– Die Mitglieder der Schülervertretung verkaufen die Eintrittskarten für die Zirkusshow.
– Eine Gruppe von Schülern beleuchtet die Manege mit einer Lichtanlage.
b Erklärt den Unterschied zwischen Vorgangs- und Zustandspassiv.

●●● **3** **a** Setzt den folgenden Satz ins Präsens Passiv, ins Futur I Passiv, ins Präteritum Passiv und ins Perfekt Passiv:
– Die Schüler bauen das Zirkuszelt auf.
b Setzt die folgenden Sätze ins Passiv.
Achtet darauf, die Vorzeitigkeit mit den korrekten Zeitformen im Passiv auszudrücken:
– Nachdem die Schülerinnen und Schüler die Eintrittskarten gedruckt haben, verkaufen sie diese.
– Nachdem die Schülerinnen und Schüler die Eintrittskarten gedruckt hatten, verkauften sie diese.

4 Vergleicht eure Ergebnisse aus den Aufgaben 1 bis 3 in Partnerarbeit.

Teste dich!

Verbformen im Aktiv und im Passiv

Harry Potter in der Schule

1 Harry Potter wird in der Hogwarts-Schule für Hexerei und Zauberei zusammen mit anderen magisch begabten Schülern ausgebildet.

2 Das Fach „Geschichte der Zauberei“ verabscheuen alle.

3 In diesen Unterrichtsstunden werden von dem Geist Professor Binns Daten und Fakten zur Geschichte der Zauberei auf eine ermüdende Weise vorgetragen.

4 Im Gegensatz zu Professor Binns lieben die angehenden Zauberer und Hexen von Hogwarts den kleinen, freundlichen Zauberkunstlehrer Filius Flitwick.

5 Filius Flitwick kann nur über das Lehrerpult schauen, nachdem er einen Bücherstapel erklettert hat.

6 Der große, dünne, mit einem schwarzen Umhang bekleidete Severus Snape führt die Zauberlehrlinge in die Zaubertrank-Braukunst ein.

7 Harry Potter wird allerdings noch schmerzvoll erfahren, dass er von Severus Snape gehasst werden wird.

1 Bestimme in allen Sätzen die Verbformen **(Tempus** und **Aktiv oder Passiv).**
Achte darauf, dass in einigen Sätzen zusammengesetzte Zeitformen vorliegen, z. B.:
1. wird ... ausgebildet = Präsens Passiv
2. ...

2 Forme die Sätze 2, 4 und 6 ins Passiv um.

3 Übertrage die Sätze 1, 3 und 5 ins Präteritum.

4 a Verbinde die folgenden Sätze mit der Konjunktion „nachdem“. Achte auf die Kommasetzung.
Die Posteule hat die Zeitung gebracht. Ron und Harry erfahren vom Einbruch bei Gringotts.
b Forme deinen Satz aus Aufgabe 4 a um, indem du den Nebensatz ins Passiv setzt.
c Setze den Satz aus Aufgabe 4 b ins Präteritum. Beachte die Vorzeitigkeit im Nebensatz.

5 Vergleicht eure Ergebnisse aus den Aufgaben 1 bis 4 mit dem Lösungsteil auf Seite 343.

12.3 Fit in ... – Einen Text überarbeiten

Stellt euch vor, ihr bekommt in der Klassenarbeit folgende Aufgabe:

Der folgende Artikel über einen außergewöhnlichen Vorfall beim Zauberabend der Klasse 7b soll in der Schülerzeitung veröffentlicht werden. Das Redaktionsteam hat sich bereits mit dem Text beschäftigt und Vorschläge für eine Überarbeitung gemacht.
Überarbeitet den Text, indem ihr die am Rand notierten Anweisungen umsetzt.

Skandal beim Zauberabend

Beim Zauberabend der Klasse 7b am letzten Freitag vor den Weihnachtsferien kam es zu einem kleinen Skandal.

Ein Schülervater war erbost. Man hatte ihm angeblich einen 20-Euro-Schein gestohlen.

1. man-Form vermeiden, besser: Passiv

Hintergrund der Aufregung war ein Zaubertrick. Dieser war von Jens P. vorgeführt worden.

Die Zuschauer waren zunächst von dem jungen Zauberer begrüßt worden und ihnen allen wurde ein schöner Abend gewünscht.

2. besser: Aktiv

Nachdem mehrere Gegenstände wie Brille und Taschentuch weggezaubert und dann an einem anderen Ort aufgefunden wurden, kam der Höhepunkt des Abends.

3. Tempusfehler

Das Licht wurde gelöscht und Trommelwirbel begleitete den Zauberer. Nur ein kleiner Spot erhellte die Bühne.

Jens P. kündigte mit großen Worten an, dass er nun versuchen werde, einen 20-Euro-Schein in einen 50-Euro-Schein zu verwandeln.

Sofort wurde von einem Schülervater erklärt, dass er den Geldschein zur Verfügung stelle.

4. besser: Aktiv

Der Zauberer sagte mit magischer Stimme seine Sprüche auf. Der Geldschein verschwand im Zauberhut.

5. Sätze mit „während" verbinden

Nachdem eine Zeit lang nichts passiert ist, sahen sich die beiden Akteure auf der Bühne völlig ratlos an.

6. Tempusfehler

Jens P. griff mehrfach in den Hut, ohne dass etwas geschah. Kleinlaut murmelte er: „Tut uns leid, der Trick ist misslungen!“ Ein Raunen ging durch das Publikum. Meike rief von hinten: „Ihr Stümper!“

7. Namen verschweigen, besser: Passiv

Der Schülervater sprang verärgert auf, stürmte auf die Bühne und wollte sein Geld zurück. Doch der Hut blieb leer. Plötzlich wurde dem Schülervater in die Jackentasche gegriffen und Jens P. zog einen 50-Euro-Schein hervor. Das Publikum applaudierte. Der Vater war erstaunt und erleichtert und sagte mit einem Augenzwinkern: „Ich spende diese 50 Euro für die Klassenkasse!“

8. besser: Aktiv

1 a Lest euch die Aufgabenstellung auf Seite 229 und den Artikel mit den Überarbeitungsvorschlägen sorgfältig durch.

b Besprecht gemeinsam mit eurer Banknachbarin oder eurem Banknachbarn, was ihr tun sollt.

2 Überarbeitet nun den Artikel, indem ihr bei den rot unterstrichenen Sätzen jeweils die Überarbeitungsvorschläge des Redaktionsteams umsetzt.
Die folgenden Hinweise zu den einzelnen Überarbeitungsvorschlägen helfen euch dabei:

1. man-Form vermeiden, besser: Passiv
Hinweis: Formt den Satz im Aktiv in einen Passivsatz um. Achtet darauf, das Tempus des Ausgangssatzes in eurem Passivsatz beizubehalten.

2. besser: Aktiv
Hinweis: Wandelt den Satz vom Passiv ins Aktiv um. Übernehmt das Tempus aus der Vorlage.

3. Tempusfehler
Hinweis: Der Zeitungsartikel steht im Präteritum. Wenn etwas vor dem passiert, wovon im Präteritum berichtet wird, verwendet man das Plusquamperfekt.

4. besser: Aktiv
Hinweis: Formt den Satz vom Passiv ins Aktiv um. Berücksichtigt dabei das Tempus des Ausgangssatzes.

5. Sätze mit „während“ verbinden
Hinweis: Verbindet die Sätze mit der Konjunktion „während“.
Behaltet das Tempus der Ausgangssätze bei.
Achtet auf die Kommasetzung.

6. Tempusfehler
Hinweis: Der Zeitungsartikel steht im Präteritum. Wenn etwas vor dem passiert, wovon im Präteritum berichtet wird, verwendet man das Plusquamperfekt.

7. Namen verschweigen, besser: Passiv
Hinweis: Wandelt den Satz vom Aktiv ins Passiv um. Behaltet das Tempus der Vorlage bei.

8. besser: Aktiv
Hinweis: Formt den unterstrichenen Teilsatz vom Passiv ins Aktiv um und nennt dabei den Handlungsträger (Zauberer).

13 Grammatiktraining – Sätze und Satzglieder

1 Auf dem Bild seht ihr das erste Telefon, das 1861 von Johann Philipp Reis erfunden wurde. Beschreibt die Szene, die auf dem Bild dargestellt ist.

2 Um das Telefon zu testen, sprach sein Kollege angeblich unsinnige Sätze in den Apparat, die Reis dann wiederholte.

a Bestimmt die unterstrichenen Satzglieder mit Hilfe der Frageprobe.

b Denkt euch selbst verrückte Sätze aus und lasst einzelne Satzglieder erfragen und bestimmen.

3 Tragt zusammen, welche Satzglieder ihr kennt und wie man danach fragt.

In diesem Kapitel ...

– wiederholt ihr Satzglieder,
– untersucht ihr Satzreihen und Satzgefüge und übt die Kommasetzung,
– lernt ihr die Funktion von Adverbial-, Subjekt- und Objektsätzen kennen.

13.1 Spektakuläre Erfindungen – Satzglieder, Satzreihen und Satzgefüge wiederholen

Satzglieder wiederholen

Subjekt, Prädikat und Objekt

Der Traum vom Fliegen

Im Jahr 1783 | ließen | die Brüder Michel und Étienne Montgolfier | in ihrem französischen Heimatdorf | den ersten Heißluftballon | steigen. Dieser bestand aus Leinwand und Papier. Im Gegensatz zu heutigen Ballons wurde er vom Boden aus mit einem Feuer beheizt. König Ludwig XVI. war sich der großen Bedeutung dieser Erfindung sofort bewusst. Er schickte den beiden Brüdern gleich eine Einladung nach Paris. Dort demonstrierten sie dem König die „fliegende Kugel".

1 Stellt mit Hilfe der Umstellprobe (▶ Merkkasten unten) fest, aus wie vielen Satzgliedern der erste Satz des Textes besteht. Schreibt Varianten des ersten Satzes in eine Tabelle wie im Merkkasten.

2 a Schreibt alle Prädikate aus dem Text heraus. Denkt daran, dass ein Prädikat auch aus mehreren Teilen bestehen kann (▶ S. 319), z. B. *ließen ... steigen.*

b Bestimmt die markierten Satzglieder mit Hilfe der Frageprobe. Schreibt dazu jeweils die Frage und die entsprechende Antwort auf, z. B.: *Wer oder was ließ im Jahr 1783 den ersten Heißluftballon steigen? → die Brüder Michel und Étienne Montgolfier (Subjekt)*

Information **Satzglieder erkennen und bestimmen**

Mit der **Umstellprobe** könnt ihr feststellen, wie viele Satzglieder ein Satz hat.
Wörter und Wortgruppen, die bei der Umstellprobe immer zusammenbleiben und die im Vorfeld des Satzes stehen können, bilden ein Satzglied, z. B.:

Vorfeld	linke Satzklammer	Mittelfeld	rechte Satzklammer	Nachfeld
Die beiden Brüder	*stellten*	*in Frankreich einen Heißluftballon*	*her.*	–
In Frankreich	*stellten*	*die beiden Brüder einen Heißluftballon*	*her.*	–
Einen Heißluftballon	*stellten*	*die beiden Brüder in Frankreich*	*her.*	–

Das **Prädikat** ist der **Kern des Satzes** und wird durch Verben gebildet. Oft ist das Prädikat zweiteilig und bildet eine **Satzklammer** (▶ S. 319).
Mit der **Frageprobe** könnt ihr weitere Satzglieder ermitteln:

- Wer oder was ...? → Subjekt
- Wen oder was ...? → Akkusativobjekt
- Wem ...? → Dativobjekt
- Wessen ...? → Genitivobjekt
- Wofür ...? Für wen oder was ...? Wovon ...? usw. → Präpositionalobjekt

Adverbiale Bestimmungen

Otto Lilienthal: Fliegen wie ein Vogel

Otto Lilienthal gilt als der erste Mensch, der erfolgreich und wiederholbar mit einem Flugzeug Gleitflüge absolvierte. Im Alter von 19 Jahren begann Lilienthal, die Grundlagen des Fliegens zu erforschen. Am 5. Dezember 1889 veröffentlichte er sein Buch „Der Vogelflug als Grundlage der Fliegekunst“. Mit wissenschaftlicher Genauigkeit untersuchte er den Flug und die Flügelform der Vögel, führte zahlreiche Messungen durch und erkannte, dass gewölbte Tragflächen einen größeren Auftrieb liefern als flache.

Mehr als 20 Jahre beschäftigte sich Lilienthal mit der Theorie des Fliegens. Erst danach begann er mit seinen praktischen Flugversuchen. Er baute die Vogelflügel in einem aufwändigen Verfahren nach. Sein erster Flugapparat hatte einen Weidenholzrahmen, der mit einem gewachsten Baumwollstoff bespannt war. Im Garten seines Hauses machte er regelmäßig Sprungübungen. Im Sommer 1891 führte Lilienthal seine ersten Flugversuche durch. Auf einem Gelände am Mühlenberg bei Derwitz gelangen ihm mehrere 25 Meter weite Flüge, die er zur Verbesserung seines Fluggeräts sorgfältig auswertete. Er entwickelte und testete 17 verschiedene Flugapparate und legte dabei eine Strecke von 250 Metern zurück. Innerhalb von sieben Jahren machte Lilienthal 2000 Flugversuche, häufig 80 an einem Tag. Wegen seiner theoretischen Erkenntnisse und seiner spektakulären Flugversuche gilt Lilienthal als Pionier der Luftfahrt.

1 Lest den Text und betrachtet das Foto.
Erklärt, wie es Otto Lilienthal gelungen ist, seinen Traum vom Fliegen zu verwirklichen.

2 Im ersten Textabschnitt wurden alle adverbialen Bestimmungen markiert.

a Übertragt die folgende Tabelle in euer Heft und ordnet die markierten adverbialen Bestimmungen in die passende Spalte ein.

Adverbiale Bestimmung			
des Ortes	**der Zeit**	**der Art und Weise**	**des Grundes/Zwecks**
…	…	…	…

b Arbeitet zu zweit. Sucht alle adverbialen Bestimmungen aus dem zweiten Textabschnitt heraus und tragt sie ebenfalls in die Tabelle ein.

c Überlegt, welche adverbialen Bestimmungen die Genialität Otto Lilienthals besonders deutlich machen. Markiert diese in eurer Tabelle.

Der erste Motorflug der Welt

Das Jahr 1903 gilt als Beginn des Motorflugs, denn ? war den Brüdern Wilbur und Orville Wright ihr erster motorisierter Flug gelungen. Aber ? hob ein motorisiertes Flugzeug vom Boden ab. Der Pilot war Gustav Weißkopf. Ihm gelang ? der erste bemannte Motorflug der Geschichte. Das Flugzeug war eine Konstruktion aus Bambus und Seide. ? beobachteten seine beiden Helfer und ein Zeitungsreporter ?, wie das fledermausähnliche Gebilde abhob. ? landete Weißkopf ? ?. Die Anwesenden hatten das historische Ereignis beobachtet, jedoch keine Fotos gemacht. ? gibt es keine Dokumente von diesem Flug.

1 a Lest den Text.
Formuliert Fragen, die offenbleiben.

b Schreibt den Text ab und setzt dabei passende adverbiale Bestimmungen aus dem Wortspeicher ein. Notiert jeweils in Klammern, um welche adverbiale Bestimmung es sich handelt. Nutzt dazu die Frageprobe.

behutsam • in diesem Jahr • sprachlos • in der amerikanischen Stadt Fairfield • nach dem Starten der Propeller • auf dem Boden • darum • schon zwei Jahre vorher • nach dem Umfliegen einiger Kastanienbäume

Information **Adverbiale Bestimmungen**

Adverbiale Bestimmungen sind Satzglieder, die zusätzliche Informationen über den **Ort,** die **Zeit,** den **Grund** und die **Art und Weise** eines Geschehens oder einer Handlung liefern. Mit der **Frageprobe** könnt ihr ermitteln, welche adverbiale Bestimmung vorliegt:

Wann? Wie lange? Seit wann? Wie oft?	**adverbiale Bestimmung der Zeit**
Wo? Wohin? Woher?	**adverbiale Bestimmung des Ortes**
Warum? Weshalb? Weswegen?	**adverbiale Bestimmung des Grundes**
Wie? Auf welche Weise? Womit?	**adverbiale Bestimmung der Art und Weise**

Attribute als Teil eines Satzglieds

Daniel Düsentriebs Schwebemobil

Der berühmte Daniel Düsentrieb hat spektakuläre Flugobjekte erfunden. Bei dem Schwebemobil handelt es sich um ein rotes Gefährt ohne Räder. An der Unterseite des Fahrzeugs befinden sich stattdessen leistungsstarke Luftdüsen. Der rote Sitz mit einem hochwertigen Lederbezug schont den Rücken des Piloten. Ein automatischer Zischer, eine weitere Erfindung, verhindert Unfälle.

1 a Sucht mit Hilfe der Umstellprobe alle Attribute mit ihren Bezugswörtern aus dem Text heraus. Unterstreicht die Attribute und kennzeichnet mit einem Pfeil, auf welches Bezugswort sich das jeweilige Attribut bezieht.
Der berühmte Daniel Düsentrieb

b Ordnet die Attribute (mit ihren Bezugswörtern) nach ihrer Form in eine Tabelle ein.

Adjektivattribut	Präpositionales Attribut	Genitivattribut	Apposition
Der berühmte Daniel Düsentrieb	…	…	…

2 Lest den Text „Daniel Düsentriebs Schwebemobil“ und lasst dabei alle Attribute weg. Erklärt dann, warum Attribute bei der Beschreibung von Gegenständen besonders wichtig sind.

3 a Erfindet selbst ein Flugobjekt und beschreibt es. Verwendet dabei verschiedene Formen von Attributen, z. B.:
Bei meinem Flugobjekt handelt es sich um ein … Auto mit …
An den Seiten des …

b Tauscht eure Beschreibungen aus. Unterstreicht im Text alle Attribute und notiert, um welche Form es sich jeweils handelt.

Information **Attribute (Beifügungen)**

Attribute **bestimmen ein Bezugswort** (meist ein Nomen) näher. Sie sind immer **Teil eines Satzglieds** und bleiben bei der Umstellprobe mit ihrem Bezugswort verbunden. Attribute stehen vor oder nach ihrem Bezugswort. Man kann sie mit **„Was für …?“** erfragen.
Attribute gibt es in unterschiedlichen sprachlichen Formen:

- **Adjektivattribut,** z. B.: *das große Auto*
- **präpositionales Attribut,** z. B.: *ein Fahrzeug mit Tragflächen*
- **Genitivattribut,** z. B.: *die Farbe des Fahrzeugs*
- **Apposition,** z. B.: *Daniel Düsentrieb, der Erfinder*

Relativsätze – Attribute in Form eines Nebensatzes

Die verrücktesten Erfindungen von Daniel Düsentrieb

Daniel Düsentrieb ist eine Comicfigur, die von Carl Barks erfunden wurde. Der Ingenieur Daniel Düsentrieb, der sein Erfindertalent von seinem Großvater geerbt hat, stellt bei seinen kuriosen Erfindungen regelmäßig seine Kreativität unter Beweis. Dabei wird er von Helferlein, den man als Düsentriebs genialste Erfindung bezeichnen kann, unterstützt. Helferlein ist ein kleiner Roboter aus Draht und einer Glühbirne, der Düsentrieb bei seinen Aktivitäten stets helfend zur Seite steht. Zu Düsentriebs bekanntesten Erfindungen zählen ein Brotschmierapparat, das Dunkellicht, ein Telefon mit eingebautem Bügeleisen, eine Rückenkratzmaschine, eine Torwartmütze, die mehrere Arme hat, eine Wanderlampe und eine Mülltonne mit Armen und Beinen.

1 Vergleicht die unterstrichenen Attribute in den folgenden Sätzen und beschreibt die Unterschiede:
– Daniel Düsentrieb ist eine von Carl Barks erfundene Comicfigur.
– Daniel Düsentrieb ist eine Comicfigur, die von Carl Barks erfunden wurde.

2 Nebensätze, die die Rolle eines Attributs einnehmen, nennt man Relativsätze (auch: Attributsätze).
a Schreibt aus dem Text alle Relativsätze mit ihren Bezugswörtern (Nomen) heraus.
b Umkreist das Relativpronomen, das den Relativsatz einleitet. Kennzeichnet dann mit einem Pfeil, auf welches Nomen sich der Relativsatz bezieht.
Daniel Düsentrieb ist eine Comicfigur, die von Carl Barks erfunden wurde.

Tafel

3 Sucht aus dem Text drei Attribute heraus und formt sie in einen Relativsatz um. Unterstreicht jeweils das Attribut und den Relativsatz und umkreist das Relativpronomen.
Beispiel: *bei seinen kuriosen Erfindungen* → *bei seinen Erfindungen, die kurios sind*

4 Wählt eine von Daniel Düsentriebs Erfindungen aus und verfasst eine möglichst genaue Beschreibung davon. Verwendet dabei Attribute und Relativsätze.

Information **Der Relativsatz**

Relativsätze sind Nebensätze, die ein vorausgehendes Bezugswort (Nomen oder Pronomen) näher erklären. Sie werden mit einem **Relativpronomen** eingeleitet, z. B.:
der, die, das oder *welcher, welche, welches.*
Ein Relativsatz wird **immer** durch ein **Komma** vom Hauptsatz abgetrennt. Wird er in einen Hauptsatz eingeschoben, dann setzt man vor und hinter den Relativsatz ein Komma.
Daniel Düsentrieb ist eine Comicfigur, die von Carl Barks erfunden wurde.

Relativsätze nehmen im Satz die **Rolle eines Attributs ein** und werden deshalb auch **Attributsätze** genannt.

Satzreihen und Satzgefüge wiederholen

Die Satzreihe – Hauptsätze verknüpfen

Der Traum von einer Zeitreise

Seit Jahrhunderten träumen Forscher davon, eine Zeitmaschine zu erfinden. Der zerstreute Professor Tüftel berichtet von seinen Bemühungen, diesen Traum wahr werden zu lassen.

Ich habe jahrelang an dem Bau einer Zeitmaschine gearbeitet. Ich habe mir nichts sehnlicher gewünscht, als in die Vergangenheit zu reisen. Das Gerät habe ich fertig gestellt. Es hat nicht richtig funktioniert. Nun träume ich nicht mehr von einer Reise in die Vergangenheit. Ich möchte in die Zukunft reisen. Jetzt baue ich an einer Rakete für eine solche Zeitreise. Mit Lichtgeschwindigkeit möchte ich damit durchs All fliegen. Dabei werde ich langsamer altern als die Menschen auf der Erde. Wenn ich dann wieder auf der Erde lande, lande ich in der Zukunft!

1 Kennt ihr ein Buch oder einen Film, in dem Menschen in die Vergangenheit oder Zukunft reisen? Erzählt davon.

2 a Lest den Bericht von Professor Tüftel. Beschreibt, wie der Satzbau auf euch wirkt.
b Überarbeitet den Text, indem ihr einige Hauptsätze sinnvoll miteinander verknüpft. Verwendet hierfür passende Konjunktionen und achtet auf die Kommasetzung.
c Vergleicht eure überarbeiteten Texte mit dem Text in der Sprechblase. Erklärt, was sich durch die Verknüpfung der Hauptsätze verändert hat.

Konjunktionen
aber • oder • denn • doch • sondern • und

3 Verfasst selbst drei Satzreihen, in denen ihr von Professor Tüftels Experimenten berichtet. Ihr könnt so beginnen: *Eine Reise in die Zukunft scheint Professor Tüftel möglich, denn …*

Information **Die Satzreihe**

Ein Satz, der aus **zwei oder mehr Hauptsätzen** besteht, wird **Satzreihe** genannt.
Die einzelnen Hauptsätze werden durch ein **Komma** voneinander getrennt.
Häufig werden Hauptsätze durch die **nebenordnenden Konjunktionen** wie *und, oder, aber, doch, sondern, denn* miteinander verbunden. Nur vor den Konjunktionen *und* bzw. *oder* darf das Komma entfallen, z. B.:
Professor Tüftel war enttäuscht, denn er konnte nicht in die Vergangenheit reisen.
Der Professor baut eine Rakete und er fliegt damit durchs Weltall.

Das Satzgefüge – Haupt- und Nebensätze verknüpfen

Nie erfunden: Die Goldmaschine

Dem alten Griechen Aristoteles zufolge kann man jeden beliebigen Stoff herstellen,	... obwohl alle diese Versuche stets erfolglos blieben.
Im Mittelalter wurden immer wieder Rezepte und Geräte zur Goldherstellung erprobt,	... solange sich dieser Menschheitstraum nicht erfüllt hat.
Forscher werden auch in Zukunft an Verfahren zur Goldherstellung arbeiten,	... weil jeder Stoff aus den Grundelementen Feuer, Wasser, Erde und Luft bestehen soll.

1 a Um etwas über die Versuche zur Goldherstellung zu erfahren, müsst ihr die Haupt- und Nebensätze richtig miteinander verknüpfen. Verbindet immer zwei Sätze miteinander, sodass die Zusammenhänge deutlich werden. Schreibt sie in euer Heft.
b Umkreist die Konjunktionen und unterstreicht die Personalformen der Verben.
c Vergleicht: Welche Satzgliedstelle nimmt die Personalform des Verbs in den Hauptsätzen ein, welche in den Nebensätzen?

2 Bei den Versuchen, Gold herzustellen, ist ein interessantes Zufallsprodukt entstanden.
a Verbindet die folgenden Sätze mit passenden Konjunktionen. Achtet auf die Kommasetzung.

- Der Apothekerlehrling Johann Friedrich Böttger wurde von Kurfürst Friedrich August von Sachsen inhaftiert. Er sollte für ihn Gold herstellen.
- Böttger experimentierte mit verschiedenen Materialien. Er erfand 1708 zufällig das berühmte Meißner Porzellan.
- Porzellan ist nicht so wertvoll wie Gold. Die Erfindung des Porzellans machte ihn sehr berühmt.

b Umkreist die Konjunktionen und unterstreicht die Kommas.
c Erklärt, welche Bedeutung die Konjunktionen jeweils haben, z. B. Begründung, Angabe eines zeitlichen Zusammenhangs.

Information **Das Satzgefüge**

Einen Satz, der aus mindestens einem **Hauptsatz und** einem **Nebensatz** besteht, nennt man **Satzgefüge.** Der Nebensatz kann vor, zwischen oder nach dem Hauptsatz stehen. Zwischen Hauptsatz und Nebensatz muss **immer ein Komma** stehen. Der Nebensatz wird mit einer **unterordnenden Konjunktion** (Subjunktion) eingeleitet, z. B. *während, weil, obwohl, wenn.*

Hauptsatz — Nebensatz

Chemiker wollen eine Goldmaschine erfinden, weil Gold ein wertvolles Edelmetall ist.

Personalform des Verbs an zweiter Stelle (Verbzweitsatz) — Komma — Konjunktion — Personalform des Verbs an letzter Stelle (Verbletztsatz)

Fordern und fördern – Satzbaupläne zeichnen

Wunder der Medizin – durch Zufall entdeckt

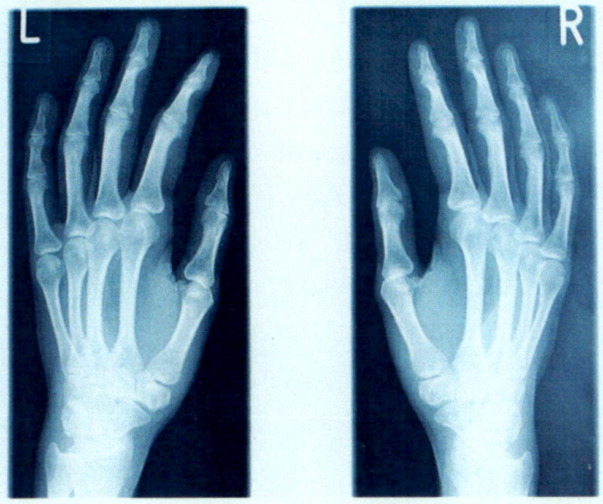

Wilhelm C. Röntgen entdeckte 1895, während er experimentierte, zufällig eine besondere Strahlung. Da ihm die Art der Strahlen unbekannt war, nannte er sie X-Strahlen. Seine Entdeckung war von großer Bedeutung, weil diese Strahlen die innere Struktur eines festen Körpers sichtbar machen können. Während sie im deutschen Sprachraum dem Erfinder zu Ehren Röntgenstrahlen heißen, verwendet man im Englischen weiterhin die Bezeichnung X-rays (rays = Strahlen).

– Auch Alexander Fleming ist ein berühmter Erfinder.
  Er hat eine wichtige Entdeckung gemacht.
– Der Arzt entdeckte 1928 zufällig das Penicillin.
  Er experimentierte mit Krankheitserregern.
– Eine seiner Bakterienkulturen wurde zufällig von einem Schimmelpilz befallen.
  Er wollte die verunreinigte Probe wegwerfen.
– Er betrachtete die Probe genauer.
  Ihm fiel ein Rückgang der krank machenden Bakterien auf.
– Das war eine bahnbrechende Entdeckung.
  Die Herstellung eines Medikaments gelang Fleming nicht.
– Fleming ist dennoch berühmt geworden.
  Er hat den Grundstein für unsere heutigen Antibiotika gelegt.

●○○ **1** Zeichnet zu den Sätzen im ersten Absatz Satzbaupläne. Beispiel:

Wilhelm C. Röntgen entdeckte 1895, während er experimentierte, zufällig eine besondere Strahlung.

mdl. ——— *Hs* ———, ——— *Fortsetzung Hs* ———.

2. Satz schriftlich ——— *Ns* ———,

●●○ **2** Stellt die Nebensätze in den ersten drei Sätzen wie folgt um: Abwechslung durch Variation der Stellung im Satz

EA 1. Satz: Nebensatz am Anfang; 2. Satz: Nebensatz am Ende; 3. Satz: Nebensatz in der Mitte.
Schreibt die neu geordneten Satzgefüge in euer Heft.

●●● **3** **a** Verbindet die Sätze im zweiten Absatz mit passenden Konjunktionen zu Satzgefügen oder Satzreihen. Achtet dabei auf die Kommasetzung.

b Zeichnet zu euren Sätzen Satzbaupläne. Beispiel:

mdl. *Alexander Fleming ist ein berühmter Erfinder, denn er hat eine wichtige Entdeckung gemacht.*

——— *Hs* ———, ——— *Hs* ———.

danach schriftlich: Personalform am Ende!

Teste dich!

Satzglieder und Sätze

Jugend forscht

Junge Erfindertalente sollen in Deutschland frühzeitig entdeckt und gefördert werden. Seit 1966 findet daher der Bundeswettbewerb „Jugend forscht“ statt. Während dieses europäischen Jugendwettbewerbs im Bereich Naturwissenschaften, Mathematik und Technik können Jugendliche im Alter von 15 bis 21 Jahren als Einzelpersonen oder in Gruppen einer Jury ihre neuesten Erfindungen präsentieren. Die jeweiligen Regionalsieger qualifizieren sich für den landesweiten Wettbewerb. Die Sieger des Landeswettbewerbs dürfen dann am Bundeswettbewerb teilnehmen. Die Preisträger erhalten Geldpreise für die Platzierungen und ihnen winken außerdem Sonderpreise wie Einladungen zu Praktika oder Exkursionsreisen.

1 a Bestimme in den Sätzen die markierten Satzglieder.
Schreibe die einzelnen Satzglieder heraus und notiere daneben jeweils die Lösung.
b Unterstreiche in deinem Heft bei den Satzgliedern alle Attribute und bestimme ihre Form (▶ S. 235).

Sonderpreis für Venenfinder

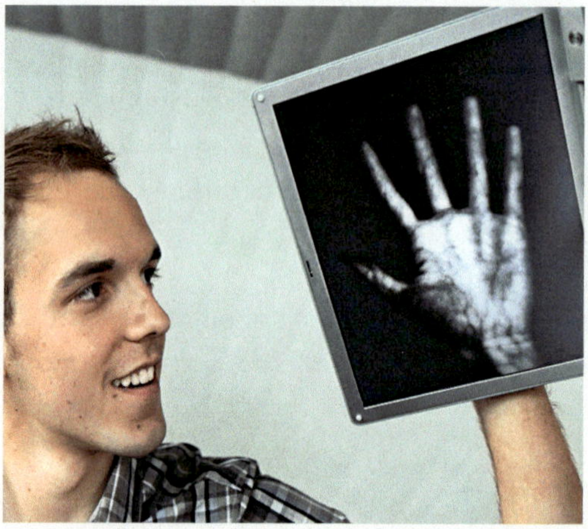

A Wenn der Arzt mit einer Spritze mehrmals erfolglos im Arm herumpikst, ist das ein unangenehmes Gefühl.

B Ärzte treffen leider häufig die Venen ihrer Patienten nicht sofort, weil man bei vielen Menschen die Venen kaum sehen kann.

C Aus diesem Grund erfand Steffen Strobel eine Spezialkamera und er programmierte eine spezielle Software.

D Mit diesen Geräten kann der Arzt, bevor er eine Spritze setzt, die unter der Haut liegenden Venen sichtbar machen.

E Nachdem er 2009 bei „Jugend forscht“ schon den Bundessieg errungen hatte, erhielt Steffen Strobel von der Bundeskanzlerin auch noch einen Sonderpreis für die originellste Arbeit.

2 a Notiere jeweils, ob es sich bei den Sätzen A bis E um eine Satzreihe oder ein Satzgefüge handelt.
A = ...; B = ...
b Zeichne zu den Sätzen A bis E Satzbaupläne.

3 Vergleiche deine Ergebnisse aus den Aufgaben 1 und 2 mit dem Lösungsteil auf Seite 344.

13.2 Experimente mit Luft – Gliedsätze unterscheiden

Mit Adverbialsätzen Zusammenhänge darstellen

Die Luftballonrakete

Ein Faden wird auf eine Länge von ca. drei Metern zugeschnitten. Er kann durch einen Raum gespannt werden.	damit
Der Faden wird zwischen zwei Stühlen befestigt. Er wird durch einen Trinkhalm gezogen.	bevor
Die Stühle werden auseinandergeschoben. Der Faden zwischen den Stühlen ist stramm gespannt.	sodass
Der aufgeblasene Luftballon wird mit einer Wäscheklammer verschlossen. Die Luft kann nicht entweichen.	damit
Der Ballon wird mit einem Klebeband am Trinkhalm befestigt. Zusammen mit dem Trinkhalm wird der Ballon an ein Fadenende geschoben.	nachdem
Die Wäscheklammer wird gelöst. Das Experiment kann beginnen.	sobald

1 Beschreibt den Versuch, indem ihr die Sätze mit Hilfe der angegebenen Konjunktionen zu Satzgefügen verbindet. Achtet auf die Kommasetzung, z. B.:
Ein Faden wird auf eine Länge von ca. drei Metern zugeschnitten, damit er …

2 Unterstreicht in eurer Versuchsbeschreibung alle Nebensätze.
Umkreist dann die Konjunktionen, mit denen die Nebensätze eingeleitet werden.

3 Adverbialsätze sind Nebensätze, die im Satz die Funktion einer adverbialen Bestimmung übernehmen (▶ Merkkasten S. 243). Adverbialsätze können wie adverbiale Bestimmungen erfragt werden.

a Erfragt die unterstrichenen Adverbialsätze (Nebensätze) aus Aufgabe 2 mit Hilfe der Frageprobe (▶ Merkkasten S. 243). Erläutert, welche Art von Zusatzinformation sie geben.
Wozu wird ein Faden auf eine Länge von ca. drei Metern zugeschnitten?
→ Der Nebensatz gibt einen Zweck an.

b Bestimmt, um welche Art von Adverbialsatz es sich jeweils handelt. Verwendet hierzu die Fachbegriffe aus dem Merkkasten (▶ S. 243).

4 a Erklärt den Versuch „Luftballonrakete", indem ihr die Sätze unten zu Satzgefügen mit Adverbialsätzen verbindet. Ihr könnt die vorgegebenen Konjunktionen verwenden. Achtet auf die Kommasetzung.
Tipp: In einigen Sätzen sind verschiedene Konjunktionen möglich.

Konjunktionen
sodass • damit • während • weil • da • obwohl • wenn

Die Wäscheklammer wird gelöst.
Die Luft kann aus dem Ballon entweichen.

Der Ballon gleitet schnell am gespannten Faden entlang.
Er verliert die gesamte Luft.

Die Luft strömt nach hinten aus.
Das erzeugt eine Gegenbewegung (Rückstoß) nach vorne.

Das Rückstoßprinzip ist immer dann wirksam.
Luft oder andere Gase wirken nach hinten und es gibt eine vorwärts- oder nach oben treibende Gegenkraft.

Weltraumraketen sind sehr viel größer und schwerer als ein Luftballon.
Sie funktionieren dennoch nach dem gleichen Prinzip.

b Unterstreicht in euren Satzgefügen die Adverbialsätze und umkreist die Konjunktionen, die die Adverbialsätze einleiten.

c Erklärt die inhaltliche Beziehung (z. B. Grund, Folge) zwischen den Haupt- und den Adverbialsätzen, indem ihr die Art der Adverbialsätze bestimmt.

Die Wäscheklammer wird gelöst, (sodass) die Luft aus dem Ballon entweichen kann.
Mit welcher Folge wird die Wäscheklammer gelöst? → Konsekutivsatz

5 a Bestimmt die unterstrichenen adverbialen Bestimmungen in den folgenden Sätzen:
- Trotz eines Gewichts von 700 Tonnen kann eine Rakete in den Weltraum fliegen.
- Beim Start einer Rakete wird Treibstoff verbrannt und in Gas umgewandelt.
- Wegen der nach unten gerichteten Düsen bewegt sich die Weltraumrakete nach oben.

b Wandelt die Sätze zu Satzgefügen um, indem ihr die adverbialen Bestimmungen zu Adverbialsätzen umformt. Verwendet hierfür passende Konjunktionen und achtet auf die Kommasetzung, z. B.: *Obwohl eine Rakete ein Gewicht von 700 Tonnen hat, ...*

Information **Nebensätze unterscheiden: Adverbialsätze**

Je nach Funktion im Satz unterscheidet man unterschiedliche Arten von Nebensätzen. Nebensätze können die Stelle von Satzgliedern übernehmen. Man nennt sie dann auch Gliedsätze. **Adverbialsätze** sind Gliedsätze, weil sie die **Stelle einer adverbialen Bestimmung einnehmen,** z. B.:

Nach dem Experiment sprachen wir über unsere Beobachtungen.
adverbiale Bestimmung

↓

Nachdem wir das Experiment beendet hatten, sprachen wir über unsere Beobachtungen.
Adverbialsatz

Adverbialsätze werden mit einer **Konjunktion** eingeleitet. Sie können nicht ohne Hauptsatz stehen und werden durch ein **Komma** von diesem abgetrennt. Wie die adverbialen Bestimmungen können auch die Adverbialsätze mit Hilfe der Frageprobe näher bestimmt werden.

Adverbialsatz	Frageprobe	Konjunktionen	Beispiel
Temporalsatz (Zeit)	Wann ...? Seit wann ...? Wie lange ...?	nachdem, als, während, bis, bevor, solange, sobald ...	*Solange der Luftballon verschlossen ist, bewegt er sich nicht.*
Kausalsatz (Grund)	Warum ...?	weil, da	*Weil die Luft entweicht, bewegt sich der Ballon.*
Konditionalsatz (Bedingung)	Unter welcher Bedingung ...?	wenn, falls, sofern	*Wenn der Ballon mehr Luft enthält, legt er eine größere Strecke zurück.*
Konsekutivsatz (Folge)	Mit welcher Folge ...?	sodass (auch: so ..., dass)	*Die Schnur wird gespannt, sodass der Ballon gleiten kann.*
Finalsatz (Absicht, Zweck)	Wozu ...?	damit	*Wir lesen die Versuchsbeschreibung genau, damit das Experiment gelingt.*
Modalsatz (Art und Weise)	Wie ...?	indem, dadurch ..., dass, wie, als (ob) ...	*Der Versuch wird vorbereitet, indem das Material besorgt wird.*
Konzessivsatz (Einräumung)	Trotz welcher Umstände ...?	obwohl, obgleich, obschon, auch wenn	*Obwohl eine Rakete sehr schwer ist, funktioniert sie nach diesem Prinzip.*

Luft nimmt Raum ein

Nachdem du einen Luftballon in eine Flasche gesteckt hast, pustest du Luft in den Ballon. Obwohl du dich anstrengst, dehnt sich der Ballon nur wenig aus. Sobald du einen Strohhalm in den Flaschenhals steckst, lässt sich der Ballon jedoch problemlos mit Luft füllen.

Erklärung: Wenn du den Ballon ohne Strohhalm aufbläst, drückt er sich an den Innenrand der Flasche und wirkt jetzt wie ein Flaschenverschluss. Weil die Flasche jedoch schon mit Luft gefüllt ist, findet der Ballon keinen Raum zur Ausdehnung. Durch den Strohhalm kann die Luft aber aus der Flasche entweichen, sodass sich der Ballon nun ausdehnen kann. Auch wenn wir die Luft um uns herum nicht als Masse wahrnehmen, nimmt sie einen bestimmten Raum ein.

1 Lest die Versuchsbeschreibung und betrachtet die Abbildungen. Gebt den Versuchsablauf in eigenen Worten wieder. Erklärt dann, was mit diesem Versuch gezeigt werden soll.

2 a Bestimmt die Art der Adverbialsätze aus dem Text mit Hilfe der Frageprobe (▶ Merkkasten S. 243).

b Die einleitenden Konjunktionen machen die inhaltliche Beziehung zwischen Haupt- und Nebensatz (hier: Adverbialsatz) deutlich. Untersucht, welche Konjunktionen ihr durch andere ersetzen könnt, ohne den Sinn des jeweiligen Satzes zu verändern.

3 a Formt die Satzgefüge im ersten Absatz jeweils in einen Hauptsatz um. Geht so vor:

b Schreibt die drei Satzgefüge ab. Lasst unter jedem Satz zwei Zeilen frei.

c Unterstreicht in jedem Satzgefüge den Adverbialsatz.

d Wandelt nun die Satzgefüge in einen Hauptsatz um.
Formt hierzu jeweils den Adverbialsatz in eine adverbiale Bestimmung um, z. B.:
Nach dem Einstecken eines Luftballons ...

e Vergleicht eure Hauptsätze mit den ursprünglichen Satzgefügen. Was stellt ihr fest?

4 a In dem Text auf Seite 244 finden sich zwei Temporalsätze.
Schreibt sie in euer Heft.
b Unterstreicht die Konjunktionen, die die Temporalsätze einleiten.
c Temporalsätze geben ein zeitliches Verhältnis zwischen zwei Ereignissen an.
Erklärt, welche Informationen zur Zeit ihr in diesen beiden Sätzen jeweils erhaltet.
Nehmt hierzu die Informationen aus dem Merkkasten unten zu Hilfe.

5 Die unten stehenden Konjunktionen leiten Temporalsätze ein.
a Arbeitet gemeinsam mit einer Partnerin oder einem Partner. Bildet mit Hilfe der folgenden Konjunktionen Satzgefüge, z. B.:
- *Während du aus dem Fenster schaust, schreibe ich diesen Satz.*
- *Nachdem ...*

während • nachdem • bis • seit/seitdem • sobald • solange • ehe • bevor

b Unterstreicht die Temporalsätze in euren Satzgefügen und kreist die einleitenden Konjunktionen ein.
c Bestimmt bei jedem Satz, ob das Ereignis im Temporalsatz
- vor dem Ereignis im Hauptsatz abläuft (Vorzeitigkeit),
- nach dem Ereignis im Hauptsatz stattfindet (Nachzeitigkeit),
- gleichzeitig mit dem Ereignis im Hauptsatz verläuft (Gleichzeitigkeit).

Information **Mit Temporalsätzen Zeitverhältnisse ausdrücken**

Temporalsätze sind Adverbialsätze, die ein **Zeitverhältnis** ausdrücken.
Sie geben an, wann sich das Geschehen im Verhältnis zum Geschehen im Hauptsatz vollzieht.
Dabei kann zwischen **Vorzeitigkeit, Gleichzeitigkeit und Nachzeitigkeit** unterschieden werden.

Hauptsatz: *Marlene bereitet das Experiment vor, ...*

Temporalsätze

... nachdem sie die Versuchsbeschreibung gelesen hat.	*... während sie Musik hört.*	*... bevor sie den Klassenraum verlässt.*
Vorzeitigkeit: Das Ereignis im Temporalsatz liegt vor dem Ereignis im Hauptsatz.	**Gleichzeitigkeit:** Das Ereignis im Temporalsatz verläuft gleichzeitig mit dem Ereignis im Hauptsatz.	**Nachzeitigkeit:** Das Ereignis im Temporalsatz findet nach dem Ereignis im Hauptsatz statt.

Fordern und fördern – Adverbialsätze

Warme Luft

1 Bevor das Experiment beginnen kann, musst du einige Vorbereitungen treffen.
2 Eine leere Glasflasche, ein Luftballon, eine Schüssel mit heißem und eine mit kaltem Wasser sind nötig, damit du den Versuch durchführen kannst.
3 Nachdem du den Luftballon über den Hals der Flasche gestülpt hast, stellst du sie abwechselnd in die Schüssel mit kaltem und mit heißem Wasser.

Beobachtung

4 Beim Abkühlen der Flasche wird der Luftballon klein und in die Flasche hineingezogen.
5 Während sich die Flasche im heißen Wasser erwärmt, kommt der Ballon wieder aus der Flasche heraus und bläht sich auf.

Erklärung

6 Wenn du die Flasche in heißes Wasser stellst, erwärmt sich die Luft in der Flasche.
7 Weil sich warme Luft ausdehnt und dadurch mehr Platz benötigt als die gleiche Menge kalte Luft, bläht sich der Ballon auf.
8 Beim Abkühlen der Luft durch das kalte Wasser zieht sich die Luft zusammen.
9 In die kalte Flasche könnte also Luft nachströmen, da jetzt mehr Raum in der Flasche ist.
10 Wegen des luftdichten Verschlusses durch den Ballon wird dies aber verhindert.
11 Dieselbe Menge Luft braucht also je nach Temperatur mehr oder weniger Raum, sodass sich der Ballon aufbläht oder in die Flasche hineingezogen wird.

●○○ **1** Der vorliegende Text enthält acht Satzgefüge mit Adverbialsätzen. Sucht sie heraus und bestimmt die Art der Adverbialsätze mit Hilfe der Frageprobe. Notiert hierzu die Ziffern der Sätze, die einen Adverbialsatz enthalten, und schreibt die Art des Adverbialsatzes daneben, z. B.:

1. Temporalsatz
2. ...

●●○ **2** In dem Text finden sich drei Temporalsätze. Sucht sie heraus und bestimmt bei jedem Satz, ob das Ereignis im Temporalsatz vor, nach oder gleichzeitig mit dem Ereignis im Hauptsatz verläuft. Schreibt die Ziffern der Temporalsätze auf und notiert daneben VZ für Vorzeitigkeit, NZ für Nachzeitigkeit und GZ für Gleichzeitigkeit.

●●● **3** **a** Die Sätze 4, 8 und 10 enthalten adverbiale Bestimmungen. Schreibt die Sätze in euer Heft und unterstreicht jeweils die adverbiale Bestimmung.
b Wandelt die Sätze um, indem ihr die adverbialen Bestimmungen in Adverbialsätze umformt. Verwendet hierfür passende Konjunktionen und achtet auf die Kommasetzung.

Subjekt- und Objektsätze unterscheiden

Der Zerstäuber

Wisst ihr, warum aus einer Parfümflasche per Knopfdruck feine Duftwolken aufsteigen? Mit dem folgenden Experiment erforscht ihr, wie so etwas funktioniert. Ihr braucht ein Glas Wasser, eine Schere, einen dickeren Plastikstrohhalm und ein Blatt Papier. Unter dem oberen Drittel des Strohhalms schneidet ihr quer einen kleinen Schlitz. Dass der Strohhalm dabei nicht durchgeschnitten werden darf, wird auch in der Zeichnung rechts gezeigt. Jetzt knickt ihr den Strohhalm an der Einschnittstelle nach hinten und steckt das lange Ende des Strohhalms in das Wasserglas. Haltet nun das Blatt Papier vor die Strohhalmöffnung und blast kurz in das abgeknickte Ende des Strohhalms.

Beobachtung: Ihr seht, dass sich das Wasser aus dem Glas wie ein Spray auf dem Blatt Papier verteilt. Wer das Wasser mit Wasserfarbe einfärbt, wird ein noch eindrucksvolleres Ergebnis erzielen. Wer dieses Experiment jetzt schon erklären kann, weiß schon sehr viel über das Thema „Luftdruck".

Erklärung: Dass das Wasser aus dem Glas auf das Papier spritzt, hat mit dem Luftdruck zu tun. Ihr wisst, dass in der Umgebung ein bestimmter Luftdruck herrscht. Wenn ihr in den Strohhalm blast, erzeugt ihr einen Unterdruck. Der Luftdruck im Strohhalm ist dann also kleiner als der Luftdruck in der Umgebung. Das Wasser wird von diesem Unterdruck angesaugt und steigt im Strohhalm, bis es an die Schnittstelle kommt.
Weil ein Teil der Luft, die ihr in den Halm blast, über die Schnittfläche hinwegströmt, wird das aufsteigende Wasser an dieser Stelle vom Luftzug mitgenommen und fein zerstäubt.

1 Gebt den Versuchsablauf und die Erklärung in eigenen Worten wieder.

2 a Bestimmt in dem grün markierten Satzgefüge (▶ Z. 1–3) den Hauptsatz und den Nebensatz.
b Erfragt nun die Satzglieder des Hauptsatzes. Erklärt, was mit dem Objekt des Hauptsatzes geschehen ist. Betrachtet dazu noch einmal das ganze Satzgefüge.

3 a Untersucht das rot markierte Satzgefüge (▶ Z. 11–13). Wo steht der Hauptsatz, wo der Nebensatz?
b Bestimmt die Satzglieder des Hauptsatzes.
Erläutert, wie das Subjekt des Hauptsatzes in diesem Satzgefüge gebildet wird.

4 a Sucht in Partnerarbeit alle Satzgefüge mit Objektsätzen und Subjektsätzen aus dem Text auf Seite 247 heraus und schreibt sie in euer Heft. Lasst unter jedem Satz eine Zeile frei.
Wendet die Frageproben an:
- Objektsätze: Wen oder was ...?
- Subjektsätze: Wer oder was ...?

b Unterstreicht in euren Sätzen die Objektsätze grün und die Subjektsätze rot.

c Ersetzt die unterstrichenen Nebensätze jeweils durch ein Satzglied. Geht so vor:
- Ersetzt die grün unterstrichenen Objektsätze jeweils durch ein Objekt und
- die rot unterstrichenen Subjektsätze jeweils durch ein Subjekt.

Vorsicht: Es entstehen Hauptsätze und das Komma entfällt. Beispiel:
Wisst ihr, warum aus einer Parfümflasche per Knopfdruck feine Duftwolken aufsteigen?
Wisst ihr etwas?

5 Schreibt je zwei weitere Satzgefüge mit einem Subjektsatz und einem Objektsatz auf.
Tipp: Objektsätze stehen oft bei Verben des Sprechens und der Wahrnehmung, z. B.:

sagen, dass ... • behaupten, dass ... • erklären, dass ... • sehen, ob ... • hören, ob ... • beobachten, wer ... • fragen, ob/wer ... • überlegen, wer ...

Information **Nebensätze unterscheiden: Subjektsätze und Objektsätze**

Nebensätze können die Stelle von Satzgliedern übernehmen. Man nennt sie dann auch Gliedsätze. **Subjektsätze und Objektsätze** sind Gliedsätze, weil sie **die Rolle des Subjekts bzw. des Objekts** für den Hauptsatz übernehmen. Sie lassen sich wie das Subjekt oder das Objekt mit Hilfe der Frageproben ermitteln.
Subjekt- und Objektsätze sind Nebensätze und können nicht ohne Hauptsatz stehen.
Sie werden durch ein **Komma** vom Hauptsatz abgetrennt.

Subjektsatz: Das Subjekt eines Satzes kann von einem Nebensatz gebildet werden, z. B.:
Der interessante Versuch überraschte Ben. (Subjekt) → *Dass der Versuch interessant war, überraschte Ben.* (Subjektsatz (Wer oder was überraschte Ben?))

Objektsatz: Das Objekt eines Satzes kann von einem Nebensatz gebildet werden, z. B.:
Amina erklärt den Versuch. (Objekt) → *Amina erklärt, wie der Versuch funktioniert.* (Objektsatz (Wen oder was erklärt Amina?))

Subjekt- und Objektsätze können unterschiedliche Gestalt annehmen, z. B.:

Satzform	Subjektsatz	Objektsatz
indirekter Fragesatz	*Wer diesen Versuch erklären kann,* hat ihn genau beobachtet.	Tom ahnte, *wie das Experiment ausgehen würde.*
dass-Satz	*Dass der Versuch gelang,* erfreute uns alle.	Er sagte, *dass er den Versuch erklären könne.*

Fordern und fördern – Subjekt- und Objektsätze

Ein Marmeladenglas überlisten

1 Sicher habt ihr auch schon einmal festgestellt, dass sich ein fest verschlossenes Marmeladenglas nicht öffnen lässt.
2 Auf den Abbildungen oben seht ihr, wie ihr ein solches Marmeladenglas öffnen könnt.
3 Dass der Deckel des Glases mit heißem Wasser überlistet werden kann, erstaunt euch vielleicht.
4 Könnt ihr erklären, warum das so ist?
5 Wer jetzt schon die Antwort weiß, ist ein Spezialist in Sachen Luftdruck.
6 Wenn die Marmelade abgefüllt und verschlossen wird, ist sie heiß.
7 Dass die warme Luft im Glasinneren mehr Raum einnimmt als die gleiche Menge kalte Luft, habt ihr schon in dem Versuch auf Seite 246 festgestellt.
8 Während die Marmelade abkühlt, kühlt auch die Luft im Glas ab und zieht sich zusammen.
9 Es entsteht ein Unterdruck im Glas und der Deckel wird angesaugt bzw. ins Marmeladenglas gedrückt.
10 Ihr wisst sicherlich, dass man dies auch als Vakuum bezeichnet.
11 Wenn man den Deckel und damit auch die Luft im Glas erwärmt, dehnt sie sich wieder aus und drückt sozusagen gegen den Deckel.

●○○ **1** Erfragt in Satz 1 den Objektsatz und in Satz 3 den Subjektsatz. Schreibt die Fragen und Antworten in euer Heft.

●●○ **2**
a Untersucht Satz 2 sowie die Sätze 4 bis 11 genau. Sucht in diesen Sätzen alle Satzgefüge heraus, die einen Objekt- oder Subjektsatz enthalten. Schreibt sie in euer Heft.
b Unterstreicht in euren Sätzen die Objektsätze grün und die Subjektsätze rot.
c Ersetzt in einem Satzgefüge mit Objektsatz und in einem Satzgefüge mit Subjektsatz den Nebensatz jeweils durch ein Satzglied. Notiert eure Ergebnisse.

●●● **3** Schreibt je zwei weitere Satzgefüge mit einem Subjektsatz und einem Objektsatz auf.

Teste dich!

Gliedsätze: Adverbialsätze, Subjekt- und Objektsätze

Eine Münze trockenlegen

1 Zuerst stellst du ein Teelicht in die Mitte eines Suppentellers und legst eine Münze daneben. **2** Dann füllst du Wasser in den Teller, sodass die Münze davon gerade bedeckt ist. **3** Jetzt kündigst du an, dass du die Münze ohne Eintauchen der Finger in das Wasser aus dem Suppenteller entfernen kannst. **4** Nachdem du das Teelicht angezündet hast, stülpst du ein Trinkglas über die Flamme. **5** Zu beobachten ist, dass die Flamme nach einiger Zeit erlischt. **6** Wie von Geisterhand strömt nun das Wasser in das Trinkglas, sodass der Wasserspiegel dort ansteigt. **7** Sobald das gesamte Wasser im Glas ist, liegt die Münze tatsächlich im Trockenen und du kannst sie herausnehmen. **8** Die Flamme erlischt nach einiger Zeit, weil sie nicht mehr mit Sauerstoff versorgt wird. **9** Warum steigt jedoch der Wasserspiegel? **10** Durch die Flamme wird die Luft im Glas erhitzt und dehnt sich aus, sodass ein Teil der Luft aus dem Glas entweicht. **11** Dass die erwärmte Luft aus dem Glas entweicht, kannst du auch an den aufsteigenden Wasserbläschen erkennen. **12** Sobald das Teelicht erloschen ist, kühlt zudem die Luft im Glas wieder ab und zieht sich zusammen. **13** Dass kalte Luft weniger Raum benötigt als warme, ist dir bekannt. **14** Aus diesem Grund entsteht im Glas ein Unterdruck. **15** Weil der Luftdruck außen größer ist, drückt er das Wasser in das Glas.

1 a Diese Versuchsbeschreibung enthält acht Satzgefüge mit Adverbialsätzen. Suche sie heraus und bestimme die Art der Adverbialsätze mit Hilfe der Frageprobe. Notiere hierzu die Nummern der Sätze, die einen Adverbialsatz enthalten, und schreibe die Art des Adverbialsatzes daneben.
b Bestimme das Zeitverhältnis in den Temporalsätzen. Notiere die Ziffern der Temporalsätze und schreibe daneben: *VZ* für Vorzeitigkeit oder *GZ* für Gleichzeitigkeit.

2 a Suche aus dem Text alle Satzgefüge heraus, die einen Objekt- oder Subjektsatz enthalten, und schreibe die kompletten Sätze in dein Heft.
b Unterstreiche darin die Objektsätze grün und die Subjektsätze rot.

3 Wandele die Sätze 4, 5 und 11 in Hauptsätze um, indem du jeweils den Nebensatz durch ein Satzglied ersetzt. Du musst hierzu die Sätze etwas umformulieren.

4 Vergleicht eure Ergebnisse aus den Aufgaben 1 bis 3 in Partnerarbeit.

13.3 Fit in ... – Einen Text überarbeiten

Stellt euch vor, ihr bekommt in der nächsten Klassenarbeit folgende Aufgabe:

Die Schülerzeitung deiner Schule will einen Artikel über ein Experiment veröffentlichen, das in der AG Naturwissenschaften durchgeführt wurde. Als Mitglied der Redaktion sollst du die Versuchsbeschreibung überarbeiten. Folgende Überarbeitungsaufträge hat man dir gestellt:

1. Überarbeitungsauftrag für die Abschnitte 1 und 3: Mache in diesen Textabschnitten die Zusammenhänge deutlich, indem du die Hauptsätze zu Satzgefügen mit Adverbialsätzen verbindest. Verwende sinnvolle Konjunktionen und achte auf die Kommasetzung.
2. Überarbeitungsauftrag für den Abschnitt 4: In diesem Abschnitt stehen die Nebensätze immer am Anfang. Um Eintönigkeit zu vermeiden, stellst du die Nebensätze teilweise um.
3. Überarbeitungsauftrag für den Abschnitt 5: Im letzten Abschnitt fehlen die Kommas. Überarbeite diesen Textabschnitt, indem du die fehlenden Kommas ergänzt.

Wärme fühlen?

1 Man lässt ein Holzlineal und eine Metallschere mehrere Stunden nebeneinander in einem Raum liegen. Sie sind der gleichen Umgebungstemperatur ausgesetzt. Danach prüft man die Temperatur der beiden Gegenstände. Man berührt sie kurz. Das Metallstück fühlt sich kälter an als das Holz. Beide haben im gleichen Raum gelegen.

2 Ist das Holzlineal nun tatsächlich wärmer als die Metallschere? Würde man die Temperatur beider Gegenstände messen, wäre man überrascht, denn beide hätten tatsächlich die gleichen Werte. Dass sich bei gleicher Temperatur Holz wärmer anfühlt als Metall, hat etwas mit der unterschiedlichen Wärmeleitung zu tun.

3 Metall leitet Wärme sehr gut. Bei der Berührung wird die Körperwärme rasch aufgenommen. Wärme aus den Fingern fließt sehr schnell zum Metall ab. Das Gehirn empfindet Wärmeverlust (Kälte). Das geschieht nach dem Gesetz des Wärmeaustausches: Zwei Körper unterschiedlicher Temperatur kommen in engen Kontakt miteinander. Der Körper höherer Temperatur gibt Wärme ab und der Körper niedrigerer Temperatur nimmt Wärme auf.

4 Anders als Metall leitet Holz die Wärme schlecht. Wenn man Holz berührt, fließt nur wenig Körperwärme in diesen Stoff hinein. Weil sich beim Berühren ein Wärmestau bildet, empfindet man Holz als warm. Da Wärme teuer ist, spielt Wärmeleitung im Alltag eine große Rolle.

5 Wenn zum Beispiel ein Haus in einer Gegend mit extremen Tiefsttemperaturen gebaut wird sollte man das Gebäude mit einem wenig leitfähigen Dämmstoff versehen. Ähnlich funktioniert eine Thermoskanne. Damit Getränke oder andere Flüssigkeiten längere Zeit warm oder kalt gehalten werden muss die Wärmeübertragung zwischen dem Inneren der Thermoskanne und der Umgebung durch wenig leitfähige Stoffe möglichst gering gehalten werden. Stoffe mit schlechter Wärmeleitung nennt man übrigens Isolatoren.

1 a Lest die Aufgabenstellung auf Seite 251 aufmerksam durch.
b Erklärt euch gegenseitig, in welcher Form ihr die Abschnitte 1, 3, 4 und 5 überarbeiten sollt.

2 Überarbeitet nun den Text. Geht gemäß der Aufgabenstellung abschnittsweise vor:

Abschnitt 1 (► Z. 1–8) **und 3** (► Z. 17–26):
Überarbeitet die Textabschnitte 1 und 3, indem ihr jeweils zwei Hauptsätze zu einem Satzgefüge verknüpft und so die Zusammenhänge deutlich macht. Achtet auf die Kommasetzung zwischen Haupt- und Nebensatz. Ihr könnt die unten angeführten Konjunktionen zu Hilfe nehmen:

obwohl • weil/da • wenn • indem • sodass

Man lässt ein Holzlineal und eine Metallschere mehrere Stunden nebeneinander in einem Raum liegen, sodass sie der …

Abschnitt 4 (► Z. 27–33):
Formuliert abwechslungsreicher, indem ihr die Nebensätze in den Satzgefügen teilweise umstellt. Bei der Neufassung sollten die Nebensätze in den Satzgefügen auch teilweise nach dem Hauptsatz stehen, z. B.:

____________________ , ____________________ .

Hs — *Komma* — *Konjunktion + Ns*

Abschnitt 5 (► Z. 34–45):
Im letzten Absatz fehlen zwei Kommas.
Schreibt den letzten Abschnitt ab und ergänzt die fehlenden Kommas.
Tipp: Nebensätze werden immer mit einem Komma vom Hauptsatz abgetrennt.
Ein Nebensatz kann vor, zwischen oder nach einem Hauptsatz stehen.

14 Rechtschreibtraining – Übung macht den Meister

1 **a** Welchen Titel für das Foto findet ihr passend? Begründet und diskutiert eure Meinungen.
- WIE HAUSAUFGABENMACHEN AM SCHÖNSTEN IST
- LERNEN FÜR EINE BESSERE ZUKUNFT
- HAUSAUFGABEN MACHEN WIR IM SAND
- NICHTS UNGEWÖHNLICHES: KINDER IN INDIEN LERNEN AUCH IM FREIEN
- EIN ORT ZUM SCHREIBEN: IM HOF EINER SCHULE

b Schreibt die Bildunterschriften in der richtigen Groß- und Kleinschreibung in euer Heft.

c Vergleicht eure Ergebnisse: Welche Wörter habt ihr sicher richtig geschrieben? Wo habt ihr Zweifel? Klärt eure Schwierigkeiten im Gespräch.

In diesem Kapitel ...

- beschäftigt ihr euch mit besonderen Regeln der Groß- und Kleinschreibung,
- wendet ihr Regeln zur Getrennt- und Zusammenschreibung an,
- übt ihr, Kommas und andere Satzzeichen richtig zu setzen.

14.1 Menschenskinder! – Richtig schreiben

Kinder lernen überall – Groß- und Kleinschreibung

Nomen und Nominalisierungen

Lernen mit Pantoffeln?

Wenn Ortensia am Morgen zur Schule geht, behält sie ihre Pantoffeln gleich an. Nur ein paar Schritte über den Flur, schon steht die zehnjährige US-Amerikanerin vor der richtigen Tür: Das Wohnzimmer ist ihr Klassenraum, der Computer ihre Tafel, die Tastatur ersetzt in vielen Fällen den Füllhalter. Über E-Mail bekommt sie für alle Fächer persönliche Lernpakete zugeschickt, im Chat tauscht sie sich mit anderen Schülern aus. Denn Ortensia besucht eine Internetschule. Ob dieser Unterricht allerdings so abwechslungsreich ist wie in einer richtigen Schule?

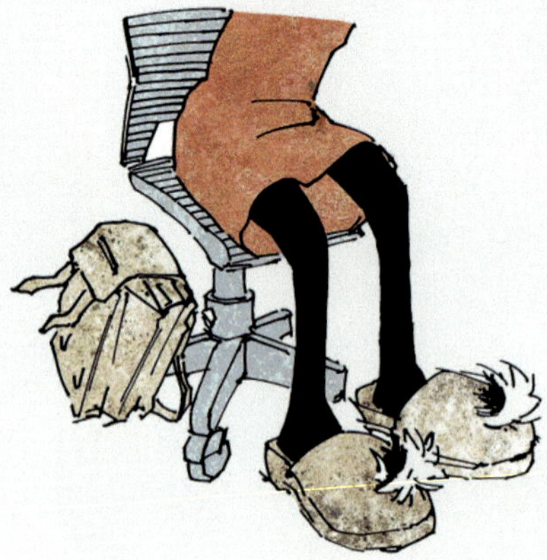

1 a Ortensia besucht eine Internetschule.
Welche Besonderheiten unterscheiden die Internetschule von einer normalen Schule?
b Sucht aus dem Text die Nomen heraus, die auf diese Besonderheiten verweisen.
c Ermittelt, welche für Nomen typischen Begleitwörter ihr bei den Nomen aus Aufgabe b findet.

VORSICHT FEHLER!

Wo ist Lernen am schönsten?

„Jm computerraum im gemeindezentrum. Bei den lernprogrammen finde ich immer auch etwas tolles zum spielen, knobeln oder rätseln.“ (Emanuel, Kroatien)

„Am liebsten bin ich im kunstworkshop. Dort gibt es alles mögliche zum herumexperimentieren.“ (Trjavna, Bulgarien)

„Jn der schule. ich mag das gemeinsame beim lernen. Und man kann dort auch viel spaßiges mit den schulfreunden machen.“ (Bano, Bangladesch)

„Am allermeisten mag ich meinen schreibtisch zu hause. dort fällt mir das lernen am leichtesten.“ (Tainara, Brasilien)

2 a Groß oder klein? Schreibt die Aussagen in der richtigen Schreibweise in euer Heft.
Tipp: Achtet auf Nomenbegleiter und denkt daran, dass aus Verben und Adjektiven Nomen werden können.
b Erklärt die Groß- oder Kleinschreibung an den markierten Stellen.
c Wo ist das Lernen am schönsten? Notiert eure Antworten und tauscht sie untereinander aus. Kontrolliert eure Texte auf richtige Groß- und Kleinschreibung.

3 Sucht aus den Schülerantworten von Seite 254 Beispiele für folgende Aussagen:
- Indefinitpronomen wie z. B. *etwas, manches, alles, nichts, einige, kein, viel, (ein) paar* stehen häufig vor nominalisierten Adjektiven.
- Adjektive im Superlativ mit *am* werden kleingeschrieben.

Erstaunlich!

Lernen in der Schule – das ist doch etwas ganz GEWÖHNLICHES. So denkt ihr vielleicht. Beim REISEN um die Welt würdet ihr feststellen, dass es viel BESONDERES und manches UNGLAUBLICHE zu entdecken gibt. Amy zum Beispiel ist mit ihrer Mutter von Südkorea nach Neuseeland gezogen, nur um besser Englisch zu LERNEN und dadurch später etwas BESSERES werden zu können als ihre Eltern. Shati und Sabuj aus Bangladesch folgen dem Unterricht nicht selten im LIEGEN, denn in ihrem Klassenzimmer gibt es keine Möbel. In KLEINEN Ortschaften auf den Philippinen lernen die JÜNGEREN alles NOTWENDIGE aus einem einzigen Lehrbuch: kritisches DENKEN, Geschichte und GUTES BENEHMEN. Rupchandra und Rupak aus Nepal machen ihre Hausaufgaben im Wohnzimmer und das TEILEN sie mit ihren Ziegen. Das MECKERN, MALMEN und RASCHELN nebenan versuchen sie zu IGNORIEREN, um für einen GUTEN Ausbildungsplatz zu lernen. Für Henrik von Nordstrandischmoor, einer winzigen Hallig in der Nordsee, ist selbstständiges ARBEITEN nichts AUßERGEWÖHNLICHES: Seine beiden Geschwister und er sind die EINZIGEN im Klassenzimmer außer dem Lehrer. Dieser widmet sich jedem Schüler einzeln für eine GEWISSE Zeit, während die anderen beiden jeweils eigene Aufgaben erledigen.

4 **a** Groß oder klein? Erklärt euch in Partnerarbeit, wie die Verben und Adjektive in Großbuchstaben jeweils geschrieben werden müssen. Begründet eure Entscheidung.

b Schreibt alle nominalisierten Verben und Adjektive mit ihren Nomenbegleitern aus dem Text heraus. Unterstreicht die Begleiter, benennt sie und notiert, welche Wortart nominalisiert wurde, z. B.: *viel Neues (Indefinitpronomen + nominalisiertes Adjektiv).*

Information **Nominalisierungen: Großschreibung von Verben und Adjektiven**

Verben und Adjektive schreibt man **groß,** wenn sie im Satz **als Nomen gebraucht** werden, z. B.: *das Lernen* (ursprünglich Verb), *das Neue* (ursprünglich Adjektiv). Ihr könnt solche Nominalisierungen – genauso wie Nomen – an ihren **Begleitwörtern** erkennen. Begleitwörter sind:
- ein **Artikel,** z. B.: *das Arbeiten, ein Kluger.*
- ein **Pronomen** (Possessivpronomen, Demonstrativpronomen, Indefinitpronomen), z. B.: *dein Nachdenken, dieses Lernen, etwas Ungewöhnliches.*
  Tipp: Indefinitpronomen geben eine ungefähre Menge oder Anzahl an, z. B.: *etwas, manches, alles, nichts.* Sie stehen häufig vor nominalisierten Adjektiven, z. B.: *etwas Neues.*
- ein **Adjektiv,** z. B.: *konzentriertes Lernen.*
- eine **Präposition,** die mit einem Artikel verschmolzen sein kann, z. B.: *vor Lachen, beim (bei dem) Unterrichten, bis zum (zu dem) Äußersten.*

Tipp: Nicht immer wird ein nominalisiertes Wort durch einen Nomenbegleiter angekündigt. Macht die Probe: Wenn ihr einen Nomenbegleiter (z. B. einen Artikel) ergänzen könnt, schreibt ihr groß, z. B.: *Sie lieben (das) Schwimmen im See.*

Groß- und Kleinschreibung bei Zeitangaben

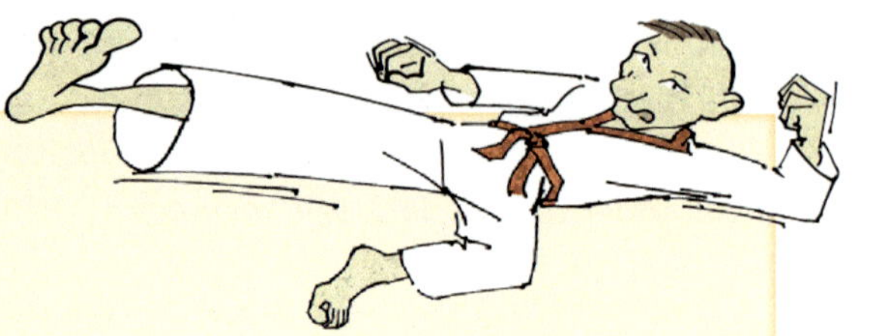

Harte Schule

von Verena Linde

Kung-Fu ist mehr als eine Kampfkunst. In einer Schule in Hanyuan in Zentralchina ordnen junge Kämpfer sogar ihr ganzes Leben danach. Einer von ihnen ist Bai Bingtao. Wie die meisten seiner 17 Mitschüler stammt er aus einer armen Familie. Viele Jugendliche in dieser Region finden keine Arbeitsstelle, hängen herum, organisieren Banden. Die Gefahr, dann in einen Strudel aus Drogen, Glücksspiel und Gewalt gezogen zu werden, ist groß. Für solche gefährlichen Dummheiten ist im Alltag der Dai-Shi-Men-Schule kein Platz. Der Großmeister Dai Kang weiß, was den Jungen fehlt: Regeln und Disziplin. Jeder Tag ist straff organisiert – und immer gleich.

Dai Kang knipst heute Morgen um halb sechs Uhr im Schlafsaal das Licht an. Schlaftrunken rollen die Jungen aus ihren Betten und versammeln sich im Hof. „Laufen!", schreit der Großmeister. Gehorsam trabt die Gruppe – wie gestern Morgen auch – im Kreis. Runde für Runde, 20 Minuten lang, jeden Tag. Danach gibt es jeden Morgen Suppe – heute mit Nudeln und Speck, morgen mit Reis und Gemüse. Nach dem Frühstück wartet dann eine weitere schwere Aufgabe: Stillsitzen und Lernen mit den anderen Kindern der Stadt im normalen Schulunterricht. Zur Erholung dürfen die Jungen mittags ein kleines Nickerchen machen. Die Hausaufgaben werden am Nachmittag unter dem wachsamen Blick des Großmeisters gemacht. Und dann gibt es nachmittags das Training: Kung-Fu-Übungen in der Gruppe und im Einzeltraining mit dem Großmeister. Grundhaltungen, gezielte Tritte und Schläge, Liegestütz und Spagat werden täglich geübt. Das ist extrem anstrengend und manchmal auch schmerzhaft. Erschöpft von den Anstrengungen, dürfen die Jungen abends noch eine Weile zusammen fernsehen. Zu Hause übernachten sie nur am Wochenende. Bai Bingtao wird seine Familie morgen Abend wiedersehen.

1 a Zeichnet einen Zeitstrahl und tragt ein, was die Kung-Fu-Schüler zu welcher Tageszeit tun.
b Diskutiert, welche Vorteile und welche Nachteile eine Schule wie die von Bai Bingtao eurer Meinung nach hat.

2 a „Die Hausaufgaben werden am Nachmittag [...] gemacht. Und dann gibt es nachmittags das Training" (▶ Z. 30–33). Vergleicht die Schreibung der beiden Zeitangaben und erklärt sie. Berücksichtigt dabei die verwendeten Wortarten.
b Formuliert eine Regel zu eurer Beobachtung.

3 Schreibt alle Zeitangaben aus dem Text heraus und ordnet sie in eine Tabelle ein:

Großgeschriebene Zeitangaben (Nomen)	Kleingeschriebene Zeitangaben (Adverbien)	Kombinierte Zeitangaben (Adverbien + Nomen)
...	...	...

4 Gitti ist Leistungsschwimmerin und besucht ein Sportinternat. Unten seht ihr ihren Trainingsplan.

a Schreibt aus Gittis Perspektive eine Mail an ihre Eltern.
Berichtet darin, was in dieser Woche auf dem Trainingsplan steht.
Verwendet Zeitangaben wie z. B. *Montagmorgen, nachmittags, an drei Nachmittagen.*

Montag	Dienstag	Mittwoch	Donnerstag	Freitag	Samstag	Sonntag
9:30–11:00 Schwimmtraining	9:30–11:00 Ausdauertraining	16:00–18:30 Schwimmtraining	7:00–9:00 Ausdauertraining	15:00–17:00 Wettkampftraining	9:00–11:00 Schwimmtraining	11:00 Wettkampf Olympiahalle
18:00–19:00 Videoanalyse	17:00–18:00 Krafttraining		17:00–19:00 Wettkampftraining			

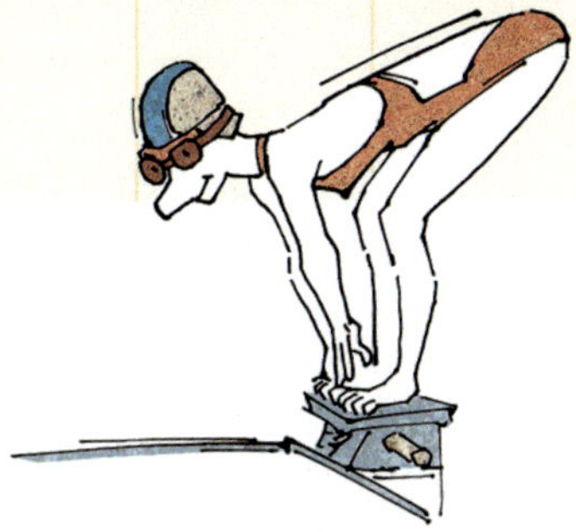

b Prüft eure Ergebnisse in Partnerarbeit.

5 Groß oder klein? Schreibt den folgenden Text ab und entscheidet, wie die Wörter in Großbuchstaben geschrieben werden.

Die Glocke läutet im Internat FRÜHMORGENS und klingt HEUTE MORGEN genauso schrill wie GESTERN. Sie schellt am MITTAG zum Essen, sie schellt NACHMITTAGS, wenn die Sport- und Kreativkurse beginnen. Sie ruft die Schüler jeden ABEND zum Essen, von MONTAG bis FREITAG. Zum Glück schellt sie NACHTS nicht!

6 a Notiert auf einem Zettel jeweils in ganzen Sätzen,
– was ihr gestern zu verschiedenen Tageszeiten gemacht habt, z. B.: *Gestern Morgen habe ich ...*
– was ihr morgen zu verschiedenen Tageszeiten machen werdet, z. B.: *Ich werde morgen ...*
– was ihr an bestimmten Wochentagen macht, z. B.: *... gehe ich immer montagabends.*

b Tauscht in Vierergruppen eure Zettel aus:
Unterstreicht die Zeitangaben und überprüft sorgfältig, ob sie richtig geschrieben sind.

Information **Groß- und Kleinschreibung bei Tageszeiten und Wochentagen**

- **Tageszeiten und Wochentage** werden **großgeschrieben,** wenn sie **Nomen** sind. Ihr erkennt sie häufig an den üblichen Nomensignalen, z. B.: *am Nachmittag, mitten in der Nacht, eines Tages, am Montag, diesen Dienstag, jeden Mittwoch.*
- **Tageszeiten und Wochentage** werden **kleingeschrieben,** wenn sie **Adverbien** sind, z. B.: *heute, morgen, gestern, nachmittags, abends, freitags.*
- Bei **kombinierten Angaben** schreibt man die **Adverbien klein** und die **Nomen groß,** z. B.: *heute Abend, gestern Nacht, morgen Mittag.*
- Auch für **zusammengesetzte Zeitangaben (Wochentag + Tageszeit)** gilt: Sie werden großgeschrieben, wenn sie Nomen sind, und kleingeschrieben, wenn sie Adverbien sind, z. B.: *der Montagnachmittag, am Mittwochabend, montagnachmittags, mittwochabends.*

Fordern und fördern – Groß- und Kleinschreibung

Vor dem SPRINGEN nicht an die Höhe denken!

Lexie aus Großbritannien kann etwas ganz BESONDERES: Turmspringen. Als ihr Talent zum KUNSTSPRINGEN entdeckt wurde, konnte sie noch gar nicht schwimmen. Die ersten sechs Monate hat sie TÄGLICH nur auf dem TROCKENEN trainiert und nebenbei das SCHWIMMEN gelernt. Nun stürzt sie sich von MONTAGS bis FREITAGS zum ÜBEN ins NASSE. Am SAMSTAG hat sie frei. Und HEUTE MORGEN, am SONNTAG, gibt sie ihr BESTES, denn es steht ein Wettkampf an.

1 Groß oder klein? Schreibt die Wörter in Großbuchstaben in der richtigen Schreibweise in euer Heft. Schreibt die nominalisierten Verben und Adjektive mit ihren Nomenbegleitern auf.

2 Löst die beiden Wörterschlangen auf und schreibt die Sätze in der richtigen Groß- und Kleinschreibung in euer Heft.

3 Schreibt die 16 Fehlerwörter aus dem folgenden Text in der richtigen Groß- und Kleinschreibung in euer Heft. Notiert die nominalisierten Wörter mit ihren Nomenbegleitern.

VORSICHT FEHLER!

Suman, die Kohlesammlerin

Suman lebt in Jharia, einer Stadt im Osten Indiens. Unter der Stadt gibt es große Kohlefelder. Kinder und Jugendliche verdienen Geld durch kohlesammeln. Sumans Eltern schicken ihre Töchter täglich zu den Minen, Morgens und am Nachmittag. Das aufmerksame absuchen der Erde, das vorsichtige vortasten auf dem abschüssigen Boden, das Bücken und ausgraben der Kohlebröckchen sind sehr anstrengend. Nach dem Kohlesammeln geht Suman zum waschen an den Brunnen. Den Schwarzen Staub von Gesicht und Armen zu spülen, ist etwas herrliches! Dann beginnt am Späten vormittag für Suman das schönste: die Schule. Suman genießt es, mit ihren Freundinnen zu Lernen und zu Spielen. Von ihren Eltern bekommt sie Sonntags manchmal ein Wenig Geld. Davon kauft sie sich etwas süßes oder geht zum Vergnügen auf einen kleinen Jahrmarkt.

273-24

Jugendliche probieren etwas Besonderes – Getrennt- und Zusammenschreibung

Nr. 1
Nr. 2 S. 259

Jobs für junge Leute

Kinderarbeit ist in Deutschland zwar verboten, aber wenn die Eltern ihre Erlaubnis geben, dürfen Kinder ab 13 Jahren kleine Jobs übernehmen. Welche Tätigkeiten kommen in Frage? Zum Beispiel Zeitungen austragen, Babys beaufsichtigen, Autos waschen, bei der Oma Unkraut jäten, bei den Nachbarn Blumen gießen und Nachhilfe geben.

1
- a Bessert ihr euer Taschengeld mit kleinen Jobs auf? Sammelt eure Tätigkeiten an der Tafel.
- b Leitet aus den markierten Stellen im Text eine Regel zur Getrennt- und Zusammenschreibung von Nomen + Verb ab: *Wortgruppen aus Nomen und Verb werden in der Regel …*
- c Kontrolliert eure Tafelnotizen: Wo habt ihr die Regel beachtet?

Kein Geld ausgeben – Anna berichtet

1. Tag: Heute ist der Tag, an dem ich normalerweise ? ? – dieses Mal nicht. Noch kein Problem. Am Nachmittag habe ich mit meinem Vater draußen ? ?. **2. Tag:** Meine Freunde wollten heute nach der Schule schwimmen gehen, aber ich konnte nicht mit, denn im Schwimmbad muss man ja ? ?. Da habe ich das erste Mal gemerkt, dass ich kein ? ? darf. **3. Tag:** Der Tag war ein bisschen doof. Die anderen wollten nachmittags ins Kino gehen. Ich finde, sie hätten etwas machen können, wofür man kein Geld braucht. Zum Beispiel hätten wir ? ? oder ? ? können. **4. Tag:** Wochenende. Weil ich nichts machen darf, was ? ?, ist meine Mutter mit mir und meinem Bruder am Rhein ? ?. Das fand ich nett. **5. Tag:** Die fünf Tage haben mir gezeigt: Ohne Geld beschäftigt man sich mehr mit sich selbst, dabei kann man auch ? ?. Aber ich habe es vermisst, mit meinen Freunden ausgehen zu können.

2 Schreibt den Text in euer Heft. Setzt dabei die folgenden Wortgruppen aus Nomen und Verb an den passenden Stellen und in der richtigen Form ein:

Karten spielen • Geld ausgeben • Taschengeld bekommen • Spaß haben • Geld kosten • Eintritt bezahlen • Tischtennis spielen • Rad fahren • Musik hören

1.4.2023 schriftlich => Sätze mit Nominalisierung auf White-Board.

Information **Wortgruppen aus Nomen und Verb**

Wortgruppen aus **Nomen und Verb** können immer **getrennt geschrieben** werden, z. B.: *Rad fahren, Handball spielen, Schlange stehen.*
Achtung: Werden die Wortgruppen nominalisiert, schreibt man sie zusammen und groß, z. B.: *Ich hole dich zum Fußballspielen ab. Das Radfahren macht mir Spaß.*

Ein Jahr lang Klima schützen – bewusst handeln lernen

Jonas hat in der Schule einen Klimaführerschein gemacht. Ein Jahr lang hat er sich bewusst gemacht, wie man klimafreundlich leben kann. Jonas berichtet: „Dass ich das Licht nicht unnötig brennen lasse, daran habe ich mich wirklich erst gewöhnen müssen. Man muss sich auch an einen neuen Umgang mit den technischen Geräten gewöhnen. Zum Beispiel sollte man das Ladegerät vom Handy nicht länger als nötig stecken lassen und den Fernseher und den Computer nicht im Stand-by-Betrieb laufen lassen. In der Küche kann man ebenfalls sehr gut sparen üben, indem man zum Beispiel nicht länger als nötig vor der geöffneten Kühlschranktür stehen bleibt und das Essen nicht ohne Deckel auf dem Topf kochen lässt. Wenn wir klimafreundlich einkaufen gehen wollen, brauchen wir natürlich auch mehr Zeit. Vor jedem Regal muss man stehen bleiben und überlegen, wie die „Ökobilanz“ eines Produktes ist: Von wo hat man es einführen lassen und wie ist es hergestellt oder angebaut worden? Was ich an einem solchen Jahr das Wichtigste finde, ist, dass man über den eigenen Energieverbrauch nachdenkt. Ich bin einfach bei meinem Handeln nicht mehr so gedankenlos.“

1 Was haltet ihr von Jonas' Klimaführerschein?
Tauscht euch darüber aus, wie ihr zum Klima- und Umweltschutz beitragen könnt.

2 a Schreibt aus dem Text alle Wortgruppen aus Verb und Verb heraus, auf die sich die Regel im Merkkasten unten auf dieser Seite anwenden lässt, z. B.: *leben kann, ...*

b Formuliert Aussagen zum Thema Klima- oder Umweltschutz, in denen ihr jeweils zwei der folgenden Verben miteinander verbindet:

liegen • informieren • gehen • lassen • nutzen • abschalten • bleiben • lernen • beachten

3 a Übertragt die Tabelle in euer Heft und sortiert die nebenstehenden Wortgruppen mit „sein“ in die richtige Spalte ein.

zufrieden sein • ihr Wegsein • los sein • da sein • zusammen sein • pleite sein • vorhanden sein • übrig sein • das Reichsein • das Glücklichsein

Verbindungen mit „sein“	
getrennt und klein	groß und zusammen
...	...

b Formuliert eine Regel zur Getrennt- oder Zusammenschreibung von Wortgruppen mit „sein“.

Information **Wortgruppen aus Verb und Verb**

Wortgruppen aus **Verb und Verb** können immer **getrennt geschrieben werden,** z. B.: *kennen lernen, einkaufen gehen, liegen lassen, gesagt bekommen, gelobt werden.*
Achtung: Werden sie nominalisiert, schreibt man sie zusammen und groß, z. B.: *Das Spazierengehen im Wald ist eine schöne Abwechslung.*

Für einen Monat Rollen tauschen

Was passiert, wenn man die Verantwortung in der Familie komplett auf die Kinder überträgt? Michael Müller hat mit seiner Frau Marion den Versuch gewagt. Sie haben mit ihren Kindern für vier Wochen die Rollen getauscht und ließen Tochter Merit (14 Jahre) und Sohn Malte (12 Jahre) das Haushaltsgeld und das Kommando übernehmen.

„Die Bedingungen waren klar geregelt", erklärt Michael Müller. „Den Kindern Anweisungen zu geben, war uns strengstens verboten. Wir mussten ihren Anweisungen gehorsam folgen."

„Anfangs ist mir der Rollentausch wirklich nicht leichtgefallen", gibt Marion Müller zu. „Ich kann es mir doch nicht gemütlich machen, während die Kinder so fleißig sind, habe ich gedacht. Aber dann bin ich doch einsichtig geworden und ich habe mich mit dem Rollentausch schneller angefreundet, als ich dachte." „Als meine Eltern uns das Geld für einen Monat feierlich übergeben haben, ist mir schon ein bisschen mulmig geworden", gibt Merit zu. „Ich musste mir erst einmal klarmachen, was das bedeutet: für vier Menschen verantwortlich sein." „Ich habe die Idee von Anfang an toll gefunden", grinst Malte, „und ich finde, wir haben fast alles richtig gemacht!"

1 Diskutiert, was ihr von einem solchen Rollentausch haltet.

2 **a** Schreibt aus dem Text alle Wortgruppen aus Adjektiv und Verb heraus.
Tipp: Zwölf Wortgruppen aus Adjektiv und Verb werden getrennt, zwei zusammengeschrieben.

b Überlegt, nach welcher Regel Wortgruppen aus Adjektiv und Verb getrennt oder zusammengeschrieben werden.

3 Erklärt die Zusammen- oder Getrenntschreibung der markierten Wortgruppen aus Adjektiv und Verb, indem ihr die unterschiedlichen Bedeutungen erläutert.
- Der Richter wird den Angeklagten freisprechen.
- Bei einem Referat solltest du möglichst frei sprechen.
- Auf dem vereisten Bürgersteig kann man leicht fallen.
- Diese Aufgabe wird mir leichtfallen.

Information **Wortgruppen aus Adjektiv und Verb**

Wortgruppen aus Adjektiv und Verb werden **meist getrennt geschrieben,** z. B.: *laut singen, schnell rennen, bequem sitzen.*

Aber: Entsteht durch die Verbindung von Adjektiv und Verb ein **Wort mit einer neuen Gesamtbedeutung, schreibt man zusammen,** z. B.: *schwarzfahren* (= ohne Fahrschein fahren), *schwerfallen* (= Mühe bereiten), *blaumachen* (= schwänzen).

4 Zusammen oder getrennt? Entscheidet, wie die Wortgruppen aus Adjektiv und Verb geschrieben werden. Notiert eure Ergebnisse.
- Mein Vater kann über unsere Rollentausch-Erfahrung witzig und gut/schreiben.
- Natürlich mussten wir in dieser Zeit auch zur Schule gehen und durften nicht blau/machen.
- Nicht alle Arbeiten, die sonst unsere Eltern erledigen, sind uns leicht/gefallen.
- Es gab auch Dinge, die uns wirklich schwer/fielen.
- Aber im Großen und Ganzen haben wir es uns richtig gut/gehen lassen.

5 **a** Bildet Sätze mit Wortgruppen aus Adjektiv und Verb. Verwendet hierzu die folgenden Adjektive und Verben und achtet auf die Getrennt- oder Zusammenschreibung.

Adjektive	**Verben**
krank • rot • kaputt •	lachen • gehen • sehen •
schwarz • schief • kurz •	streichen • reden • machen •
klein • schön • sicher	fassen • schreiben

b Überprüft eure Sätze in Partnerarbeit.

6 Schreibt die folgenden Sätze in euer Heft. Prüft dabei mit Hilfe der Regel 1 im Merkkasten, ob die Wortgruppen aus Adverb und Verb getrennt oder zusammengeschrieben werden.
- Dieses Wort muss man zusammen/schreiben.
- Wenn die beiden weiter stören, wird man sie auseinander/setzen.
- Können wir das Regal zusammen/tragen?
- Freunde müssen auch in schwierigen Zeiten zusammen/halten.
- Können wir etwas schneller laufen, damit wir vorwärts/kommen?
- Gibt es Dinge, die man voraus/sehen kann?

7 **a** Bildet Sätze, in denen die folgenden Wörter im Infinitiv stehen.

umkehren • mitkommen • aufheben • abwarten • vorstellen

b Überprüft die Schreibung der Wörter mit Hilfe der Regel 2 aus dem Merkkasten unten.

Information **Wortgruppen aus Adverb und Verb, Präposition und Verb**

1 Wenn **Adverb und Verb zusammengeschrieben werden,** liegt die **Hauptbetonung** in der Regel **auf dem Adverb,** z. B.: *Wir müssen zusammenhalten.*
Bei der **Getrenntschreibung** werden **Adverb und Verb in der Regel gleich betont,** z. B.: *Ich wohne in dem Haus, das du gegenüber siehst.*
Tipp: Macht die Erweiterungsprobe. Wenn ihr ein Wort oder eine Wortgruppe zwischen Adverb und Verb einfügen könnt, schreibt ihr getrennt, z. B.: *Wollen wir das Regal zusammen (in die Küche) tragen?*

2 **Verbindungen aus Präposition und Verb** schreibt man in der Regel **zusammen.** Die Hauptbetonung liegt bei der Zusammenschreibung auf der Präposition, z. B.: *Können wir umkehren? Möchtest du mitkommen?*

Fordern und fördern – Getrennt oder zusammen?

Die folgenden Diktattexte haben verschiedene Schwierigkeitsstufen:
- **Level 1:** einfach und für alle gut machbar
- **Level 2:** für Geübte
- **Level 3:** für Experten mit Ausdauer

1 **a** Entscheidet euch für einen Diktattext.
Sucht euch einen Lernpartner und diktiert euch die Texte als Partnerdiktat.
b Prüft anschließend, ob ihr alle Wörter richtig geschrieben habt.
Achtet dabei besonders auf die markierten Wörter.

●○○
.evel 1

Ich muss feststellen: Eine Woche ohne Fernsehen ist mir schwergefallen. Eigentlich sitze ich abends mit meiner Schwester vor dem Fernseher. In dieser Woche habe ich Vokabeln gelernt oder Musik gehört. Ich habe tagsüber Hausaufgaben gemacht und Klavier geübt. Am Mittwochnachmittag war ich beim Fußballspielen. Der Samstag war etwas öde. Meine Freunde haben sich nachmittags zusammengetan, um DVDs auszuleihen und anzuschauen. Da konnte ich leider nicht dabei sein. Wenn ich ab morgen wieder fernsehen darf, werde ich das richtig klasse finden. *(80 Wörter)*

●●○
.evel 2

Am letzten Mittwoch habe ich mich abends mit meiner Mutter zusammengesetzt. Wir haben uns ausgemalt, dass es doch lustig wäre, wenn wir einmal die Rollen tauschen würden. Was auf mich zukommen würde, konnte ich da ja noch nicht vorhersehen. Erst während unseres Experiments habe ich mir klargemacht, dass meine Mutter morgens sehr früh aufsteht, damit sie alle Dinge erledigen kann. Ich musste nachmittags einkaufen gehen, abends kochen und dann kamen noch das Wäschewaschen und all die anderen Dinge hinzu. Mir blieb kaum Zeit zum Spielen und Fernsehen. Manchmal ist es mir schwergefallen, abends zu kochen. Immerhin haben wir beschlossen, dass wir am Sonntagmittag auf Kosten der Haushaltskasse zusammen essen gehen. *(110 Wörter)*

●●●
.evel 3

Am Sonntagnachmittag habe ich beschlossen, einen Monat lang klimafreundlicher zu leben. Mit meinem Bruder habe ich mich nachmittags zusammengesetzt und wir haben gemeinsam überlegt, was alles dazugehört. Wenn man den Klimaschutz ernst nimmt, muss man sich ganz schön zusammenreißen. Wir mussten uns erst einmal klarmachen, worauf wir achten wollen. Man sollte zum Beispiel das Licht ausschalten, elektrische Geräte durch das Ziehen des Steckers von der Stromversorgung trennen und natürlich auch auf das Wassersparen achten. Muss man morgens beim Duschen das Wasser so lange laufen lassen? Manches kann ganz schön lästig sein. Wenn man einkaufen geht, sollte man nicht mit dem Auto fahren, sondern besser das Rad nehmen oder zu Fuß gehen. Ich habe mir von einem Umweltexperten einmal vorrechnen lassen, was verschiedene Geräte an Strom fressen. Das hat mich tief beeindruckt! Wir sollten die Dinge nicht einfach so hinnehmen, sondern verantwortlich handeln, damit unsere Umwelt nicht noch mehr kaputtgeht.
(149 Wörter)

Teste dich!

Rechtschreibung

Blandine ist als Austauschschülerin in der Klasse von Paul und Marlen.
Die beiden versuchen, ihr bei den Rechtschreibregeln zu helfen.
Allerdings sind sich Paul und Marlen bei Regeln auch nicht immer ganz sicher.

1 a Entscheide dich, welche der Aussagen richtig sind. x U A E D R O B

b Schreibe die Buchstaben der richtigen Antworten in dein Heft.
Rückwärts gelesen ergeben sie den Namen der französischen Stadt, in der Blandine zu Hause ist.

VORSICHT FEHLER!

Rechtschreibrätsel

X Marlen: „Nominalisierungen sind Verben und Adjektive, die im Satz als Nomen gebraucht werden."

U Paul: „Man kann bei den Nominalisierungen eine Artikelprobe machen, z. B.: *Für alle Kinder ist Lernen wichtig. – Für alle Kinder ist **(das)** Lernen wichtig.*"

L Marlen: „Die Tageszeitangaben sind doch von Nomen abgeleitet. Deshalb schreibt man sie immer groß: *Der Morgen – Morgens, der Abend – Abends.*"

A Paul: „Bei den Tageszeiten mit dem angefügten *-s* handelt es sich um Adverbien, die kleingeschrieben werden: *morgens, mittags, abends.* Auch hier hilft die Artikelprobe: Bei *morgens* kann man keinen Artikel ergänzen."

E Marlen: „Die Schreibung von Wörtern mit *sein,* z. B. *froh sein,* ist leicht: Die schreibt man immer getrennt."

M Paul: „Bist du sicher? Ich meine, *zusammensein* wird auch zusammengeschrieben."

D Paul: „Verb und Verb *(schlafen gehen)* kann man immer getrennt schreiben."

R Marlen: „Ja, das ist richtig. Aber werden sie nominalisiert, z. B. *zum Schlafengehen,* schreibt man sie zusammen und groß."

N Marlen: „Und wie ist es bei Adjektiv und Verb? Zum Beispiel: *Ich muss mir die Aufgabe erst klar machen.* – Das würde ich getrennt schreiben."

O Paul: „Aber ergeben hier nicht Adjektiv und Verb ein Wort mit einer neuen Bedeutung, also *klarmachen = etwas verdeutlichen?* Das würde ich zusammenschreiben."

I Paul: „Bei dem Satz *Wir können den Stuhl zusammentragen* wird *zusammentragen* doch nicht getrennt geschrieben, oder?"

B Marlen: „Doch, hier wird *zusammen tragen* getrennt geschrieben, weil beide Wörter gleich betont werden. Außerdem könntest du noch ein Wort zwischen *zusammen* und *tragen* einfügen, zum Beispiel: *Wir können den Stuhl zusammen (in die Küche) tragen.*"

14.2 Wenn Kinder reisen – Zeichen setzen

Das Komma in Satzgefügen

Ab in die Ferien!

A Weil morgen die Ferien beginnen, habe ich schon jetzt so ein Kribbeln im Bauch.

B In diesem Jahr fahren wir in ein Land, das ich noch gar nicht kenne.

C Ich bin immer so neugierig, was dort anders ist als bei uns.

D Die Frage, wie gut man sich verständigen kann, ist für mich immer besonders spannend.

E Seitdem ich Englisch und Französisch lerne, funktioniert zum Beispiel das Einkaufen schon ganz gut.

1 Geht ihr gerne auf Reisen? Vergleicht eure Erfahrungen mit den Aussagen im Text.

2 **a** Zeichnet zu den Satzgefügen oben Satzbaupläne.
Berücksichtigt dabei auch die Kommas, z. B.:

A) ______________ *Hs* ______________ .
______________ *Ns* ______________ ,

b Formuliert eine Regel zur Kommasetzung in Satzgefügen.

3 **a** Schreibt den folgenden Text ab und setzt dabei die fehlenden Kommas.

VORSICHT FEHLER!

Obwohl ich so gern reise finde ich das Kofferpacken wirklich lästig. Ich weiß nie wie ich meine ganzen Sachen in meinen winzigen Koffer bekommen soll. Sobald es dann endlich losgeht ist die Mühe schnell vergessen. Meistens müssen wir weil wir eine weite Strecke vor uns haben am Reisetag ganz früh aufstehen. Wir nehmen immer genügend Proviant mit sodass wir im Auto frühstücken können.
Wenn wir aus dem Urlaub zurückkehren bin ich traurig und froh zugleich. Einerseits freue ich mich auf meine Freunde die ich im Urlaub vermisst habe. Dass die nächste Urlaubsreise aber in so weiter Ferne liegt finde ich auch ein bisschen schade.

b Überprüft eure Kommasetzung in Partnerarbeit.

c Unterstreicht die Hauptsätze rot und die Nebensätze grün.
Umkreist dann die Wörter, mit denen die Nebensätze eingeleitet werden.

d Bestimmt die Wortart der Einleitewörter, die am Anfang der Nebensätze stehen und auf ein Komma hinweisen.

4 Verbindet immer drei Sätze (einen aus jeder Spalte) miteinander, sodass inhaltlich schlüssige Satzgefüge entstehen. Schreibt die Sätze auf und setzt dabei die notwendigen Kommas, z. B.:
Ich bin gern am Mittelmeer, weil man dort schwimmen gehen kann, sobald es einem zu heiß ist.

Reisewünsche

Ich bin gern am Mittelmeer ...	... würde ich gern mal in die Alpen reisen ...	... dass ich meine Freunde gar nicht mehr beneide.
Nachdem ich in der Halle klettern gelernt habe ...	... dass ich in den nächsten Ferien eine Sprachreise mache ...	... bei der wir zelten und über dem Lagerfeuer kochen.
Wenn wir nicht genügend Geld für einen Urlaub haben ...	... weil wir dann immer woanders hinfahren können ...	... damit ich mein Englisch verbessern kann.
Meine Eltern haben vorgeschlagen ...	... weil man dort schwimmen gehen kann ...	... wenn es uns an einem Ort nicht mehr gefällt.
Ich finde eine Reise mit dem Wohnmobil toll ...	... möchte ich eine Ferienfreizeit mitmachen ...	... damit ich meine Kletterkünste an einem richtigen Berg ausprobieren kann.
Falls meine Eltern es erlauben ...	... machen wir es uns zu Hause so schön ...	... sobald es einem zu heiß ist.

Information **Die Kommasetzung im Satzgefüge (Hauptsatz + Nebensatz)**

Einen **Satz,** der aus mindestens einem **Hauptsatz und** mindestens einem **Nebensatz** besteht, nennt man **Satzgefüge.** Der Nebensatz kann vor, zwischen oder nach dem Hauptsatz stehen. Zwischen Hauptsatz und Nebensatz muss **immer ein Komma** stehen, z. B.:
Wenn wir verreisen, möchte ich nicht allzu lange im Auto sitzen.
Die Sommerferien, die ich in diesem Jahr zu Hause verbracht habe, waren schön.

Ein **Satzgefüge kann mehrere Nebensätze enthalten.** Alle Nebensätze werden mit einem **Komma** abgetrennt, z. B.: *Weil ich gern reise, fahre ich weg, wann immer es geht.*
Ich glaube, dass man auch zu Hause schöne Urlaubstage verbringen kann, weil ich zu den Leuten gehöre, die gern lesen und ins Freibad gehen.

Folgende Wörter können Nebensätze einleiten:

unterordnende **Konjunktionen** (Subjunktionen)	nachdem, wenn, obwohl, weil, dass, indem ...	***Weil*** *die Sonne scheint, gehen wir ins Freibad.*
Fragewörter und **ob**	wann, woher, warum, weshalb, wie, wo, ob ...	*Ich weiß nicht genau,* ***wann*** *er kommen wird.*
Relativpronomen	der, die, das, welcher, welche, welches	*Der Junge,* ***der*** *dort vorne steht, heißt Peter.*

5 a Erklärt mit Hilfe der Informationen im Merkkasten auf Seite 266 folgende Aussage: Wörter, die Nebensätze einleiten, sind wichtige Signale für die richtige Kommasetzung in Satzgefügen.

b Bildet Satzgefüge, in denen ihr die verschiedenen Einleitewörter aus der Tabelle auf Seite 266 verwendet.

c Tauscht eure Sätze aus und prüft die Kommasetzung.

VORSICHT FEHLER!

Landratten werden Seebären

Mein ungewöhnlichster und bester Urlaub war ein Segeltörn **1** den wir letzten Sommer mit unseren Eltern **2** vor der türkischen Küste gemacht haben. Obwohl wir alle richtige Landratten sind **3** haben wir uns auf dieses Abenteuer eingelassen **4** weil wir einmal etwas ganz anderes erleben wollten. Es hat ein bisschen gedauert **5** bis wir uns an das Schaukeln des Bootes **6** und die Enge der Kojen gewöhnt hatten. Zum Glück wussten unsere Skipper Klaus und Michaela **7** genau **8** wie sie uns ablenken konnten **9** wenn wir uns mal schlecht fühlten. Wir haben mehrmals an griechischen und türkischen Inseln angelegt **10** auf denen man antike Ruinen besichtigen konnte **11** was ich sehr beeindruckend fand.

Besonders viel Spaß hatten wir **12** als Klaus einmal den Motor des Segelbootes anwarf **13** und meine Schwester und mich an zwei Tauen durchs Meer zog. Toll fand ich auch **14** dass wir in den Mastkorb des Schiffes klettern durften **15** obwohl **16** meine Mutter sonst immer so ängstlich ist. Meine schönste Erinnerung sind aber die Delfine **17** die wir am letzten Nachmittag gesehen haben.

4.5.20 bis 9.5.20

6 a Lest euch den Text vor. Achtet dabei auf die Gliederung der Sätze und auf Sprechpausen.

b Übertragt die folgende Tabelle in euer Heft. Prüft bei jeder Nummer im Text: Muss ein Komma gesetzt werden oder nicht? Kreuzt die richtige Spalte an und ergänzt bei den gesetzten Kommas eine Begründung für die Kommasetzung.

Nummer	Komma	Kein Komma	Begründung
1	*X*	…	*vor Relativsatz (Relativpronomen „den")*
2	…		…
…	…	…	…

Das Komma bei Aufzählungen

Victoria Krabbe

Urlaub vor der Haustür

VORSICHT FEHLER!

1 An einem sonnigen Samstag in den Ferien füllen wir den Picknickkorb mit Thunfischbagels, Hühnchensandwiches, Muffins, Chips und Coladosen.
2 Nach 15 Minuten erreichen wir den Baseball-Trainingsplatz der HSV Stealers.
3 Ungefähr 100 Zuschauer sitzen auf der Tribüne, auf Campingsitzen oder auf dem Gras am Spielfeldrand.
4 Sie sind umgeben von bunten Kühltaschen und Hunden, Kindern und Kinderwagen.
5 Man isst plaudert liest Comics schaut gelegentlich aufs Spielfeld applaudiert ab und an freundlich.
6 Das Spiel läuft und läuft und läuft. Die Regeln sowie Sinn und Ziel dieses Spiels bleiben mir auch nach zwei Stunden noch verborgen.
7 Wir warten das Ende nicht ab sondern räumen unsere Siebensachen zusammen und machen noch einen Abstecher nach Hollywood:
8 An der Kinokasse kaufen wir Tickets einen Rieseneimer mit salzigem Popcorn sowie drei gigantische Becher Cola. That's America.

1 a Begründet mit Hilfe der Regeln im Merkkasten unten die Kommasetzung in den markierten Aufzählungen (Sätze 1, 3 und 4).
b Schreibt die Sätze 5 bis 8 ab. Markiert die Aufzählungen und setzt die fehlenden Kommas.

2 a Schreibt die folgenden Sätze ab und setzt dabei die fehlenden Kommas.

VORSICHT FEHLER!

Wohin geht die Reise?

– In Inas Rucksack befinden sich sowohl Wanderschuhe als auch Badeschlappen ein Französisch-Sprachführer und ein Bestimmungsbuch „Meeresfische" sowie Fähren-Tickets.
– In Christians Reisetasche gibt es eine Regenjacke eine Badehose außerdem einen Lenkdrachen und einen Surfanzug aber keinen Sprachführer.

b Denkt euch selbst ähnliche Rätsel aus. Statt Gepäckstücken könnt ihr auch Souvenirs auflisten.

Information **Das Komma in Aufzählungen**

Wörter und Wortgruppen in Aufzählungen werden **durch Kommas abgetrennt,** z. B.:
Zum Reisen gehören gutes Wetter, ein schönes Reiseziel, nette Mitreisende.
Dies gilt auch, wenn das Wort oder die Wortgruppe durch einschränkende Konjunktionen wie *aber, jedoch, sondern, doch* eingeleitet wird, z. B.:
Du hast an den Regenschirm und an den Wollpulli gedacht, aber nicht an Sonnencreme.

Achtung: Kein Komma steht in Aufzählungen vor den Konjunktionen *und, oder, sowie, entweder ... oder, sowohl ... als auch, weder ... noch,* z. B.: *Ich liebe sowohl das Meer als auch die Berge.*

Das Komma bei Appositionen und nachgestellten Erläuterungen

- Im Badeparadies Schwarzwald, einem Erlebnisbad in Titisee-Neustadt, fühlt sich die ganze Familie wohl.
- Auch der Bodensee, der größte See Deutschlands, lädt im Sommer zum Schwimmen ein.
- Besonderen Badespaß versprechen Strandbäder am Hochrhein, dem Grenzfluss zwischen Baden-Württemberg und der Schweiz.

1 Begründet die Kommasetzung im Text oben. Nutzt dazu die Informationen im Merkkasten unten auf der Seite.

2 Schreibt die folgenden Sätze ab. Fügt dabei in die Lücken jeweils eine passende Ergänzung als Apposition ein. Achtet auf den richtigen Kasus und auf die Kommasetzung.

- Das Wahrzeichen von Stuttgart ? ist der Fernsehturm ? .
- Der Albsteig ? führt von Donauwörth bis Tuttlingen.
- Vom Feldberg aus ? kann man bei gutem Wetter die Alpen sehen.
- Die Mainau ? ist ein beliebtes Ausflugsziel.

eine Blumeninsel im Bodensee • die Landeshauptstadt Baden-Württembergs • ein 200 Meter hohes Bauwerk • ein Wanderweg auf der Schwäbischen Alb • der höchste Berg im Schwarzwald

3 Schreibt den folgenden Text ab. Unterstreicht die nachgestellten Erläuterungen und setzt die fehlenden Kommas. Der Merkkasten unten hilft euch dabei.

VORSICHT FEHLER!

Auf dem Globus findest du Deutschland in der oberen Hälfte also auf der nördlichen Halbkugel. Es grenzt an zwei Meere nämlich Nordsee und Ostsee. Deutschland hat neun Nachbarländer unter anderem Polen und Frankreich. Es fließen einige große und viele kleine Flüsse durch unser Land zum Beispiel der Rhein und die Elbe. Von den 16 Bundesländern sind drei sogenannte Stadtstaaten das heißt Stadt und Bundesland in einem nämlich Berlin und Hamburg und Bremen.

Information **Das Komma bei Appositionen und nachgestellten Erläuterungen**

1 Die **Apposition** ist eine besondere Form des Attributs und besteht in der Regel aus einem Nomen oder einer Nomengruppe. Sie folgt ihrem Bezugswort (meist einem Nomen) und wird **durch Kommas abgetrennt,** z. B.: *Berlin, unsere Hauptstadt, ist ein beliebtes Reiseziel.*
Die Apposition steht im gleichen Kasus wie ihr Bezugswort (hier: Nominativ).

2 Die **nachgestellte Erläuterung** wird oft mit Wörtern wie *nämlich, und zwar, vor allem, das heißt (d. h.), zum Beispiel (z. B.)* eingeleitet. Sie wird **durch Kommas abgetrennt,** z. B.:
Das Reichstagsgebäude, also der Sitz des Bundestags, besitzt eine Kuppel aus Glas.

Zeichensetzung bei der wörtlichen Rede

Hajo Schumacher

Urlaubspläne am Familientisch (1)

„Meine Lieben“, hebe ich an, „wohin fahren wir in diesem Sommer?“ Argwöhnische Blicke werden mir zugeworfen. Schnell schiebe ich nach: „Ich möchte, dass wir uns heute Abend gemeinsam auf einen Urlaubsort verständigen, an dem jeder seinen Spaß hat.“ Skeptisches Schweigen. „Einstimmigkeit wäre ganz toll!“, füge ich noch hinzu.

„Nicht nach Italien“, sagt Mona, meine Frau.

„Kein Wohnmobil!“, erklärt Karl, unser dreizehnjähriger Sohn.

„Auf eine Schäre?“, fragt Mona, die als Kind begeistert *Ferien auf Saltkrokan* gelesen hat.

„Nach Amerika“, fordert Karl.

„Grrrgll“, macht Hans, unser Zweijähriger.

Es wird Zeit für meinen ersten Vorstoß. „Ich würde gern baden, klettern, gut essen, nette Leute kennen lernen und Tiere für Hans haben. Ich habe da einen tollen Bauernhof in den Dolomiten empfohlen bekommen.“ Meine Familie guckt mich entsetzt an.

„Berge sind langweilig“, behauptet Karl.

„Ich möchte Strand“, verlangt Mona.

„Und Meer!“, fordert Karl.

1 a Untersucht aufmerksam die Zeichensetzung bei der wörtlichen Rede in diesem Text.

b Der Redebegleitsatz kann vor, nach oder zwischen der wörtlichen Rede stehen. Findet für diese drei Fälle jeweils ein Beispiel aus dem Text und schreibt sie auf.

c Formuliert gemeinsam mit einer Partnerin oder einem Partner eure Beobachtungen zu Regeln aus, z. B.:

- *Der Redebegleitsatz vor der wörtlichen Rede ...*
- *Der Redebegleitsatz nach der wörtlichen Rede ...*
- *Der Redebegleitsatz zwischen der wörtlichen Rede ...*
- *Anführungszeichen stehen ...*

2 a Schaut euch nun die Satzschlusszeichen (Punkt, Ausrufezeichen, Fragezeichen) bei der wörtlichen Rede an, die vor dem Redebegleitsatz steht. Was fällt euch auf?

b Formuliert in Partnerarbeit eine Regel zu euren Beobachtungen.

- *Wenn die wörtliche Rede vor dem Redebegleitsatz steht, bleiben ... und ... am Ende ... Der Schlusspunkt aber ...*

3 Vergleicht eure Regeln zur Zeichensetzung bei der wörtlichen Rede mit den Informationen im Merkkasten auf Seite 271.

Hajo Schumacher

Urlaubspläne am Familientisch (2)

VORSICHT FEHLER!

1 Wir bleiben einfach zu Hause bestimme ich Berlin ist großartig im Sommer
2 Und die Nachbarn wirft Mona entgeistert ein denken dann dass wir uns einen Urlaub nicht leisten können
3 Ich dachte immer dass man wegfährt weil man sich erholen will wende ich ein
4 Ich kann mich nur am Strand richtig erholen nutzt Mona die Gelegenheit
5 Meint ihr dass man sich mit dreizehn Jahren schon erholen muss fragt Karl
6 Na gut ich rufe morgen Frau Reinermann an erkläre ich

Der Rest der Familie ist beruhigt. Die Reisekauffrau unseres Vertrauens hat noch immer einen Kompromiss gefunden. Sie ist schwere Fälle gewohnt.

1 a Schreibt die Sätze 1 bis 6 in euer Heft. Setzt dabei alle fehlenden Satzzeichen. Denkt auch an die Kommasetzung zwischen Hauptsatz und Nebensatz.

b Tauscht eure Hefte aus und kontrolliert die Zeichensetzung in euren Texten. Nehmt hierzu den Merkkasten unten sowie die Informationen aus dem Merkkasten von Seite 266 zu Hilfe.

2 a Setzt den Text in Partnerarbeit fort. Erzählt, wie der Ich-Erzähler im Reisebüro anruft und um einen Vorschlag für einen Urlaub bittet. Verwendet in euren Texten wörtliche Rede und achtet auf die Zeichensetzung, z. B.:
„Ich rufe jetzt im Reisebüro an", sage ich und nehme den Telefonhörer in die Hand.
„Reisebüro Sonnenschein", ertönt es am anderen Ende, „was kann ich für Sie tun?"
„Hallo, hier spricht Herr Müller", antworte ich. „Ich rufe Sie ..."

b Überprüft die Zeichensetzung in euren Texten.

Information **Zeichensetzung bei der wörtlichen Rede**

Die wörtliche Rede steht in einem Text in Anführungszeichen. Die Satzzeichen ändern sich, je nachdem, ob der Redebegleitsatz vor, nach oder zwischen der wörtlichen Rede steht.

- Der **Redebegleitsatz vor der wörtlichen Rede** wird durch einen Doppelpunkt von der wörtlichen Rede abgetrennt, z. B.: *Ich fragte: „Wohin sollen wir verreisen?"*
- Der **Redebegleitsatz nach der wörtlichen Rede** wird durch ein Komma von der wörtlichen Rede abgetrennt, z. B.: *„Ich würde gern ans Meer fahren!", rief Mona.*
  „Sollen wir ans Meer fahren?", fragte Mona. „Ich möchte ans Meer", sagte Mona.
  In der wörtlichen Rede entfällt der Punkt; Frage- und Ausrufezeichen bleiben aber erhalten.
- Der **Redebegleitsatz zwischen der wörtlichen Rede** wird durch Kommas von der wörtlichen Rede abgetrennt, z. B.: *„Ach nein", meinte Karl, „ich würde lieber in die Berge fahren."*

Fordern und fördern – Zeichensetzung

VORSICHT FEHLER!

Urlaub im Baumhaus

1 Ein Baumhaus muss sich nach der Persönlichkeit des Baumes also nach seiner Eigenart richten. **2** Da der Baum ein Haus und mehrere Personen zu tragen hat sollte es sich um einen starken und gesunden Baum handeln. **3** Besonders geeignet sind Eichen Buchen Eschen und Linden. **4** Heutzutage gibt es Architekten die sich nur mit Baumhauskonstruktionen befassen.

●○○ **1** a Schreibt den Text ab und setzt dabei alle fehlenden Kommas.
b Schreibt die Tabelle in euer Heft und tragt die Nummern der Sätze in die passende Spalte ein.

Satzgefüge (Hs + Ns)	Satz mit Aufzählung	Satz mit nachgestellter Erläuterung
…	…	…

VORSICHT FEHLER!

1 Ein Baumhaushotel findet man in Sachsen und zwar in einem Wald zwischen Görlitz und Rothenburg. **2** In den Holzhütten die sich in zehn Metern Höhe befinden können ganze Familien schlafen und träumen. **3** Auf dem Gelände das die bebauten Bäume umgibt befindet sich ein Abenteuerspielplatz mit unterirdischen Gängen einem Wasserlauf einem Schloss und einem Piratenschiff. **4** In die Sterne schauen kann man im „Green Magic Nature Resort" das im südindischen Dschungel liegt. **5** In 30 Metern Höhe nämlich oben in einem Feigenbaum befindet sich ein Bett über dem der freie Himmel ist. **6** Am Fuße des Baums tummeln sich nachts schon mal Panter Schakale und Elefanten.

●●○ **2** a Schreibt die Sätze ab und setzt dabei alle fehlenden Kommas.
b Übertragt die Tabelle oben in euer Heft und ordnet die Nummern der Sätze in die passende Spalte ein. Manche Sätze gehören in mehrere Spalten.

VORSICHT FEHLER!

Um etwas zu erleben muss man doch nicht in die Ferne sagt mein Sohn Sondern frage ich Am ersten sonnigen Ferientag machen wir uns gegen neun Uhr abends auf in den Dschungel Vater und Sohn packen Fernglas Petroleumleuchte und Schlafsäcke ein ich den Proviant Wir schlagen uns durch Dickicht bis zum Pflaumenbaum auf dem vier Meter über uns Jans Baumhaus liegt Weil die Strickleiter und ich kein gutes Team sind erreiche ich mit Herzklopfen das Ziel Ich erwarte Feuchtigkeit mumifizierte Essensreste und Kuscheltierkadaver aber der Raum ist trocken sauber und gemütlich Es knarrt und knackt als wir hineinkriechen Natürlich sind die Dielen stabil beruhigt mich mein Mann Wir zünden die Petroleumlampe an essen Würstchen Kartoffelsalat und Kirschen

●●● **3** Im Text fehlen alle Satzzeichen.
Schreibt den Text ab und ergänzt dabei die fehlenden Kommas, Satzschlusszeichen und Redezeichen.

Teste dich!

Zeichensetzung

Victoria Krabbe

Hamburg liegt in Frankreich

Heute geht es nach Frankreich, also ziehen wir uns wie Franzosen an. Während ich ein elegantes Sommerkleid überstreife, tragen die Herren Ehemann und Sohn helle Hosen, **1** als wir uns am Nachmittag auf den Weg machen. Im Picknickkorb sind Ziegenkäse, Rotwein, Mandarinenlimonade **2** und natürlich ein Baguette. Das Departement Dordogne liegt fünf Fußminuten entfernt, an der Tarpenbek, **3** einem Nebenflüsschen der Alster. Mächtige Buchen säumen das Rinnsal, alte Eichen, schlanke Birken und buntes Wildkraut wuchern. Wir lassen uns im Schatten einer ausladenden Weide nieder, wo Jan sich sogleich in ein Comicheft vertieft. „Das ist auch das Tolle am Urlaub“, **4** sagt er und seufzt zufrieden, „ihr schimpft nicht, wenn ich keine richtigen Bücher lese.“ Nach dem Essen bauen Mann und Sohn einen Staudamm aus Zweigen, **5** Steinen und Matsch. Das Projekt dauert Stunden und wird nur unterbrochen von Picknickpausen und dem langwierigen, geduldigen, **6** aber vergeblichen Versuch, ob man mit Käsestückchen Fische anlocken kann. Die hellen Hosen waren keine gute Idee, aber was soll's: „Laisser-faire!“, lautet eine Devise in unserem Gastland. Mit meinem Pflanzenführer in der Hand entdecke ich an unserem Sommersitz Engelwurz, Hahnenklee **7** sowie Beinwell. Weil Botanisieren müde macht, **8** schlummere ich ein, als ich zurück auf der Picknickdecke bin. Bevor wir in der Dämmerung heimreisen, schreibe ich eine Postkarte an unsere Freunde. *Wir schicken euch liebe Urlaubsgrüße! Das Wetter ist herrlich, das Essen auch. Wir haben einen wunderbaren Picknickplatz entdeckt,* **9** *und zwar fast direkt vor der Haustür. Hier sieht Hamburg aus wie Südfrankreich.*

1 **a** Untersuche die Kommasetzung im Text.
Ordne jeder nummerierten Textstelle die passende Regel zu, z. B.: *1 = …, 2 = …*

b Überprüfe dein Ergebnis. Wenn alles richtig ist, ergeben die Buchstaben ein Lösungswort.

Kommaregeln

- **L** Eine Apposition wird vom vorangehenden Bezugswort durch ein Komma abgetrennt.
- **B** Das Komma trennt einen Nebensatz vom vorangehenden Hauptsatz.
- **E** Das Komma trennt einen Nebensatz vom folgenden Hauptsatz.
- **N** Das Komma trennt eine nachgestellte Erläuterung im Satz ab.
- **N** Das Komma trennt Wörter in einer Aufzählung, die mit *aber* verbunden sind.
- **K** Das Komma trennt die wörtliche Rede vom Redebegleitsatz.
- **O** Das Komma trennt einzelne Wörter in einer Aufzählung.
- **A** Kein Komma steht in einer Aufzählung vor der nebenordnenden Konjunktion *und.*
- **I** Kein Komma steht in einer Aufzählung vor der nebenordnenden Konjunktion *sowie.*

15.6.20, 1 + 2
Wochenaufgabe

14.3 Fit in … – Richtig schreiben

Mit diesem Kapitel könnt ihr testen, wie fit ihr bereits in der Getrennt- und Zusammenschreibung seid und wie sicher ihr die Zeichensetzung beherrscht. Geht so vor:

1 **Textüberarbeitung:** Zuerst überarbeitet ihr einen Fehlertext.

2 **Fehlerschwerpunkte finden:** Danach wertet ihr euer Ergebnis aus und stellt fest, was ihr schon könnt und wo ihr noch üben müsst.

3 **Training an Stationen:** Auf den Seiten 277–282 beschäftigt ihr euch gezielt mit den Bereichen der Rechtschreibung, die ihr noch üben müsst.

VORSICHT FEHLER!

1 Ich bin Linny 14 Jahre alt und Jugendreporterin genau wie viele andere Jugendliche in Tegucigalpa der Hauptstadt von Honduras.
2 Wir machen bei einer Kindernachrichten-Sendung die von UNICEF unterstützt wird mit.
3 Ich war als ich mein erstes Interview führte ziemlich aufgeregt.
4 Sobald die Kamera lief wusste ich dass nun jedes Wort aber auch jede Geste zu sehen war!
5 Mir hat aber der Gedanke Mut gemacht dass ich als Reporterin viele Leute Orte und Themen kennen lerne und vor allem wirklich etwas bewegen kann.
6 Denn in Honduras besonders hier in Tegucigalpa gibt es viele Probleme vor allem die Umweltverschmutzung die wir nicht so hinnehmen wollen.
7 Weil ich darüber berichten wollte bin ich mit Edouardo dem Kameramann des Kinderfernsehens zu einer großen Müllkippe gefahren.
8 Dort gibt es riesige Abfallberge hoch wie Vulkane und ständig bringen Lkws noch mehr Müll.
9 Wir sind dort lange stehen geblieben was mir schwergefallen ist weil es so übel roch.
10 Auch außerhalb der Müllkippe sieht man sowohl in den Straßen als auch in den Wäldern in den Flüssen und Bächen in Seen oder in Tümpeln massenweise Müll herumliegen.
11 Man muss Angsthaben, dass wir alle davon krankwerden.
12 Als Journalistin habe ich die Pflicht, dass ich die Wahrheit heraus finde und öffentlichmache.
13 Dann können auch andere Menschen nicht mehr vor den Tatsachen davon laufen, sondern müssen nachdenkenlernen, wie die Dinge sich ändernlassen.
14 Wenn unsere Sendung Mittwochabends direkt vor den Hauptnachrichten auf Kanal 5 läuft, erreichen unsere Berichte alle Menschen, die hier ein Fernsehgerät haben.
15 Meine Mutter sowie meine Geschwister gucken am mittwochabend natürlich auch immer.
16 Dass mein Vater nicht dabeisein kann, lässt mich traurigsein.
17 Er muss in den USA arbeitengehen, weil er dort mehr Geldverdient als hier.
18 Nur alle drei Monate kann er uns von Freitagabends bis sonntagmittag besuchenkommen.
19 Nächstes Jahr aber wird er hoffentlich zurück kehren und dann immer hiersein.
20 Wenn mir das Lernen weiterhin leicht fällt, könnte ich später Journalismus studieren.

1 Schreibt die Sätze 1 bis 10 ab. Setzt dabei alle fehlenden Kommas.

2 Schreibt die Sätze 11 bis 20 ab. Korrigiert dabei alle Fehler bei der Getrennt- und Zusammenschreibung sowie die Fehler bei der Groß- und Kleinschreibung von Tageszeiten und Wochentagen.

Die eigenen Fehlerschwerpunkte finden

1 Überprüft in Partnerarbeit die Rechtschreibung in eurem Text (▶ S. 274), indem ihr euren Text mit den Lösungen auf Seite 345 vergleicht. Prüft jedes Wort und jedes Satzzeichen und markiert alle Stellen, an denen ihr Fehler gemacht habt.

2 Findet eure Fehlerschwerpunkte. Geht so vor:

a Alle Fehler, die ihr gemacht habt, markiert ihr auf einer Kopie des folgenden Fehlerbogens.

b Zählt, wie viele Fehler ihr jeweils in den einzelnen Abschnitten der Tabelle gemacht habt. Tragt eure Fehlerzahl in die mittlere Spalte ein.

c In der rechten Spalte der Tabelle mit dem Namen „Trainingsstationen" seht ihr, bei welchen Stationen ihr üben solltet. Markiert diese Stationen und die entsprechenden Seitenzahlen.

3 Übt eure Rechtschreibung an euren Trainingsstationen.

Fehlerbogen

Fehlerschwerpunkte	Fehlerzahl	Trainingsstationen
Sätze 1–10		
Kommasetzung in Satzgefügen 2 ... Kindernachrichten-Sendung, die von UNICEF unterstützt wird, mit. 3 Ich war, als ich mein erstes Interview führte, ziemlich aufgeregt. 4 Sobald die Kamera lief, wusste ich, dass nun ... 5 Mir hat aber der Gedanke Mut gemacht, dass ich als Reporterin ... 6 ... die Umweltverschmutzung, die wir nicht so hinnehmen wollen. 7 Weil ich darüber berichten wollte, bin ich mit ... 9 ... dort lange stehen geblieben, was mir schwergefallen ist, weil es so übel roch.		Mehr als drei Fehler gemacht: ▶ Training an der Station 1, S. 277–278 ▶ Hilfen im Buch: S. 322–325
Kommasetzung bei Aufzählungen 1 Ich bin Linny, 14 Jahre alt und ... 4 ... nun jedes Wort, aber auch jede Geste zu sehen war! 5 ... viele Leute, Orte und Themen kennen lerne und vor allem wirklich ... 10 ... sowohl in den Straßen als auch in den Wäldern, in den Flüssen und Bächen, in Seen oder in Tümpeln ...		Mehr als zwei Fehler gemacht: ▶ Training an der Station 2, S. 278 ▶ Hilfen im Buch: S. 326

Fehlerschwerpunkte	Fehlerzahl	Trainingsstationen
Kommasetzung bei Appositionen und nachgestellten Erläuterungen **1** ... Jugend-Reporterin, genau wie ... ... in Tegucigalpa, der Hauptstadt ... **6** ... in Honduras, besonders hier in Tegucigalpa, gibt es viele Probleme, vor allem die ... **7** ... mit Edouardo, dem Kameramann des Kinderfernsehens, zu einer großen ... **8** Dort gibt es riesige Abfallberge, hoch wie Vulkane, und ...		Ab einem Fehler: ▶ Training an der Station 3, S. 279 ▶ Hilfen im Buch: S. 326
Sätze 11–20		
Groß- und Kleinschreibung bei Tageszeiten und Wochentagen **14** ... unsere Sendung mittwochabends ... **15** ... am Mittwochabend ... **18** ... von freitagabends bis Sonntagmittag ...		Ab einem Fehler: ▶ Training an der Station 4, S. 280 ▶ Hilfen im Buch: S. 330
Getrennt- und Zusammenschreibung bei Verbindungen mit Verb **11** Man muss Angst haben, dass wir alle davon krank werden. **12** Als Journalistin [...] herausfinde und öffentlich mache. **13** ... vor den Tatsachen davonlaufen, sondern müssen nachdenken lernen, wie die Dinge sich ändern lassen. **16** Dass mein Vater nicht dabei sein kann, lässt mich traurig sein. **17** Er muss in den USA arbeiten gehen, weil er dort mehr Geld verdient als hier. **18** ... besuchen kommen. **19** ... hoffentlich zurückkehren und dann immer hier sein. **20** Wenn mir das Lernen [...] leichtfällt, ...		Mehr als drei Fehler gemacht: ▶ Training an der Station 5, S. 281–282 ▶ Hilfen im Buch: S. 331
Andere Fehler:		Sprecht mit eurer Lehrkraft über diese Fehler.
Fehler insgesamt:		
Keine oder nur ganz wenige Fehler gemacht? Bearbeitet an den Stationen die Aufgaben „Für Experten".		

Training an Stationen

Station 1: Kommasetzung im Satzgefüge

VORSICHT FEHLER!

Der UNICEF-Juniorbotschafter-Wettbewerb

1 UNICEF ist das Kinderhilfswerk der Vereinten Nationen wie der Bund aus fast allen Staaten der Erde genannt wird. **2** In Entwicklungsländern und Krisengebieten sorgt UNICEF unter anderem dafür dass Kinder in die Schule gehen können. **3** Dass Kinder medizinisch versorgt und vor Missbrauch geschützt werden gehört ebenfalls zu den Zielen des Hilfswerks. **4** Mit dem Juniorbotschafter-Wettbewerb möchte UNICEF darauf aufmerksam machen wie bedeutsam Kinderrechte sind. **5** Das waren die Sieger des Wettbewerbs 2011: **6** 1. Preis: Auf der thailändischen Inselgruppe Koh Phi Phi wo die heute 15-jährige Kölnerin acht Jahre gelebt hat half Malin Eh beim Bau eines Schul- und Gemeindehauses für die Seenomaden. **7** Nachdem sie nach Deutschland zurückgekehrt war hielt sie Vorträge über das staatenlose Fischervolk und sammelte Spenden. **8** 2. Preis: Wenn sie nach ihren Herkunftsländern gefragt werden können die Jungen und Mädchen der Klasse 5G1 der Heinrich-Böll-Schule in Hattersheim 13 Nationen aufzählen. **9** Während einer Projektwoche haben sie recherchiert ob und wie in diesen Ländern Kinderrechte geachtet werden und dazu Plakate entworfen. **10** 3. Preis: Es war das Märchen „Das Mädchen mit den Schwefelhölzern" das die Jungen und Mädchen der Lietzensee-Schule in Berlin auf eine zündende Idee gebracht hat. **11** Nachdem sie gemeinsam mehr als 700 Schachteln Kamin-Streichhölzer bemalt oder beschrieben hatten hefteten sie Erklärungen zu Kinderrechten daran und verteilten beides in einem Berliner Kaufhaus.

1 a Schreibt den Text ab und setzt dabei die fehlenden Kommas.
b Unterstreicht die Hauptsätze rot und die Nebensätze grün. Umkreist die Konjunktionen, die Fragepronomen und die Relativpronomen, mit denen die Nebensätze eingeleitet werden.

2 Zeichnet zu den Sätzen 2, 3, 4, 9 und 11 Satzbaupläne. Berücksichtigt dabei auch die Kommas.
Tipp: Ein Beispiel für einen Satzbauplan findet ihr auf Seite 239.

3 Für Experten: Begründet bei den folgenden Sätzen, warum an den markierten Stellen ein Komma bzw. kein Komma gesetzt ist.

- Als Journalistin habe ich die Pflicht, dass ich die Wahrheit herausfinde und öffentlich mache.
- Dann können auch andere Menschen nicht mehr vor den Tatsachen davonlaufen, sondern müssen nachdenken, wie die Dinge sich ändern lassen.
- Dass mein Vater nicht dabei sein kann, lässt mich traurig sein.
- Nächstes Jahr aber wird er hoffentlich zurückkehren und dann immer hier sein.

Station 2: Kommasetzung bei Aufzählungen

VORSICHT FEHLER!

Freiwillige vor!

Unter Jugendlichen sind internationale Workcamps beliebt: Man tut Gutes in der Ferne, trifft Gleichgesinnte, 1 und lernt das Gastland kennen. Man kann, 2 in Italien botanische Gärten anlegen, 3 in der Mongolei Englisch unterrichten 4 oder in Frankreich ein altes Schloss renovieren. Einige Veranstalter bieten das jetzt auch Familien an. Während die Jugendlichen entweder in Turnhallen, 5 oder in Zeltlagern unterkommen, stehen für Eltern mit Kindern sowohl Familienapartments 6 als auch Ferienhäuschen bereit. In den Camps wird Englisch gesprochen 7 zuweilen auch Spanisch, 8 oder Französisch 9 jedoch nur selten Deutsch. Nach der Tagesarbeit unternehmen die Helfer Ausflüge, besuchen Theater, 10 oder Konzerte.

1 Kontrolliert die Kommasetzung bei den Aufzählungen in den Sätzen oben. Ordnet hierzu jede nummerierte Stelle einem der folgenden Punkte zu:
- *richtig gesetztes Komma: Nr. …*
- *falsch gesetztes Komma: Nr. …*
- *fehlendes Komma: Nr. …*
- *zu Recht ohne Komma: Nr. …*

2 Für Experten: Erläutert, wie sich die Bedeutung der folgenden Sätze ändert, wenn man das zusätzliche, markierte Komma setzt.

- Lizzy, meine Schwester und ich schlafen im selben Zimmer.
  Lizzy, meine Schwester, und ich schlafen im selben Zimmer.
- Die beiden Projektleiter, die Textredakteurin und ein Jugendreporter treffen sich montags.
  Die beiden Projektleiter, die Textredakteurin und ein Jugendreporter, treffen sich montags.

Station 3: Kommasetzung bei Appositionen und nachgestellten Erläuterungen

VORSICHT FEHLER!

Honduras ein Staat in Zentralamerika grenzt an Guatemala, Nicaragua und El Salvador.

Der Name des Landes leitet sich vom spanischen Wort „hondura“ das heißt Tiefe ab und weist auf die tiefen Gewässer im Karibischen Meer vor der Küste Honduras’ hin. Die meisten Menschen in Honduras leben von der Landwirtschaft vor allem vom Anbau von Kaffee, Kakao und Bananen. Die Landschaft Honduras’ ist geprägt von sandigen Buchten am Karibischen Meer, Gebirgen und Regenwäldern.

Der Umweltreichtum des Landes vor allem der Regenwald ist jedoch zunehmend bedroht, denn viele Wälder werden abgebrannt oder abgeholzt, um den Boden landwirtschaftlich zu nutzen.

Außer Spanisch der offiziellen Amtssprache werden verschiedene indigene Sprachen gesprochen also einheimische Sprachen. In Honduras dem nach Haiti ärmsten Land Mittelamerikas leben mehr als 70 Prozent der Bevölkerung unter der Armutsgrenze.

1 a Schreibt den Text ab und setzt dabei die fehlenden Kommas bei den Appositionen und den nachgestellten Erläuterungen.
b Unterstreicht in eurem Text die Appositionen grün und die nachgestellten Erläuterungen rot.
c Umkreist die Wörter, mit denen die nachgestellten Erläuterungen eingeleitet werden.

2 Verändert die folgenden Sätze so, dass die neuen Sätze eine Apposition enthalten.

- Tegucigalpa ist die Hauptstadt von Honduras und zugleich die größte Stadt des Landes.
- Die Kirche San Francisco, die das älteste Gebäude der Stadt ist, stammt vermutlich von 1590.
- Der berühmte honduranische Fußballspieler Amado Guevara gehört zu den Söhnen der Stadt.

3 Für Experten: Schreibt zu einem Land eurer Wahl einen kurzen Informationstext, vergleichbar mit dem Text aus Aufgabe 1. Verwendet darin Appositionen und nachgestellte Erläuterungen.

Station 4: Groß- und Kleinschreibung bei Tageszeiten und Wochentagen

VORSICHT FEHLER!

Schüleraustausch in Costa Rica

Ein Schüleraustausch bietet euch die Möglichkeit, andere Länder kennen zu lernen. Matthias war für ein halbes Jahr in Costa Rica.

Was waren für dich die drei größten Unterschiede zwischen Costa Rica und Deutschland?

1. Das Essen ist ganz anders als in Deutschland. Es gibt MORGENS, MITTAGS und am ABEND Reis und Bohnen. Am Anfang war das etwas ungewöhnlich, aber ich habe mich schnell daran gewöhnt.
2. Die Menschen in Costa Rica sind viel entspannter als in Deutschland. Egal, ob ich am MONTAGMORGEN an der Bushaltestelle stand, am VORMITTAG in der Schule war, mich am SPÄTEN NACHMITTAG mit meinen Freunden getroffen habe oder ABENDS in meiner Gastfamilie war, niemals waren die Menschen gehetzt.
3. Costa Rica ist ein Naturparadies. Es gibt wunderbare Strände, Regenwälder und Vulkane.

Wie sah für dich ein typischer Schultag in Costa Rica aus?

Mein typischer Schultag begann FRÜHMORGENS um sechs Uhr mit einer kalten Dusche, dann bügelte ich jeden MORGEN meine Schuluniform, frühstückte und lief zum Bus, der mich von MONTAGS bis FREITAGS zur Schule brachte. Unterrichtsbeginn war um acht Uhr. Am MITTAG, zwischen elf und zwölf Uhr, gab es eine Pause, am NACHMITTAG ging der Unterricht weiter und endete meist erst um 16 Uhr.

Wie hast du die Zeit außerhalb der Schule verbracht?

Ich habe JEDEN DIENSTAG in der Schulband gespielt, DONNERSTAGS war ich in einer Fußballmannschaft und von SAMSTAGFRÜH bis zum SONNTAGABEND war ich häufig mit meiner Gastfamilie unterwegs. Die restlichen Tage in der Woche habe ich mich mit meinen Freunden getroffen. In Costa Rica trifft man sich als Jugendlicher eher am ABEND, weil die Schule bis zum NACHMITTAG dauert.

1 Groß oder klein? Übertragt die Tabelle in euer Heft. Entscheidet dann, wie die markierten Wörter geschrieben werden, und ordnet sie in die passende Spalte ein.
Tipp: Achtet auf die Nomensignale. Sie helfen euch zu entscheiden, ob ein Wort groß- oder kleingeschrieben wird:

Großgeschriebene Zeitangaben (Nomen)	*Kleingeschriebene Zeitangaben (Adverbien)*	*Kombinierte Zeitangaben (Adverbien + Nomen)*
…	…	…

2 Für Experten: Unter welchem Wochentag muss man im Wörterbuch nachschlagen, um etwas über die Schreibung von Wochentagen und Tageszeiten zu erfahren?

Station 5: Getrennt- und Zusammenschreibung

1 a Übertragt die Tabelle in euer Heft und ordnet die Wortgruppen in die passende Spalte ein.

Mut machen • kennen lernen • traurig sein • liegen lassen • stehen bleiben • Angst haben • Karten kaufen • vorbei sein • Mut haben • Spaß haben • dabei sein • arbeiten gehen • froh sein • baden gehen • hier sein • Ballett tanzen • weg sein • Fußball spielen • spazieren gehen • Fahrrad fahren

Nomen + Verb	Verb + Verb	Wort + sein
Mut machen	...	...

b Formuliert für jede Spalte eine Regel zur Getrennt- oder Zusammenschreibung. Vergleicht euer Ergebnis mit den Informationen auf Seite 331.

c Bildet mit je zwei Beispielen aus jeder Tabellenspalte Nominalisierungen. Achtet darauf, die Nominalisierungen zusammen- und großzuschreiben. Bildet ganze Sätze, z. B.:
Während des Kartenkaufens habe ich eine Stunde in der Schlange gestanden.

2 a Lest die folgenden beiden Satzpaare und ruft euch noch einmal in Erinnerung: Wann schreibt man Wortgruppen aus Adjektiv und Verb zusammen, wann getrennt?

- Es wird dir leichtfallen, diese Aufgabe zu lösen.
- Pass auf, wohin du trittst, du kannst hier leicht fallen.

b Zusammen oder getrennt? Entscheidet, wie die Wortgruppen aus Adjektiv und Verb geschrieben werden, und notiert die Sätze in eurem Heft.

- Wir mussten schnell/laufen, sonst hätten wir den Zug verpasst.
- Nomen muss man im Deutschen groß/schreiben.
- Für unser nächstes Treffen müssen wir noch einen Termin fest/legen.
- Auf dem Plakat sollten wir den Titel des Theaterstücks sehr groß/schreiben.
- Die Polizei wollte den Einbrecher fest/nehmen.

3 Prüft, ob die Wortgruppen aus Adverb und Verb getrennt geschrieben oder zusammengeschrieben werden (▶ Informationen hierzu findet ihr auf Seite 262).

- Kannst du den Stuhl beiseite/stellen?
- Die Notizzettel sollten wir nicht durcheinander/bringen.
- Bei einer gemeinsamen Urlaubsreise muss man zusammen/halten.
- Mir sind gestern meine Turnschuhe abhanden/gekommen.

4 Sucht zu jeder Tabellenspalte jeweils fünf weitere Verben, die mit der gleichen Präposition bzw. dem gleichen Adverb verbunden sind, und schreibt sie in euer Heft. Achtet auf die Zusammenschreibung.

mitmachen	**vor**stellen	**herum**liegen	**heraus**finden	**zurück**kehren
mitessen	*vorgeben*	*herumreden*	...	...

Der CO_2-Fußabdruck

von Simone Müller

Jeder hinter/lässt im Laufe seines Lebens Spuren, auch was den Verbrauch von Energie an/geht. Die Menschen leben über ihre Verhältnisse, vor allem in den Industrieländern. Das heißt, sie verbrauchen jedes Jahr mehr Ressourcen (Rohstoffe wie Wasser, Holz, Erdöl usw.), als die Erde jährlich bereit/stellen kann. Wir vernichten aber nicht nur den Ressourcenspeicher der Erde. Durch unseren wachsenden Energieverbrauch sorgen wir auch dafür, dass der CO_2-Ausstoß[1] an/steigt und der Klimawandel voran/getrieben wird.

Der CO_2-Fußabdruck verrät, wie viel des Treibhausgases CO_2 jeder Einzelne frei/setzt, zum Beispiel wenn er Bahn/fährt, sich die Haare/wäscht oder Chips/isst. CO_2 entsteht immer dann, wenn wir Energie/verbrauchen, genau/gesagt, wenn Gas, Öl oder Kohle verbrannt werden. Wie viel CO_2 zum Beispiel aus/gestoßen wird, damit eine Tüte Chips her/gestellt werden kann, können die Wissenschaftler inzwischen exakt/berechnen. Genau wie den CO_2-Ausstoß, der zum Beispiel entsteht, wenn wir Auto/fahren, Fleisch/essen oder baden/gehen.

Zusammen/gerechnet lässt sich daraus der sogenannte persönliche CO_2-Fußabdruck ermitteln. Er gibt die Höhe des CO_2-Ausstoßes an, für die jeder Mensch verantwortlich/ist. Der Fußabdruck kann bei manchen klein/ausfallen, bei anderen riesig/sein. Leider müssen wir zugeben, dass wir in Deutschland mit Quadratlatschen auf dem Klima herum/trampeln: Im Schnitt werden von jedem Einwohner täglich 32 Kilogramm CO_2 aus/gestoßen. Ein Mensch aus Äthiopien kommt auf nicht einmal 300 Gramm pro Tag.

1 CO_2: Kohlenstoffdioxid oder Kohlendioxid; ein wichtiges Treibhausgas

5 Getrennt oder zusammen?
Entscheidet, wie die markierten Wortgruppen geschrieben werden, und schreibt sie in euer Heft.

6 Für Experten: Bildet Sätze, in denen die folgenden Wortgruppen einmal zusammengeschrieben, das andere Mal getrennt geschrieben werden. Begründet bei jedem Satz die Zusammen- oder Getrenntschreibung.

offen/bleiben • wieder/haben • gut/schreiben • zusammen/tragen • wieder/sehen • nahe/kommen

15 Ein starkes Team! – Gemeinsam arbeiten

1 a Ein starkes Team! Was versteht ihr darunter? Was gehört dazu? Betrachtet auch das Foto.
b Berichtet von euren eigenen Teamerfahrungen.

2 a Erklärt, welche Aufgaben oder Projekte ihr im Team oder als Gruppe schon erarbeitet habt. Was hat euch dabei besonders gut gefallen? Gab es Probleme?
b Formuliert gemeinsam Tipps für ein gutes Gelingen von Gruppenarbeit.

In diesem Kapitel ...

- lernt ihr, wie ihr erfolgreich im Team arbeitet,
- recherchiert ihr zum Thema „Umweltschutz" und wertet die Informationen gemeinsam aus,
- übt ihr, einen Vortrag wirkungsvoll mit Folien und Handout zu stützen,
- verfasst ihr Aufrufe und überarbeitet sie in einer Schreibkonferenz.

15.1 Umweltschutz – Zu einem Thema recherchieren

Die Teamarbeit planen und organisieren

1 a Schaut euch die Etappenkarte zur Teamarbeit genau an.

b Erinnert euch an Aufgaben oder Projekte, die ihr schon im Team erarbeitet habt. Erklärt, wie ihr die Arbeit an den einzelnen Stationen durchgeführt habt. Nennt Beispiele.

c Beurteilt, bei welchen der Stationen welche Arbeitsformen sinnvoll sind: Einzelarbeit, Partnerarbeit oder Arbeit im gesamten Team. Begründet eure Meinung.

Ein Thema festlegen

Baumstarker Umweltschutz!

1000 Milliarden – das ist eine Eins mit zwölf Nullen. So viele Bäume sollen es werden, die durch die Initiative „Plant-for-the-Planet“ dann weltweit wachsen. Jeder Baum ist ein aktiver Beitrag zum Umweltschutz und wichtig für den Erhalt einer intakten Natur, für das Klima, für den Tier- und Artenschutz und nicht zuletzt für den Menschen.

„Als ich von ‚Plant-for-the-Planet‘ gehört habe, fand ich das so toll, dass meine Freunde und ich gleich Mitglieder geworden sind. Mittlerweile haben wir einen eigenen Klub gegründet“, erzählt der 13-jährige Jeremia. Zusammen mit seinen Freunden hat er schon viele Aktionen durchgeführt, auch an Schulen. Aliye, 14 Jahre, die von Anfang an dabei war, meint: „Ich bewundere Felix Finkbeiner sehr, der erst neun Jahre war, als er 2007 das Projekt gegründet hat. Er hat gezeigt, dass wir alle etwas für eine bessere Welt tun können. Also: ‚Stop talking. Start planting!‘ Und natürlich sollte man Umweltschutzpapier verwenden. Das sorgt dafür, dass schon gepflanzte Bäume nicht einfach wieder abgeholzt werden.“

1 a Lest den Text und erklärt, wie sich Jeremia und Aliye für den Umweltschutz einsetzen.
b Berichtet: Kennt ihr andere Projekte oder Aktionen zum Thema „Umweltschutz“? Was macht ihr selbst im Alltag, um unsere Umwelt zu schützen?
c Erklärt, was durch den Umweltschutz erreicht werden soll.

2 In Kurzvorträgen sollt ihr in eurer Schule über verschiedene Umweltthemen informieren und deutlich machen, was jeder im Alltag zum Umweltschutz beitragen kann.
a Sammelt in einem Brainstorming (▶ S. 335) Ideen für mögliche Themen im Bereich „Umweltschutz“ und notiert sie zunächst ungeordnet an der Tafel, z. B.:
Mülltrennung, erneuerbare Energien, Tierschutz, Abfallvermeidung, Wasser sparen, Recycling …
b Ordnet die Themen in einer Mind-Map (▶ S. 335).

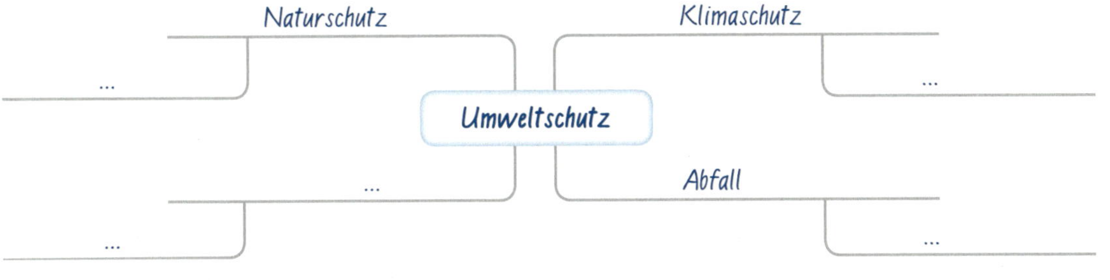

c Entscheidet euch, über welche Themen ihr informieren wollt.
Dies könnt ihr z. B. mit einer Punktabfrage machen: Jeder kann drei Punkte vergeben.
Zu den Themen mit den meisten Punkten gibt es je einen Vortrag.

Ein Team bilden, die Aufgaben verteilen

Für jedes von euch ausgewählte Thema zum Umweltschutz ist eine Gruppe zuständig, die hierzu recherchiert und die Informationen für die Mitschüler erarbeitet.

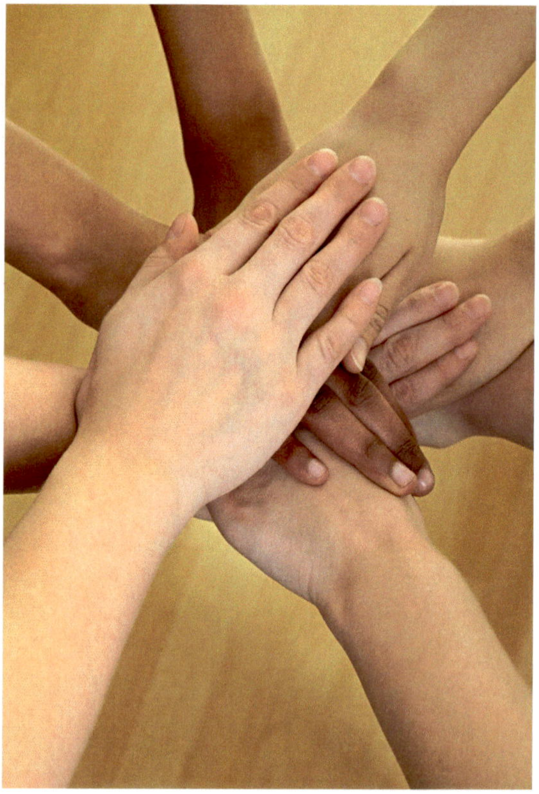

1 Bildet Gruppen von vier bis sechs Personen. Findet euch nach eurem Interesse für ein Thema zusammen.

2 Kein erfolgreiches Team ohne Regeln, an die sich alle halten! Einigt euch auf einige wichtige Gruppenregeln, an die ihr euch halten wollt. Haltet eure Ergebnisse auf einem Plakat fest.
Tipp: Ihr könnt eurem Team auch einen Namen geben und ein Foto von eurer Gruppe auf das Plakat kleben.
Jeder gibt sein Bestes! *Wir helfen uns gegenseitig.*
…

3 Im Folgenden erarbeitet ihr einen Vortrag zu eurem Thema.
Dazu gehören folgende Aufgaben.

A Ihr **recherchiert Informationen** zu eurem Thema und bereitet sie für den Vortrag auf.

B Ihr erstellt zu eurem Vortrag **Präsentationsfolien** am Computer.

C Ihr entwickelt ein **Handout** (Informationspapier), das den Aufbau und die zentralen Informationen eures Vortrags wiedergibt.

Tauscht euch darüber aus, was ihr besonders gut könnt bzw. gerne macht.
Haltet eure Ergebnisse fest, indem ihr eure Fähigkeiten und Vorlieben unter eurem Namen notiert.
Dabei dürfen auch Doppelungen vorkommen, z. B.:

Sara
– Jch recherchiere gern im Jnternet.

Rafael
– Jch kann Texte gut zusammenfassen.
– Jch kann gut Schaubilder erstellen.

Anika
– Jch gehe gerne in die Bibliothek.

…

4 Überlegt, welche Ziele ihr mit der Gruppenarbeit zu eurem Thema verbindet.
Folgende Fragen helfen euch dabei:
- Was genau wollt ihr persönlich lernen, z. B. über euer Thema, über einzelne Arbeitsschritte, über eure Zusammenarbeit im Team?
- Welche Wirkungen sollen sich, bezogen auf das Thema, in eurer Schule und darüber hinaus ergeben, z. B. eine Aktion für den Umweltschutz, die Gründung einer Umwelt-AG, ...?

5 Erstellt einen Arbeitsplan für eure Gruppenarbeit.
Füllt zunächst nur die Felder für die Aufgaben 1 bis 3 aus.
So könnte ein Arbeitsplan für die Gruppe aussehen, die sich mit dem Thema „Klimaschutz" beschäftigt.

Thema: Klimaschutz	**Ziel: Informationen und Tipps für Mitschüler**		
Aufgaben	**Wer?**	**Wo?**	**Bis wann?**
1. Informationen recherchieren:			
– Was bedeutet Klimaschutz?	...	*Internet, Lexikon*	*nächsten Montag*
– Ursachen für den Klimawandel?	...	...	...
– Maßnahmen gegen den Klimawandel?	...	...	...
– Was können wir tun?	...	...	...
2. Informationen auswerten ...	...	...	*in zwei Wochen*
3. Den Kurzvortrag ausarbeiten ...	...		
4. Erstellen der Präsentationsfolien ...	...		
5. Verfassen des Handouts ...	...		

6 Entwickelt und testet in der Klasse einen Bewertungsbogen zur Teamarbeit.
a Sammelt Punkte, mit denen ihr die folgende Liste ergänzen wollt.
b Erstellt den Bogen am Computer und vervielfältigt ihn, sodass er allen zur Verfügung steht.

Bewertung unserer Teamarbeit	☺☺	☺	☹	☹☹
Wir haben die Aufgaben im Team gerecht verteilt.	...	...	...	...
Wir haben alle unser Bestes gegeben.	...	...	...	...
Wir haben uns gegenseitig unterstützt.	...	...	...	...
Wir haben die Zeitvorgaben eingehalten.	...	...	...	...
...	...	...	...	...

c Füllt den Bogen während eurer Teamarbeit aus und an ihrem Ende.
Tauscht euch kritisch, aber fair über die Ergebnisse aus.

Informationen recherchieren und auswerten

1 Um im Internet gezielt nach Informationen zu suchen, gibt es Suchmaschinen. Berichtet, welche Suchmaschinen ihr kennt und wie ihr bei der Informationsrecherche im Internet vorgeht.

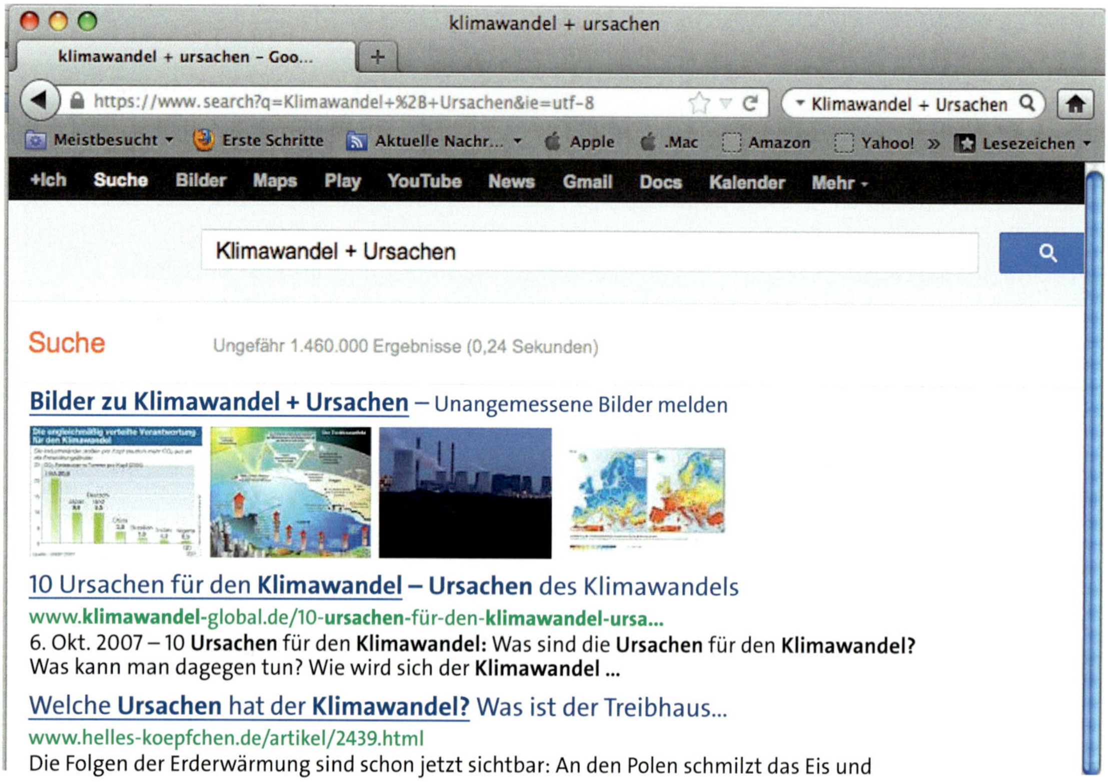

2 Beschreibt die Seite aus dem Internet, indem ihr die folgenden Fragen beantwortet:
- Welche Suchmaschine wurde benutzt?
- Welche Suchbegriffe wurden verwendet? Überlegt, warum.
- Welche Informationen lassen sich bei den einzelnen Suchergebnissen ablesen?
  Verwendet hierzu die folgenden Erklärungen: Titel der Seite (Link), Angabe der Internetadresse (Quelle), Textauszug aus dem Internetbeitrag.

3 a Einigt euch auf geeignete Stichwortkombinationen zu eurem Thema.
b Jedes Teammitglied sucht mit einer anderen Suchmaschine mit Hilfe der Stichwortkombinationen nach Informationen. Entscheidet euch innerhalb von fünf Minuten für drei geeignete Seiten und speichert sie (▸ Merkkasten S. 289).
c Tauscht eure Ergebnisse untereinander aus und beurteilt, ob ihr die Internetseiten für geeignet haltet.

4 Recherchiert nun geeignete Informationen zu eurem Thema.
Nutzt neben dem Internet auch das Angebot in Bibliotheken (Lexika, Bücher, Zeitschriften). Vielleicht könnt ihr auch ein Interview führen, z. B. mit einer Person aus einer Umweltschutzorganisation?
Orientiert euch auch an eurem Arbeitsplan (▸ S. 287).
Die Tipps im Methodenkasten (▸ S. 289) helfen euch bei der Internetrecherche.

Notiert, wo ihr das Material gefunden habt (▸ Quellenangaben, S. 333).

Methode **Suchergebnisse beurteilen und Internetseiten speichern**

Suchergebnisse beurteilen

1 Lest die **Titel der** vom Browser gefundenen **Internetseiten** und die angezeigten Textauszüge aus den Seiten. Geben sie Hinweise auf die gesuchten Informationen?
2 **Prüft** die **Internetadresse.** Ist erkennbar, wer die Seite betreibt? Kann man annehmen, dass der Betreiber über die erforderlichen Kenntnisse verfügt und unparteiisch informieren will?
3 **Überfliegt** den **Inhalt** der aufgerufenen Internetseite und entscheidet, ob euch der Beitrag tatsächlich brauchbare Informationen zum Thema oder zu euren Fragen liefert.
4 Wenn ihr sicher seid, dass die Informationen auf der Seite hilfreich sind, nehmt ihr sie in eure Materialsammlung auf. Hierzu könnt ihr die **Seite ausdrucken und speichern.**

Internetseiten speichern: Lesezeichen oder Favoriten anlegen

Wenn ihr eine Internetseite gefunden habt, die ihr später noch einmal aufrufen möchtet, legt ihr sie als Lesezeichen oder Favoriten ab. Geht so vor:

1 Klickt oben im Browser auf Favoriten oder Lesezeichen.
2 Hier findet ihr die Funktion Zu Favoriten hinzufügen (beim Browser Internet Explorer) oder Lesezeichen hinzufügen (beim Browser Mozilla Firefox).
   – **Lesezeichen hinzufügen:** Klickt auf den Pfeil neben dem Fenster Ordner → dann auf Wählen → Neuer Ordner. Gebt dem Ordner einen aussagekräftigen Namen, z. B. „Klimaschutz", und klickt dann auf Fertig.
   – **Zu Favoriten hinzufügen:** Klickt auf Neuer Ordner und gebt dem Ordner einen aussagekräftigen Namen, z. B.: „Klimaschutz". Klickt dann auf Erstellen, danach auf Hinzufügen.

5 Nach der Recherche wertet ihr das Material aus.
a Lest die folgenden Texte und betrachtet die Grafik auf Seite 290. Erklärt jeweils, worüber die Texte und die Grafik informieren.
b Erläutert, wie das Material bearbeitet wurde.

Klimaschutz

Das Klima auf der Erde hat sich in den letzten 100 Jahren verändert: Die Temperaturen sind im Durchschnitt angestiegen. Die Wissenschaftler sind sich einig, dass unbedingt verhindert werden muss, dass noch mehr Kohlenstoffdioxidemissionen, die zur Erwärmung beitragen, entstehen. Deshalb versuchen Regierungen auf der ganzen Welt, die CO_2-Emissionen einzudämmen. Denn überall dort, wo fossile Brennstoffe, aber auch biologische Materialien verarbeitet werden, entstehen Emissionen, die zur Klimaveränderung beitragen. Klimaschutz erfordert deshalb nicht zuletzt sparsamen Umgang mit Energie.

gut für die Einleitung

Kohlenstoffdioxidemission?

durch welche Maßnahmen?
fossile Brennstoffe?

Klimawandel

Hauptverursacher sind die Menschen, vor allem in den Industriestaaten. Das zeigen ganz klar folgende Zahlen: Pro Jahr verursacht ein Inder im Durchschnitt die Emission (das heißt Freisetzung) von einer Tonne Treibhausgas. Jeder Deutsche verursacht dagegen das Zehnfache. Jeder US-Bürger sogar das Zwanzigfache.

Ursachen für den Klimawandel

Industriestaaten?

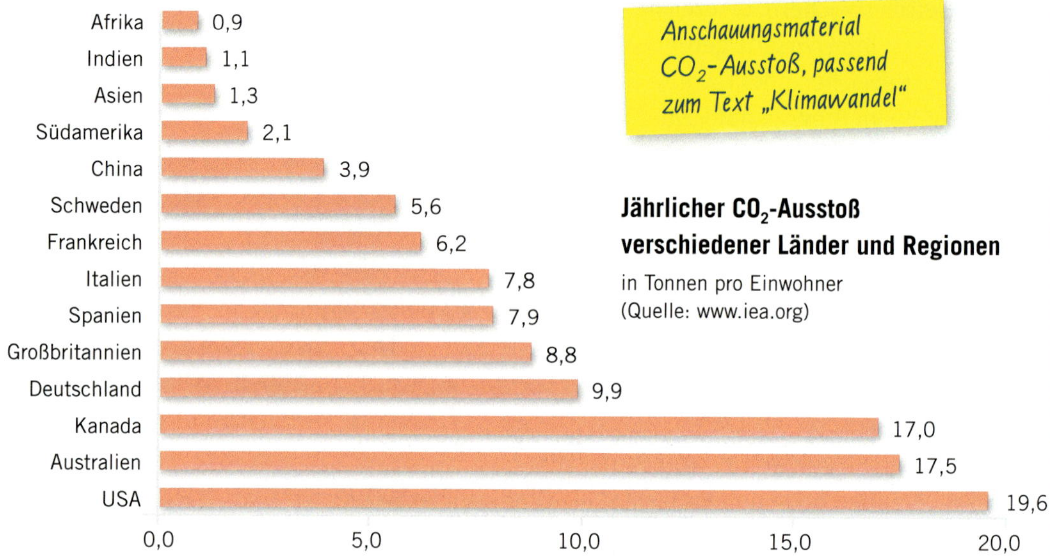

Anschauungsmaterial CO_2-Ausstoß, passend zum Text „Klimawandel"

Jährlicher CO_2-Ausstoß verschiedener Länder und Regionen
in Tonnen pro Einwohner
(Quelle: www.iea.org)

c Bearbeitet euer Material wie im Beispiel oben und fasst wichtige Informationen zusammen.

Den Kurzvortrag ausarbeiten

6 Erarbeitet nun gemeinsam euren Kurzvortrag.

a Entwickelt eine Gliederung.
- Ordnet die Informationen zu eurem Thema nach Unterthemen.
- Legt für jedes Unterthema ein Informationsblatt an, auf dem ihr die wichtigsten Informationen festhaltet.

b Notiert Ideen für die Einleitung eures Vortrags, z. B.:
- ein Foto, ein Bild,
- ein Zitat,
- eine überraschende Erkenntnis oder ein interessantes Ereignis,
- ein Überblick über euren Vortrag.

c Rundet den Vortrag ab, z. B. mit der Zusammenfassung wichtiger Informationen, eurer persönlichen Einschätzung oder einem Ausblick auf weitere Entwicklungen.

15.2 Einen Kurzvortrag anschaulich präsentieren

Folien für eine Präsentation gestalten

*Wie der **Klimawandel** mit dem **Energieverbrauch** zusammenhängt*

- *Für den Klimawandel ist zum größten Teil der Energieverbrauch und der damit einhergehende CO_2-Ausstoß der Menschen verantwortlich, vor allem in den Industriestaaten.*

Das zeigen ganz klar folgende Zahlen:
- *Afrika und Indien: ca. 1 Tonne CO_2-Ausstoß pro Kopf im Jahr*
- *Deutschland: ca. 10 Tonnen CO_2-Ausstoß pro Kopf im Jahr*
- *USA: ca. 20 Tonnen CO_2-Ausstoß pro Kopf im Jahr*

Durch die Freisetzung des Treibhausgases (CO_2) wird der Klimawandel vorangetrieben.

Klimawandel und Energieverbrauch

- großer **Energieverbrauch** und folglich CO_2-Ausstoß in den Industriestaaten
- CO_2-Ausstoß pro Kopf und Jahr:

Afrika/Indien	ca. 1 Tonne
Deutschland	ca. 10 Tonnen
USA	ca. 20 Tonnen

⇒ Viel **Treibhausgas** (CO_2) wird freigesetzt.
⇒ **Klimawandel** als Folge

1 a Geeignete Folien unterstützen einen Vortrag. Betrachtet die beiden Präsentationsfolien. Welche haltet ihr für besser gelungen? Begründet eure Meinung.

b Untersucht die beiden Folien in Partnerarbeit genauer und beurteilt sie nach Textmenge, Schriftgröße, Schriftart sowie farblicher Gestaltung.

c Sammelt Tipps, was man bei der Gestaltung von Präsentationsfolien, aber auch von anderen Texten, die man am Computer erstellt, beachten sollte.

Eine Bildschirmpräsentation erstellen

1 a Erstellt in Gruppen eine Bildschirmpräsentation für euren Kurzvortrag. Nehmt hierzu die folgenden Informationen zu Hilfe.

b Präsentiert eure Folien in der Klasse. Gebt euch Feedback darüber, was gut gelungen ist und was ihr noch verbessern könnt.

Präsentationsprogramme
Präsentationsprogramme wie „Impress“ oder „PowerPoint“ arbeiten mit Folien. Auf diesen Arbeitsflächen könnt ihr euer Thema nennen, wichtige Informationen in Stichpunkten hinzufügen und anschauliche Grafiken oder Tabellen zeigen.

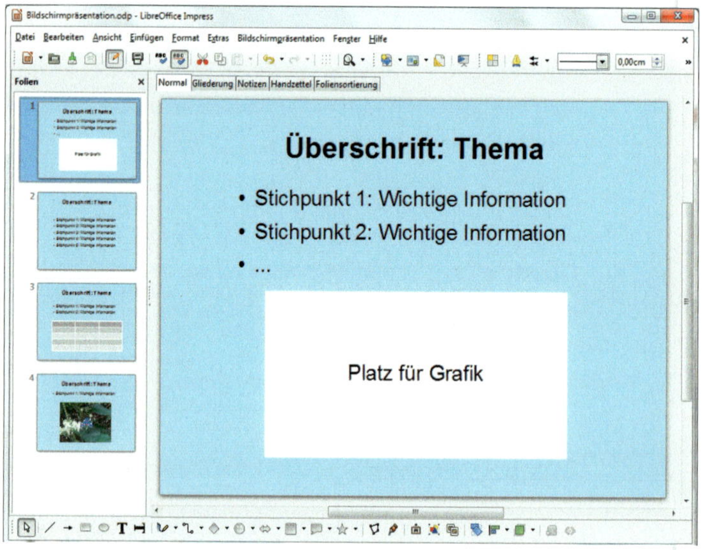

Folieninhalt
Folien dienen **zur Unterstützung** eures Vortrags. Sie geben ihm Struktur und ergänzen ihn um visuelle Inhalte wie Grafiken und Bilder, die man mündlich nicht darstellen kann.

- Bei einer Präsentation solltet ihr **nur das Wesentliche** auf der Folie festhalten, z. B.: Thema und wenige, knapp formulierte Stichpunkte (maximal 5). Alle weiteren Informationen könnt ihr im Notizenfeld unter den einzelnen Folien oder auf Karteikarten festhalten.
- **Lest** die Folien bzw. eure Notizen **nicht einfach ab,** sondern erläutert die Stichpunkte durch einen lebendigen, ausführlichen Vortrag.

Methode **Folien gestalten**

- Folien sollten **übersichtlich** gestaltet sein. Schreibt nur **das Wichtigste** auf, z. B. die Gliederung oder kurze Informationen zu den Schwerpunkten eures Vortrags. Verwendet **Stichworte** oder **kurze Sätze.**
- Gestaltet **anschaulich,** z. B. durch **Schaubilder** oder **Tabellen.**
- Achtet auf eine **gut lesbare Schrift** in ausreichender Größe. Wählt am PC eine Schriftgröße von **mindestens 20 Punkt.**
- Wenn ihr für euren Vortrag **Präsentationsprogramme** wie „Impress“ oder „PowerPoint“ verwendet, werden euch viele Gestaltungsmöglichkeiten für Folien angeboten. Wählt gezielt aus und **verzichtet auf ablenkende Elemente** und Effekte wie z. B. hervorstechende Hintergrundfarben.

Ein Handout verfassen

1 a Ein Handout enthält eine schriftliche Zusammenfassung der wichtigsten Inhalte des Vortrags. Beschreibt, wie das folgende Handout aufgebaut und wie es formuliert ist.

b Diskutiert, ob ihr das Handout eher am Anfang oder am Schluss eurer Präsentation an die Zuhörenden verteilen würdet. Begründet eure Entscheidung.

Referenten: Francesco Buchwald, Johanna Franke, Emma Geiger, Christoph Sommer
Datum: 24. 01. 201X
Fach: Deutsch

Klimawandel und Klimaschutz

1. **Der Klimawandel und seine Ursachen**
   - Hauptursache: Energieverbrauch und folglich CO_2-Ausstoß in den Industriestaaten
   - ...
2. **Warum Klimaschutz notwendig ist**
   - ...
3. **Was die Politik tut**
   - internationale Abkommen zur Reduktion von Treibhausgasen (z. B. das Kyoto-Protokoll, 1997)
   - Aktionen und Projekte auf Bundesebene, in Ländern und Gemeinden (z. B. „Klima sucht Schutz")
   - ...
4. **Was jeder von uns tun kann**
   - Energie sparen (z. B.: Standby-Betrieb von Elektrogeräten vermeiden)
   - ...

Quellenangaben:
Gore, Al: Wir haben die Wahl. Das können wir gegen die Klimakrise tun. München 2010.
http://www.bmu-kids.de/Themen/Klimaschutz/ (20. 12. 2013)
http://www.nabu.de/themen/klimaschutz/ (10. 01. 2014)

2 Erstellt ein Handout zu eurem Vortrag. Orientiert euch dabei am Beispiel oben.

- Ein **Handout** gibt den Aufbau und die zentralen Informationen eines Vortrags knapp und übersichtlich wieder, möglichst **auf einer DIN-A4-Seite.**
- Im **Kopf** genannt werden die Namen der Vortragenden, Datum, Schulfach und Thema.
- Die verwendeten Quellen sind am Ende vermerkt (► Quellenangaben, S. 333).

Die Ergebnisse präsentieren

1 Plant den Ablauf eures Vortrags:
- Legt fest, wer welchen Teil vorträgt und wie viel Redezeit jeder Einzelne von euch haben soll.
- Vermerkt, wann welche Folie eingesetzt werden soll.
- Jedes Gruppenmitglied hält die wichtigsten Informationen für den Vortrag fest, z. B. auf einer Karteikarte.
- Überlegt, welche technischen Geräte ihr benötigt, z. B. für eure Bildschirmpräsentation. Worauf müsst ihr beim Einsatz besonders achten?

2 Erstellt einen Beobachtungsbogen zur Bewertung eures Vortrags.

Inhalt des Vortrags	☺☺	☺	☹	☹☹
Wurden alle wichtigen Informationen genannt?	...	...	...	...
...	...	...	...	...
Vortragsweise	☺☺	☺	☹	☹☹
Wurde laut und deutlich gesprochen?	...	...	...	...
Wurde die festgelegte Redezeit eingehalten?	...	...	...	...
...	...	...	...	...

3 a Übt euren Vortrag in der Gruppe. Nehmt hierzu den Beobachtungsbogen zu Hilfe. Jedes Gruppenmitglied wählt ein bis zwei Punkte, auf die es beim Zuhören besonders achtet.
b Gebt den Vortragenden eine Rückmeldung, was gut gelungen ist und was er oder sie noch verbessern kann. Begründet eure Einschätzung.

4 a Haltet eure Vorträge vor der Klasse. Ihr könnt euer Handout zu Beginn verteilen und die Zuhörenden auffordern, darauf während des Vortrags Fragen zu notieren.
b Klärt nach jedem Vortrag Fragen, die noch offengeblieben sind.

5 a Sprecht in der Klasse darüber, was euch an den einzelnen Vorträgen besonders gut oder weniger gut gefallen hat.
b Welche Informationen zum Thema „Umweltschutz" fandet ihr besonders interessant? Gebt sie in eigenen Worten wieder.

6 Wie beurteilt ihr eure Gruppenarbeit? Nehmt hierzu noch einmal den Bewertungsbogen von Seite 287 zu Hilfe: Was hat gut funktioniert? Was könnt ihr verbessern? Bleibt bei eurer Kritik fair.

15.3 Schreibkonferenz – Einen Aufruf verfassen und überarbeiten

Hey, Leute!

Es nervt, dass alle immer nur über Umweltschutz reden! Überall in unserer Schule bleibt nach dem Unterricht das Licht an. Wenn ihr das auch blöd findet, macht bei unserer Aktion „Energie sparen“ mit. Heizung runterdrehen, Wasser sparen, Papier recyceln und so. Wer noch Infos braucht, kann sich bei uns melden.

Tom und Tina von der Umwelt-AG

Gib nicht auf – gib ab,

... denn alles verdient eine zweite Chance

Was hast du schon alles in den Müll geworfen? Vieles davon war sicherlich noch brauchbar. Wir finden: Das muss nicht sein!

Unser Projekt:
Vor der Schule wird ein Pavillon errichtet, der Dinge enthält, die ihr nicht mehr braucht und verschenken wollt. Jeder kann sich dort bedienen.

Das könnt ihr tun:
- Macht mit bei unserer Umwelt-AG!
- Sammelt Gegenstände, Spenden oder Ideen!
- Begeistert andere für unser Vorhaben!

Schenkt Freude und schützt die Umwelt!
Wer noch mehr erfahren möchte, kommt einfach montags um 15 Uhr in die Aula.
Dort trifft sich jede Woche die Umwelt-AG. Wir freuen uns auf euch!

Selma Schäfer (8 a) und Benedikt Wagner (7 c)
Telefon: 0 12 34-78..., E-Mail: umwelt_ag@xy.de

1 Diese Aufrufe sollen als Plakate in der Schule ausgehängt werden.

a Überlegt, an wen sich die Plakate richten und wozu sie jeweils auffordern.

b Vergleicht und bewertet die beiden Aufrufe der Umwelt-AG. Berücksichtigt dabei den Inhalt, die sprachliche Gestaltung, den Aufbau (Gliederung) und die optische Gestaltung (Layout).

c Schreibt in Stichworten auf, welche Merkmale ein guter Aufruf enthalten soll.

2 Überarbeitet den ersten Aufruf von Seite 295 mit Hilfe eurer Merkmalsliste aus Aufgabe 1 c (▶ S. 295).

3 Bildet Gruppen und besprecht eure Texte in einer Schreibkonferenz. Orientiert euch hierbei an der folgenden Checkliste und geht so vor wie im Merkkasten unten beschrieben.

Checkliste

Checkliste zum Verfassen eines Aufrufs

Inhalt
- Ziel wird deutlich
- Informationen sind klar formuliert

Sprachliche Gestaltung
- Ausdruck, Rechtschreibung und Zeichensetzung sind korrekt

Aufbau und Gestaltung
- sinnvolle Gliederung
- ansprechendes Layout

4 Tragt zusammen, was ihr an eurer Schule für den Umweltschutz tun könnt, z. B.:
– Altpapier recyceln,
– Müll trennen,
– Schulgarten anlegen.

Tipp: Ihr könnt hierzu auch im Internet recherchieren, z. B.: Umweltschutz + Schule; Umweltwettbewerb + Schule.

5 a Bildet Gruppen und verfasst einen Aufruf zu einem Umweltschutzprojekt, den ihr in eurer Schule aushängen könnt.
b Überarbeitet eure Texte in einer Schreibkonferenz.

Methode **Texte überarbeiten: Eine Schreibkonferenz durchführen**

In einer Schreibkonferenz stellt ihr euch gegenseitig eure Texte vor, korrigiert Fehler und gebt euch Tipps für die Überarbeitung.
1 Setzt euch in kleinen Gruppen zusammen.
2 Einer von euch liest seinen Text vor, die anderen hören aufmerksam zu.
3 Anschließend fragt ihr nach, wenn ihr etwas nicht verstanden habt, und gebt dem Verfasser oder der Verfasserin eine Rückmeldung, was euch an dem Text gefallen hat.
4 Dann wird der Text in der Gruppe Satz für Satz besprochen und die Verbesserungsvorschläge werden schriftlich festgehalten. Korrigiert auch die Rechtschreibung und die Zeichensetzung.
5 Zum Schluss überarbeitet der Verfasser oder die Verfasserin den eigenen Text.

Orientierungswissen

Sprechen und Zuhören

Gesprächsregeln

Gespräche, in denen verschiedene Meinungen oder Wortbeiträge ausgetauscht werden, sollten nach bestimmten Regeln ablaufen, damit die Verständigung erleichtert wird.
Die wichtigsten Gesprächsregeln sind:

- Jede/r äußert sich nur zu dem Thema, um das es geht.
- Wir melden uns zu Wort und reden nicht einfach los.
- Wir hören den anderen Gesprächsteilnehmern aufmerksam zu.
- Wir fallen den anderen Gesprächsteilnehmern nicht ins Wort.
- Niemand wird wegen seiner Äußerungen beleidigt, verspottet oder ausgelacht.
- Wir befolgen die Hinweise des Gesprächsleiters oder der Gesprächsleiterin.

Die eigene Meinung überzeugend begründen

▶ S. 27–36; 41–42

In einer Diskussion können verschiedene Meinungen aufeinanderprallen. Um andere für seine Interessen zu gewinnen, muss man seine Meinung überzeugend begründen. Das nennt man Argumentieren. Beim Argumentieren stellt man eine Meinung (Behauptung) auf, die man durch Begründungen (Argumente) stützt und durch Beispiele veranschaulicht bzw. erklärt, z. B.:

- **Meinung:** *Bei einem persönlichen Gespräch sollte man das Handy ausschalten.*
- **Argument:** ..., *weil es unhöflich ist, wenn man sich durch das Handy ablenken lässt.*
- **Beispiel:** *Als mein Handy neulich nicht funktionierte, konnte ich mich viel besser auf meinen Gesprächspartner konzentrieren und aufmerksamer zuhören.*

Tipp: Argumente könnt ihr mit den folgenden Konjunktionen einleiten: *weil, da, denn.*

Einwände entkräften
Wenn ihr einen möglichen Einwand vorwegnehmt und entkräftet, nehmt ihr euren „Gegnern" sozusagen den Wind aus den Segeln, z. B.:
Es stimmt schon, dass ..., aber ...
Wir können verstehen ... Dennoch ...

Gesprächsverhalten: Eine Diskussion kann man durch sein Verhalten fördern oder hemmen.
Zu einer guten Diskussion gehören das **Einhalten von Gesprächsregeln,** das Nachfragen, wenn man etwas nicht verstanden hat, und das **Vermeiden von Killerphrasen,** die den Gesprächspartner unter Druck setzen, z. B.:
Du immer mit deinem ... • *Jedes Kind weiß doch, dass ...*

Schreiben

Einen persönlichen Brief schreiben

Briefe werden an einen oder mehrere Empfänger geschickt. Danach richten sich Inhalt und Wortwahl des Schreibens. Einen Brief an euren Opa könnt ihr anders formulieren als den an eure Lehrerin oder euren Lehrer. Briefe sind nach dem folgenden Muster aufgebaut:

Briefkopf
Ort und Datum

Anrede
Nach der Anrede setzt ihr entweder ein Ausrufezeichen und beginnt danach groß oder ihr setzt ein Komma und schreibt klein weiter. Wenn ihr jemanden siezt, schreibt ihr die Anredepronomen groß, z. B.: *Sie, Ihnen, Ihr* usw. Sonst könnt ihr sie kleinschreiben, z. B.: *dir, dein, euch, euer.*

Brieftext
- Geht auf die Empfängerin / den Empfänger ein: Überlegt, was sie/ihn interessiert.
- Gliedert euren Brief in Einleitung, Hauptteil und Schluss. Trennt die einzelnen Teile durch Absätze.
- Sprecht zu Beginn den Empfänger direkt an. Beantwortet Fragen und stellt selbst welche.
- Schreibt über ein Erlebnis und teilt Neuigkeiten mit.
- Sagt auch etwas über eure Gedanken und Gefühle.
- Baut im Schlussteil Anreize ein, die die Empfängerin / den Empfänger dazu anregen, einen Antwortbrief zu schreiben. Stellt z. B. Fragen. Sendet gute Wünsche.

Grußformel und Unterschrift
Die Grußformel und die Unterschrift stehen jeweils in einer eigenen Zeile. Am Ende setzt man weder Punkt noch Ausrufezeichen.

Beispiel

Ulm, den 1. Oktober 201X

oder: *Ulm, 1. 10. 201X*

Liebe Frau Putz,

vielleicht wollen ***Sie*** *wissen, wie es mir geht …*

Die letzten Wochen waren …

Jch hoffe, es geht ***Jhnen*** *gut …*

Herzliche Grüße **oder** *Viele Grüße*
Jhre Jana

Oder:

Hallo Rudi!

Sicher bist du neugierig, wie es bei mir so läuft.

Mir gefällt …

Wie war die letzte Woche bei dir? Hast du schon …? Jch hoffe, du meldest dich bald!

Liebe Grüße **oder** *Bis bald*
dein Manuel

Stellung nehmen in einem Leserbrief

▶ S. 32–35; 41–42

In einem Leserbrief nehmt ihr persönlich Stellung zu einem Thema oder einem Artikel aus einer Zeitung oder einer Zeitschrift.

Einleitung:
Hier stellt ihr knapp den Anlass des Leserbriefes dar. Dann leitet ihr zum Hauptteil über. Man kann auch schon kurz seine Meinung zum Thema sagen (ohne Begründung).

Hauptteil:
Im Hauptteil formuliert ihr eure Meinung zum Thema und nennt Argumente und Beispiele, die eure Meinung stützen. Macht den Zusammenhang eurer Argumentation deutlich und entwickelt eine Argumentationskette, indem ihr die Argumente und Beispiele sprachlich gut einleitet und miteinander verknüpft (▶ Formulierungshilfen, S. 34).

- Eure Argumentation wird noch überzeugender, wenn ihr auf die Anordnung der Argumente achtet. So kann z. B. das erste oder das letzte Argument besonders schlagkräftig sein.
- Mögliche Einwände (Gegenargumente) könnt ihr nennen, um sie zu entkräften.

Schluss:
Fasst zum Schluss noch einmal euren Standpunkt zusammen oder formuliert einen Vorschlag oder einen Wunsch für die Zukunft.

Tipp: Der Leserbrief ist übersichtlicher, wenn ihr zwischen Einleitung, Hauptteil und Schluss Absätze setzt. Wie andere sachliche Briefe enthält er meist eine Betreffzeile (Bezug zum Zeitungsartikel), eine Anrede und endet mit einer Grußformel und eurer Unterschrift.

Betreffzeile	– Artikel „Eine Republik von Egoisten“, Heidelberger Stadt-Anzeiger vom 15. 3. 201X
Anrede	– Sehr geehrte Redaktion, / Sehr geehrte Damen und Herren,
Einleitung Anlass des Leserbriefs (Überleitung zum Hauptteil)	– ich habe mit Interesse Ihren Artikel über ... gelesen, in dem ... – In dem Artikel ... vertritt ... die Meinung, dass ... – Weil ich selbst ..., möchte ich Ihnen meine Position ...
Hauptteil Meinung Argumente und Beispiele (Einwand entkräften)	– Ich vertrete die Auffassung, dass ... – Ein wichtiges Argument für/gegen ... ist, dass ... – Hinzu kommt, dass ... – Zwar ..., aber ...
Schluss Zusammenfassung, Vorschlag	– Aus diesen Gründen bin ich der Meinung, ... – Ich fände es gut, wenn ...
Grußformel Unterschrift	– Viele Grüße / Mit freundlichen Grüßen ...

Einen Bericht verfassen

▶ S. 46–58

Ein Bericht **informiert knapp und genau** über ein vergangenes Ereignis. Er beschränkt sich auf die **wesentlichen Informationen** und beantwortet die **W-Fragen.**

Aufbau:
- In der **Einleitung** informiert ihr knapp darüber, worum es geht. (Was ist geschehen? Wann geschah es? Wo geschah es? Wer war beteiligt?)
- Im **Hauptteil** stellt ihr den Ablauf der Ereignisse in der zeitlich richtigen Reihenfolge dar. (Wie lief das Ereignis ab? Warum?)
- Im **Schlussteil** nennt ihr die Folgen des Ereignisses (Welche Folgen?) oder gebt einen Ausblick.
- Findet eine knappe und treffende **Überschrift,** die das Ereignis genau benennt.

Sprache:
- Schreibt **sachlich und nüchtern.** Vermeidet erzählende Ausschmückungen, Umgangssprache oder Vermutungen.
- Verwendet als Tempus das **Präteritum** *(startete, begann).* Verwendet das Plusquamperfekt, wenn etwas vorher passiert ist, z. B.: *Nachdem der Zauberer die Vorführung beendet hatte, gab es einen lang anhaltenden Applaus.*
- Macht die **Reihenfolge der Ereignisse** deutlich, z. B.: *Als Erstes ..., Zuerst ..., Anschließend ..., Danach ..., Später ..., Zum Schluss ...*
- Verdeutlicht die Zusammenhänge, indem ihr die Sätze durch **treffende Verknüpfungswörter** verbindet, z. B.: *weil, und, obwohl, sodass, da, aber, jedoch, denn.*

Tipp: Überlegt, zu welchem **Zweck** ihr den Bericht schreibt. Wenn ihr z. B. einen Unfallbericht für die Polizei schreibt, beschränkt ihr euch auf die nötigsten Informationen. Schreibt ihr einen Bericht für die Schülerzeitung, könnt ihr auch eure persönliche Meinung wiedergeben.

Beschreiben

Personen beschreiben

▶ S. 60–61; 68–75

- **Einleitung:** Macht in der Einleitung allgemeine Angaben zur Person (z. B. Geschlecht, Alter, Nationalität).
- **Hauptteil:** Beschreibt im Hauptteil das Aussehen der Person in einer geordneten Reihenfolge, z. B. von oben nach unten.
- **Schluss:** Hier könnt ihr beschreiben, wie die Person auf euch wirkt.
- Sucht **aussagekräftige Adjektive,** um die Person zu beschreiben, z. B.: *schlank, tiefschwarz.*
- Verwendet an Stelle der Wörter „ist", „sind", „hat" und „haben" **treffende Verben,** z. B.: *tragen, aussehen, besitzen, aufweisen, wirken, umgeben.*
- **Vermeidet persönliche Wertungen** wie *schön, süß, lieb* oder *hässlich.*
- Schreibt im **Präsens.**

Bilder beschreiben

▶ S. 64–65; 76–78

- **Einleitung:** Macht Angaben zum Titel, zur Künstlerin oder zum Künstler, zum Erscheinungsjahr, zur Technik (z. B. Aquarell, Öl auf Leinwand), zum Format des Bildes (Hochformat oder Querformat) sowie allgemeine Angaben zum Bildinhalt.
- **Hauptteil:** Geht vom **Gesamteindruck** des Bildes oder vom **Hauptmotiv** aus (was ist abgebildet?). Dann erwähnt ihr die **Einzelheiten.** Geht dabei geordnet vor, ohne zu springen: von der linken zur rechten Bildhälfte, von oben nach unten oder von vorne (Vordergrund) über die Mitte (Mittelgrund) nach hinten (Hintergrund). Macht auch genaue Angaben zur **Farbgestaltung** (überwiegen helle oder dunkle Farbtöne, welche Farben liegen vor und wie sind sie verteilt?) und eventuell zu den Formen (z. B. rund, eckig, weich).
- **Schluss:** Hier könnt ihr beschreiben, wie das Bild insgesamt auf euch wirkt.

Die Bildbeschreibung wird im **Präsens** und in einer **sachlichen Sprache** verfasst.

Vorgänge beschreiben

▶ S. 66–67

- **Einleitung:** Nennt die notwendigen **Materialien** und/oder **Vorbereitungen,** z. B.:
  Man braucht 500 Gramm Mehl, einen Viertelliter Wasser, 350 Gramm ...
- **Hauptteil:** Beschreibt **Schritt für Schritt den Ablauf des Vorgangs,** z. B.:
  Zuerst werden Mehl und Wasser zu einem Teig verarbeitet. Danach ...
- **Schluss:** Hier könnt ihr einen weiterführenden Hinweis geben, z. B.:
  Gewürzbrot galt im Mittelalter als willkommene Abwechslung auf dem Speiseplan ...
- Verwendet nur **eine Form der Ansprache:** *Man springt ...* oder *Du springst ...*
- Wechselt zwischen Aktiv- und Passivformulierungen, dann wird eure Beschreibung abwechslungsreicher, z. B.: *Der Teig wird geknetet. Danach lässt man ihn eine Stunde ruhen.*
- Wählt passende Wörter, die die **Reihenfolge** der einzelnen Schritte **deutlich machen,** z. B.:
  zuerst, dann, danach, zum Schluss ...
- Schreibt im **Präsens.**

Wege beschreiben

▶ S. 62–63

- **Einleitung:** Meistens ist es sinnvoll, hier den **Ausgangs- und den Endpunkt** des Weges zu nennen, den ihr beschreiben wollt, z. B.:
  Der Weg führt von unserer Schule bis ins Sportstadion im Eisvogelweg.
- **Hauptteil:** Teilt den Weg in **Abschnitte** ein, z. B.:
  Ihr verlasst das Schulgelände durch den Haupteingang und geht die Goethestraße bis zum Hermannplatz hinunter ...
  Nennt **unverwechselbare Merkmale,** z. B.: *Am Wasserturm biegt ihr rechts ab ...*
  Hilfreich sind auch **Entfernungsangaben,** z. B.: *Nach etwa 100 Metern seht ihr rechts die Einfahrt zum Sportplatz.*
- **Schluss:** Hier könnt ihr die Wegbeschreibung noch mit einer Bemerkung **abrunden** oder einen **weiterführenden Hinweis** geben, z. B.:
  Wenn ihr dieser Beschreibung folgt, könnt ihr den Weg gar nicht verfehlen.

Texte zusammenfassen

Inhaltsangabe zu einem literarischen Text

▶ S. 107–120

Eine Inhaltsangabe fasst den Inhalt eines Textes knapp und sachlich zusammen, sodass andere, die den Text nicht gelesen haben, über das Wesentliche informiert werden.

Aufbau

- In der **Einleitung** nennt ihr die Art des Textes (z. B. Fabel, Erzählung), den Titel, den Namen des Autors / der Autorin und das Thema des Textes.
- Im **Hauptteil** fasst ihr die wichtigsten Ereignisse der Handlung (Handlungsschritte) in der zeitlich richtigen Reihenfolge zusammen. Mögliche Rückblenden oder Vorausdeutungen werden in den zeitlich richtigen Handlungsverlauf eingeordnet und zusammengefasst.
  - Verzichtet auf die Darstellung von Einzelheiten und beschränkt euch auf das Wesentliche.
  - Macht die Zusammenhänge der Handlung (z. B. zeitliche Zusammenhänge) durch passende Satzverknüpfungen und Satzanfänge deutlich, z. B.:
    Als Heinz die Blicke der anderen Restaurantbesucher sieht, hält er sich zurück, denn er will nicht als Rassist gelten. Zuerst wird Heinz wütend, dann ...

Sprache

- Schreibt **sachlich und nüchtern,** vermeidet ausschmückende Formulierungen.
- Formuliert **in eigenen Worten** und übernehmt keine Passagen aus dem Originaltext.
- Verwendet als Zeitform das **Präsens** (bei Vorzeitigkeit das Perfekt), z. B.: *Er sieht die Blicke der anderen Restaurantbesucher.*
- Verwendet **keine wörtliche Rede.** Besonders wichtige Äußerungen von Figuren werden in der indirekten Rede (▶ S. 111, 316) wiedergegeben oder umschrieben, z. B.:
  „Aber dann spendiere ich die Spaghetti!" (wörtliche Rede)
  → *Heinz sagt, beim nächsten Mal spendiere er die Spaghetti.* (indirekte Rede im Konjunktiv)
  → *Heinz kündigt an, Marcel zum Spaghetti-Essen einzuladen.* (Umschreibung)

Sachtext zusammenfassen

▶ S. 161–163

In einer Textzusammenfassung informiert ihr andere, die den Text nicht gelesen haben, knapp und sachlich über den Inhalt des Textes.

- In der **Einleitung** nennt ihr den Titel, den Namen des Verfassers / der Verfasserin (evtl. auch die Quelle, z. B. Name der Zeitung) und das Thema des Textes.
- Im **Hauptteil** fasst ihr die wichtigsten Textinformationen knapp, sachlich und in eigenen Worten zusammen. Verwendet als Zeitform das **Präsens** (bei Vorzeitigkeit das Perfekt).
- Verzichtet auf die Darstellung von Einzelheiten und beschränkt euch auf das Wesentliche.
- Macht die Zusammenhänge der Informationen (Ursache, Wirkung, zeitliche Zusammenhänge) durch passende Satzverknüpfungen deutlich, z. B. durch: *als, nachdem, weil, obwohl, denn, aber, anschließend.*

Sprache

- Schreibt **sachlich und nüchtern,** vermeidet ausschmückende Formulierungen.
- Formuliert **in eigenen Worten** und übernehmt keine Passagen aus dem Originaltext.

Lesen – Umgang mit Texten und Medien

Erzählende Texte (Epik)

▶ S. 79–120

Die erzählenden Texte (Epik) sind neben den Gedichten (Lyrik) und den Theatertexten (Dramatik) eine der drei Gattungen der Dichtung (Epik, Lyrik, Dramatik). Erzählende Texte gliedern sich in eine Vielzahl von Textsorten auf, z. B.: Märchen, Fabel, Erzählung (▶ S. 304), Anekdote (▶ S. 304), Kalendergeschichte (▶ S. 304), Roman usw.
Folgende Elemente sind für erzählende Texte kennzeichnend:

Der Erzähler / die Erzählerin

Das **wesentliche Merkmal** für einen erzählenden (epischen) Text **ist der Erzähler / die Erzählerin,** der/die nicht mit dem Autor / der Autorin gleichgesetzt werden darf. Ein erwachsener Autor kann zum Beispiel eine Geschichte von einem Kind, ein männlicher Autor eine Geschichte von einer Frau erzählen lassen oder umgekehrt. Immer ist der Erzähler / die Erzählerin eine vom Autor erfundene Figur und gehört zur Welt der erzählten Geschichte.

Erzählformen: Ich-Erzähler oder Er-/Sie-Erzähler

▶ S. 80–81

Die Autorin oder der Autor einer Erzählung entscheidet sich für eine Erzählform:
- Der **Ich-Erzähler** (oder die Ich-Erzählerin) ist selbst als handelnde Figur in das Geschehen verwickelt. Er/sie schildert die Ereignisse aus seiner/ihrer persönlichen Sicht, z. B.: *Aus der Ferne sah ich ein kleines Boot.*
- Der **Er-/Sie-Erzähler** ist nicht am Geschehen beteiligt und erzählt von allen Figuren in der Er-Form bzw. in der Sie-Form, z. B.: *Aus der Ferne sah sie das kleine Boot.*

Die Figuren einer Geschichte

▶ S. 82–85

Die **Personen,** die **in einer Geschichte** vorkommen bzw. handeln, **nennt man Figuren.** Sie haben ein bestimmtes Aussehen, bestimmte Eigenschaften, Gefühle, Gedanken und Absichten. In vielen Geschichten gibt es eine **Hauptfigur,** über die der Leser besonders viel erfährt. Um eine Geschichte zu verstehen, solltet ihr euch ein klares Bild von den einzelnen Figuren machen.
Auch Tiere können handelnde Figuren in Erzähltexten sein, z. B. in einem Märchen.

Eine literarische Figur charakterisieren

▶ S. 82–85

In literarischen Texten werden die Figuren durch eine Reihe von Merkmalen und Eigenschaften beschrieben. Wenn ihr eine Figur charakterisieren wollt, geht ihr so vor:
Sammelt zuerst aus dem Text Informationen über die Figur, z. B. über ihr Aussehen, ihre Lebensumstände, ihre Verhaltensweisen, Eigenschaften, Gefühle und ihr Verhältnis zu den anderen Figuren.
- **Einleitung:** Nennt allgemeine Informationen zur Figur, z. B.: Name, Alter, Beruf.
- **Hauptteil:** Beschreibt die Figur anschaulich und genau, z. B.: ihr Aussehen, ihre Verhaltensweisen, ihre Eigenschaften und ihr Verhältnis zu den anderen Figuren.
- **Schluss:** Hier könnt ihr angeben, wie die Figur auf euch wirkt (persönliche Einschätzung).
  Verwendet als Tempus das **Präsens.** Formuliert sachlich und anschaulich.

Innerer Monolog

▶ S. 15; 25; 124

Ein innerer Monolog bringt **Gedanken einer Figur in der Ich-Form** im Präsens oder Perfekt zur Sprache, z. B.: *Ich würde gerne ... Warum habe ich nicht ...? Hoffentlich kann ich ...!*

Äußere und innere Handlung

In einer Geschichte wird nicht nur die äußere Handlung (das, was geschieht; das, was man von außen sehen kann) dargestellt, sondern es wird vor allem erzählt, **was die Figuren in einer Situation denken und fühlen (innere Handlung).**
Beispiel für innere Handlung: *Als ich Klaus' Hilfeschrei hörte, drehte sich mir der Magen um.*

Erzählende Texte: Textsorten

Erzählende Texte (▶ S. 303) gliedern sich in eine Vielzahl von Textsorten auf, z. B.: Erzählung, Anekdote, Kalendergeschichte usw.

Erzählung

▶ S. 107–109

„Erzählung" ist ein **Sammelbegriff für unterschiedliche Kurzformen des Erzählens,** die nicht genauer durch bestimmte Textmerkmale gekennzeichnet sind. Im Unterschied zum Roman ist die Erzählung knapper und überschaubarer.

Die Anekdote

▶ S. 100–102

Eine Anekdote ist eine kurze Geschichte über eine bekannte Persönlichkeit. Auf humorvolle Weise verdeutlicht sie das Verhalten oder die Eigenarten dieses Menschen. Wie der Witz enthält die Anekdote am Ende eine Pointe (überraschende Wendung).
Das, was über die Person erzählt wird, muss nicht unbedingt wahr sein. Wichtig ist vielmehr, dass in der Anekdote das Typische einer Person erkennbar wird.

Die Kalendergeschichte

▶ S. 103–106

Eine Kalendergeschichte ist eine **kurze Geschichte, die unterhalten und belehren soll** und **meist** mit einer **Pointe (überraschenden Wendung)** endet. Bis ins 19. Jahrhundert wurden diese Geschichten in Jahreskalendern abgedruckt. Neben der Bibel waren Kalendergeschichten für viele Familien oft die einzige Lektüre. Ab dem 20. Jahrhundert erschienen die Kalendergeschichten nur noch in Buchform. Der bekannteste Autor von Kalendergeschichten ist Johann Peter Hebel (1760–1826).

Gedichte (Lyrik)

▶ S. 121–140

Vers: Die Zeilen eines Gedichts heißen Verse.

Strophe: Eine Strophe ist ein Gedichtabschnitt, der aus mehreren Versen besteht. Die einzelnen Strophen eines Gedichts sind durch eine Leerzeile voneinander getrennt. Häufig bestehen Gedichte aus mehreren gleich langen Strophen.

Reim:
Oft werden die einzelnen Verse (Gedichtzeilen) durch einen Reim miteinander verbunden.
Zwei Wörter reimen sich, wenn sie vom letzten betonten Vokal an gleich klingen, z. B.:
Haus – Maus, singen – entspringen.
Die regelmäßige Abfolge von Endreimen ergibt verschiedene Reimformen. Dabei werden Verse, die sich reimen, mit den gleichen Kleinbuchstaben gekennzeichnet, z. B.:

- **Paarreim:** Wenn sich zwei aufeinanderfolgende Verse reimen, sprechen wir von einem Paarreim (aa bb):

  ... Katertier a
  ... Kavalier a
  ... Garten b
  ... erwarten b

- **Kreuzreim:** Reimen sich – über Kreuz – der 1. und der 3. sowie der 2. und der 4. Vers, dann nennt man das Kreuzreim (a b a b).

  ... verschieden a
  ... Bauch b
  ... zufrieden a
  ... auch b

- **umarmender Reim:** Wird ein Paarreim von zwei Versen umschlossen (umarmt), die sich ebenfalls reimen, heißt dies umarmender Reim (a bb a).

  ... springen a
  ... Traum b
  ... Raum b
  ... singen a

Metrum (Versmaß):
In den Versen (Zeilen) eines Gedichts wechseln sich häufig betonte (X́) und unbetonte Silben (X) regelmäßig ab. Wenn die **Abfolge von betonten und unbetonten Silben** (Hebungen und Senkungen) einem bestimmten Muster folgt, nennt man dies **Metrum** (Versmaß).
Die wichtigsten Versmaße sind:

Jambus (X X́): X X́ X X́ X X́ X X́
Die Mitternacht zog näher schon (Heinrich Heine)

Trochäus (X́ X): X́ X X́ X X́ X X́ X
O du Ausgeburt der Hölle! (Johann Wolfgang Goethe)

Daktylus (X́ X X): X́ X X X́ X X X́ X X X́ X
Pfingsten, das liebliche Fest, war gekommen (Johann Wolfgang Goethe)

Anapäst (X X X́): X X X́ X X X́
Wie mein Glück ist mein Lied (Friedrich Hölderlin)

Manchmal werden auch zwei Versmaße miteinander kombiniert, z. B.: *Er hát uns geréttet, er trágt die Krón'* (Kombination aus Jambus und Anapäst; Theodor Fontane).
Beim Vortrag müsst ihr die Abfolge von betonten und unbetonten Silben zwar beachten, ihr dürft aber nicht leiern. Dies gibt eurem Vortrag einen besonderen Rhythmus.
Häufig bildet eine unbetonte Silbe am Versanfang den Auftakt.

Stilmittel in Gedichten

In lyrischen Texten werden häufig Bilder durch Sprache entfaltet (z. B. durch Vergleiche, Metaphern oder Personifikationen) oder einzelne Wörter klanglich hervorgehoben (Lautmalerei).
Solche sprachlichen Mittel sind besonders geeignet, um Gefühle und Stimmungen auszudrücken oder eine bestimmte Atmosphäre entstehen zu lassen. So werden zur Darstellung von Liebe, Freude, Angst oder Einsamkeit z. B. oft Bilder aus dem Bereich der Natur verwendet.

- **Vergleich:** Bei einem Vergleich werden zwei verschiedene Vorstellungen durch ein „wie" oder ein „als ob" miteinander verknüpft, z. B.: *Das Meer glänzte schwarz wie die Nacht. In meinem Zimmer sah es aus, als ob ein Orkan durchgezogen wäre.*
- **Metapher:** Bei einer Metapher wird ein **Wort** nicht wörtlich, sondern **in einer übertragenen (bildlichen) Bedeutung** gebraucht, z. B.: *Nussschale für ein kleines Boot, Suppe für Nebel.*
  Im Unterschied zum direkten Vergleich fehlt bei der Metapher das Vergleichswort „wie", z. B.: *Wolken sind (wie) flockige Länder.*
- **Personifikation:** Die Personifikation (Vermenschlichung) ist eine besondere Form der Metapher. Leblose Gegenstände, Begriffe oder die Natur werden vermenschlicht, d. h., ihnen werden menschliche Verhaltensweisen und Eigenschaften zugesprochen, z. B.: *die Natur schläft, das Glück lacht, der Tag verabschiedet sich, das Veilchen träumt.*
- **Lautmalerei:** Mit den Klängen von Wörtern werden Naturlaute oder Geräusche nachgeahmt, z. B.: *klirren, rascheln, zischen.*

Gedichtformen

Neben den thematischen Schwerpunkten, die es in der Lyrik gibt (z. B. Liebeslyrik, Naturlyrik), haben sich im Laufe der Zeit auch verschiedene Gedichtformen (Gedichtarten) entwickelt, die sich in ihren Gestaltungselementen voneinander unterscheiden, z. B.:

Das Haiku

Das Haiku ist eine Gedichtform, die **in Japan entstanden** ist und aus drei Versen zu fünf, sieben und fünf Silben besteht. Mit insgesamt 17 Silben **gehört es zu den kürzesten Gedichten.** Traditionell geben Haikus Eindrücke und Beobachtungen über die Natur wieder.

Die Ballade

▶ S. 122–134; 137–138

Die Ballade ist meist ein längeres Gedicht über ein ungewöhnliches oder spannendes Ereignis. Dieses Ereignis kann erfunden oder wirklich passiert sein. Im Mittelpunkt der Ballade steht oft eine Figur, die eine gefahrvolle Situation meistern muss.

- Wie andere Gedichte sind auch Balladen meist in **Strophen** (▶ S. 304) gegliedert, besitzen eine **Reimform** (▶ S. 305) und haben ein bestimmtes **Metrum** (▶ S. 305).
- Viele Balladen haben einen Aufbau, den man mit Hilfe einer **Spannungskurve** darstellen kann: Nach der Einleitung spitzt sich die **Handlung dramatisch** bis zum **Höhepunkt** zu, zum Schluss folgt die Auflösung.
- Balladen enthalten oft **wörtliche Rede** der Figuren (Monologe, Dialoge), die an die Szenen eines Theaterstücks erinnern.

In ihrer Wirkung setzen Balladen auf Spannung, sie können aber auch belehrend oder lustig sein.

Die Ballade enthält Elemente aus
- der Lyrik (Metrum, Strophe, Reim),
- der Epik (abgeschlossene Geschichte wird erzählt) und
- dem Drama (dramatischer Handlungsverlauf, Dialoge und Monologe der Figuren).

Deshalb bezeichnete Goethe (1749–1832) sie als Ur-Ei der Dichtkunst, weil sie alle Gattungen (Lyrik, Epik, Drama) in sich vereint.
Viele Balladen sind vertont worden. Die Tradition der gesungenen Ballade hat in der Rock- und Popmusik ihre Fortsetzung gefunden.

Theater (Drama)

▶ S. 141–156

Die dramatischen Texte (Theater/Drama) sind neben den Gedichten (Lyrik) und den erzählenden Texten (Epik) eine der drei Gattungen der Dichtung (Lyrik, Epik, Dramatik).
In einem Theaterstück gibt es Rollen, die von Schauspielerinnen und Schauspielern gespielt werden. Die Handlung wird durch die Gespräche zwischen den Personen auf der Bühne (Dialoge) oder durch das Selbstgespräch (Monolog) einer Figur ausgedrückt. Im Theater sprechen die Schauspieler aber nicht nur ihren Text, sie gebrauchen auch ihre Stimme (Sprechweise und Betonung), ihre Körpersprache (Gestik) und ihren Gesichtsausdruck (Mimik), um Gefühle und Stimmungen auszudrücken.
Wichtige Theaterbegriffe:
- **Rolle:**
  Rolle nennt man die Figur, die eine Schauspielerin oder ein Schauspieler in einem Theaterstück verkörpert, z. B. die Rolle des Löwen, die Rolle des Ritters usw.
- **Szene:**
  Eine Szene ist ein kurzer, abgeschlossener Teil eines Theaterstücks. Eine Szene endet, wenn neue Figuren auftreten und/oder Figuren abtreten. Meistens erlischt am Ende einer Szene auch die Bühnenbeleuchtung.
- **Regieanweisungen:**
  Von der Autorin / vom Autor im Dramentext zusätzlich zu den Rollentexten bereits mitgelieferte Anregungen, wie sich die Figuren bewegen *(steht auf)*, wie sie schauen und sprechen sollten *(schaut Konrad an, seufzt)* und wie die Handlung auf der Bühne dargestellt werden sollte *(Frau Bartolotti entfernt die Kiste, die Riesenkonserve kommt zum Vorschein)*.
- **Dialog:**
  Gespräch von zwei oder mehr Figuren. Sein Gegensatz ist der Monolog.
- **Monolog:**
  Selbstgespräch einer Figur (im Gegensatz zum Dialog).

Das Hörspiel

▶ S. 140

Beim Hörspiel wird der zu Grunde liegende Text wie ein Bühnenstück dramatisiert (d. h. durch Sprechtexte dargestellt). Im Unterschied zu einem Bühnenstück erfahren die Zuhörerinnen und Zuhörer nur das, was zu hören ist. Durch die Dialoge (Gespräche) und die Monologe (Selbstgespräche) der Figuren, durch den Erzähler sowie durch Geräusche (z. B. Glockenschlag, Ausrufe oder Stimmengewirr) erhalten die Hörer/-innen alle notwendigen Informationen, um der Handlung folgen zu können. Die Figuren in einem Hörspiel können auch laut überlegen, fragen oder laut beobachten, um die Situation für die Hörer verständlich zu machen.

Sachtexte

▶ S. 157–171

Sachtexte unterscheiden sich von literarischen Texten (z. B. einer Erzählung, einem Märchen oder einem Gedicht) dadurch, dass sie sich vorwiegend mit wirklichen (realen) Ereignissen und Vorgängen beschäftigen und **informieren wollen.**
Es gibt **verschiedene Formen von Sachtexten,** z. B.: Lexikonartikel, Sachbuchtexte, Zeitungs- oder Zeitschriftenartikel, Beschreibungen eines Vorgangs (Gebrauchsanleitungen, Kochrezepte usw.). Häufig findet man in Sachtexten Tabellen oder Grafiken (z. B. eine Landkarte, ein Balkendiagramm), Fotos oder andere Abbildungen.

Einen Sachtext lesen (Fünf-Schritt-Lesemethode)

1. Schritt: Einen Überblick gewinnen
Lest die Überschrift(en), hervorgehobene Wörter und die ersten Zeilen des Textes, betrachtet die Abbildungen.

2. Schritt: Den Text zügig lesen
Lest den gesamten Text zügig durch, ohne euch an Einzelheiten aufzuhalten, die ihr nicht sofort versteht. Macht euch klar, was das Thema des Textes ist.

3. Schritt: Unbekannte Wörter und schwierige Textstellen klären
Klärt unbekannte Wörter und schwierige Textstellen aus dem Textzusammenhang oder durch Nachschlagen. (▶ mehr Informationen hierzu auf Seite 162).

4. Schritt: Den Text sorgfältig lesen und bearbeiten
Markiert die Schlüsselwörter farbig,
- gliedert den Text in Sinnabschnitte ⅃‾,
- notiert ein Fragezeichen ? am Rand, wenn euch eine Textstelle unklar ist.

5. Schritt: Informationen zusammenfassen
Gebt jedem Sinnabschnitt eine treffende Überschrift und fasst die Informationen des Textes in Stichworten oder wenigen Sätzen zusammen.

Grafiken entschlüsseln

▶ S. 164–165

Beim Entschlüsseln einer Grafik könnt ihr so vorgehen:
1 Stellt fest, worum es in der Grafik geht. Hierbei hilft euch die Überschrift, wenn es eine gibt.
2 Untersucht, was in der Grafik dargestellt wird: Erklärt sie einen Vorgang, den Aufbau oder die Funktion von etwas oder verdeutlicht sie eine Lage, wie z. B. eine Landkarte?
3 Prüft, ob die Grafik Farben, Beschriftungen oder Symbole enthält, die erklärt werden.
4 Schreibt auf, worüber die Grafik informiert.

Diagramme verstehen und auswerten

▶ S. 166; 183

Ein Diagramm ist eine anschauliche Darstellung von Daten und Informationen. Um ein Diagramm auszuwerten, geht ihr so vor:

- Schaut euch das Diagramm genau an. Lest die Überschrift und die übrigen Angaben und Erklärungen.
- Stellt fest, worüber das Diagramm informiert. Welche Maßeinheiten werden verwendet, z. B. Prozentzahlen (%), Kilo (kg), Euro (€)?
- Vergleicht die Angaben miteinander (höchster und niedrigster Wert, gleiche Werte).
- Fasst zusammen, was im Diagramm gezeigt wird. Was lässt sich ablesen?

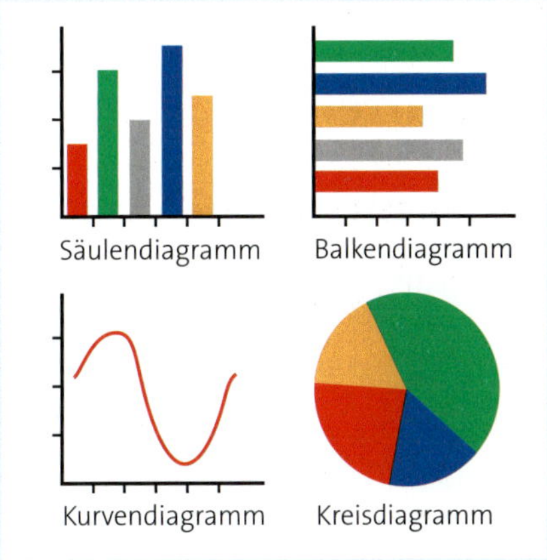

Film: Einstellungsgrößen

Die Art des Ausschnitts, den die Kamera zeigt, nennt man **Einstellungsgröße.** Je nachdem, wie nah die Kamera an das Geschehen heranführt oder wie weit sie entfernt bleibt, entstehen unterschiedliche Wirkungen.

Totale: Die Kamera ist so weit weg, dass man einen guten Überblick über den Handlungsort bekommt. Häufig führt die Totale in eine neue Szene ein.

Halbnah: Die Personen sind etwa vom Knie aufwärts zu sehen. Man hat die Umgebung noch gut im Blick, erkennt aber auch schon die Gestik der Personen.

Nah: Man sieht Kopf und Schultern einer Person und kann gut deren Mimik erkennen, also z. B., ob sie einen fröhlichen oder einen traurigen Gesichtsausdruck hat.

Detail: Nur ein Ausschnitt wird ganz groß dargestellt, z. B. nur ein Teil eines Gegenstands oder eines Gesichts. Diese Einzelheit wird dann besonders intensiv wahrgenommen.

Sprachgebrauch und Sprachreflexion

Wortarten

Das Nomen (Plural: die Nomen)

▶ S. 210; 254

Die meisten Wörter in unserer Sprache sind Nomen (auch: Hauptwörter, Substantive).
Nomen bezeichnen:

- Lebewesen, z. B.: *Frosch, Baum, Mädchen,*
- Gegenstände, z. B.: *Haus, Schreibtisch, MP3-Player,*
- Begriffe (Gedanken, Gefühle, Zustände ...), z. B.: *Angst, Mut, Freude, Ferien, Freundschaft.*

Nomen werden immer **großgeschrieben.**
Sie werden häufig von **Wörtern begleitet,** an denen wir sie erkennen können, z. B. einem **Artikel** *(der Hase, eine Uhr)* oder einem **Adjektiv** *(blauer Himmel, fröhliche Menschen).*

Genus (grammatisches Geschlecht; Plural: die Genera)

Jedes Nomen hat ein Genus (ein grammatisches Geschlecht), das man **an** seinem **Artikel erkennen** kann. Ein Nomen ist entweder

- ein **Maskulinum** (männliches Nomen), z. B.: *der Stift, der Regen, der Hund,*
- ein **Femininum** (weibliches Nomen), z. B.: *die Uhr, die Sonne, die Katze,* oder
- ein **Neutrum** (sächliches Nomen), z. B.: *das Buch, das Eis, das Kind.*

Das **grammatische Geschlecht** eines Nomens stimmt **nicht immer** mit dem **natürlichen Geschlecht** überein, z. B.: *das Mädchen, das Kind.*

Numerus (Anzahl; Plural: die Numeri)

Nomen haben einen Numerus, d. h. eine Anzahl. Sie stehen entweder im

- **Singular** (Einzahl), z. B.: *der Wald, die Jacke, das Haus,* oder im
- **Plural** (Mehrzahl), z. B.: *die Wälder, die Jacken, die Häuser.*

Der Kasus (Fall; Plural: die Kasus, mit langem u gesprochen)

In Sätzen erscheinen Nomen immer in einem bestimmten Kasus, das heißt in einem grammatischen Fall. **Im Deutschen gibt es vier Kasus.** Nach dem Kasus richten sich die Form des Artikels und die Endung des Nomens. Man kann den **Kasus** eines Nomens **durch Fragen ermitteln:**

Kasus	Kasusfrage	Beispiele
1. Fall: **Nominativ**	*Wer oder was ...?*	*Der Junge liest ein Buch.*
2. Fall: **Genitiv**	*Wessen ...?*	*Das Buch des Jungen ist spannend.*
3. Fall: **Dativ**	*Wem ...?*	*Ein Mädchen schaut dem Jungen zu.*
4. Fall: **Akkusativ**	*Wen oder was ...?*	*Sie beobachtet den Jungen genau.*

Meist ist der Kasus am veränderten Artikel des Nomens erkennbar, manchmal auch an der Endung des Nomens, z. B.: *des Mannes, des Mädchens, den Kindern.*
Wenn man ein Nomen in einen Kasus setzt, nennt man das **deklinieren** (beugen).

Der Artikel (Plural: die Artikel)

Das Nomen wird häufig von einem Artikel begleitet. Man unterscheidet zwischen dem bestimmten Artikel *(der, die, das)* und dem unbestimmten Artikel *(ein, eine, ein)*, z. B.:

	Bestimmter Artikel	Unbestimmter Artikel
männlich	*der Stift*	*ein Stift*
weiblich	*die Uhr*	*eine Uhr*
sächlich	*das Buch*	*ein Buch*

Das Pronomen (Fürwort; Plural: die Pronomen)

▶ S. 212–214

Das Pronomen ist ein **Stellvertreter oder Begleiter; es vertritt oder begleitet ein Nomen.**
Es gibt verschiedene Arten von Pronomen:

- **Das Personalpronomen** (persönliches Fürwort)
  Mit **Personalpronomen** *(ich, du, er, sie, es, wir, ihr, sie)* kann man **Nomen ersetzen,** z. B.:
  Paul rennt zum Bus. Er hat verschlafen und weiß, dass der Busfahrer nicht auf ihn wartet.
  Personalpronomen werden wie die Nomen dekliniert (gebeugt):

Kasus	Singular 1. Pers.	2. Pers.	3. Pers.	Plural 1. Pers.	2. Pers.	3. Pers.
1. Fall: **Nominativ**	*ich*	*du*	*er/sie/es*	*wir*	*ihr*	*sie*
2. Fall: **Genitiv**	*meiner*	*deiner*	*seiner/ihrer/seiner*	*unser*	*eurer*	*ihrer*
3. Fall: **Dativ**	*mir*	*dir*	*ihm/ihr/ihm*	*uns*	*euch*	*ihnen*
4. Fall: **Akkusativ**	*mich*	*dich*	*ihn/sie/es*	*uns*	*euch*	*sie*

- **Das Possessivpronomen** (besitzanzeigendes Fürwort)
  Possessivpronomen *(mein/meine – dein/deine – sein/seine – ihr/ihre – unser/unsere – euer/eure – ihr/ihre)* **geben an, zu wem etwas gehört,** z. B.: *mein Buch, deine Tasche, unsere Lehrerin.* Possessivpronomen begleiten meist Nomen und stehen dann in dem gleichen Kasus (Fall) wie das dazugehörige Nomen, z. B.: *Ich gebe meinen Freunden eine Einladungskarte.* (Wem? → Dativ)
- **Das Demonstrativpronomen** (hinweisendes Fürwort)
  Demonstrativpronomen *(der, die, das/dieser, diese, dieses/jener, jene, jenes/solcher, solche, solches/derselbe, dieselbe, dasselbe)* **weisen besonders deutlich auf eine Person oder Sache hin,** z. B.:
  Von allen Jacken gefällt mir diese am besten. Demonstrativpronomen können als Begleiter oder als Stellvertreter eines Nomens verwendet werden.
- **Das Relativpronomen** leitet einen Relativsatz (▶ S. 323) ein und bezieht sich meist auf ein Nomen im Hauptsatz. Relativpronomen sind *der, die, das* und *welcher, welche, welches.*
  Ina trägt heute die Jacke, die sie sich gestern gekauft hat.
- **Das Indefinitpronomen** (unbestimmtes Fürwort)
  Indefinitpronomen sind Wörter, mit denen man **eine ungefähre Menge oder Anzahl** angibt, z. B.: *etwas, manches, alles, nichts, einige, kein, viel, (ein) paar.* Indefinitpronomen **stehen häufig vor nominalisierten Adjektiven,** z. B.: *etwas Neues, viel Witziges, alles Gute, nichts Sinnvolles.*

Das Adjektiv (das Eigenschaftswort; Plural: die Adjektive)

▶ S. 210; 261

Adjektive drücken aus, wie etwas ist. Mit Adjektiven können wir die **Eigenschaften** von Lebewesen, Dingen, Vorgängen, Gefühlen und Vorstellungen genauer beschreiben, z. B.:
der starke Wind, der schwache Wind, der eiskalte Wind.
Adjektive werden **kleingeschrieben.** Adjektive, die vor einem Nomen stehen, haben den gleichen Kasus wie das Nomen: *der kalte See, die kalten Seen, des kalten Sees.*

- **Steigerung der Adjektive**
  Adjektive kann man steigern (z. B.: *schön – schöner – am schönsten*). So kann man z. B. Dinge und Lebewesen miteinander vergleichen. Es gibt eine Grundform und zwei Steigerungsstufen:

Positiv (Grundform)	**Komparativ (1. Steigerungsstufe)**	**Superlativ (2. Steigerungsstufe)**
Lars ist groß.	*Stefan ist größer.*	*Fabian ist am größten.*

- **Vergleiche mit *wie* und *als*:**
  Vergleiche mit dem Positiv werden mit *wie* gebildet, z. B.: *Tim ist genauso groß wie Yvonne.* Vergleiche mit dem Komparativ werden mit dem Vergleichswort *als* gebildet, z. B.: *Meine Schuhe sind kleiner als deine.*

Die Präposition (das Verhältniswort; Plural: die Präpositionen)

▶ S. 210

Präpositionen wie *in, auf, unter* drücken **Verhältnisse und Beziehungen** von Gegenständen, Personen oder anderem aus. Oft beschreiben sie ein **örtliches** Verhältnis *(auf dem Dach)* oder ein **zeitliches** Verhältnis *(bis Mitternacht)*. Sie können aber auch einen **Grund** *(wegen der Hitze)* angeben oder die **Art und Weise** *(mit viel Energie)* bezeichnen.
Beispiele:

▪ örtliches Verhältnis	*auf, in, hinter, neben, unter, vor, über, zwischen*
▪ zeitliches Verhältnis	*nach, vor, seit, um, während, bis, in*
▪ Angabe des Grundes	*wegen, trotz, aufgrund/auf Grund*
▪ Angabe der Art und Weise	*ohne, mit*

Präpositionen sind nicht flektierbar (nicht veränderbar). Die Präposition steht in der Regel vor einem Nomen (mit oder ohne Begleiter) oder Pronomen. Sie bestimmt den Kasus des nachfolgenden Wortes (oder der nachfolgenden Wortgruppe), z. B.: *mit dir, wegen des Regens, bei dem Schnee.*

Die Konjunktion (das Bindewort; Plural: die Konjunktionen)

▶ S. 215

Konjunktionen **verbinden Satzteile oder Teilsätze** miteinander. Man unterscheidet zwischen **nebenordnenden Konjunktionen** und **unterordnenden Konjunktionen (Subjunktionen).**
Nebenordnende Konjunktionen (*und, sowie, oder* usw.) verbinden Satzteile oder Teilsätze, die gleichrangig nebeneinanderstehen, z. B.: *Es gab Donner und Blitz.* Unterordnende Konjunktionen (*weil, da, nachdem, wenn, obwohl* usw.) leiten Nebensätze ein, die einem anderen Teilsatz untergeordnet sind, z. B.: *Er konnte nicht an der Wanderung teilnehmen, weil er sich den Fuß verstaucht hatte.*

Das Verb (das Tätigkeitswort; Plural: die Verben) ▶ S. 216–228

Mit Verben gibt man an, **was jemand tut** (z. B. *laufen, reden, lachen*), **was geschieht** (z. B. *regnen, brennen*) oder was ist (z. B. *haben, sein, bleiben*). Verben werden kleingeschrieben.

- Der **Infinitiv** (die Grundform) eines Verbs endet auf *-en* oder *-n*, z. B.: *rennen, sagen, rudern, lächeln.*
- Wenn man ein Verb in einem Satz verwendet, bildet man **die Personalform des Verbs.** Das nennt man **konjugieren (beugen),** z. B.: *such-en* (Infinitiv) → *Ich such-e den Schlüssel* (1. Person Singular). Die Personalform des Verbs wird aus dem Infinitiv des Verbs gebildet. An den Stamm des Verbs wird dabei die passende Personalendung gehängt, z. B.: *sprech-en* (Infinitiv) → *ich sprech-e* (1. Person Singular), *du sprich-st* (2. Person Singular) usw.

Der Imperativ (Befehlsform des Verbs; Plural: die Imperative)

Die Aufforderungsform oder **Befehlsform eines Verbs** nennt man Imperativ. Es gibt den Imperativ Singular *(„Bitte komm!", „Lauf weg!")* und den Imperativ Plural *(„Bitte kommt!", „Lauft weg!").*

- Der **Imperativ Singular** besteht aus dem Stamm des Verbs *(schreiben → schreib!)*, manchmal wird die Endung *-e* angehängt *(reden → rede!)* oder es ändert sich der Stammvokal von *e* zu *i (geben → gib!).*
- Der **Imperativ Plural** wird in der Regel durch den Stamm des Verbs mit der Endung *-t* oder *-et* gebildet *(schreiben → schreibt!, lesen → lest!, reden → redet!).*

Die Tempora (Zeitformen) der Verben ▶ S. 216–220

Verben kann man in verschiedenen Zeitformen (Tempora; Sg.: das Tempus) verwenden, z. B. im Präsens, im Präteritum, im Futur. Die Zeitformen der Verben sagen uns, wann etwas passiert, z. B. in der Gegenwart, in der Vergangenheit oder in der Zukunft.

- **Das Präsens** (die Gegenwartsform)
  - Das Präsens wird verwendet, wenn etwas in der **Gegenwart** (in diesem Augenblick) geschieht, z. B.: *Er schreibt gerade einen Brief.* (Es geschieht in diesem Augenblick.)
  - Im Präsens stehen auch **Aussagen, die immer gelten,** z. B.: *Suppe isst man mit dem Löffel.* (Es ist immer gültig.)
  - Man kann das Präsens auch verwenden, **um etwas Zukünftiges auszudrücken.** Meist verwendet man dann eine Zeitangabe, die auf die Zukunft verweist, z. B.: *Morgen gehe ich ins Kino.*

Das Präsens wird gebildet durch den Stamm des Verbs und die entsprechenden Personalendungen, z. B.: *ich schreib-e, du schreib-st ...*

- **Das Futur** (die Zukunftsform)
- Man unterscheidet zwei Formen des Futurs:
  - Das **Futur I** wird verwendet, um ein zukünftiges Geschehen auszudrücken, z. B.: *In den Sommerferien werde ich häufig ins Freibad gehen.*
    Das Futur I bildet man mit einer Personalform von **„werden"** im Präsens und dem **Infinitiv des Verbs,** z. B.: *Ich werde anrufen, du wirst anrufen ...*
  - Nur selten wird das **Futur II** gebraucht. Mit ihm drückt man aus, dass etwas zu einem bestimmten Zeitpunkt in der Zukunft abgeschlossen sein wird, z. B.: *In zwanzig Jahren werden die Menschen sämtliches Bargeld abgeschafft haben.*
    Das Futur II wird gebildet mit einer Personalform von **„werden"** im Präsens, dem **Partizip II des Verbs** und dem Verb **„haben"** oder **„sein",** z. B.: *Ich werde abgeschafft haben, du wirst geflogen sein ...*

- **Das Perfekt**
  Wenn man mündlich von etwas Vergangenem erzählt oder berichtet, verwendet man häufig das Perfekt, z. B.: *Ich habe gerade etwas gegessen. Er ist nach Hause gekommen.*
  Das Perfekt ist eine **zusammengesetzte Vergangenheitsform,** weil es mit einer Form von **„haben“** oder **„sein“** im Präsens (z. B. *hast, sind*) und dem **Partizip II des Verbs** *(gesehen, aufgebrochen)* gebildet wird.
  - Das Partizip II beginnt meist mit *ge-*, z. B.: *lachen → gelacht; gehen → gegangen.*
  - Wenn das Verb schon eine Vorsilbe hat *(ge-, be-* oder *ver-),* bekommt das Partizip II keine mehr, z. B.: *gelingen → gelungen; beschweren → beschwert; verlieren → verloren.*
- **Das Präteritum**
  Das Präteritum ist eine **einfache Zeitform der Vergangenheit.** Diese Zeitform wird vor allem in schriftlichen Erzählungen (z. B. in Märchen, in Geschichten) und in Berichten verwendet, z. B.: *Sie lief schnell nach Hause, denn es regnete in Strömen.* Man unterscheidet:
  - **regelmäßige (schwache) Verben:** Bei den regelmäßigen Verben ändert sich der Vokal *(a, e, i, o, u)* im Verbstamm nicht, wenn das Verb ins Präteritum gesetzt wird, z. B.: *ich lache* (Präsens) → *ich lachte* (Präteritum),
  - **unregelmäßige (starke) Verben:** Bei den unregelmäßigen Verben ändert sich im Präteritum der Vokal *(a, e, i, o, u)* im Verbstamm, z. B.: *ich singe* (Präsens) → *ich sang* (Präteritum); *ich laufe* (Präsens) → *ich lief* (Präteritum).
- **Das Plusquamperfekt**
  Wenn etwas vor dem passiert, wovon im Präteritum oder im Perfekt erzählt wird, verwendet man das Plusquamperfekt. Das Plusquamperfekt wird deshalb auch **Vorvergangenheit** genannt, z. B.: *Nachdem sie mit dem Fallschirm sicher gelandet war, jubelten die Menschen.*
  Das Plusquamperfekt ist wie das Perfekt eine **zusammengesetzte Vergangenheitsform,** weil es mit einer Form von **„haben“** oder **„sein“** im Präteritum (z. B. *hatte, war*) und dem **Partizip II des Verbs** *(gelesen, aufgebrochen)* gebildet wird, z. B.: *Nachdem wir etwas gegessen hatten, gingen wir in den Zoo. Nachdem wir alle pünktlich angekommen waren, ging es los.*
  Tipp: Die Konjunktion *nachdem* leitet oft einen Satz im Plusquamperfekt ein.

Partizip I und II

Das **Partizip I** (Partizip Präsens) setzt sich aus **Verbstamm + (e)nd** zusammen, z. B.: *gehend, zitternd, singend.*

- Mit Hilfe des Partizips I können **gleichzeitig ablaufende Handlungen** beschrieben werden, z. B.: *Die Frau sitzt lesend im Sessel.*
- Das Partizip I kann vor einem Nomen wie ein Adjektiv verwendet werden. Es passt sich dann in Genus, Numerus und Kasus an das Nomen an, das es begleitet, z. B.: *Die lesende Frau sitzt im Sessel. Ein dampfender Tee steht neben ihr auf dem Tisch.*

Das **Partizip II** (Partizip Perfekt) setzt sich zusammen aus **ge + Verbstamm + (e)t oder en,** z. B.: *gezittert, gelaufen.*

- Das Partizip II wird für die **Bildung von zusammengesetzten Zeitformen (Perfekt und Plusquamperfekt)** verwendet, z. B.: *ich habe gelacht* (Perfekt), *ich bin angekommen* (Perfekt); *ich hatte gelacht* (Plusquamperfekt), *ich war angekommen* (Plusquamperfekt).
- Viele Perfektpartizipien können vor einem Nomen wie ein Adjektiv verwendet werden. Sie passen sich dann in Genus, Numerus und Kasus an das Nomen an, das sie begleiten, z. B.: *Die verblühten Rosen stehen auf dem Tisch.*

Aktiv und Passiv

▶ S. 221–228

- **Aktiv und Passiv der Verben**
  - Das Aktiv und das Passiv sind zwei Verbformen, die man bei der Darstellung von Handlungen und Vorgängen unterscheidet. Man kann aus zwei Perspektiven schauen:
  - **Aktiv:** Der Handlungsträger (Handelnde) wird betont, z. B.: *Der Zauberer hält einen Kochlöffel in der Hand.*
  - **Passiv:** Die Handlung / der Vorgang wird betont, z. B.: *Der Kochlöffel wird in der Hand gehalten.*
  - Im **Aktiv** ist wichtig, **wer** handelt / etwas tut. Im **Passiv** wird betont, **was geschieht.**
  - Das **Passiv** wird meist mit einer Form von **„werden"** und dem **Partizip II des Verbs** (▶ S. 314) gebildet, z. B.: *wird gehalten; werden aufgeteilt.*
  - Im Passivsatz kann der Handlungsträger ergänzt werden, z. B.: *Der Kochlöffel wird von dem Zauberer in der Hand gehalten.*

  Sätze, in denen der Handlungsträger als Subjekt des Satzes erscheint, stehen in der Verbform Aktiv. Bei der Umwandlung eines Aktivsatzes in einen Passivsatz wird das **Akkusativobjekt** des Aktivsatzes zum **Subjekt** des Passivsatzes, z. B.:

  Aktiv: *Silke führt einen Zaubertrick vor.* (einen Zaubertrick = Akkusativobjekt) → Passiv: *Der Zaubertrick wird (von Silke) vorgeführt.* (Der Zaubertrick = Subjekt)

- **Passiv aus Informationsmangel / als Informationsriegel**
  - In einem Passivsatz kann der Handlungsträger ergänzt werden, z. B.: *Die Schüler wurden von Herrn Schweppenstette zur Stellungnahme aufgefordert.*
  - In einem **Passivsatz** kann der **Handlungsträger** aber auch **völlig weggelassen werden,** z. B.
    – wenn er unbekannt ist (Passiv aus Informationsmangel): *Mein Fahrrad wurde gestohlen.*
    – wenn der Handelnde aus bestimmten Gründen nicht genannt werden soll (Passiv als Informationsriegel), zum Beispiel um eine betroffene Person zu schützen oder die verantwortlichen Personen oder Täter zu verschleiern: *Beim Fußballspiel wurde ein Fenster beschädigt.*

- **Zustands- und Vorgangspassiv**

  Während das Vorgangspassiv den Ablauf eines Vorgangs beschreibt, drückt das Zustandspassiv das Ergebnis eines Vorgangs aus.

  1 Das **Zustandspassiv** *(sein-Passiv)* wird durch eine Personalform von „sein" und das **Partizip II des Verbs** gebildet, z. B.: *Die Tür ist geschlossen.*

  2 Das **Vorgangspassiv** *(werden-Passiv)* wird durch eine Personalform von „werden" und das **Partizip II des Verbs** gebildet, z. B.: *Die Tür wird geschlossen.*

- **Zeitformen im Aktiv und Passiv**

	Aktiv: Verb *(bewundern)* in der entsprechenden Tempusform	**Passiv:** „werden" in der entsprechenden Tempusform + Partizip II des Verbs *(bewundert)*
Präsens	*Jens bewundert den Zauberer.*	*Der Zauberer wird bewundert.*
Futur I	*Jens wird … bewundern.*	*… wird bewundert werden.*
Präteritum	*Jens bewunderte …*	*… wurde bewundert.*
Perfekt	*Jens hat … bewundert.*	*… ist bewundert worden.*
Plusquamperfekt	*Jens hatte … bewundert.*	*… war bewundert worden.*

- **Ersatzformen für das Passiv**
  Um Passivformen in Texten zu vermeiden, stehen die sogenannten Passiv-Ersatzformen zur Verfügung. Sie haben mit dem Passiv gemeinsam, dass der Handlungsträger nicht genannt wird. Im Unterschied zum Passiv handelt es sich bei den Ersatzformen jedoch um aktive Verbformen.

Ersatzformen für das Passiv	Beispiele
▪ man-Form	▪ *Man löst die Schlaufe des Seils.*
▪ „sich lassen“ + Infinitiv	▪ *Die Schlaufe des Seils lässt sich lösen.*
▪ Verbform von „sein“ + Infinitiv mit „zu“	▪ *Die Schlaufe des Seils ist zu lösen.*
▪ Verbform von „sein“ + Adjektiv mit der Endung „-bar“, „-lich“, „-fähig“	▪ *Die Schlaufe des Seils ist lösbar.*

Der Konjunktiv in der indirekten Rede ▶ S. 111

Wenn man wiedergeben möchte, was jemand gesagt hat, verwendet man die indirekte Rede. Das Verb steht im Konjunktiv I, z. B.: *Anja sagt, sie müsse noch Hausaufgaben machen.*

Bildung des Konjunktivs I

Der Konjunktiv I wird durch den Stamm des Verbs (Infinitiv ohne -en) und die entsprechende Personalendung gebildet, z. B.:

Indikativ Präsens	Konjunktiv I	Indikativ Präsens	Konjunktiv I
ich komm-e	*ich komm-e*	*wir komm-en*	*wir komm-en*
du komm-st	*du komm-est*	*ihr komm-t*	*ihr komm-et*
er/sie/es komm-t	*er/sie/es komm-e*	*sie komm-en*	*sie komm-en*

Wenn der Konjunktiv I nicht vom Indikativ Präsens zu unterscheiden ist, wird der **Konjunktiv II** oder die **würde-Ersatzform** verwendet, z. B.:

Konjunktiv I = Indikativ Präsens	~~*Er sagt, viele wissen nicht viel über Tornados*~~.
Konjunktiv II als Ersatzform	*Er sagt, viele wüssten nicht viel über Tornados.*
Umschreibung mit „würde“ als Ersatzform	*Er sagt, viele würden nicht viel über Tornados wissen.*

Bildung des Konjunktivs II

Der Konjunktiv II wird in der Regel abgeleitet vom Präteritum Indikativ. Bei unregelmäßigen Verben werden **a, o, u** im Wortstamm zu **ä, ö, ü.**

Indikativ Präteritum	er sah	er war	er hatte	er stand
Konjunktiv II	er sähe	er wäre	er hätte	er stünde (Ausnahme)

Modalverben

Mit Modalverben verändert man den Aussagewert des Vollverbs. Man zeigt an, ob man z. B. etwas darf oder muss, z. B.: *Hunde müssen draußen bleiben.*

- *können* (Möglichkeit, Fähigkeit), z. B.: *Sie können nebenan parken. Sie kann einparken.*
- *sollen* (Vorschrift, Empfehlung), z. B.: *Besucher sollen auf Parkplatz C parken.*
- *müssen* (Gebot, Zwang), z. B.: *Fahrzeuge müssen die Fahrbahn benutzen.*
- *dürfen* (Erlaubnis, Möglichkeit), z. B.: *Gäste dürfen hier parken.*
- *wollen* (Absicht, Bereitschaft), z. B.: *Wir wollen die Hose umtauschen.*
- *mögen* (Wunsch, Möglichkeit), z. B.: *Wir möchten Sie bitten ...*

Das Adverb (Umstandswort; Plural: die Adverbien)

▶ S. 211

Adverbien *(dort, oben, hier, jetzt, kürzlich, heute, kaum, sehr, vergebens, gern, leider, deshalb, nämlich)* **machen nähere Angaben zu einem Geschehen.** Sie erklären genauer, **wo, wann, wie und warum** etwas geschieht, z. B.: *Hier sitze ich gern. Dieser Platz gefällt mir nämlich am besten.*

- Adverbien werden **kleingeschrieben.**
- Im Gegensatz zum Adjektiv ist das **Adverb nicht veränderbar** (nicht flektierbar).

Wortbildung

Umgang mit Begriffen

▶ S. 198

Ober- und Unterbegriffe

Ein **Oberbegriff** fasst mehrere Gegenstände oder Eigenschaften zusammen, die gemeinsame Merkmale haben, z. B.: **Oberbegriff:** *Stiefel* – **Unterbegriffe:** *Gummistiefel, Bikerstiefel, Reitstiefel ...*

Wortbildung: Zusammensetzung und Ableitung

Wortzusammensetzungen

Die **Wortzusammensetzung** ist in der deutschen Sprache eine wichtige **Methode, um neue Wörter zu bilden.** Mit Hilfe dieser neu gebildeten Wörter kann man Dinge und Sachverhalte genauer und oft auch unkompliziert beschreiben, z. B.:
Kupfer + Kessel = Kupferkessel (Nomen + Nomen),
bunt + Specht = Buntspecht (Adjektiv + Nomen),
Blitz + schnell = blitzschnell (Nomen + Adjektiv),
tief + rot = tiefrot (Adjektiv + Adjektiv),
schneiden + Brett = Schneidebrett (Verb + Nomen).
Die Teile einer **Zusammensetzung** heißen **Grundwort** und **Bestimmungswort.** Das Grundwort steht immer an letzter Stelle, z. B.: *Suppenlöffel, Teelöffel, Rührlöffel.* Das Grundwort wird durch das Bestimmungswort näher beschrieben. **Die Wortart** der Zusammensetzung wird durch das **Grundwort bestimmt.**

Ableitungen

Mit Präfixen (Vorsilben) und **Suffixen** (Nachsilben) kann man aus vorhandenen Wörtern **neue Wörter** ableiten. Diese neuen Wörter haben auch eine **neue Bedeutung** und helfen daher dabei, sich genau auszudrücken.

- **Neue Verben** bildet man z. B. mit den Präfixen *be-, ent-, er-, ge-, miss-, ver-, zer-.*
- **Neue Adjektive** bildet man z. B. mit den Suffixen *-ig, -bar, -lich, -sam, -isch.*
- **Neue Nomen** bildet man z. B. mit den Suffixen *-nis, -heit, -keit, -ung, -schaft, -tum.*

Achtung: Die Suffixe bestimmen die Wortart. Die Groß- und Kleinschreibung kann sich daher ändern.

Wortfamilie

Wörter, die den **gleichen Wortstamm** (Grundbaustein) haben, gehören zu einer **Wortfamilie,** z. B.: *fahren, Fahrbahn, befahren, verfahren.*
Wörter einer Wortfamilie werden durch Ableitungen *(befahren, fahrbar)* und Zusammensetzungen *(Fahrbahn)* gebildet.
Der Wortstamm wird in allen verwandten Wörtern gleich oder ähnlich geschrieben, z. B.: *reisen → abgereist, verreisen, die Reise.*

Wortbedeutung

Synonyme und Antonyme

▶ S. 195

Synonyme: Wörter mit **(fast) gleicher Bedeutung** bezeichnet man als Synonyme. Mit Hilfe von Synonymen können wir **Wiederholungen** (z. B. in einem Text) **vermeiden,** indem wir ein anderes, ähnliches Wort verwenden, z. B.: statt *sagen: reden, mitteilen, sprechen.*
Antonyme: Wörter, die in ihrer Bedeutung **gegensätzlich** sind, nennt man Antonyme, z. B.: *groß – klein, stark – schwach.*

Wortfeld

Wörter oder Wendungen, die eine **ähnliche Bedeutung** haben, bilden ein Wortfeld. Je mehr Wörter eines Wortfeldes man kennt, desto größer ist der eigene Sprachschatz.

Bildlicher Sprachgebrauch

Vergleiche

▶ S. 196

Bei einem Vergleich werden zwei verschiedene Vorstellungen durch ein „wie“ oder ein „als ob“ miteinander verknüpft, z. B.:
Das Meer glänzte schwarz wie die Nacht. In meinem Zimmer sah es aus, als ob ein Orkan durchgezogen wäre.

Metaphern

▶ S. 197

Bei einer Metapher wird ein **Wort** nicht wörtlich, sondern **in einer übertragenen (bildlichen) Bedeutung** gebraucht, z. B.: *Nussschale für ein kleines Boot, Suppe für Nebel.* Im Unterschied zum direkten Vergleich fehlt bei der Metapher das Vergleichswort „wie", z. B.: *Wolken sind (wie) flockige Länder.*

Personifikation (Vermenschlichung)

Die Personifikation ist eine besondere Form der Metapher: Leblose Gegenstände, Begriffe oder die Natur werden vermenschlicht, d. h., ihnen werden menschliche Verhaltensweisen und Eigenschaften zugesprochen, z. B.: *Die Natur schläft. Das Glück lacht. Der Tag verabschiedet sich.*

Satzglieder

Satzglieder erkennen: Die Umstellprobe

▶ S. 232

Ein Satz besteht aus verschiedenen Satzgliedern. Diese Satzglieder können aus einem einzelnen Wort oder aus mehreren Wörtern (einer Wortgruppe) bestehen. Mit der **Umstellprobe** könnt ihr feststellen, wie viele Satzglieder ein Satz hat. Wörter und Wortgruppen, die bei der Umstellprobe immer zusammenbleiben und die im Vorfeld des Satzes stehen können, bilden ein Satzglied, z. B.:

Vorfeld	**linke Satzklammer**	**Mittelfeld**	**rechte Satzklammer**	**Nachfeld**
Die beiden Brüder	*stellten*	*in Frankreich einen Heißluftballon*	*her.*	–
In Frankreich	*stellten*	*die beiden Brüder einen Heißluftballon*	*her.*	–
Einen Heißluftballon	*stellten*	*die beiden Brüder in Frankreich*	*her.*	–

Das Prädikat (Plural: die Prädikate); die Satzklammer

▶ S. 232

Der **Kern des Satzes** ist das Prädikat (Satzaussage). Prädikate werden durch Verben gebildet. In einem Aussagesatz steht die Personalform des Verbs (der gebeugte Teil) **immer an zweiter Satzgliedstelle** (Verbzweitsatz). Oft ist das Prädikat zweiteilig und bildet eine **Satzklammer.**

Der Ballon	*trieb*	*am Himmel*	*dahin*	*wie eine Wolke.*
Vorfeld	**linke Satzklammer**	**Mittelfeld**	**rechte Satzklammer**	**Nachfeld**

Durch die Satzklammer ergeben sich drei Felder, in denen die Satzglieder stehen können:

- Im **Vorfeld** steht im Aussagesatz nur ein Satzglied. Häufig ist es das Subjekt.
- Im **Mittelfeld** (nach dem flektierten Verb) können mehrere Satzglieder stehen.
- Im **Nachfeld** steht in der Regel nicht mehr als ein Satzglied.

Vorfeld und linke Satzklammer müssen in selbstständigen Sätzen immer besetzt sein.

Das Subjekt (Plural: die Subjekte)

▶ S. 232

Das Satzglied, das in einem Satz angibt, wer oder was handelt, etwas tut, veranlasst ..., heißt Subjekt (Satzgegenstand), z. B.: *Der Vampir biss seinen Nachbarn.*

- Ihr könnt das Subjekt mit der **Frage „Wer oder was ...?"** ermitteln.
  Der Vampir biss seinen Nachbarn. → Wer oder was biss seinen Nachbarn?
- Das Subjekt eines Satzes kann aus einem oder aus mehreren Wörtern bestehen, z. B.:
  Die scharfen Zähne bohrten sich in die Haut. → Wer oder was bohrte sich in die Haut?
- Das Subjekt eines Satzes **steht immer im Nominativ (1. Fall;** ▶ S. 310).

Die Objekte

▶ S. 232

- **Akkusativobjekt:** Das Objekt, das im Akkusativ steht, heißt Akkusativobjekt. Ihr ermittelt es mit der Frage: **Wen oder was ...?,** z. B.: *Wen oder was schreibt Lisa? → Lisa schreibt eine Vampirgeschichte.*
- **Dativobjekt:** Das Objekt, das im Dativ steht, heißt Dativobjekt. Ihr ermittelt es mit der Frage: **Wem ...?,** z. B.: *Wem hört Helena zu? → Helena hört Lisa zu.*
  Objekte können aus einem oder aus mehreren Wörtern bestehen.
- **Genitivobjekt:** Das Genitivobjekt ist ein Satzglied, das man mit der Frage **Wessen ...?** ermittelt, z. B.: *Er wird des Diebstahls angeklagt. → Wessen wird er angeklagt?*
  Das Genitivobjekt wird heute nur noch selten verwendet. Es gibt nur wenige Verben, die ein Genitivobjekt fordern, z. B.: *gedenken (der Toten gedenken), sich rühmen (sich des Sieges rühmen), sich bedienen (sich einer guten Ausdrucksweise bedienen).*
- **Präpositionalobjekt:** Das Präpositionalobjekt steht nach Verben, die fest mit einer Präposition verbunden sind, z. B.: *lachen über, achten auf, denken an, warten auf.*
  Diese Präposition ist auch im Fragewort enthalten, z. B.:
  Die Einbrecher hoffen ***auf*** *eine reiche Beute. → Wor**auf** hoffen die Einbrecher?*
  Sie fürchten sich ***vor*** *der Polizei. → Wo**vor** fürchten sie sich?*
  Nach den Präpositionalobjekten fragt man z. B. mit: Wofür ...? Wonach ...? Womit ...? Wovon ...? Worüber ...? Woran ...?

Das Prädikativ

Das Verb *sein* verlangt neben dem Subjekt ein weiteres Satzglied, das Prädikativ. Das Prädikativ kann ein **Nomen** oder ein **Adjektiv** sein, z. B.: *Er ist der Klassensprecher. Ich bin sportlich.*
Das Prädikativ ergänzt das Prädikat (Verb) und bezieht sich zugleich auf das Subjekt des Satzes. Weitere Verben, die häufig ein Prädikativ verlangen, sind: *bleiben, werden, heißen.*

Die adverbialen Bestimmungen (auch: Adverbialien)

▶ S. 233–234

- Adverbiale Bestimmungen (Umstandsbestimmungen) sind Satzglieder, die man z. B. mit den Fragen **Wann ...? Wo ...? Warum ...? Wie ...?** ermittelt. Sie liefern zusätzliche **Informationen über den Ort** (adverbiale Bestimmung des Ortes), **über die Zeit** (adverbiale Bestimmung der Zeit), **über den Grund** (adverbiale Bestimmung des Grundes) und **über die Art und Weise** (adverbiale Bestimmung der Art und Weise) eines Geschehens oder einer Handlung.
- Adverbiale Bestimmungen können aus einem oder aus mehreren Wörtern bestehen.
- Durch die Frageprobe kann man ermitteln, welche adverbiale Bestimmung vorliegt.

Frageprobe	Satzglied	Beispiel
Wo? Wohin? Woher?	**adverbiale Bestimmung des Ortes**	*Wo versteckt sich die Maus?* *Die Maus versteckt sich im Hauseingang.*
Wann? Wie lange? Seit wann?	**adverbiale Bestimmung der Zeit**	*Wann wurde die Katze gebissen?* *Die Katze wurde in der letzten Nacht gebissen.*
Warum? Weshalb?	**adverbiale Bestimmung des Grundes**	*Warum sind Vampirgeschichten beliebt?* *Wegen der Lust am Gruseln sind Vampirgeschichten beliebt.*
Wie? Auf welche Weise? Womit?	**adverbiale Bestimmung der Art und Weise**	*Wie töten Vampire ihre Opfer?* *Vampire töten ihre Opfer mit einem Biss.*

Die Attribute (Beifügungen)

▶ S. 235–236

Attribute **bestimmen ein Bezugswort** (meist ein Nomen) **näher.** Sie sind **immer Teil eines Satzglieds** und bleiben bei der Umstellprobe fest mit ihrem Bezugswort verbunden, z. B.:

Der große Mann / stiehlt / die Tasche.
Die Tasche / stiehlt / der große Mann.

Attribut Bezugswort

Attribute stehen **vor oder nach** ihrem **Bezugswort.**
Man kann sie mit **„Was für ...?"** erfragen.

Was für ein Mann? → ein großer Mann → ein Mann mit schwarzen Haaren

Attribut Bezugswort Bezugswort Attribut

Formen des Attributs

Es gibt verschiedene Formen des Attributs:

- **Adjektivattribut,** z. B.: *die große Tasche*
- **präpositionales Attribut,** z. B.: *das Versteck hinter dem Baum*
- **Genitivattribut,** z. B.: *der Komplize des Erpressers*
- **Apposition** (nachgestelltes Nomen im gleichen Kasus wie das Bezugswort), z. B.: *Herr Schummel, der Geldfälscher, tauchte unter.*
- **Relativsatz,** z. B.: *Ich sah den Mann, der die Tasche trug.*

Sätze

Satzarten

Wenn wir etwas aussagen, fragen oder jemanden zu einer Handlung auffordern wollen, verwenden wir unterschiedliche Arten von Sätzen. In der gesprochenen Sprache erkennen wir die Satzart oft an der Stimmführung, in der geschriebenen Sprache an dem jeweiligen Satzschlusszeichen:

- Nach einem **Aussagesatz** steht ein **Punkt,** z. B.: *Ich gehe jetzt ins Schwimmbad.*
- Nach einem **Fragesatz** steht ein **Fragezeichen,** z. B.: *Hast du heute Nachmittag Zeit?*
- Nach einem **Ausrufe- oder Aufforderungssatz** steht meist ein **Ausrufezeichen,** z. B.: *Beeilt euch!*

Die Satzreihe: Hauptsatz + Hauptsatz

▶ S. 237

- Ein **Hauptsatz** ist ein selbstständiger Satz. Er enthält mindestens zwei Satzglieder, nämlich Subjekt und Prädikat, z. B.: *Peter schwimmt.*
  Die Personalform des Verbs (das gebeugte Verb) steht im Hauptsatz an zweiter Satzgliedstelle, z. B.: *Peter schwimmt im See.* Man bezeichnet ihn daher auch als **Verbzweitsatz.**
- Ein **Satz,** der **aus zwei oder mehr Hauptsätzen** besteht, wird **Satzreihe** genannt. Die einzelnen Hauptsätze einer Satzreihe werden durch ein **Komma** voneinander getrennt, z. B.: *Peter schwimmt im See, Philipp kauft sich ein Eis.*
- Häufig werden die Hauptsätze durch die nebenordnenden **Konjunktionen** (Bindewörter) *und, oder, aber, sondern, denn, doch* verbunden, z. B.: *Peter schwimmt im See, denn es ist sehr heiß.*
  Nur vor den Konjunktionen *und* bzw. *oder* darf das Komma wegfallen, z. B.: *Peter schwimmt im See und Philipp kauft sich ein Eis.*

Satzgefüge: Hauptsatz + Nebensatz

▶ S. 238

Einen **Satz,** der **aus** mindestens einem **Hauptsatz und** mindestens einem **Nebensatz** besteht, nennt man **Satzgefüge.** Zwischen Hauptsatz und Nebensatz muss **immer ein Komma** stehen, z. B.:

Weil die Sonne scheint, gehen wir heute ins Schwimmbad.
Nebensatz — Hauptsatz

Der Regen, der seit Stunden fällt, war nach der Hitze nötig.
Hauptsatz — Nebensatz — Hauptsatz (Fortsetzung)

Nebensätze haben folgende Kennzeichen:

- Ein Nebensatz kann **nicht ohne** einen **Hauptsatz** stehen.
- Der Nebensatz **ist dem Hauptsatz untergeordnet.**
- **Nebensätze** können – wie andere Satzglieder auch – **im Vorfeld, Mittelfeld** und **Nachfeld** eines Satzes stehen.
- **Nebensätze** werden **durch** eine unterordnende **Konjunktion** (Subjunktion, z. B. *weil, da, obwohl, damit, dass, sodass, nachdem, während*) oder ein **Relativpronomen** *(der, die, das, welcher, welche, welches)* **eingeleitet.**
- Nebensätze, die durch ein Relativpronomen eingeleitet werden, nennt man **Relativsätze.**
- Die **Personalform des Verbs** (das gebeugte Verb) steht im Nebensatz immer **an letzter Satzgliedstelle.** Man bezeichnet ihn daher auch als **Verbletztsatz.**

Formen von Nebensätzen

Der Relativsatz

▶ S. 236

Relativsätze sind Nebensätze, die ein vorausgehendes Bezugswort (Nomen oder Pronomen) näher erklären. Sie werden mit einem **Relativpronomen** eingeleitet, z. B.:
der, die, das oder *welcher, welche, welches.*
Ein Relativsatz wird **immer** durch ein **Komma** vom Hauptsatz abgetrennt. Wird er in einen Hauptsatz eingeschoben, dann setzt man vor und hinter den Relativsatz ein Komma.
Daniel Düsentrieb ist eine Comicfigur, die von Carl Barks erfunden wurde.

Relativsätze nehmen im Satz die **Rolle eines Attributs ein** und werden deshalb auch Attributsätze genannt.

Adverbialsätze

▶ S. 241–246

Je nach Funktion im Satz unterscheidet man unterschiedliche Arten von Nebensätzen.
Nebensätze können die Stelle von Satzgliedern übernehmen. Man nennt sie dann auch Gliedsätze.
Adverbialsätze sind Gliedsätze, weil sie die **Stelle einer adverbialen Bestimmung einnehmen**, z. B.:
Nach dem Experiment sprachen wir über unsere Beobachtungen.
adverbiale Bestimmung

Nachdem wir das Experiment beendet hatten, sprachen wir über unsere Beobachtungen.
Adverbialsatz

Adverbialsätze werden mit einer **Konjunktion** eingeleitet. Sie können nicht ohne Hauptsatz stehen und werden durch ein **Komma** von diesem abgetrennt. Wie die adverbialen Bestimmungen können auch die Adverbialsätze mit Hilfe der Frageprobe näher bestimmt werden.

Adverbialsatz	Frageprobe	Konjunktionen	Beispiel
Temporalsatz (Zeit)	Wann ...? Seit wann ...? Wie lange ...?	nachdem, als, während, bis, bevor, solange, sobald ...	*Solange der Luftballon verschlossen ist, bewegt er sich nicht.*
Kausalsatz (Grund)	Warum ...?	weil, da	*Weil die Luft entweicht, bewegt sich der Ballon.*
Konditionalsatz (Bedingung)	Unter welcher Bedingung ...?	wenn, falls, sofern	*Wenn der Ballon mehr Luft enthält, legt er eine größere Strecke zurück.*
Konsekutivsatz (Folge)	Mit welcher Folge ...?	sodass (auch: so ..., dass)	*Die Schnur wird gespannt, sodass der Ballon gleiten kann.*
Finalsatz (Absicht, Zweck)	Wozu ...?	damit	*Wir lesen die Versuchsbeschreibung genau, damit das Experiment gelingt.*
Modalsatz (Art und Weise)	Wie ...?	indem, dadurch, ... dass, wie, als (ob) ...	*Der Versuch wird vorbereitet, indem das Material besorgt wird.*
Konzessivsatz (Einräumung)	Trotz welcher Umstände ...?	obwohl, obgleich, obschon, auch wenn	*Obwohl eine Rakete sehr schwer ist, funktioniert sie nach diesem Prinzip.*

Mit Temporalsätzen Zeitverhältnisse ausdrücken

▶ S. 245

Temporalsätze sind Adverbialsätze, die ein **Zeitverhältnis** ausdrücken. Sie geben an, wann sich das Geschehen im Verhältnis zum Geschehen im Hauptsatz vollzieht. Dabei kann zwischen **Vorzeitigkeit, Gleichzeitigkeit und Nachzeitigkeit** unterschieden werden.

Hauptsatz: *Marlene bereitet das Experiment vor, ...*

Temporalsätze

... nachdem sie die Versuchsbeschreibung gelesen hat.	*... während sie Musik hört.*	*... bevor sie den Klassenraum verlässt.*
Vorzeitigkeit: Das Ereignis im Temporalsatz liegt vor dem Ereignis im Hauptsatz.	**Gleichzeitigkeit:** Das Ereignis im Temporalsatz verläuft gleichzeitig mit dem Ereignis im Hauptsatz.	**Nachzeitigkeit:** Das Ereignis im Temporalsatz findet nach dem Ereignis im Hauptsatz statt.

Subjektsätze und Objektsätze

▶ S. 247–249

Nebensätze können die Stelle von Satzgliedern übernehmen. Man nennt sie dann auch Gliedsätze. **Subjektsätze und Objektsätze** sind Gliedsätze, weil sie **die Rolle des Subjekts bzw. des Objekts** für den Hauptsatz übernehmen. Sie lassen sich wie das Subjekt oder das Objekt mit Hilfe der Frageproben ermitteln.
Subjekt- und Objektsätze sind Nebensätze und können nicht ohne Hauptsatz stehen.
Sie werden durch ein **Komma** vom Hauptsatz abgetrennt.
Subjektsatz: Das Subjekt eines Satzes kann von einem Nebensatz gebildet werden, z. B.:
Der interessante Versuch überraschte Ben. → *Dass der Versuch interessant war, überraschte Ben.*
Subjekt — Subjektsatz (Wer oder was überraschte Ben?)

Objektsatz: Das Objekt eines Satzes kann von einem Nebensatz gebildet werden, z. B.:
Amina erklärt den Versuch. → *Amina erklärt, wie der Versuch funktioniert.*
Objekt — Objektsatz (Wen oder was erklärt Amina?)

Subjekt- und Objektsätze können unterschiedliche Gestalt annehmen, z. B.:

Satzform	Subjektsatz	Objektsatz
indirekter Fragesatz	*Wer diesen Versuch erklären kann,* hat ihn genau beobachtet.	Tom ahnte, *wie das Experiment ausgehen würde.*
dass-Satz	*Dass der Versuch gelang,* erfreute uns alle.	Er sagte, *dass er den Versuch erklären könne.*

Zeichensetzung

Satzschlusszeichen

- Nach einem **Aussagesatz** steht ein **Punkt,** z. B.:
  Ich gehe jetzt ins Schwimmbad.
- Nach einem **Fragesatz** steht ein **Fragezeichen,** z. B.:
  Hast du heute Nachmittag Zeit?
- Nach einem **Ausrufe- oder Aufforderungssatz** steht meist ein **Ausrufezeichen,** z. B.:
  Vergiss die Sonnencreme nicht! Beeilt euch!

Das Komma zwischen Sätzen

▶ S. 237–238; 265–267

Die einzelnen **Hauptsätze einer Satzreihe** werden durch ein **Komma** voneinander getrennt, z. B.:
Peter schwimmt im See, Philipp kauft sich ein Eis.
Nur vor den Konjunktionen *und* bzw. *oder* darf das Komma wegfallen, z. B.:
Peter schwimmt im See und Philipp kauft sich ein Eis.
Zwischen Hauptsatz und Nebensatz (Satzgefüge) muss **immer ein Komma** stehen, z. B.:
Wir gehen heute ins Schwimmbad, weil die Sonne scheint.

Der Nebensatz kann vor, zwischen oder nach dem Hauptsatz stehen. Zwischen Hauptsatz und Nebensatz muss **immer ein Komma** stehen, z. B.:
Wenn wir verreisen, möchte ich nicht allzu lange im Auto sitzen.
Die Sommerferien, die ich in diesem Jahr zu Hause verbracht habe, waren schön.

Ein **Satzgefüge kann mehrere Nebensätze** enthalten. Alle Nebensätze werden mit einem **Komma** abgetrennt, z. B.:
Weil ich gerne reise, fahre ich weg, wann immer es geht.
Ich glaube, dass man auch zu Hause schöne Urlaubstage verbringen kann, weil ich zu den Leuten gehöre, die gerne lesen und ins Freibad gehen.

Folgende Wörter können Nebensätze einleiten:

unterordnende **Konjunktionen** (Subjunktion)	nachdem, wenn, obwohl, weil, dass, indem ...	***Weil** die Sonne scheint, gehen wir ins Freibad.*
Fragewörter und **ob**	wann, woher, warum, weshalb, wie, wo, ob ...	*Ich weiß nicht genau, **wann** er kommen wird.*
Relativpronomen	der, die, das, welcher, welche, welches	*Der Junge, **der** dort vorne steht, heißt Peter.*

Das Komma bei Aufzählungen

▶ S. 268

Wörter und Wortgruppen in Aufzählungen werden **durch Kommas abgetrennt,** z. B.:
Mit Wolle, Garn, Stoffen, Perlen kann man immer etwas anfangen.
Dies gilt auch, wenn das Wort oder die Wortgruppe durch eine einschränkende Konjunktion wie *aber, jedoch, sondern, doch* eingeleitet wird, z. B.: *Dieses Spiel ist kurz, aber sehr lustig.*
Achtung: Kein Komma steht vor den nebenordnenden Konjunktionen *und, oder, sowie, entweder ... oder, sowohl ... als auch, weder ... noch,* z. B.: *Hier gibt es sowohl Sportkleidung als auch Sportgeräte.*

Das Komma bei Appositionen und nachgestellten Erläuterungen

▶ S. 269

1 Die **Apposition** ist eine besondere Form des Attributs und besteht in der Regel aus einem Nomen oder einer Nomengruppe. Sie folgt ihrem Bezugswort (meist ein Nomen) und wird **durch Kommas abgetrennt,** z. B.:
Berlin, unsere Hauptstadt, ist ein beliebtes Reiseziel für Schulklassen.
Die Apposition steht im gleichen Kasus wie ihr Bezugswort (hier: Nominativ).

2 Die **nachgestellte Erläuterung** wird oft mit Wörtern wie *nämlich, und zwar, vor allem, das heißt (d. h.), zum Beispiel (z. B.)* eingeleitet. Sie wird **durch Kommas abgetrennt,** z. B.:
Das Reichstagsgebäude, also der Sitz des Bundestags, besitzt eine Kuppel aus Glas.

Zeichensetzung bei der wörtlichen Rede

▶ S. 270–271

Die wörtliche Rede steht in einem Text in Anführungszeichen. Die Satzzeichen ändern sich, je nachdem, ob der Redebegleitsatz vor, nach oder zwischen der wörtlichen Rede steht.

- Der **Redebegleitsatz vor der wörtlichen Rede** wird durch einen Doppelpunkt von der wörtlichen Rede abgetrennt, z. B.: *Ich fragte: „Wohin sollen wir verreisen?“*
- Der **Redebegleitsatz nach der wörtlichen Rede** wird durch ein Komma von der wörtlichen Rede abgetrennt, z. B.: *„Ich würde gerne ans Meer fahren!“, rief Jana. „Sollen wir ans Meer fahren?“, fragte Jana. „Ich möchte ans Meer“, sagte Jana.*
  In der wörtlichen Rede entfällt der Punkt; Frage- und Ausrufezeichen bleiben aber erhalten.
- Der **Redebegleitsatz zwischen der wörtlichen Rede** wird durch Kommas von der wörtlichen Rede abgetrennt, z. B.: *„O weh“, rief Tina, „der Papagei!“*

Tipps zum Rechtschreiben

Verwandte Wörter suchen (Ableitungsprobe)

- Wenn ihr unsicher seid, wie ein Wort geschrieben wird, hilft fast immer die Suche nach einem verwandten Wort. Der Wortstamm (= Grundbaustein) wird in allen verwandten Wörtern gleich oder ähnlich geschrieben, z. B.: *reisen: abgereist, verreisen, die Reise.*
- Ihr schreibt ein Wort mit **ä** oder **äu,** wenn es ein verwandtes Wort mit **a** oder **au** gibt, z. B.:
  - **e** oder **ä**? → *Gläser* → *Glas*
  - **eu** oder **äu**? → *Träume* → *Traum*

  Gibt es kein verwandtes Wort mit **a** oder **au,** schreibt man das Wort meist mit **e** oder **eu.**

Wörter verlängern (Verlängerungsprobe)

Am Wortende klingt **b** wie **p** *(das Lo**b**)*, **g** wie **k** *(der Ta**g**)* und **d** wie **t** *(der Hun**d**)*. Wenn ihr die Wörter verlängert, hört ihr, welchen Buchstaben ihr schreiben müsst. So könnt ihr Wörter verlängern:

- Bildet bei Nomen den Plural, z. B.: *der Ta**g*** → *die Ta**g**e*, oder ein Adjektiv, z. B.: *der San**d*** → *san**d**ig.*
- Steigert die Adjektive oder ergänzt ein Nomen, z. B.: *wil**d*** → *wil**d**er; ein wil**d**es Tier.*
- Bildet bei Verben den Infinitiv oder die Wir-Form, z. B.: *er lo**b**t* → *lo**b**en; wir lo**b**en.*

Im Wörterbuch nachschlagen

- Die Wörter sind **nach dem Alphabet sortiert.** Wenn der erste, zweite ... Buchstabe gleich ist, wird die Reihenfolge nach dem zweiten, dritten ... Buchstaben entschieden, z. B.: *Fl**a**mme, Fl**e**iß, Fl**o**ß.*
- Die Wörter sind im Wörterbuch in ihrer **Grundform** verzeichnet.
  - **Verben** findet ihr **im Infinitiv** (Grundform), z. B.: *ich habe gewusst* → *wissen.*
  - **Nomen** findet ihr **im Nominativ Singular** (1. Fall, Einzahl), z. B.: *die Hände* → *Hand.*

Silbentrennung

Mehrsilbige Wörter trennt man nach Sprechsilben, die man beim deutlichen und langsamen Vorlesen hören kann, z. B.: *Spa-zier-gang.* Ein einzelner Vokalbuchstabe wird nicht abgetrennt, z. B. *Igel* (nicht ~~*I-gel*~~). Beachtet: Einsilbige Wörter kann man nicht trennen, z. B.: *Tisch, blau.*

Partnerdiktat

▶ S. 263

- Lest zuerst den gesamten Text durch und achtet auf schwierige Wörter.
- Diktiert euch abwechselnd den ganzen Text, am besten in Wortgruppen.
- Jeder überprüft am Ende seinen eigenen Text auf Rechtschreibfehler und verbessert sie.
- Tauscht dann eure Texte und korrigiert sie gegenseitig.
- Verbessert zum Schluss die Fehler in euren Texten.

Rechtschreibregeln

Kurze Vokale – doppelte Konsonanten

Nach einem **betonten kurzen Vokal** (Selbstlaut) folgen fast immer **zwei** oder mehr Konsonanten. Beim deutlichen Sprechen könnt ihr sie meist gut unterscheiden, z. B.: *kalt, Pflanze, trinken.* Wenn ihr bei einem Wort mit einem betonten kurzen Vokal nur einen **Konsonanten** hört, dann wird er in der Regel **verdoppelt,** z. B.: *Tasse, Schiff, wissen, treffen, sonnig, satt.*
Beachtet: Statt kk schreibt man **ck** und statt zz schreibt man **tz,** z. B.: *verstecken, Decke, Katze, verletzen.*

Lange Vokale (a, e, i, o, u)

- **Lange Vokale als einfache Vokale**
  In den meisten Wörtern ist der betonte lange Vokal ein einfacher Vokal. Danach folgt meist nur ein Konsonant, z. B.:
  die Flöte, die Hose, der Besen, geben, tragen, er kam.
  Das gilt besonders für einsilbige Wörter:
  zu, los, so, wen.

- **Lange Vokale mit h**
  Das **h** nach einem **langen Vokal** steht besonders häufig vor den Konsonanten **l, m, n, r.** Beispiele: *kahl, nehmen, wohnen, bohren.* Man hört dieses h nicht.

- **h am Silbenanfang**
  Bei manchen Wörtern steht am Anfang der zweiten Silbe ein **h,** z. B.: *ge-hen.* Dieses **h** könnt ihr hören. Das **h** bleibt in verwandten Wörtern erhalten. Verlängert einsilbige Wörter, dann hört ihr dieses **h,** z. B.: *er geht → gehen.*

- **Wörter mit Doppelvokal**
  Es gibt nur wenige Wörter, in denen der lang gesprochene Vokal durch die Verdopplung gekennzeichnet ist. Merkt sie euch gut.
  - **aa:** *der Aal, das Haar, paar, das Paar, der Saal, die Saat, der Staat, die Waage.*
  - **ee:** *die Beere, das Beet, die Fee, das Heer, der Klee, das Meer, der Schnee, der See.*
  - **oo:** *das Boot, doof, das Moor, das Moos, der Zoo.*

  Die Vokale **i** und **u** werden nie verdoppelt.

- **Wörter mit langem i**
  - **Wörter mit ie:** Mehr als drei Viertel aller Wörter mit lang gesprochenem **i** werden mit **ie** geschrieben. Das ist also die häufigste Schreibweise.
    Beispiele: *das Tier, lieb, siegen, viel, hier.*
  - **Wörter mit i:** Manchmal wird das lang gesprochene **i** durch den Einzelbuchstaben **i** wiedergegeben.
    Beispiele: *mir, dir, wir, der Igel, das Klima, das Kino, der Biber.*
  - **Wörter mit ih:** Nur in den folgenden Wörtern wird der lange **i**-Laut als **ih** geschrieben:
    ihr, ihm, ihn, ihnen, ihre usw.

Das stimmhafte s und das stimmlose s

- **Das stimmhafte s (= weicher, gesummter s-Laut):**
  Manchmal spricht man das **s** weich und summend wie in ***S**onne, tau**s**end* oder ***s**elt**s**am*.
  Dann nennt man das **s** stimmhaft.
- **Das stimmlose s (= harter, gezischter s-Laut):**
  Manchmal spricht man das **s** hart und zischend wie in *Gra**s*** oder *kü**ss**en* oder *schlie**ß**en*.
  Dann nennt man das **s** stimmlos.

Die Schreibung des s-Lautes: s, ss oder ß?

- Das **stimmhafte s wird immer mit einfachem s** geschrieben, z. B.:
  *ei**s**ig, Rie**s**e, **S**onne.*
- Das **stimmlose s** wird **mit einfachem s** geschrieben, **wenn sich beim Verlängern** des Wortes (▶ S. 327) **ein stimmhaftes s ergibt,** z. B.:
  *das Gra**s** → die Grä**s**er; un**s** → un**s**er.*
  Für einige Wörter mit einfachem **s** am Wortende gibt es keine Verlängerungsmöglichkeit.
  Es sind also Merkwörter: *als, aus, bis, es, was, etwas, niemals, alles, anders, morgens.*
- **Doppel-s nach kurzem Vokal**
  Der stimmlose s-Laut wird **nach einem kurzen betonten Vokal** mit **ss** geschrieben, z. B.:
  *e**ss**en, die Kla**ss**e, wi**ss**en.*
- **ß nach langem Vokal oder Diphthong**
  Der stimmlose s-Laut wird **nach einem langen Vokal oder Diphthong** (ei, ai, au, äu, eu, ie) mit **ß** geschrieben, wenn er bei der Verlängerungsprobe stimmlos bleibt, z. B.:
  *hei**ß** → hei**ß**er; der Klo**ß** → die Klö**ß**e.*

Großschreibung

Großgeschrieben werden

- alle Satzanfänge, z. B.: ***E**r tanzt gern.*
- alle Nomen und nominalisierten Wörter, z. B.: *die **L**iebe, der **B**uchhändler, das **S**chwimmbad, etwas **N**eues, gutes **Z**uhören ...*
- die Höflichkeitsanrede (z. B. in einem Brief) ***S**ie, **I**hnen* usw.

Nomen und Nomenmerkmale

- **Nomen** werden **großgeschrieben.** Wörter, die auf *-heit, -keit, -nis, -schaft, -tum, -in, -ung* enden, sind immer Nomen, z. B.: *Gesundheit, Tapferkeit, Ereignis, Verwandtschaft, Irrtum, Sängerin, Handlung.*
- **Nomen kann man meist an ihren Begleitwörtern (Nomensignalen) erkennen,** die den Nomen vorausgehen. Begleitwörter sind:
  - **Artikel** (bestimmter/unbestimmter), z. B.: *der Hund, ein Hund,*

- **Pronomen,** z. B.: *unser Hund, dieser Hund,*
- **Präpositionen,** die mit einem Artikel verschmolzen sein können, z. B.: *bei Nacht, am (= an dem) Fluss,*
- **Adjektive,** z. B.: *große Hunde,*
- **Zahlwörter,** z. B.: *zwei Tage, drei Stunden.*

Nominalisierungen: Großschreibung von Verben und Adjektiven ▶ S. 254–255

Verben und Adjektive schreibt man **groß,** wenn sie im Satz **als Nomen gebraucht** werden, z. B.: *das Spielen* (Verb), *das Neue* (Adjektiv). Diesen Vorgang nennt man **Nominalisierung.** Ihr könnt solche Nominalisierungen genau wie alle anderen Nomen meist an ihren **Begleitwörtern** erkennen, z. B.:

- ein **Artikel,** z. B.: *das Spielen, ein Gutes,*
- ein **Adjektiv,** z. B.: *fröhliches Lachen,*
- eine **Präposition,** die mit einem Artikel verschmolzen sein kann, z. B.: *vor Lachen, bei Rot, beim (bei dem) Spielen, im (in dem) Großen und Ganzen,*
- ein **Pronomen,** z. B.: *dieses Laufen* (Demonstrativpronomen), *unser Bestes* (Possessivpronomen), *etwas Neues, alles Gute* (Indefinitpronomen).

Weil Verbindungen von Indefinitpronomen und nominalisierten Adjektiven häufig vorkommen (z. B.: *etwas Neues, alles Gute*), lernt ihr diese Pronomen am besten als Nomensignale auswendig, z. B.: *etwas, manches, alles, nichts, einige, kein, viel, (ein) paar.*

Tipp: Nicht immer wird ein nominalisiertes Wort durch einen Nomenbegleiter angekündigt. Macht die Probe: Wenn ihr einen Nomenbegleiter (z. B. einen Artikel) ergänzen könnt, schreibt ihr groß, z. B.: *Nicht nur (das) Rätseln ist ein schöner Zeitvertreib.*

Groß- und Kleinschreibung

Groß- und Kleinschreibung bei Tageszeiten und Wochentagen ▶ S. 256–257

- **Tageszeiten und Wochentage** werden **großgeschrieben,** wenn sie **Nomen** sind. Ihr erkennt sie häufig an den üblichen Nomensignalen, z. B. *am Nachmittag, mitten in der Nacht, eines Tages; am Montag, diesen Dienstag, jeden Mittwoch.*
- **Tageszeiten und Wochentage** werden **kleingeschrieben,** wenn sie **Adverbien** sind, z. B.: *heute, morgen, gestern, nachmittags, abends, freitags.*
- Bei **kombinierten Angaben** schreibt man die **Adverbien klein** und die **Nomen groß,** z. B.: *heute Abend, gestern Nacht, morgen Mittag.*
- Auch für **zusammengesetzte Zeitangaben** aus Wochentag und Tageszeit gilt: Sie werden großgeschrieben, wenn sie Nomen sind, und kleingeschrieben, wenn sie Adverbien sind, z. B.: *der Montagnachmittag, am Mittwochabend, montagnachmittags, mittwochabends.*

Getrennt- und Zusammenschreibung

▶ S. 259–264

Wortgruppen aus Nomen und Verb

▶ S. 259

Wortgruppen aus **Nomen und Verb** werden in der Regel **getrennt** geschrieben, z. B.:
Rad fahren, Handball spielen, Schlange stehen.
Achtung: Werden sie nominalisiert, schreibt man sie zusammen und groß, z. B.:
Ich hole dich zum Fußballspielen ab. Das Radfahren macht mir Spaß.

Wortgruppen aus Verb und Verb

▶ S. 260

Wortgruppen aus **Verb und Verb** können immer **getrennt geschrieben** werden, z. B.:
kennen lernen, einkaufen gehen, liegen lassen, gesagt bekommen, gelobt werden.
Achtung: Werden sie nominalisiert, schreibt man sie zusammen und groß, z. B.:
Das Spazierengehen im Wald ist eine schöne Abwechslung.

Wortgruppen mit sein

▶ S. 260

Wortgruppen mit **sein** werden immer getrennt geschrieben, z. B.:
froh sein, zufrieden sein, zusammen sein, vorhanden sein.

Wortgruppen aus Adjektiv und Verb

▶ S. 261

Wortgruppen aus Adjektiv und Verb werden **meist getrennt geschrieben,** z. B.:
laut singen, schnell rennen, bequem sitzen.
Aber: Entsteht durch die Verbindung von Adjektiv und Verb ein **Wort mit einer neuen Gesamtbedeutung, schreibt man zusammen,** z. B.:
schwarzfahren (= ohne Fahrschein fahren), *schwerfallen* (= Mühe bereiten), *blaumachen* (= schwänzen).

Wortgruppen aus Adverb und Verb, Präposition und Verb

▶ S. 262

1 Wenn **Adverb und Verb zusammengeschrieben werden,** liegt die **Hauptbetonung** in der Regel **auf dem Adverb,** z. B.:
Wir müssen zusammenhalten.
Bei der **Getrenntschreibung** werden **Adverb und Verb in der Regel gleich betont,** z. B.:
Ich wohne in dem Haus, das du gegenüber siehst.
Tipp: Macht die Erweiterungsprobe. Wenn ihr ein Wort oder eine Wortgruppe zwischen Adverb und Verb einfügen könnt, schreibt ihr getrennt, z. B.:
Wollen wir das Regal zusammen (in die Küche) tragen?

2 **Verbindungen aus Präposition und Verb** schreibt man in der Regel **zusammen.**
Die Hauptbetonung liegt bei der Zusammenschreibung auf der Präposition, z. B.:
Können wir umkehren? Möchtest du mitkommen?

Arbeitstechniken und Methoden

Informationen beschaffen

▶ S. 172; 288–298

Wenn ihr Informationen über ein bestimmtes Thema sucht oder etwas nachschlagen wollt, stehen euch verschiedene Informationsquellen zur Verfügung.
Die wichtigsten **Informationsquellen** sind **Bücher** (Lexika, Sach- oder Fachbücher), **Zeitschriften** und das **Internet.**

In Büchern und Zeitschriften recherchieren

▶ S. 172

Bücher und Zeitschriften findet ihr in der Bibliothek (Bücherei), z. B. in der Schul-, der Stadt- oder der Gemeindebibliothek.
So könnt ihr mit Hilfe des Computers in einer Bibliothek nach Büchern und anderen Medien suchen:

1. Schritt: Gebt in das entsprechende Feld der Suchmaske einen Suchbegriff ein, z. B. den Namen des Autors / der Autorin, den Titel des Buches, einen Sachbegriff / ein Schlagwort (z. B. Dinosaurier, Abenteuerbuch). Verfeinert, wenn möglich, die Suche, indem ihr eine bestimmte Medienart (z. B. Buch, CD, DVD) auswählt.

2. Schritt: Startet die Suche, indem ihr die Enter-Taste des Computers drückt oder mit einem Mausklick das Feld für die Suche anklickt.

3. Schritt: Ihr erhaltet nun Angaben zu dem gesuchten Titel oder eine Liste mit Suchergebnissen. Klickt den Titel an, zu dem ihr genauere Informationen haben wollt, z. B. eine Kurzbeschreibung des Inhalts, Angaben darüber, ob das Buch vorhanden oder ausgeliehen ist.

4. Schritt: Wenn ihr den gesuchten Titel gefunden habt, müsst ihr euch die Signatur aufschreiben, z. B.: *Ab 24 Tw.* Sie gibt euch den Standort des Buches, der CD etc. in der Bibliothek an.

5. Schritt: Orientiert euch in der Bibliothek, in welchem Regal ihr euer Buch, die CD etc. findet, z. B.: *Ab 24 Tw* (Ab = Abenteuer; 24 = Regalstellplatz; Tw = Autor, hier Mark Twain).

Im Internet recherchieren

▶ S. 172; 288–298

Für die Recherche im Internet verwendet man sogenannte Suchmaschinen, z. B. google.de.
Für Jugendliche gibt es spezielle Suchmaschinen, z. B.: fragfinn.de, helles-koepfchen.de.
Durch die Eingabe von Suchbegriffen wird die Suche sinnvoll eingeschränkt.
Es gibt verschiedene Möglichkeiten:

- Eingabe eines Suchbegriffs, z. B. *Orang-Utan:* Internetseiten, die dieses Wort enthalten, werden angezeigt.
- Eingabe mehrerer Suchbegriffe, z. B. *Orang-Utan + Lebensraum:* Die Suche beschränkt sich auf die Seiten, die beide Begriffe enthalten.
- Eingabe eines Themas oder eines Namens in Anführungszeichen, z. B. *„Orang-Utans in Malaysia“:* Der genaue Wortlaut oder der vollständige Name wird gesucht.

Suchergebnisse beurteilen

► S. 288–289

1 Lest den Titel der Seite und den Textauszug aus dem Internetbeitrag. Geben sie Hinweise darauf, dass diese Internetseite die gesuchten Informationen enthält?
2 Prüft die Internetadresse. Scheint der Betreiber der Seite zuverlässig? Weist die Seite auf einen Onlineshop (z. B. Amazon, eBay) hin, findet ihr keine geeigneten Informationen.
3 Überfliegt den Inhalt der aufgerufenen Internetseite und entscheidet, ob euch der Beitrag tatsächlich brauchbare Informationen zum Thema oder zu euren Fragen liefert.
4 Wenn ihr sicher seid, dass die Informationen auf der Seite hilfreich sind, nehmt ihr sie in eure Materialsammlung auf. Hierzu könnt ihr die Seite ausdrucken oder speichern.

Internetseiten speichern: Lesezeichen oder Favoriten anlegen

► S. 288–289

Wenn ihr eine Internetseite gefunden habt, die ihr später noch einmal aufrufen möchtet, legt ihr sie als Lesezeichen oder Favorit ab. Geht so vor:

1 **Klickt oben im Browser auf „Favoriten" oder „Lesezeichen".**
2 Hier findet ihr die Funktion „Zu Favoriten hinzufügen" (beim Browser Internet Explorer) oder „Lesezeichen hinzufügen" (beim Browser Mozilla Firefox).
   - **Lesezeichen hinzufügen:** Klickt auf den Pfeil neben dem Fenster Ordner → dann auf „Wählen" → „Neuer Ordner". Gebt dem Ordner einen aussagekräftigen Namen, z. B.: Klimaschutz-Maßnahmen, und klickt dann auf „Fertig".
   - **Zu Favoriten hinzufügen:** Klickt auf „Neuer Ordner" und gebt dem Ordner einen aussagekräftigen Namen, z. B.: Klimaschutz-Maßnahmen. Klickt dann auf „Erstellen", danach auf „Hinzufügen".

Quellenangaben machen

► S. 172

Es ist wichtig, zu allen Materialien Quellenangaben zu machen, damit man die Informationen noch einmal nachlesen oder überprüfen kann:

- **Buch:** Autor/-in, Buchtitel, Seitenangabe, z. B.: *Edwin Klein: Die Olympischen Spiele, S. 33.*
- **Zeitung/Zeitschrift:** Verfasser/-in, Titel des Textes, Name der Zeitschrift/Zeitung, Ausgabe (z. B. *Nr. 2/2013*), Seitenangabe, z. B.: *Felix Muster: Zwischenfälle bei den Olympischen Spielen. In: Olympiade heute, Nr. 33/2012, S. 33–36.*
- **Internet:** Internetadresse und Datum, an dem ihr die Seite aufgerufen habt, z. B.: *www.helles-koepfchen.de/artikel/2673.html (15. 3. 2013)*

Informationen auswerten

► S. 170–171; 289–290

Bei euren Recherchen werdet ihr meist mehrere Texte zu einem Thema finden.
Dann müsst ihr die Informationen auswählen und ordnen. Geht so vor:

1 Unterstreicht auf einer Kopie oder einem Textausdruck die wichtigsten Informationen.
2 Notiert am Textrand, zu welchen Oberbegriffen oder Teilthemen die markierten Informationen gehören, z. B.: Wiedereinführung (der Olympischen Spiele), Grundidee ...
3 Tragt die wichtigsten Informationen zusammen, indem ihr sie nach Oberbegriffen ordnet.

Einen Kurzvortrag halten

▶ S. 173–176; 290

1 Den Kurzvortrag vorbereiten

Ein gelungener Vortrag muss gut vorbereitet werden:

- Ordnet die Informationen für euren Kurzvortrag, z. B. nach Unterthemen, und bringt sie in eine sinnvolle Reihenfolge.
- Notiert zu jedem Unterthema wichtige Stichworte, z. B. auf Karteikarten.
- Nummeriert die Karteikarten in der entsprechenden Reihenfolge.
- Überlegt, zu welchen Informationen eures Vortrags ihr welches Anschauungsmaterial zeigen könnt, und sucht nach geeignetem Material, z. B.: Informationsplakat (siehe unten), Bilder, Fotos, Landkarten, Grafiken, Gegenstände, Anschauungsobjekte.

2 Den Kurzvortrag gliedern

1. Einleitung:

Die Einleitung eines Kurzvortrags soll das Interesse eurer Zuhörerinnen und Zuhörer wecken und in das Thema einführen. Es gibt verschiedene Einstiegsmöglichkeiten, z. B. ein Bild zum Thema, ein passendes Zitat, ein interessantes Ereignis.

2. Hauptteil:

Im Hauptteil werden die Informationen in einer sinnvollen Reihenfolge wiedergegeben. Beantwortet hierbei die W-Fragen (Was? Wo? Wie? Warum? ...).

3. Schluss:

Der Schluss rundet den Vortrag ab. Ihr könnt wichtige Informationen zusammenfassen oder eine persönliche Meinung zum Thema formulieren.

3 Tipps für den Vortrag

- Sprecht langsam und deutlich, sonst können euch eure Zuhörer/-innen nicht folgen.
- Versucht, möglichst frei vorzutragen. Lest wenig ab, schaut euer Publikum an und gebt ihm Gelegenheit, Fragen zu stellen.

Ein Informationsplakat gestalten

- Sucht zu eurem Thema Informationstexte, Bilder und evtl. Grafiken (▶ Informationen beschaffen, S. 332–333).
- Lest euer Informationsmaterial und wertet es aus (▶ S. 333).
- Ordnet die Informationen, die ihr den Texten entnommen habt, z. B. nach Unterthemen.
- Schreibt zu jedem Unterthema einen kleinen Informationstext. Schreibt die Texte auf einzelne Blätter, die ihr hinterher auf das Plakat aufkleben könnt. Achtet darauf, dass die Texte nicht zu lang sind, und verwendet eigene Formulierungen. Schreibt nicht zu klein.
- Überlegt, welche Abbildungen (Fotos, Bilder, Grafiken, Zeichnungen) ihr verwenden wollt.
- Schiebt die Texte und Abbildungen auf dem Plakat hin und her, bevor ihr sie aufklebt. Probiert aus, wie es am übersichtlichsten aussieht.
- Gebt eurem Plakat einen Titel und gestaltet ihn in einer gut lesbaren Schrift und in einer auffälligen Farbe.

Ideen sammeln: Das Brainstorming

► S. 285

Ein Brainstorming ist ein schneller Weg, Gedanken zu einem Thema zu sammeln. Der Ablauf: Alle Mitglieder einer Lerngruppe äußern laut ihre Einfälle, Gedanken, Assoziationen zu einem Thema. Zwei oder drei Schüler/-innen notieren die zugerufenen Äußerungen an der Tafel, auf Folie für den Overheadprojektor oder auf einer Wandzeitung. Zurufe, die zunächst nicht wahrgenommen wurden, müssen eventuell wiederholt werden.
Ein Brainstorming kann auch in schriftlicher Form durchgeführt werden: Man schreibt das Thema oben auf ein Blatt Papier, darunter werden als Auflistung Gedanken und Ideen notiert, z. B.: Umweltschutz:
- Mülltrennung,
- Nistkästen,
- grüner Punkt,
- Naturschutzverbände,
- ...

Ideen sammeln: Der Cluster

► S. 172; 285

Der Cluster (engl. = Traube, Schwarm) hilft euch, Ideen zu einem bestimmten Thema zu finden.
- Schreibt das Thema in die Mitte eines Blattes.
- Notiert dann Stichpunkte (Gedanken, Ideen, Angaben, Merkmale) zu dem Thema und verbindet sie mit Linien mit dem Thema (Ausgangskreis). Zu jedem Stichpunkt könnt ihr wiederum weitere Einfälle notieren.

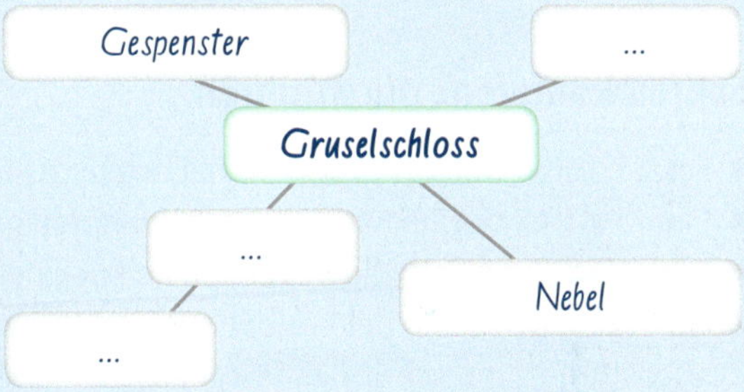

Ideen sammeln und ordnen: Die Mind-Map

► S. 163; 198; 285

Die Mind-Map (engl. = Gedankenlandkarte) ist im Gegensatz zum Cluster (oben) dazu geeignet, die Ideen zu ordnen.
- Schreibt in die Mitte eines Blattes das Thema.
- Ergänzt dann um das Thema Oberpunkte (Hauptthemen).
- Erweitert diese Oberpunkte um Unterpunkte (Unterthemen).

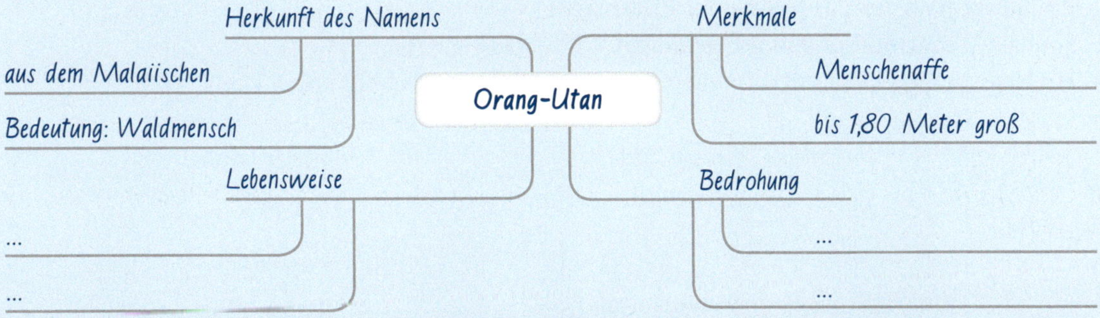

Texte überarbeiten: Die Textlupe

1 Übertragt die Tabelle rechts auf ein Extra-Blatt.
2 Setzt euch in kleinen Gruppen (maximal vier Mitglieder) zusammen.
3 Schreibt eure Kommentare zum Text des Mitschülers / der Mitschülerin in die Tabelle. Unterschreibt euren Eintrag. Gebt das Blatt im Uhrzeigersinn weiter und tragt eure Kommentare ein, bis das Blatt wieder beim Verfasser angekommen ist.
4 Der Verfasser / die Verfasserin markiert auf dem Kommentarblatt alle Hinweise, die er/sie richtig findet, und überarbeitet den eigenen Text mit Hilfe dieser Kommentare. Überprüft auch die Rechtschreibung und Zeichensetzung. Verwendet in Zweifelsfällen ein Rechtschreibwörterbuch. Zuletzt wird der Text noch einmal ordentlich abgeschrieben.

Name des Verfassers / der Verfasserin: ...

	Das finde ich gelungen	Hier habe ich Fragen oder etwas stört mich	Meine Vorschläge
Kommentar 1: ...	...	...	...
Name: ...	...	...	...
Kommentar 2: ...	...	...	...
Name: ...	...	...	...
...	...	...	...

Schreibkonferenz durchführen

► S. 295–296

- Setzt euch in kleinen Gruppen (höchstens zu viert) zusammen.
- Einer liest seinen Text vor, die anderen hören gut zu.
- Anschließend geben die anderen eine Rückmeldung, was ihnen besonders gut gefallen hat.
- Nun wird der Text in der Gruppe Satz für Satz besprochen. Die Überarbeitungsvorschläge werden abgestimmt und schriftlich festgehalten.
- Korrigiert auch die Rechtschreibung und die Zeichensetzung.
- Zum Schluss überarbeitet die Verfasserin oder der Verfasser den eigenen Text.

Legt gemeinsam fest, wie ihr die Texte korrigieren wollt, z. B.:
- Anmerkungen nur mit Bleistift lesbar an den Rand schreiben.
- Folgende Korrekturzeichen verwenden:
  R = Rechtschreibfehler (Wort in der richtigen Schreibweise am Rand notieren)
  Z = Zeichenfehler (Satzzeichen einfügen bzw. streichen)
  T = Tempusfehler (richtiges Tempus notieren)
  ? = hier ist etwas unklar (= Bitte um Rücksprache)
  + = hier ist etwas besonders gut gelungen
  – = hier ist etwas nicht gut formuliert (Formulierungsvorschlag notieren)

Sinngestaltendes Vorlesen

► S. 131

Sinngestaltendes Vorlesen bedeutet, dass ihr einen Text ausdrucksvoll vortragt und eure Stimme dem erzählten Geschehen anpasst. Zum Beispiel könnt ihr lauter sprechen, wenn eine Figur mit ihren Taten angibt, oder leiser sprechen, wenn eine Figur Angst hat.

Betonungszeichen

► S. 131

Bereitet das Vorlesen vor, indem ihr den Text mit Betonungszeichen kennzeichnet:

- Betonungen bei Wörtern, die lauter gelesen werden sollen: ______
- kurze Pause: |, längere Pause: ||
- Heben der Stimme, z. B. bei einer Frage: ↗
- Senken der Stimme, z. B. am Satzende: ↘
- schneller sprechen: ⟶
- langsamer sprechen: ∿∿→

Eine Figurenskizze erstellen

► S. 89; 185; 189

Die Beziehung zwischen Figuren (z. B. Abneigung, Freundschaft, Abhängigkeiten usw.) könnt ihr in einer Figurenskizze darstellen:

- Zeichnet für jede Figur/Figurengruppe einen Kasten. Schreibt in jeden Figurenkasten den Namen und evtl. auch die Eigenschaften der jeweiligen Figur.
- Bestimmt die Beziehungen der Figuren, indem ihr die Kästen durch Pfeile verbindet und diese mit einem aussagefähigen Wort beschriftet (z. B. *verliebt, fremd, gleichgültig, befreundet, verfeindet*).

Ein Standbild bauen

► S. 174

In einem Standbild kann man verdeutlichen, wie die Figuren in einem literarischen Text (einer Erzählung, einem Theaterstück ...) zueinander stehen und in welcher Situation sie sich befinden.

- **Klärt die Textstelle,** die ihr als Standbild darstellen wollt, ganz genau: Um welche Situation geht es? Welche Figuren sind beteiligt?
- Entscheidet, **wer welche Figur** darstellt, und bestimmt eine **Regisseurin** / einen **Regisseur.**
- Die Regisseurin oder der Regisseur stellt die Figuren auf: Er oder sie **macht deutlich, wie die Figuren zueinander stehen.** Dafür müssen auch die Körperhaltung und die Mimik festgelegt werden.
- Die Darstellerinnen und Darsteller bleiben nun starr stehen – wie unbewegliche **Statuen.**
- **Die anderen prüfen,** ob **Haltung** und **Gesichtsausdruck** genau zu den Figuren und zu der dargestellten Situation passen. Die Darstellerinnen und Darsteller verändern, wenn nötig, Haltung und Gesichtsausdruck noch etwas.
- **Einzelne** von euch treten neben die erstarrten Figuren und **sagen** in der Ich-Form, **was** diese mit ihrer **Körpersprache und Mimik ausdrücken.**
- Abschließend können die **Darsteller/-innen berichten, wie sie sich als Figur gefühlt haben.**

Mit dem Schreibprogramm des Computers umgehen

Eine Datei anlegen

Wenn man einen Text am Computer schreiben möchte, muss man zunächst eine Datei anlegen, und das geht so:

- Computer starten, Textprogramm (z. B. „Word") auswählen,
- in der Menüleiste auf **Datei** und **Neu** klicken,
- Text schreiben und die Datei unter einem Namen speichern (in der Menüleiste **Datei** anklicken und **Speichern unter** auswählen).

Einen Text am Computer gestalten

In der Menüleiste eures Computers findet ihr die folgenden Befehle, mit denen ihr einen Text gestalten könnt:

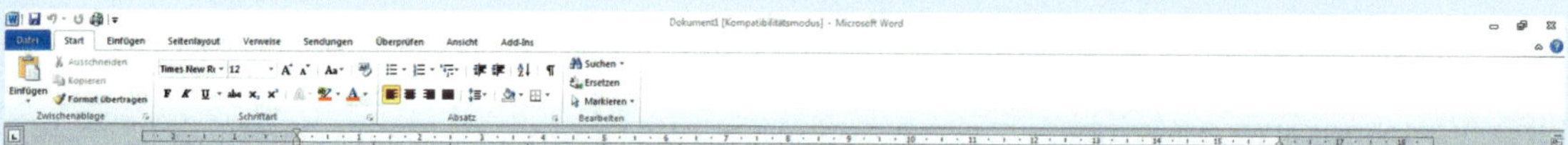

Ausschneiden und einfügen: Text mit der Maus markieren, auf die Schaltfläche Ausschneiden klicken und an anderer Stelle wieder einfügen (Symbol „Einfügen").

Kopieren: Text markieren, auf die Schaltfläche Kopieren klicken und an anderer Stelle wieder einfügen (Symbol „Einfügen").

Schriftart verändern: Text/Textstelle markieren, auf den Pfeil neben dem Auswahlfeld für Schriftarten klicken und Schriftart durch Anklicken auswählen.

Schriftgröße verändern: Text/Textstelle markieren, auf den Pfeil neben dem Auswahlfeld für Schriftgröße klicken und Schriftgröße durch Anklicken auswählen.

Fett, *kursiv* schreiben und unterstreichen: Text/Textstelle markieren, dann auf die Schaltfläche für fette, kursive oder unterstrichene Schrift klicken.

Textausrichtung festlegen: Text markieren, dann auf die Schaltfläche für linksbündige, zentrierte oder rechtsbündige Textausrichtung klicken oder Blocksatz auswählen.

Schriftfarbe festlegen: Text markieren, dann auf die Schaltfläche für die Schriftfarbe klicken und die Farbe durch Anklicken auswählen.

Die Rechtschreibprüfung am Computer nutzen

Das Textverarbeitungsprogramm „Word“ hilft euch auch, bei einem Text falsch geschriebene Wörter zu finden und zu korrigieren:

- Aktiviert das Rechtschreib- und Grammatikprogramm des Computers. Wählt hierzu im Menü Überprüfen das Werkzeug Rechtschreibung und Grammatik aus. Das Programm markiert nun mögliche Rechtschreibfehler rot und mögliche Grammatikfehler grün.
- Überprüft bei den rot und grün markierten Wörtern, ob diese tatsächlich falsch geschrieben wurden. Wählt dann aus dem Fenster Vorschläge das richtige Wort aus und klickt auf Ändern. Das Wort wird korrigiert und „Word“ springt dann automatisch zum nächsten falsch geschriebenen Wort.

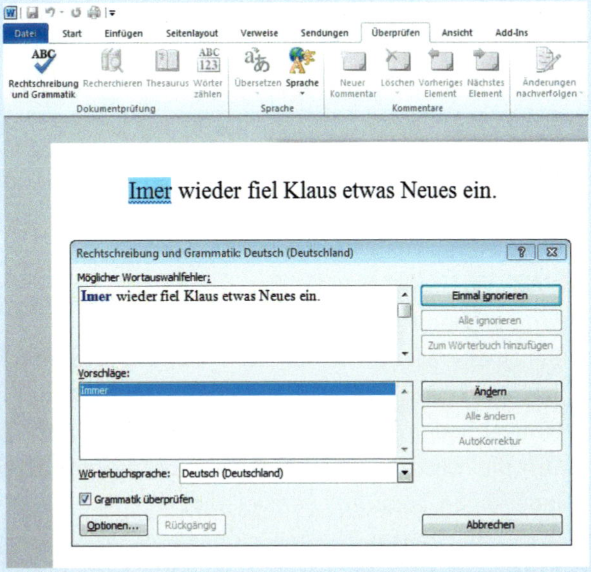

BEACHTET: Das Programm kann nicht alle Fehler finden und ist nicht immer zuverlässig. Zeichensetzungsfehler sind z. B. mit dem Programm nicht aufzuspüren und auch „das/dass-Fehler“ werden nicht gefunden.
Umgekehrt kann es vorkommen, dass korrekt geschriebene Wörter (z. B. Eigennamen) als Fehler markiert werden. Schlagt in Zweifelsfällen in einem Wörterbuch nach.

Den Thesaurus am Computer nutzen

Der „Thesaurus“ (griech. = Wortschatz) ist eine Art Wörterbuch sinnverwandter Wörter, mit dessen Hilfe man häufig benutzte Wörter wie „sagen“ durch sinnverwandte Wörter ersetzen kann:

- Markiert das Wort, zu dem ihr bedeutungsähnliche Wörter ermitteln wollt. Aktiviert dann den Thesaurus, ihr findet ihn im Menü Überprüfen → Thesaurus.
- Um das markierte Wort zu ersetzen, klickt ihr mit der rechten Maustaste auf ein Wort, das das Programm vorschlägt, und wählt dann „Einfügen“.

BEACHTET: Nur manche Wörter, die das Programm vorschlägt, entsprechen dem Wort, das ihr ersetzen wollt. Überprüft genau, ob das Wort wirklich passt.

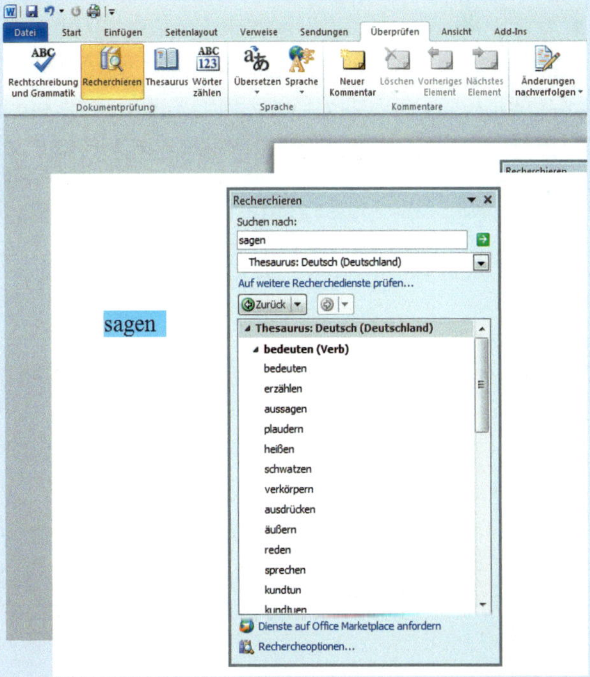

Eine Bildschirmpräsentation erstellen

▶ S. 291–292

Präsentationsprogramme
Präsentationsprogramme wie „Impress“ oder „PowerPoint“ arbeiten mit Folien. Auf diesen Arbeitsflächen könnt ihr euer Thema nennen, wichtige Informationen in Stichpunkten hinzufügen und anschauliche Grafiken oder Tabellen zeigen.

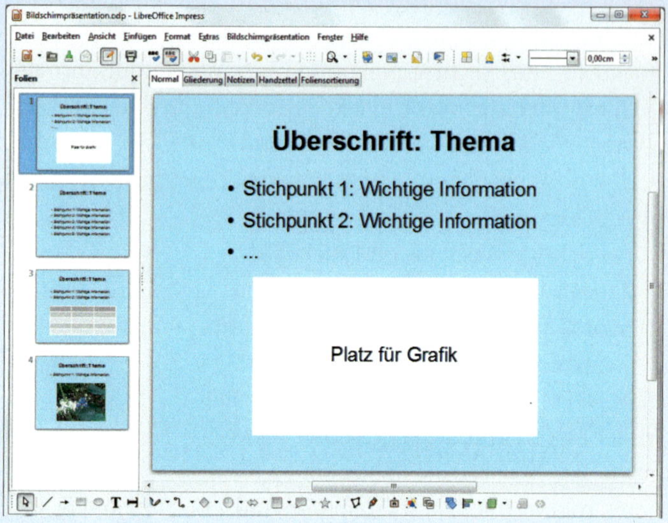

Folieninhalt
Folien dienen **zur Unterstützung** eures Vortrags. Sie geben ihm Struktur und ergänzen ihn um visuelle Inhalte wie Grafiken und Bilder, die man mündlich nicht darstellen kann.

- Bei einer Präsentation solltet ihr **nur das Wesentliche** auf der Folie festhalten, z. B.: Thema und wenige, knapp formulierte Stichpunkte (maximal 5). Alle weiteren Informationen könnt ihr im Notizenfeld unter den einzelnen Folien oder auf Karteikarten festhalten.
- **Lest** die Folien bzw. eure Notizen **nicht einfach ab,** sondern erläutert die Stichpunkte durch einen lebendigen, ausführlichen Vortrag.

Folienlayout

- Vortragsfolien sollen gut lesbar sein. Deshalb **verzichtet** man am besten **auf ablenkende** oder **mehrfarbige Hintergründe.**
- Achtet bei der Auswahl der **Schriftfarbe** auf einen guten **Kontrast zum Hintergrund.** Nehmt eine **gut lesbare Schrift** (z. B. Arial). Die **Schriftgröße** solltet ihr so wählen, dass jeder im Raum die Stichpunkte mühelos lesen kann **(mindestens 22 Punkt).**
- **Tabellen, Bilder** und andere Abbildungen müssen klar erkennbar bzw. **gut lesbar** sein. Präsentationsprogramme bieten nur grundlegende Funktionen zur Bildbearbeitung an. Gegebenenfalls müsst ihr das grafische Material vorher in einem Bildbearbeitungsprogramm für die Präsentation vorbereiten.

Ein Handout verfassen

▶ S. 293

Ein **Handout** gibt den Aufbau und die zentralen Informationen eines Vortrags knapp und übersichtlich wieder (möglichst auf einer DIN-A4-Seite).

Ein Handout sollte

- die Namen der Vortragenden, das Datum, das Fach und das Thema des Vortrags nennen,
- eindeutige Stichworte zu den wichtigsten Abschnitten des Vortrags (Gliederung) enthalten,
- die Quellen zu den verwendeten Materialien nennen (▶ Quellenangaben, S. 333).

Referenten: Francesco Buchwald, Johanna Franke, Emma Geiger, Christoph Sommer

Datum: 24. 01. 201X

Fach: Deutsch

Klimawandel und Klimaschutz

1. **Der Klimawandel und seine Ursachen**
   - Hauptursache: Energieverbrauch und folglich CO_2-Ausstoß in den Industriestaaten
   - ...
2. **Warum Klimaschutz notwendig ist**
   - ...
3. **Was die Politik tut**
   - internationale Abkommen zur Reduktion von Treibhausgasen (z. B. das Kyoto-Protokoll, 1997)
   - Aktionen und Projekte auf Bundesebene, in Ländern und Gemeinden (z. B. „Klima sucht Schutz“)
   - ...
4. **Was jeder von uns tun kann**
   - Energie sparen (z. B.: Standby-Betrieb von Elektrogeräten vermeiden)
   - ...

Quellenangaben:

Gore, Al: Wir haben die Wahl. Das können wir gegen die Klimakrise tun. München 2010.

http://www.bmu-kids.de/Themen/Klimaschutz/ (20. 12. 2013)

http://www.nabu.de/themen/klimaschutz/ (10. 01. 2014)

Lösungen zu einzelnen Aufgaben

Seite 105

2 a Der Schluss C entspricht der Originalfassung von Brecht. Er lautet:
„‚Dann gib auch den her', sagte er, nahm ihm den letzten Groschen aus der Hand und ging unbekümmert weiter."

Seite 132

1 Die richtige Reihenfolge der Strophen lautet:
1. Strophe = A; 2. Strophe = C; 3. Strophe = F; 4. Strophe = B; 5. Strophe = E; 6. Strophe = D

2 Das Metrum (Versmaß) ist eine Kombination aus Jambus und Anapäst.

X X́ | X X X́ | X X X́ | X X́
Der Knecht hat erstochen den edlen Herrn,

X X́ | X X́ | X X X́ | X X́
Der Knecht wär selber ein Ritter gern.

3 In der Ballade „Die Rache" von Ludwig Uhland tötet ein Knecht seinen Herrn (einen edlen Ritter), weil er selbst ein Ritter sein möchte. Der Knecht legt sich die Rüstung seines Herrn an und besteigt das Pferd des Ritters, das ihn jedoch auf einer Brücke abwirft. Der Knecht ertrinkt im Fluss und wird so für den Mord an seinem Herrn bestraft.

Seite 149

1 a **Dialog:** Gespräch von zwei oder mehr Figuren
Monolog: Selbstgespräch einer Figur
Szene: Kurzer, abgeschlossener Teil eines Theaterstücks. Eine Szene endet meist, wenn neue Figuren auftreten und/oder Figuren abtreten.
Regieanweisung: Anregungen, wie die Handlung auf der Bühne eingerichtet werden sollte, z. B. wie sich die Figuren bewegen sollten und wie sie schauen und sprechen sollten.
Spiel im Spiel: Eine Figur spielt auf der Bühne eine andere Rolle.

2 a zum Beispiel:
Nico: Nico lebt mit seinem Vater zusammen, der als Fahrradkurier arbeitet. Er schauspielert gerne und träumt davon, durch eine Karriere im Film- oder Fernsehgeschäft reich und berühmt zu werden.
Oliver: Oliver kommt aus einem reichen Elternhaus, ist neu an der Schule und freundet sich mit Nico an. Sein Vater arbeitet in einer Filmfirma, die Werbefilme dreht.
Sonja: Sonja ist eine Schulfreundin von Nico.
Pia: Pia ist Olivers Schwester.
Monika: Monika ist die neue Frau von Olivers Vater. Sie möchte, dass Oliver und Pia nach den Sommerferien ein Internat besuchen.
Herr Hannemann: Herr Hannemann ist Nicos Vater. Er lebt mit Nico allein, war längere Zeit arbeitslos und arbeitet jetzt als Fahrradkurier.

4 a Der Konflikt „Arme – Reiche" oder „Eltern – Kinder" könnte sich ankündigen:
Der Konflikt „Arme – Reiche" kündigt sich an, denn Nicos Vater verdient als Fahrradkurier nicht viel Geld, während Oliver aus einem reichen Elternhaus kommt. Nico ist aber nicht nur beeindruckt von Olivers luxuriösen Lebensumständen, sondern auch von dem Beruf von Olivers Vater, denn dieser ist – im Unterschied zu Nicos Vater – Chef bei einer Filmfirma. Nico wittert die Chance, durch Olivers Vater eine Karriere im Film- oder Fernsehgeschäft machen zu können.

Es könnte sich aber auch ein Konflikt „Eltern – Kinder" ankündigen, denn Monika (die neue Frau von Pias und Olivers Vater) möchte, dass Oliver und Pia ein Internat besuchen, was Pia und Oliver ablehnen.

Auch zwischen Nico und seinem Vater könnte sich ein Konflikt ergeben, denn Nico träumt von einem Leben (z. B. einer Urlaubsreise auf einem Kreuzfahrtschiff oder einer Karriere beim Film), das ihm sein Vater nicht bieten kann.

Seite 228

1
1 wird ... ausgebildet = Präsens Passiv
2 verabscheuen = Präsens Aktiv
3 werden ... vorgetragen = Präsens Passiv
4 lieben = Präsens Aktiv
5 kann ... schauen = Präsens Aktiv
erklettert hat = Perfekt Aktiv
6 führt ... ein = Präsens Aktiv
7 wird ... erfahren = Futur I Aktiv
gehasst werden wird = Futur I Passiv

2
2 Das Fach „Geschichte der Zauberei" wird von allen verabscheut.
4 Im Gegensatz zu Professor Binns wird der kleine, freundliche Zauberkunstlehrer Filius Flitwick von den angehenden Zauberern und Hexen von Hogwarts geliebt.
6 Die Zauberlehrlinge werden von dem großen, dünnen, mit einem schwarzen Umhang bekleideten Severus Snape in die Zaubertrank-Braukunst eingeführt.

3
1 Harry Potter wurde in der Hogwarts-Schule für Hexerei und Zauberei zusammen mit anderen magisch begabten Schülern ausgebildet.
3 In diesen Unterrichtsstunden wurden von dem Geist Professor Binns Daten und Fakten zur Geschichte der Zauberei auf eine ermüdende Weise vorgetragen.
5 Filius Flitwick konnte nur über das Lehrerpult schauen, nachdem er einen Bücherstapel erklettert hatte.

4
a Nachdem die Posteule die Zeitung gebracht hat, erfahren Ron und Harry vom Einbruch bei Gringotts.
b Nachdem die Zeitung (von der Posteule) gebracht worden ist, erfahren Ron und Harry ...
c Nachdem die Zeitung (von der Posteule) gebracht worden war, erfuhren Ron und Harry ...

Seite 240

1 a – in Deutschland: adverbiale Bestimmung des Ortes
– frühzeitig: adverbiale Bestimmung der Zeit
– der Bundeswettbewerb „Jugend forscht“: Subjekt
– Während dieses europäischen Jugendwettbewerbs im Bereich Naturwissenschaften, Mathematik und Technik: adverbiale Bestimmung der Zeit
– einer Jury: Dativobjekt
– ihre neuesten Erfindungen: Akkusativobjekt
– für den landesweiten Wettbewerb: Präpositionalobjekt
– Die Sieger des Landeswettbewerbs: Subjekt
– dann: adverbiale Bestimmung der Zeit
– Geldpreise für die Platzierungen: Akkusativobjekt

b – Während dieses europäischen (Adjektivattribut) Jugendwettbewerbs im Bereich Naturwissenschaften, Mathematik und Technik (präpositionales Attribut)
– ihre neuesten (Adjektivattribut) Erfindungen
– für den landesweiten (Adjektivattribut) Wettbewerb
– die Sieger des Landeswettbewerbs (Genitivattribut)
– Geldpreise für die Platzierungen (präpositionales Attribut)

2 a A = Satzgefüge; B = Satzgefüge; C = Satzreihe; D = Satzgefüge; E = Satzgefüge

b A
——— Ns ———, ——— Hs ———.

B ——— Hs ———,
——— Ns ———.

C ——— Hs ——— ——— Hs ———.

D ——— Hs ———,
——— Ns ———,
——— Fortsetzung Hs ———.

E
——— Ns ———, ——— Hs ———.

Seite 275

1 Hier findet ihr den Text in der richtigen Schreibweise.

1 Ich bin Linny, 14 Jahre alt und Jugendreporterin, genau wie viele andere Jugendliche in Tegucigalpa, der Hauptstadt von Honduras.
2 Wir machen bei einer Kindernachrichten-Sendung, die von UNICEF unterstützt wird, mit.
3 Ich war, als ich mein erstes Interview führte, ziemlich aufgeregt.
4 Sobald die Kamera lief, wusste ich, dass nun jedes Wort, aber auch jede Geste zu sehen war!
5 Mir hat aber der Gedanke Mut gemacht, dass ich als Reporterin viele Leute, Orte und Themen kennen lerne und vor allem wirklich etwas bewegen kann.
6 Denn in Honduras, besonders hier in Tegucigalpa, gibt es viele Probleme, vor allem die Umweltverschmutzung, die wir nicht so hinnehmen wollen.
7 Weil ich darüber berichten wollte, bin ich mit Edouardo, dem Kameramann des Kinderfernsehens, zu einer großen Müllkippe gefahren.
8 Dort gibt es riesige Abfallberge, hoch wie Vulkane, und ständig bringen Lkws noch mehr Müll.
9 Wir sind dort lange stehen geblieben, was mir schwergefallen ist, weil es so übel roch.
10 Auch außerhalb der Müllkippe sieht man sowohl in den Straßen als auch in den Wäldern, den Flüssen und Bächen, in Seen oder in Tümpeln massenweise Müll herumliegen.
11 Man muss Angst haben, dass wir alle davon krank werden.
12 Als Journalistin habe ich die Pflicht, dass ich die Wahrheit herausfinde und öffentlich mache.
13 Dann können auch andere Menschen nicht mehr vor den Tatsachen davonlaufen, sondern müssen nachdenken lernen, wie die Dinge sich ändern lassen.
14 Wenn unsere Sendung mittwochabends direkt vor den Hauptnachrichten auf Kanal 5 läuft, erreichen unsere Berichte alle Menschen, die hier ein Fernsehgerät haben.
15 Meine Mutter sowie meine Geschwister gucken am Mittwochabend natürlich auch immer.
16 Dass mein Vater nicht dabei sein kann, lässt mich traurig sein.
17 Er muss in den USA arbeiten gehen, weil er dort mehr Geld verdient als hier.
18 Nur alle drei Monate kann er uns von freitagabends bis Sonntagmittag besuchen kommen.
19 Nächstes Jahr aber wird er hoffentlich zurückkehren und dann immer hier sein.
20 Wenn mir das Lernen weiterhin leichtfällt, könnte ich später Journalismus studieren.

Textartenverzeichnis

Anekdoten
Anekdote über Ludwig XVI. 99
Anekdote über Mozart 101
Ihering, Herbert:
Die schlechte Zensur 102
Mann, Erika:
Mein Vater Thomas Mann 101
Schreiber, Hermann:
Der alte Mantel 100

Balladen/Gedichte/Songs
Biermann, Wolf:
Die Ballade vom Briefträger William L. Moore aus Baltimore 133
Fontane, Theodor:
John Maynard 122
Geibel, Emanuel:
Die Goldgräber 137
Goethe, Johann Wolfgang:
Der Zauberlehrling 125
Louisan, Annett:
Wer bin ich wirklich? 15
Schiller, Friedrich:
Der Handschuh 129
Uhland, Ludwig:
Die Rache 132

Berichte
Hund rettet Familie vor Rauchvergiftung 54
Schülerstaffel aus Lahr belegt ersten Platz 45

Beschreibungen/Anleitungen
Der schwebende Kochlöffel 221
Der Zerstäuber 247
Die Luftballonrakete 241
Ein Marmeladenglas überlisten 249
Eine Münze trockenlegen 250
Wärme fühlen? 251
Warme Luft 246

Diagramme/Grafiken/Landkarten
Computerspiel – Neuntklässler 183
Iditarod Race 165
Jährlicher CO_2-Ausstoß verschiedener Länder und Regionen 290
Sport und Spiel 166
Sportliche Gesellschaft 166

Dramentexte/Szenische Texte
Ahrens, Thomas / Ludwig, Volker:
Rosinen im Kopf (1) 142
Rosinen im Kopf (2) 146
Rosinen im Kopf (3) 150

Erzählungen/Jugendbuch- und Romanauszüge
Bauer, Michael Gerard:
Nennt mich nicht Ismael! (1) 80
Nennt mich nicht Ismael! (2) 82
Nennt mich nicht Ismael! (3) 86
Nennt mich nicht Ismael! (4) 90
Nennt mich nicht Ismael! (5) 91
Nennt mich nicht Ismael! (6) 93
Nennt mich nicht Ismael! (7) 97
Birken, Herbert:
Achmed, der Narr 117
Boccaccio, Giovanni:
Der Koch und der Kranich 113
Brecht, Bertolt:
Der hilflose Knabe 105
Cesco, Federica de:
Spaghetti für zwei 107
Giufa lässt die Kleider speisen 106
Heuck, Sigrid:
Meister Joachims Geheimnis – Mode um 1500 72
Sklenitzka, Franz Sales:
Hampstead gegen Woodstock – Vor dem Spiel 69
Hampstead gegen Woodstock – Das Spiel 70

Gedichte ▶ auch: Balladen und Songtexte
Jandl, Ernst:
my own song 16
Manz, Hans:
Ich 14

Kalendergeschichten
Brecht, Bertolt:
Der hilflose Knabe 105
Giufa lässt die Kleider speisen 106
Hebel, Johann Peter:
Dankbarkeit 104
Der kluge Richter 103

Reportagen
Blesel, Dagmar:
Richtiges Schnüffeln will gelernt sein 52
Löschke, Sina:
Die Reifeprüfung – Mit dem Hundeschlitten durch Alaska 164
Spürnase im Schnee 55

Sachtexte
Deutsch 2.0? HDGDL! 23
Gerster, Hanna:
Unsozial – uns egal? 28
Haas, Christian:
After-Grunz-Partys und Zwergenweitwurf 158
Kitesurfen: Waghalsige Sprünge und Schnelligkeit 175
Prestenbach, Ralf / Denzer, Wolfram:
Mülltonnenrennen 167
Schallock, Robert:
Schwänzen kostet: Nerven und Geld 32
Schneider, Mara:
Wer stehen bleibt, versackt 161
Sonnabend, Holger:
Der Anfang der Olympischen Spiele 168
Spiele, die uns nicht loslassen 182
Welzhofer, Lisa:
Omas Facebook 18

Autoren- und Quellenverzeichnis

AHRENS, THOMAS (*1952) / LUDWIG, VOLKER (*1937)
142 Rosinen im Kopf (1)
146 Rosinen im Kopf (2)
150 Rosinen im Kopf (3)
aus: Verlag Autorenagentur, Berlin 2009

BAUER, MICHAEL GERARD (*1955)
80 Nennt mich nicht Ismael! (1)
82 Nennt mich nicht Ismael! (2)
86 Nennt mich nicht Ismael! (3)
90 Nennt mich nicht Ismael! (4)
91 Nennt mich nicht Ismael! (5)
93 Nennt mich nicht Ismael! (6)
97 Nennt mich nicht Ismael! (7)
aus: Nennt mich nicht Ismael! Aus dem Englischen von Ute Mihr. Carl Hanser Verlag, München 2008

BIERMANN, WOLF (*1936)
133 Die Ballade vom Briefträger William L. Moore aus Baltimore
aus: Die Drahtharfe. Balladen – Gedichte – Lieder. Verlag Kiepenheuer & Witsch, Köln 1977, S. 28

BIRKEN, HERBERT (1914–2007)
117 Achmed, der Narr
aus: Geschichten finden für Theatergruppen. Verlag Grafenstein, München 1987

BLESEL, DAGMAR
52 Richtiges Schnüffeln will gelernt sein
nach: Bonner Generalanzeiger, 31.07.2010

BOCCACCIO, GIOVANNI (1313–1375)
113 Der Koch und der Kranich
aus: Das Dekameron. Übersetzt von Albert Wesselski. Reclam, Leipzig 1956

BRECHT, BERTOLT (1898–1956)
105 Der hilflose Knabe
aus: Bertolt Brecht: Gesammelte Werke, Bd. 12, Prosa 2. Suhrkamp. Frankfurt am Main 1967, S. 297 f.

BUSCH, STEPHANIE / NOLLER, ULRICH
272 Urlaub im Baumhaus (1), (2), (3)
nach: Das Haus-Buch. Bloomsbury, Berlin 2007

CESCO, FEDERICA DE (*1938)
107 Spaghetti für zwei
aus: Freundschaft hat viele Gesichter. Rex Verlag, Luzern und Stuttgart 1986

DENZER, WOLFRAM / PRESTENBACH, RALF
167 Mülltonnenrennen
nach: Go crazy – Unterwegs zu Europas verrücktesten Veranstaltungen. Knaur Taschenbuch Verlag, München 2009. S. 142 f.

FONTANE, THEODOR (1819–1898)
122 John Maynard
aus: Walter Keitel (Hrsg.): Theodor Fontane: Sämtliche Werke. Bd. 6. Carl Hanser Verlag, München 1964

GEIBEL, EMANUEL (1815–1884)
137 Die Goldgräber
aus: Hartmut Laufhütte (Hrsg.): Deutsche Balladen. Reclam, Stuttgart 1991, S. 313

GOETHE, JOHANN WOLFGANG (1749–1832)
125 Der Zauberlehrling
aus: Erich Trunz (Hrsg.): Johann Wolfgang Goethe: Werke. Bd. 1. C. H. Beck Verlag, München [13]1982

HAAS, CHRISTIAN
158 After-Grunz-Partys und Zwergenweitwurf
aus: URL: http://www.news.de/reisen-und-leben/855049439/after-grunz-partys-und-zwergenweitwurf/1/ (Stand: 24.11.2016)

HEBEL, JOHANN PETER (1760–1826)
103 Der kluge Richter (1)
104 Dankbarkeit (2)
aus: Schatzkästlein des rheinischen Hausfreundes. Hrsg. von Winfried Theiss. Reclam, Stuttgart 1981, S. 64 f. (1)
aus: Schatzkästlein. Ausgewählt von Richard Müller-Schmidt. Reclam, Stuttgart 2012, S. 63–64 (2)

HEUCK, SIGRID (*1932)
72 Meister Joachims Geheimnis – Mode um 1500
aus: Meister Joachims Geheimnis. Thienemann, Stuttgart/Wien 1989/2009, S. 167 f.

IHERING, HERBERT (1888–1977)
102 Die schlechte Zensur
aus: Karl Heinz Berger/Walter Püschl (Hrsg.): Die Schaubude. Deutsche Anekdoten, Schwänke und Kalendergeschichten aus sechs Jahrhunderten. Verlag Neues Leben, Berlin 1964

JANDL, ERNST (1925–2000)
16 my own song
aus: Selbstporträt des Schachspielers als trinkende Uhr. Gedichte. Luchterhand Verlag. Darmstadt/Neuwied 1983

KRABBE, VICTORIA (*1962)
268 Urlaub vor der Haustür
nach: Urlaub vor der Haustür. In: GeoSaison Extra, 2008, S. 63
273 Hamburg liegt in Frankreich
nach: Urlaub vor der Haustür. In: GeoSaison Extra, 2008

LINDE, VERENA
256 Harte Schule
nach: Geolino, Heft 5, 2009, S. 20–25

LÖSCHKE, SINA
164 Die Reifeprüfung – Mit dem Hundeschlitten durch Alaska
aus: Sport. Was die Welt bewegt. GEOlino extra Nr. 15, 2008, S. 46–53

LOUISAN, ANNETT (*1977)
15 Wer bin ich wirklich?
© Dexter Music Produktions- und Verlags GmbH, Seevetal; Wortreich Musikverlag Janine Ramond E. K. Buchholz i. d. Nordheide; Peermusic (Germany) GmbH, Hamburg

MANN, ERIKA (1905–1969)
101 Mein Vater Thomas Mann.
aus: Mein Vater, der Zauberer. Rowohlt, Reinbek 1998

MANZ, HANS (*1931)
14 Ich
aus: Großer Ozean. Gedichte für alle. Hrsg. von Hans-Joachim Gelberg. Beltz & Gelberg, Weinheim/Basel 2001, S. 77

MÜLLER, SIMONE
282 Der CO_2-Fußabdruck
nach: Der CO_2-Fußabdruck. In: Geolino 8/2011, S. 30 f.

SCHILLER, FRIEDRICH (1759–1805)
129 Der Handschuh
aus: Gerhard Fricke / Herbert Göpfert / Herbert Stubenrauch (Hrsg.): Friedrich Schiller: Sämtliche Werke. Carl Hanser Verlag, München 1958

SCHNEIDER, MARA
161 Wer stehen bleibt, versackt
aus: URL: http://www.news.de/sport/842185312/wer-stehen-bleibt-versackt/1/ (Stand: 24.11.2016)

SCHREIBER, HERMANN (*1929)
100 Der alte Mantel
aus: Die Welt in der Anekdote. Eine Anekdotenreise durch die Gegenwart. Zusammengestellt und neu geschrieben von Hermann Schreiber. Paul Neff Verlag, Berlin/Wien/Stuttgart 1961

SCHUMACHER, HAJO
270 Urlaubspläne am Familientisch (1)
271 Urlaubspläne am Familientisch (2)
nach: Entscheidung am Apfelsaftsee. In: GeoSaison Extra, 2008, S. 36 f.

SKLENITZKA, FRANZ SALES (*1947)
69 Hampstead gegen Woodstock – Vor dem Spiel (1)
70 Hampstead gegen Woodstock – Das Spiel (2)
Auszüge aus: Keine Chance für Harold? NP Buchverlag, St. Pölten/Wien/Linz 2003, S. 9–12, 68–72

SONNABEND, HOLGER (*1956)
168 Der Anfang der Olympischen Spiele
aus: Ruhmreiche Gladiatoren und mächtige Herrscher. Beltz & Gelberg Verlag, Weinheim/Basel 2008

UHLAND, LUDWIG (1787–1862)
132 Die Rache
aus: Fritz Zschech (Hrsg.): Das deutsche Balladenbuch. Greifenverlag zu Rudolstadt, Rudolstadt o. J.

WELZHOFER, LISA
18 Omas Facebook
aus: Sonntag Aktuell, 26.08.2012

Unbekannte/ungenannte Autorinnen und Autoren
23 Deutsch 2.0? HDGDL!
aus: GEO Sprachwandel – Was reden wir denn da? November 2012
99 Anekdote über Ludwig XVI.
aus: Rudolf Schäfer (Hrsg.): Anekdoten. Reclam, Stuttgart 1988, S. 10
101 Anekdote über Mozart
aus: Anekdotenbuch. Hrsg. v. Peter Köhler. Reclam, Stuttgart 1997
106 Giufa lässt die Kleider speisen
aus: Schwank aus Italien. Fischer-Verlag, Frankfurt am Main 1979
170 Text A
nach: URL: http://www.planet-wissen.de/sport_freizeit/olympische_spiele/geschichte_der_olympischen_spiele/index.jsp (Stand: 24.11.2016)
170 Text B
nach: URL: http://www.kindernetz.de/infonetz/thema/olympia/olympia/-/id=42656/nid=42656/did=42620/gl87b6/index.html (Stand: 24.11.2016)
175 Kitesurfen: Waghalsige Sprünge und Schnelligkeit
nach: http://www.wasistwas.de/archiv-sport-kultur-details/kitesurfen-waghalsige-spruenge-und-schnelligkeit.html (Stand: 24.11.2016)
254 Lernen mit Pantoffeln?
nach: Geolino, Nr. 7/2009, S. 6 f.
258 Suman, die Kohlensammlerin
nach: Geolino 2/2012, S. 24–28
261 Für einen Monat Rollen tauschen
nach: Geolino, 11/2011, S. 62–65
274 Eine Schülerin berichtet
nach: Geolino Nr. 2/2011, S. 46–48
277 Der UNICEF Juniorbotschafter-Wettbewerb
aus: Geolino Nr. 7/2011, S. 52 f.

Bildquellenverzeichnis

S. 3 oben, 4 unten, 7 oben, 13, 25, 26, 75, 141–150, 152, 154, 294: Thomas Schulz, Teupitz;
S. 4 oben, 48: Fotolia/pmphoto;
S. 5, 79: Peter Schössow, Hamburg;
S. 7 unten, 62 oben rechts, 135, 157, 161, 162, 167, 173: picture-alliance/dpa;
S. 8, 177–181: Electronic Arts;
S. 10, 240: Stiftung Jugend forscht e.V.;
S. 11, 253: friedrich-stark.de;
S. 14: Bridgeman Images/Private Collection/ © Succession Picasso/VG Bild-Kunst, Bonn 2016;
S. 15: Isabell Kamp/VG Bild-Kunst, Bonn 2016;
S. 19 oben: Ruth Krämer, Berlin,
2. v. o.: Fotolia/creative studio,
3. v. o.: Fotolia/meerisusi,
4. v. o.: Fotolia/kameel,
5. v. o.: Fotolia/poco_bw,
6. v. o.: Fotolia/Patryssia,
7. v. o.: Fotolia/Elenathewise;
S. 27: allesalltag, Hamburg;
S. 32: Collage: Cornelsen/Thomas Schulz, Teupitz (Gebäude)/Fotolia/mirpic (Flugzeug);
S. 43: Getty Images/Photographer's Choice/ Martial Colomb;
S. 44: Getty Images/amana images RF;
S. 52: Fotolia/majorosl66;
S. 55: Fotolia/Nikolai Tsvetkov;
S. 60: akg-images/Erich Lessing;
S. 62 o. l., 296: picture-alliance/chromorange,
M. l.: Shutterstock/Alizada Studios,
u. l.: Fotolia/Johanna Mühlbauer,
M. r.: mauritius images/Alamy/Cody Duncan,
u. r.: mauritius images/imageBROKER/ Norbert Probst;
S. 64: akg-images;
S. 68, 76: Markus Matzel;
S. 100: akg-images/Science Photo Library;
S. 101: picture alliance/KEYSTONE;
S. 133: Shutterstock/View Apart;
S. 134, 212: picture-alliance/Everett Collection;
S. 158: Getty Images/Digital Vision/Sean Murphy;
S. 164: picture-alliance/I27/ZUMA Press;
S. 166 links: picture-alliance/Globus Infografik,
rechts: picture-alliance/dpa-infografik;
S. 168: picture-alliance/Laci Perenyi;
S. 171: picture alliance/Photoshot;
S. 175 links: Shutterstock/Wallenrock,
rechts: Shutterstock/Catwalk Photos;
S. 184: action press/photo: Kwaku Alston/ © Fox/Everett Collection;
S. 189 links: mauritius images/United Archives,
rechts: action press/Collection Christophel;
S. 198: picture-alliance/Aflo;
S. 204, 210, 215: picture-alliance/dpa/ dpaweb;
S. 213: picture alliance/Mary Evans Picture Library;
S. 231, 232, 233: akg-images;
S. 234: akg-images/IAM;
S. 239: Fotolia/liveostockimages;
S. 269: imago;
S. 277: VISUM/M. Henley/PANOS;
S. 278: Getty Images/Blend Images/Kid Stock;
S. 279: FOTOFINDER.COM/Sean Sprague;
S. 280: Fotolia/cgar;
S. 282: picture alliance/John Greve;
S. 283: Getty Images/Corbis/Fuse;
S. 285: Plant for the Planet Foundation/ Michael Setzpfandt;
S. 286: Fotolia/Robert Kneschke;
S. 288: Google und das Google-Logo sind eingetragene Marken von Google Inc., Verwendung mit Genehmigung;
S. 292, 340: Libre Office, The Document Foundation;
S. 295: Fotolia/guukaa;
S. 338: © Microsoft Corporation

Sachregister

A

Ableitung 318
Ableitungsprobe 327
Adjektiv 210, 312
Adverb 211, 316
adverbiale Bestimmung 233 f., 321
Adverbialsatz 241–246, **243, 323**
Akkusativ 310
Akkusativobjekt 232, 319
Aktiv 221, 315
Anapäst 128, 305
Anekdote 99–**102, 304**
Anekdote
– untersuchen 99–102
– verfassen 102
Anglizismus 203 f., 207 f.
Antonym 195, 318
Apposition 235, 269
Argument **29,** 34, **297**
Argumentieren ▶ Meinungen begründen
Artikel 311
Attribut 235, 321
– Adjektivattribut 235, 321
– Apposition 235, 321
– Genitivattribut 235, 321
– präpositionales Attribut 235, 321
– Relativsatz 236, 321
Aufforderungssatz 322
Ausrufesatz 322
Aussagesatz 322
Avatar 179

B

Ballade 121–134, 137–140, **131, 306 f.**
Bericht
– überarbeiten 48 ff.
– untersuchen 44 f., 54
Bericht verfassen **46 f.,** 51, 55, 57 f.
Berichten 43–58, **47, 300**
Beschreiben 59–78, **300 f.**
– Bild **64 f.,** 76 ff., **300**
– Person **60 f.,** 68, 74 f., **300**
– Vorgang 66 f., 300
– Weg 62 f., 300
Beschreibung untersuchen 70 f.
Bestimmungswort 317
Betonungszeichen 131, 337
Brainstorming 285, 335
Brief
– an eine literarische Figur schreiben 92, 97 f.
– persönlicher Brief 298
Bühnenbild 156

C

Charakterisieren 82 ff., **85,** 90, **303**
Chat-Sprache 23
Cliffhanger 188
Cluster 15, 176, **335**
Collage anfertigen 26
Computer
– Präsentationsfolien erstellen 291 f.
– Rechtschreibprüfung 339
– Textgestaltung 26, **338**
– Textverarbeitung 26, **338**
– Thesaurus 339
Computerspiel untersuchen 177–183

D

Daktylus 128, 305
Dativ 310
Dativobjekt 232, 319
deklinieren 310
Demonstrativpronomen 213, 311
Diagramm erschließen **166,** 183, 309
Dialog 21, **145, 307**
– schreiben 151 ff., 192
Diskutieren 27–31
– Pro-und-Kontra-Diskussion 30 f.
Doppelkonsonant 328
Doppelvokal 328

E

Einstellungsgrößen 309
Epik 131, 303
Erbwort 201
Erlebnisbericht 52 f.
Erörtern, schriftlich 32 ff., 41 f.
Ersatzprobe 321
Erweiterungsprobe 321
Erzähler
– Er/Sie-Erzähler 81, 303
– Ich-Erzähler 81, 303
Erzählung 304

F

Feldermodell 232, 319
– Vorfeld 232, 319
– Mittelfeld 232, 319
– Nachfeld 232, 319
Femininum 310
Fernsehserie planen 191 f.
Fernsehserie untersuchen 184–190
Figurenskizze **89,** 185, 189, **337**
Film 192, **309**
Finalsatz 243, 323
Fragesatz 322
Fremdwort **203**–208
Fünf-Schritt-Lesemethode 159 f., 308
Futur 216, 313
– Futur I 216, 313
– Futur II 313

G

Gedicht
– untersuchen 14, 16, **304 ff.**
– verfassen 14, 25
– vortragen 14, 16, **130 f.**
Genitiv 310
Genitivobjekt 232, 320
Genus 310
Gesprächsregeln 37, 297
Gestik 145
Getrennt- und Zusammenschreibung **259–263,** 281, **331**
Grafik erschließen 164 ff., 308 f.
Groß- und Kleinschreibung 254–258, **329 f.**
– bei Zeitangaben **256 f.,** 280, **330**
Grundwort 317

H

Haiku 306
Handlung, äußere 127, 304
Handlung, innere 127, 304
Handlungsschritte 98, 110, 116, 119
Handout verfassen 293, 341
Hauptsatz 238
Homonym 194
Hörspiel 140, **307**

I

Imperativ 313
Indefinitpronomen 311
Indikativ 56
indirekte Rede 56, 111, 316
Infinitiv 313
Inhaltsangabe schreiben 107–120, **112, 302**
Internet
– Chat 23
– Lesezeichen anlegen 289, 333
– Favoriten anlegen 289, 333
– Netzwerke 18 ff.
– Netzwerk-Profil 19 f.
– Recherche 288 f., 332 f.

J

Jambus 128, 305
Jugendroman 79–98
Jugendsprache 21 ff.

K

Kalendergeschichten 103–106, **105, 304**
Kasus 310
Kausalsatz 243, 323
Kommasetzung
– bei Appositionen **269,** 279, **326**
– in Aufzählungen **268,** 278, **326**
– im Satzgefüge 238 ff., 265 ff., **266,** 277, **325**
– in der Satzreihe 237, 325
Komparativ 312
Konditionalsatz 243, 323
konjugieren 313
Konjunktion 215, 312
– nebenordnende 215, 237
– unterordnende 215, 238
Konjunktiv 56, 111, 316
Konsekutivsatz 243, 323
Konzessivsatz 243, 323
kreatives Schreiben 25 f.
kritisieren, sachlich 39 f.
Kurzvortrag
– halten 173–176, 294, **334**
– vorbereiten 170–173, 288–293, **332 f.**

L

Lautmalerei 305
Lehnwort 202
Leserbrief verfassen 32 ff., **35,** 41 f., **299**
Lesetechniken 158 ff.
lyrisches Ich 15

M

Maskulinum 310
Meinungen begründen 27–36, **297**
– schriftlich 29, 32 ff., 41 f.
– Argument **29,** 34, **297**
– Beispiel **29,** 34, **297**
– These 29
Metapher 197, 305, 319
Metrum 128, 305
Mimik 145
Mind-Map 29, 285, **335**
Modalsatz 243, 323
Modalverb 317
Monolog **145,** 154, **307**
– innerer **15,** 25, 124, **304**

N

Nebensatz 238
Neutrum 310
Nomen 210, 310
Nominalisierung 254 f., 330
Nominativ 310
Numerus 310

O

Oberbegriff 198, 317
Objekt 232, 320
Objektsatz 247 ff., 324

P

Paraphrase 111
Partizip I 314
Partizip II 217 f., 314
Passiv 221–228, **315**
– Ersatzformen für Passiv 226, 316
Perfekt 217, 314
Personalpronomen 212 f., 311
Personifikation 305, 318
Plakat gestalten 334
Plural 310
Plusquamperfekt 218, 314
Positiv 312
Possessivpronomen 212 f., 311
PowerPoint-Präsentation 291 f., 340
Prädikat 232, 319
Prädikativ 320
Präfix 317
Präposition 210, 312
Präpositionalobjekt 232, 320
Präsens 216, 313
Präsentation vorbereiten 170–173, 288–293, **332 f.**
Präsentieren 173–176, 294
– Präsentationsfolien erstellen 291 f., 340
Präteritum 218, 314
Pronomen 212 ff., 311

Q

Quellenangabe 172, 333
Quest 181

R

Recherchieren 172, 288 ff., 332
Rechtschreibprüfung am Computer 339
Regieanweisung 139, **145, 307**
Reim
– Kreuzreim 305
– Paarreim 305
– umarmender Reim 305
Relativpronomen 214, 311
Relativsatz 214, **236, 323**
Reportage
– untersuchen **52 f.,** 55
– verfassen 54, 135 f.
Requisit 139
Rolle
– im Theater 145, 307
– soziale Rolle 17
Rollenspiel 21, 38

S

Sachtext zusammenfassen 161 ff., 302
Satzarten 322
– Verbletztsatz 238, 322
– Verbzweitsatz 238, 322
Satzbauplan 239
Satzgefüge **238**–252, **322**
Satzglieder 232–234, 319
Satzklammer 232, 319
Satzreihe 237, 322
Schlüsselwörter markieren 159 f.
Schreibkonferenz **50,** 112, **295, 336**
Silbentrennung 327
Singular 310
s-Laut 329
SMS-Sprache 23
Spannungskurve 124
Sprachgeschichte 201 f.
Standbild 89, 127, **337**
Stellung nehmen 27–36, **297**
– schriftlich 29, 32 ff., 41 f.
Strophe 128, 304
Subjekt 232, 320
Subjektsatz 247 ff., 324

Subjunktion 215, 238, 266, 312, 322, 325
Substantiv ▶ Nomen
Substantivierung ▶ Nominalisierung
Suffix 317
Superlativ 312
Synonym 195, 318
Szene 145, 307
szenisches Gestalten 137 ff.

T

Tagebucheintrag verfassen 14, 104
Teamarbeit 283–296
Temporalsatz 243, **245,** 323, **324**
Tempus 216–220, **313 f.**
Textlupe 112, 115, **336**
Textüberarbeitung **50,** 65, 68, 78, 112, 120, 229 f., 251 f., **336**
Textverarbeitung am Computer 26
Theater 141–156
Theater spielen 148, 151, 154 ff.
Theaterstück inszenieren 154 ff.
Theaterszene schreiben 151 ff.
Thesaurus nutzen 339
Trochäus 128, 305

U

Umstellprobe 232, 319, 321
Unterbegriff 189, 317

V

Verb 216–230, **313–316**
– Aktiv und Passiv 221–228, **315**
– Personalform 313
– schwaches Verb 314
– starkes Verb 314
– Zeitformen 216–220, **313 f.**
Vergleich 196, 305, 318
Verlängerungsprobe 327
Vers 128, 304
Vorgangspassiv 224, 315
Vorlesen, sinngestaltendes 337

W

Weglassprobe 321
Wörterbuch, nachschlagen 327
Wortfamilie 317
Wortfeld 318
Wortstamm 317

Z

Zeichensetzung
– bei wörtlicher Rede 270 f., 326
▶ Kommasetzung
Zeitdehnung 94
Zeitlupe 94
Zeitungsbericht 45, 55
Zopfdramaturgie 188
Zuhören, aktives 38
Zusammensetzung 317
Zustandspassiv 224, 315

Die Grundlage dieses Buches wurde erarbeitet von
Gerd Brenner, Ulrich Campe, Dietrich Erlach, Ute Fenske,
Heinz Gierlich, Cordula Grunow, Rolf Kauffeldt,
Alexander Joist, Markus Langner, Angela Mielke,
Deborah Mohr, Norbert Pabelick, Christoph Schappert,
Bernd Schurf, Marlene Stahl-Busch, Klaus Tetling und
Andrea Wagener.

Zu diesem Lehrwerk gibt es:

- E-Book zum Schülerbuch (ISBN 978-3-06-067434-3)
- Arbeitsheft (ISBN 978-3-06-067436-7)
- Arbeitsheft mit interaktiven Übungen (ISBN 978-3-06-067437-4)
- Interaktive Übungen (ISBN 978-3-06-067438-1)
- Interaktive Übungen Schullizenz (ISBN 978-3-06-067497-8)
- Onlinediagnose (ISBN 978-3-06-068051-1)

Redaktion: Stefan Windte, Christian Köpcke

Illustrationen:
Uta Bettzieche, Leipzig: S. 9 unten, 46–57, 132, 163, 201–229
Volkhard Binder, Telgte: S. 62, 165
Maja Bohn, Berlin: S. 6 oben, 99, 102–119, 129, 130
Klaus Ensikat, Berlin: S. 59, 66–74, 121–126
Nils Fliegner, Hamburg: S. 9 oben, 18–24, 188–200, 235–252
Peter Menne, Potsdam: Vorsätze, S. 3 unten, 12, 28–41, 80–97, 151, 155, 156, 174, 186, 254–287, 309
Juliane Steinbach, Wuppertal: S. 6 unten, 137, 138

Umschlagfoto: © Shutterstock / Tom Wang
Gesamtgestaltung und technische Umsetzung: werkstatt für gebrauchsgrafik, Berlin

www.cornelsen.de

1. Auflage, 1. Druck 2017

Alle Drucke dieser Auflage sind inhaltlich unverändert
und können im Unterricht nebeneinander verwendet werden.

Druck: Mohn Media Mohndruck, Gütersloh

ISBN 978-3-06-067433-6

PEFC/04-31-1033

PEFC zertifiziert
Dieses Produkt stammt aus nachhaltig bewirtschafteten Wäldern und kontrollierten Quellen.
www.pefc.de

Knifflige Verben im Überblick

Infinitiv	Präsens	Präteritum	Perfekt
befehlen	du befiehlst	er befahl	er hat befohlen
beginnen	du beginnst	sie begann	sie hat begonnen
beißen	du beißt	er biss	er hat gebissen
bieten	du bietest	er bot	er hat geboten
bitten	du bittest	sie bat	sie hat gebeten
blasen	du bläst	er blies	er hat geblasen
bleiben	du bleibst	sie blieb	sie ist geblieben
brechen	du brichst	sie brach	sie hat gebrochen
brennen	du brennst	es brannte	es hat gebrannt
bringen	du bringst	sie brachte	sie hat gebracht
dürfen	du darfst	er durfte	er hat gedurft
einladen	du lädst ein	sie lud ein	sie hat eingeladen
erschrecken	du erschrickst	er erschrak	er ist erschrocken
essen	du isst	er aß	er hat gegessen
fahren	du fährst	sie fuhr	sie ist gefahren
fallen	du fällst	er fiel	er ist gefallen
fangen	du fängst	sie fing	sie hat gefangen
fliehen	du fliehst	er floh	er ist geflohen
fließen	es fließt	es floss	es ist geflossen
frieren	du frierst	er fror	er hat gefroren
gelingen	es gelingt	es gelang	es ist gelungen
genießen	du genießt	sie genoss	sie hat genossen
geschehen	es geschieht	es geschah	es ist geschehen
greifen	du greifst	sie griff	sie hat gegriffen
halten	du hältst	sie hielt	sie hat gehalten
heben	du hebst	er hob	er hat gehoben
heißen	du heißt	sie hieß	sie hat geheißen
helfen	du hilfst	er half	er hat geholfen
kennen	du kennst	sie kannte	sie hat gekannt
kommen	du kommst	sie kam	sie ist gekommen
können	du kannst	er konnte	er hat gekonnt
lassen	du lässt	sie ließ	sie hat gelassen
laufen	du läufst	er lief	er ist gelaufen
leiden	du leidest	sie litt	sie hat gelitten
lesen	du liest	er las	er hat gelesen

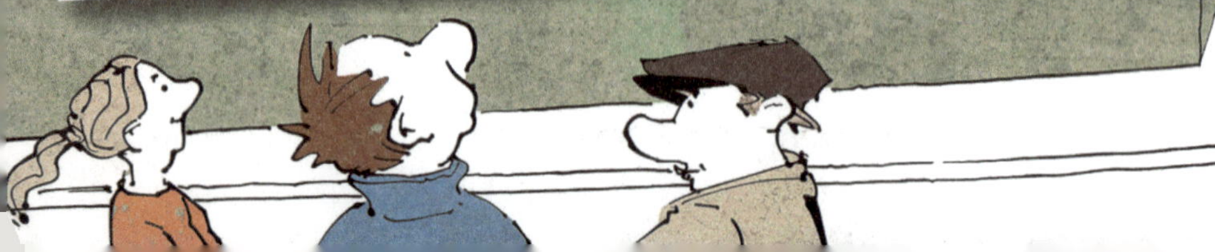